高等院校市场营销系列
精品规划教材

消费者行为学
基于消费者洞察的营销策略

吴柏林 编著

图书在版编目（CIP）数据

消费者行为学：基于消费者洞察的营销策略 / 吴柏林编著 . —北京：机械工业出版社，2015.6
（2023.8 重印）

（高等院校市场营销系列精品规划教材）

ISBN 978-7-111-50550-1

I. 消⋯ II. 吴⋯ III. 消费者行为论 – 高等学校 – 教材 IV. F713.55

中国版本图书馆CIP数据核字（2015）第133086号

  本书主要内容包括消费者行为学概论，消费者的需求与激发，消费者的注意与引导，消费者的知觉与潜意识，消费者的记忆与强化，想象与广告创意，消费者的态度与说服，消费者的情感与营销诉求，个性、自我与宣传表达，群体影响与传播策略等。本书内容涵盖全面、立意新颖、讲解透彻，习题丰富并附有答案。

  本书适合作为市场营销、广告、工商管理、新闻传播学、广告装潢与艺术设计等专业的本科生教材。

出版发行：机械工业出版社（北京市西城区百万庄大街22号 邮政编码：100037）
责任编辑：程 琨 责任校对：董纪丽
印　　刷：固安县铭成印刷有限公司 版　　次：2023年8月第1版第6次印刷
开　　本：185mm×260mm　1/16 印　　张：20.75
书　　号：ISBN 978-7-111-50550-1 定　　价：39.00元

客服电话：(010) 88361066　68326294

版权所有·侵权必究
封底无防伪标均为盗版

前　言

关于本课程

"消费者行为学"是经济与贸易、企业管理、市场营销、公共关系、传播学、新闻学、商业艺术与设计等专业的必修课程。

本书特色

考虑到"消费者行为学"课程教学的综合性与实用性，本书在教材行文上，力争做到提纲挈领、要言不烦；在语言表述上，力争做到自然、准确、简练，尽可能使用营销人喜闻乐见的语言，从而避免学究气和华而不实。案例教学与互动式教学历来是营销类课程的鲜明特色之一，通过精选案例分析与研究引导学生更快地进入学习状态，真正以"营销人"的身份进行本课程的学习。

适用对象

本书适用于在校本专科学生与研究生，既可作为经济与贸易、企业管理、市场营销、公共关系、商业传播、艺术与设计等专业的基础课教材，也可作为新闻传播、行政管理、经济管理、电子商务、艺术与装潢等学科的专业选修课教材或参考书。

本书也适合广告公司、公共关系公司、文化传播机构、营销策划机构、政府宣传部门中从事营销传播、广告策划、宣传推广工作的专业人士阅读。

移动互联、网上学习支持与资源共享

1. 微信【柏树林】：

ssrsbsl

2. 新浪微博【中山大学吴柏林】：

http://t.sina.com.cn/1898673734/profile/

3. 网易博客【上善若水柏树林】：

http://lpsslwj.blog.163.com/

4. 广告心理学（新浪微博）：

http://t.sina.com.cn/1898803840/profile/

5. "柏林营销广告系列"各专题学习网站：

广告学原理：http://ettc.sysu.edu.cn/policy/adp_2010/index.htm

广告创意策略：http://ettc.sysu.edu.cn/policy/asp_adc/index.htm

广告策划与策略：http://jpkc.ne.sysu.edu.cn/ggch/adpt_2009/index.htm

广告策划——实务与案例：http://ettc.sysu.edu.cn/policy/cmp_adv/index.htm

6. 优酷视频"柏树成林"（包括很多影视广告、教师课堂实录等资源）：

http://i.youku.com/u/UNDEzNzk1NTY=

"柏林营销广告系列"经过20年的资料搜集、调整与试用，现在终于可以慢慢拿出来与大家分享了。《消费者行为学》是它的第八部。无论如何，正如第一部《广告策划与策略》中所说"丑媳妇也得见公婆"，这个"媳妇"究竟"丑"在哪里，只有"公婆"才知道。真心希望热心的"公公婆婆"们对这部教材进行指点，其目的可用一句著名的广告语来说："让我们做得更好！"

感谢中山大学传播与设计学院、中山大学管理学院、中山大学岭南学院；感谢中国广告协会、广东省广告协会；感谢机械工业出版社；感谢我的研究生彭扬、常淑艳、聂琨、汤薇、胥英鹏、许星伟、张舒岩、管玮、庞博、盛晨、许嘉琪、张至悦等同学，他们从文献查询、案例搜集到初稿校对做了大量的工作；感谢所有对本书的写作直接、间接地做出贡献的人们；感谢我的家人，他们给予我的不仅仅是生活上的关心，更多的是精神上的鼓励。

作者

2015年4月于广州康乐园

教学建议

教学目的

通过本课程的学习,帮助学生从整体上把握消费者行为学的基本原理,深刻理解营销活动的心理学依据,掌握基于消费者洞察的营销策略、方法与技巧,为他们将来从事营销管理、策划、实施与评估,做好知识上的准备。

前期需要掌握的知识

心理学基本原理、市场营销基础知识、广告学原理。

课时分布建议

教学内容	学习要点	课时安排 研究生/MBA	课时安排 本科/专科	案例使用
第一章 消费者行为学概论	(1) 了解消费者行为的概念,CDP 模型的大致内容 (2) 理解消费者行为学的概念,一个成功营销的心理学标准,营销活动对消费决策的影响 (3) 熟悉 CDP 模型的七个阶段,时尚、流行与广告传播的关系 (4) 掌握 AIDMA 法则,并能够用成功营销的心理学标准来衡量一个营销活动的成败	2	4	第一章 开篇案例
第二章 消费者的需求与激发	(1) 了解马斯洛需要层次理论的基本内容,关于广告能否创造需求的争论,消费者的介入 (2) 理解五种需要的排列关系,优势需要决定行为,动机与动机冲突的概念,低介入与高介入这两个概念 (3) 熟悉马斯洛需要的五个层次,基于马斯洛需要层次理论的各种营销策略,积极的与消极的消费动机 (4) 掌握马斯洛需要层次理论,并能够运用到具体的营销策略之中	4	6	第二章 开篇案例

（续）

教学内容	学习要点	课时安排		案例使用
		研究生/MBA	本科/专科	
第三章 消费者的注意与引导	（1）了解注意力经济及注意力经济时代的来临，注意力限制 （2）理解注意的概念，注意的动机与强度，注意的选择，无意注意和有意注意的概念及其特点 （3）熟悉注意的选择性，引起注意的各种营销策略 （4）掌握注意力的特点，并能够运用到引起注意的营销策略之中	4	6	第三章 开篇案例
第四章 消费者的知觉与潜意识	（1）了解消费者感觉的各种形态，阈下知觉与潜意识，阈下知觉广告及其特点 （2）理解知觉的选择性，知觉的组织功能，知觉的解释，绝对阈限与差别阈限这两个概念 （3）熟悉消费者的视觉、听觉、嗅觉、味觉、触觉的特点，错觉及其应用 （4）掌握知觉的选择与偏见，并能够运用到实际的营销活动之中	4	6	第四章 开篇案例
第五章 消费者的记忆与强化	（1）了解消费者的认知学习过程，学习的本质 （2）理解高介入状态和低介入状态下的学习，记忆的保持功能再现，如何与遗忘做斗争的方法 （3）熟悉广告的记忆过程，增强消费者记忆的营销策略 （4）掌握消费者记忆的特点，并能够运用到增强消费者记忆的营销策略之中	4	6	第五章 开篇案例
第六章 想象与广告创意	（1）了解想象与创造，联觉效应 （2）理解想象与创造的特征，联想规律的四种形式 （3）熟悉想象的一般特点，广告创意过程 （4）掌握广告创意方法，并能够运用到实际的营销活动中去	4	6	第六章 开篇案例
第七章 消费者的态度与说服	（1）了解态度的测量方法，精细加工可能性（ELM）模式 （2）理解态度的构成，态度的一致性 （3）熟悉影响态度改变的主客观因素，态度改变的三个阶段，低认知介入与高认知介入这两个理论模式 （4）掌握霍夫兰的说服模式，改变消费者态度的营销策略	4	6	第七章 开篇案例
第八章 消费者的情感与营销诉求	（1）了解消费者对广告情绪反应的测量，情感迁移 （2）理解消费者心情与情感价值、心境与情感诉求 （3）熟悉情绪的模型及类别，情绪激发与情绪降低的营销策略，恐惧诉求，幽默诉求 （4）掌握消费者情感因素的特点与规律，并能够运用到实际的营销活动中去	4	6	第八章 开篇案例
第九章 个性、自我与宣传表达	（1）了解自我概念的测量，气质、性格、能力与相应的营销策略，自我概念与营销伦理 （2）理解品牌个性与营销设计，自我概念的内涵与外延，"延伸自我"的解读与表达 （3）熟悉个性的结构，兴趣、爱好与营销策略，自我形象与产品形象的一致性 （4）掌握个性、自我的特点与原理，并能够运用到营销活动中的宣传表达策略之中	3	4	第九章 开篇案例

(续)

教学内容	学习要点	课时安排 研究生/MBA	课时安排 本科/专科	案例使用
第十章 群体影响与传播策略	(1) 了解消费亚文化，参照群体的类型，参照群体影响的程度 (2) 理解参照群体的概念，参照群体对个体的影响，服从、角色与消费行为，意见领袖的识别与创建 (3) 熟悉群体类型划分的依据，传递个人影响的两步、多步流程，意见领袖及其特点，意见领袖的作用及类型 (4) 掌握参照群体、意见领袖的核心内容，并能够运用到针对参照群体的传播策略、广告代言的策略中去	3	4	第十章 开篇案例
课时总计		**36**	**54**	

说明：（1）在课时安排上，对于MBA，36个学时即可；相关专业本科生与专科生则是根据54个学时安排的。
（2）讨论、案例分析等已经包括在各章的教学安排之中。
（3）关于教学的目标描述分别为"了解""理解""熟悉"与"掌握"，这是一个由浅入深的过程，对学生的要求也是一个渐进提高的过程。

目　录

前言
教学建议

第一章　消费者行为学概论 ……………………………………………………… 1

　　开篇案例　速溶咖啡与一次性尿布 ………………………………………………… 1
　　第一节　消费者行为与 AIDMA 法则 ……………………………………………… 3
　　第二节　消费者购买决策的 CDP 模型 …………………………………………… 5
　　第三节　营销活动对消费者行为的影响 …………………………………………… 10
　　本章知识要点 ………………………………………………………………………… 16
　　测试题 ………………………………………………………………………………… 17

第二章　消费者的需求与激发 …………………………………………………… 20

　　开篇案例　如何把梳子卖给和尚 …………………………………………………… 20
　　第一节　马斯洛的需求层次理论 …………………………………………………… 21
　　第二节　针对消费者基本需求的营销策略 ………………………………………… 24
　　第三节　针对消费动机的营销策略 ………………………………………………… 28
　　第四节　消费者的介入与营销策略 ………………………………………………… 34
　　本章知识要点 ………………………………………………………………………… 41
　　测试题 ………………………………………………………………………………… 43

第三章　消费者的注意与引导 …………………………………………………… 45

　　开篇案例　野狼 125 摩托车：以悬念吸引注意力的策略 ………………………… 45
　　第一节　注意与注意力经济 ………………………………………………………… 47
　　第二节　注意的动机与强度 ………………………………………………………… 49
　　第三节　注意的选择性 ……………………………………………………………… 51

第四节 引起注意的营销策略	60
本章知识要点	66
测试题	67

第四章　消费者的知觉与潜意识 70

开篇案例　植入式广告：007电影商业成功的奥秘	70
第一节　消费者的感觉	73
第二节　知觉的选择与偏见	79
第三节　知觉的组合与广告设计	83
第四节　阈下知觉与潜意识劝诱	95
本章知识要点	103
测试题	104

第五章　消费者的记忆与强化 107

开篇案例　EDS重塑形象，强化公众的良好记忆	107
第一节　消费者的认知学习	109
第二节　消费者记忆的特点	118
第三节　广告的记忆过程	121
第四节　增强消费者记忆的营销策略	128
本章知识要点	136
测试题	138

第六章　想象与广告创意 141

开篇案例　触摸怦然心动的感觉——蓝带啤酒的广告创意	141
第一节　广告创意中的想象	144
第二节　广告创意过程	151
第三节　广告创意方法	154
本章知识要点	164
测试题	166

第七章　消费者的态度与说服 168

开篇案例　西部牛仔之死——公益组织的禁烟广告运动	168
第一节　消费者的态度	170
第二节　消费者态度的改变	178
第三节　营销活动说服的机制	182
第四节　改变消费者态度的营销策略	193

| 本章知识要点 | 196 |
| 测试题 | 198 |

第八章　消费者的情感与营销诉求　201

开篇案例　代代相传　由你开始	201
第一节　情感与情绪概论	205
第二节　情绪与营销策略	214
第三节　营销活动中的情感诉求	218
本章知识要点	225
测试题	227

第九章　个性、自我与宣传表达　230

开篇案例　看动感地带如何激活自我体验	230
第一节　个性与个性理论	234
第二节　针对个性的营销策略	238
第三节　自我概念的内涵与外延	244
第四节　自我概念与宣传表达	249
本章知识要点	254
测试题	257

第十章　群体影响与传播策略　260

开篇案例　哈雷-戴维森摩托车	260
第一节　参照群体及其类型	262
第二节　群体影响与消费行为	267
第三节　针对参照群体的传播策略	278
第四节　意见领袖与广告代言	283
本章知识要点	292
测试题	294

附录A　各章测试题参考答案　297

附录B　综合测试（模拟考试）题及参考答案　311

参考文献　318

第一章
消费者行为学概论

开篇案例

速溶咖啡与一次性尿布

速溶咖啡与一次性尿布,应该是风马牛不相及的两件事。然而,在这两种新产品刚刚问世的时候,广告主自以为很有把握的营销策划活动却遇到了相同的问题——消费者的心理抗拒。

速溶咖啡是20世纪40年代开始进入市场的。速溶咖啡物美价廉,配料又无须特别的技术,而且特别节省时间,很适合现代人的生活节奏。然而,当厂商在广告中大力宣传该产品的上述特点时,并没有受到消费者的青睐,相反,受到了冷落。于是,生产厂家请来了消费心理学家进行关于该产品广告的市场调查,让他们找出问题的症结所在,以确定消费者拒绝这种省时省事的产品的原因何在。

心理学家首先调查了人们对雀巢公司较早的一种速溶咖啡——内斯(Neseafe)速溶咖啡的态度,使用传统的问卷调查方法对一个有代表性的消费群体(样本)进行了调查。这些接受调查的人首先被问及是否饮用速溶咖啡,有人回答"是",也有人回答"否"。然后,再问及那些回答为"否"的人,他们对这种产品有何看法。大部分人都回答说,他们不喜欢这种咖啡的味道。令人不解的是,回答"否"的人并没有喝过速溶咖啡,怎么会形成"味道不好"的印象呢?于是又请这些人实际品尝速溶咖啡与新鲜咖啡,结果大部分人却又说不出它们在味道上的真正差别。因此,厂商深信:不喜欢这种咖啡的真正原因并不是它们的味道不好!他们进而怀疑在消费者不喜欢速溶咖啡的背后有一些更深的原因,因此,又进行了另一项更为深入的调查研究。

为了深入地了解消费者拒绝购买速溶咖啡的真实动机,心理学家梅森·海尔(Mason Haire)改用一种被称为角色扮演法的投射技术,进行了深层的研究。海尔这次不再直接去问人们对这种咖啡的看法,而是编了两张购物清单,然后把这两张购物清单分别给两组妇女(调查对象)看,并请她们描述一下写这两张购物清单的"主妇"有什么样的特点。这两张清单上的内容几乎完全相同,只有一个条目不一样,那就是购物清单A包含了速溶咖啡,购物清单B则包含了新鲜咖啡(见表1-1)。

表1-1　关于速溶咖啡与新鲜咖啡的两张购物清单

购物清单A	购物清单B
1包朗福德发酵粉	1包朗福德发酵粉
2片沃德面包	2片沃德面包
1捆胡萝卜	1捆胡萝卜
1磅①内斯速溶咖啡	1磅麦氏新鲜咖啡
1.5磅汉堡	1.5磅汉堡
2听狄尔桃	2听狄尔桃
5磅土豆	5磅土豆

① 1磅=0.454千克。

将两张购物清单分别给两组妇女看过以后，请她们简要描述一下按此清单购物的家庭主妇的形象。结果，看了购物清单A的那组妇女，有48%的人称该购物者为懒惰的、生活没有计划的女人，很少人（4%）把该购物者说成俭朴的女人，显然大部分人认为该购物者是一个挥霍浪费的女人，还有16%的人说她不是一位好主妇。在另一组看了购物清单B的妇女中，很少人把该购物者说成是懒惰的、生活没有计划的女人，更没有人把她指责为不好的主妇。具体情况如表1-2所示。

表1-2　关于速溶咖啡与新鲜咖啡的购物者形象的描述　　　　　　　　　　（%）

	购物清单A（含速溶咖啡）	购物清单B（含新鲜咖啡）
懒惰	48	4
不会计划家庭购物和进行时间安排	48	12
俭朴	4	16
不是个好主妇	16	0

所得结果显示，两组妇女所描写的想象中两个购物主妇的形象是完全不同的。它揭示出当时接受调查的妇女们内心存在一种心理偏见，即作为家庭主妇应当以承担家务为己任，否则就是一个懒惰、挥霍浪费、不会持家的主妇。而速溶咖啡突出的方便、快捷的特点恰与这一偏见相冲突。在这种心理偏见之下，速溶咖啡成了主妇们消极体验的产品，失去了积极的心理价值。换言之，省时省事的宣传在消费者（家庭妇女）心目中产生了一个不愉快的印象。这个实验揭示了主妇们冷落速溶咖啡的深层动机：因为购买此种咖啡的主妇被认为是喜欢凑合、懒惰、生活没有计划的女人，所以速溶咖啡广告中宣传的易煮、有效、省时的特点就完全偏离了消费者的心理需求。

广告调查研究之后，广告主改变了原来的广告主题，在广告宣传上不再突出速溶咖啡不用煮，不用洗煮具等省时省事的特点，转而强调速溶咖啡美味、芳香，以咖啡的色泽、质地来吸引消费者。避开家庭主妇们偏见的锋芒，消极印象被消除，速溶咖啡销路就此被打开了。

无独有偶，当年美国某企业向市场推出其新产品"方便尿布"时，也遇到了同样的阻力。"方便尿布"用纸制成，用过一次便弃掉，故亦称"可弃尿布"或"一次性尿布"。在产品推广初期，广告诉求的重点放在方便使用上，结果销路不畅。后经调查了解，仔细分析消费者的心理，方知该尿布虽然被母亲们认同确实使用方便，省去洗尿布的麻烦，但广告关于省事省力的宣传使她们产生了心理上的不安：如果仅仅是方便使用而无其他品质，那么购买、使用这种一次性尿布只是为了图省事，自己好像就成了一个懒惰、浪费的母亲，婆婆也会因此责备自己。

在深入细致的广告调查当中有这样一个真实的故事：一位年轻的母亲正在给自己的孩子换

一次性尿布，这时门铃响了，原来是婆婆来家看望孩子。这下搞得母亲很紧张，情急之下，一脚将换下的尿布踢到床下，然后才去给婆婆开门。为什么要把尿布踢到床下？原来怕婆婆看到后有意见。在婆婆看来，给孩子洗尿布是母亲的天职，哪能嫌麻烦呢？给孩子用一次性尿布的母亲，必定是一个怕麻烦、懒惰、对孩子不负责任的母亲。基于此项调查研究的成果，新的广告创意策略针对这种心理进行了调整，广告诉求的重点发生了改变。新广告着重突出该尿布比布质更好、更柔软、吸水性更强、保护皮肤，婴儿用了更卫生、更舒服等特点。把产品利益的重点放在孩子身上，淡化了对母亲方便省事的描述。广告语是："让未来总统的屁股干干爽爽！"于是，一次性尿布就受到了母亲们的普遍欢迎，因为它既满足了她们希望婴儿健康、卫生、舒适的愿望，又可心安理得地避免懒惰与浪费的指责，同时兼顾了两方面的心理需求。从此一次性尿布也同样在美国流行起来。

资料来源：吴柏林. 广告策划与策略 [M]. 2版. 广州：广东经济出版社，2009：23.

速溶咖啡与一次性尿布的故事告诉人们，对消费者的购买心理的把握是多么重要。在消费者的心目中，产品的价值有时不表现在其物理特性上，而是体现在商品所表达的行为特点或心理特点上。而这些行为特点和心理特点又常常是隐含的，存在于深层心理，要求运用心理学的分析方法将它们挖掘出来。

在现代商品社会，商家的营销活动无时不有、无处不在，例如广告。广告已成为人们经济生活中必不可少的内容之一，无论是在漫步街头、浏览报刊，还是在收看电视，广告都会随时随地扑面而来，可以说是无孔不入！然而，真正能够让消费者动心的营销活动或广告宣传能有几个？为了达到传播效果与销售效果，从事营销策划的人们越来越重视心理学规律在营销活动中的应用。因为一个成功的营销活动务必符合人们的心理规律，务必符合消费者心理和行为特点。

本章是消费者行为学概论，首先介绍什么是消费者行为学，消费者行为学的 AIDMA 法则，其次介绍消费者购买决策的 CDP 模型，最后介绍营销活动对消费者行为的影响等方面的内容。

第一节　消费者行为与 AIDMA 法则

一、什么是消费者行为学

消费者行为学是心理学的应用领域之一，它主要研究说服大众购买商品的心理过程，即研究营销活动过程中所涉及的心理现象、本质、规律及方法的一门学问。

自从人类社会出现了商品生产与商品交换，最简单、原始的招徕顾客的销售活动便产生了。然而，营销活动与心理学的联系仅仅是 19 世纪末的事。19 世纪末，美国心理学家盖尔在历史上首次针对消费者对广告及广告商品的态度进行了问卷调查，这一工作可称得上消费者行为与心理的最早的研究工作。20 世纪初，美国著名应用心理学家斯科特系统地研究了消费者心理，并于 1908 年出版了《广告心理学》一书。

消费者行为学的研究内容十分广泛，例如消费者的行为与心理特点，以及增强营销活动效果的心理学规律及应用。营销传播活动是通过各大媒体作用于人、为人所接受的过程，这一过程涉及十分复杂的心理活动。人们对信息接受的特点，如注意、感觉与知觉，人们对信息的理解与记忆，人们对营销信息的信服及人的个性所决定的对营销传播信息的偏爱与偏见等，都是消费者行为学所要研究的问题。

消费者行为学的作用是促使营销活动突破常识水平，使营销活动符合人的心理规律，并有效地应用这一规律，使得营销或广告承诺能够顺利地进入消费者的内心世界。

二、一个成功营销活动的心理学标准

在日常生活中，许多营销活动是人们视而不见、充耳不闻的，没有留下任何印象，没有实现说服或推销的效果，这当然是失败的营销活动；相反，有些营销活动则让人一见如故，久久难以忘怀，取得了极佳的传播效果。从消费者心理与行为的角度来看，一个出色的、能打动人心的营销活动具有以下几个基本特征。

（一）唤起消费者的注意

一个有效的营销活动能够唤起人们的注意，牢牢地抓住消费者的眼球。通过光、色、形、声等形式的信号刺激，让人们对营销活动内容有深刻的感受，并形成对该种商品强烈的兴趣。

（二）启发消费者的联想

联想的前提是记忆。每个人都是在记忆中成长起来的，过去的经验总在人们的心灵中留下种种痕迹。记忆是比较、判断的基础，只有能激发人们联想的营销活动才最能唤起人们的比较，使人产生判断，进而促进其购买行为。

（三）说服消费者去行动

营销活动的最终目标是说服人们去行动。如果说总统竞选广告是想要说服选民投票的话，那么商业营销则是要说服消费者购买商品，这是营销活动的最终目标。因此，出色的营销活动应该具有很强的说服力，让人们从产生信任直到形成忠诚。要做到这一点，营销活动还得想方设法调动消费者积极的情感与情绪，努力影响、强化或改变消费者的态度。

三、广告心理的 AIDMA 法则

作为营销活动的重要部分的广告，也是消费者行为学必定要研究的内容之一。广告心理学的 AIDMA 法则较全面、清晰地描述了一个成功广告在打动公众方面应该具备的心理条件。AIDMA 是注意（Attention）、兴趣（Interest）、欲望（Desire）、记忆（Memory）和行动（Action）这五个英文单词首字母的缩写，指的是广告作用于消费者所经历的心理历程：首先引起人们的注意，其次对广告的注意引发了积极的兴趣，再次又产生了占有广告产品的愿望，再次在内心世界牢牢地记住了广告产品的名称，最后促使消费者采取购买的行动，即"引起注意→产生兴趣→激发欲望→强化记忆→促使行动"五个环节（见图1-1），这五个环节又被通俗地称作"广告五字经"。

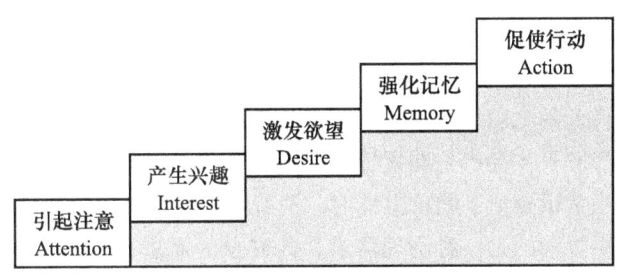

图 1-1 广告心理的 AIDMA 法则

注：AIDMA 法则描述的是广告作用于消费者所经历的心理历程，即"引起注意→产生兴趣→激发欲望→强化记忆→促使行动"五个相互关联的环节。

当然，消费者实际的心理过程远非如此简单。消费者不会老老实实按照营销策划者或推销商所设计的路线走，而是具有自己的主观能动性。然而，AIDMA 法则为营销活动规划、营销策划与创意提供了一个重要的心理参考。

第二节 消费者购买决策的 CDP 模型

营销策划主要是针对消费者的策划，因此，有效的营销策划首先应该研究消费行为的规律。

如图 1-2 所示的消费者决策过程模型（Consumer Decision Process Model，CDP 模型）是一个简单的版本，它描述了一个消费者头脑中形成购买决策的核心路径。它不仅可以指导市场经营者制定产品的市场组合、沟通、销售策略，更可以作为营销策划人了解消费者行为的一个指南。在瞬息万变的商业环境中，有一个关于消费者是如何做出购买决策过程的"指南"是非常重要的。该模型捕获了在决策生成过程中消费者所经历的活动，以及不同的内外部因素是如何相互作用并影响消费者的想法、评估以及行为的。随着对问题研究的逐步深入，它会变得复杂一些（见"第三节 营销活动对消费者行为的影响"）。

正如 CDP 模型所描述的那样，消费者决策过程有 7 个主要步骤：需求确认、搜集资料、购买前评估、购买、使用、用后评价以及处置。通过理解消费者决策形成图，营销策划人可以发现消费者为何购买或不买某种产品，以及怎样做才能使他们购买更多的特定产品，或专门购买某个供应商的产品，从而为这个特定的产品找到营销策划与创意的依据。

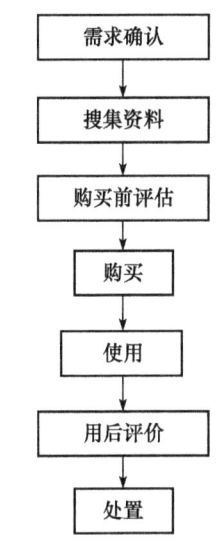

图 1-2 CDP 模型的一个简单版本

注：CDP 模型告诉我们，消费者决策过程有 7 个主要步骤：需求确认、搜集资料、购买前评估、购买、使用、用后评价以及处置。

第一阶段：需求确认

如果不是因为需求或欲望，没有人会购买一个产品。任何购买决策的出发点都是消费者的需求（或问题），当一个人的理想和现实存在差距时，就会产生需求确认。只有当他们相信一件产品能够满足自己的需求或解决问题时，才会做出购买决策。因此，消费者购买产品的第一阶段就是需求确认。

消费者在购买某件商品之前，一定事先意识到购买该商品的需求。如天气炎热才会产生购买空调机的需求，天气冷了才会产生购置棉衣的需求。有时，人们并不是在直接需求的驱使下购买商品的，例如，当货币贬值、物价上涨时，消费者往往不顾自己的消费需求而去抢购，但这时候，驱使消费者去抢购的是一种心理需求，即安全的需求，而不是物质的需求。事实上，任何购买行为背后都存在某种需求。在许多场合，往往是由于某种外界刺激（例如广告或营销活动）引发人们的需求。但是，在实际中，我们必须在一个确定的范围（包括消费者的购买能力与权利）内去考察这些需求。当我们设法满足消费者需求时，必须使产品的制造成本和目标市场的购买能力相一致。因为尽管有很多需求，消费者也会牺牲一部分需求转而购买自己必需且能买得起的商品。

如果我们知道消费者的需求，便知道了他们的"痛痒之处"，那么我们就可以用新的、改进的产品、更有效的传播沟通程序、更友好的分销渠道满足消费者的需求。如果产品的开发不是以消费者需求为基础，而是以企业可以生产或销售为基础的，那么这家企业的产品决策将遇到问题。如果产品或服务不能解决消费者的需求，那么即使是令人炫目的高新技术产品或服务，即使在营销策划与创意上投再多的资金、下再大的功夫，最后也只能以失败告终。

第二阶段：搜集资料

需求一旦被确认，消费者就开始搜集能够满足他们需求的相关产品的资料。从前不曾注意的广告、新闻忽然变得有意义，消费者也会向邻居或朋友询问与此商品的有关信息。资料的搜集可以是内部搜集，即从记忆中或从事物的起源中寻找，也可以是外部搜集，即从家庭、邻居、同事或市场上搜集。有时，消费者搜集资料是被动接受他们周围的资料；有时，他们也会变得更加活跃，如查看消费出版物、注意广告或上网查询。

搜集资料的广度和深度是由诸如个性、社会、阶层、收入、购买量、过去的经验、对以前品牌的理解、顾客的满意度等因素决定的。假如顾客对目前使用产品的品牌感到满意的话，他们可能不经历搜集资料这一过程，就会做出重新购买的选择。这样，其他同类产品就很难使其产生购买意图。这就是能够在市场竞争中取胜的公司为什么高度重视顾客对产品持久满意程度的原因。当消费者对目前的产品不满意时，就会搜集其他可替代产品的信息。

在消费者搜集资料的过程中，营销活动的作用不可小视，所以在这里我们应该做更详细的分析。

（一）消费者的资料来源

消费者会从他们感到方便的各个渠道搜集产品的信息。这些渠道可以归类为市场导向的和非市场导向的。所谓市场导向就是指市场经营者主导的，我们所提到的任何过程和结果都是由产品的供应商为了向消费者传达信息和说服他们购买而做出的，如利用广告、促销人员、通告栏、网址和销售点材料。

资料来源并不局限于市场导向，即不为市场经营者主导。从不受市场控制的地方搜集资料对消费者来说也是至关重要的。非市场导向的资源包括朋友、家庭、领导的意见以及媒体。许多这种类型的影响因素是以口头的形式来表达的，另外也可以参考产品的客观登记资料，比如消费者报告、政府和企业报告或者媒体的新闻报道。今天，消费者还可以很快地在网上浏览商品信息。

一些消费者更愿意选择传统的搜集方式——采购。许多人认为逛商业街是有趣的，而也有一些人则觉得这是琐碎的事情。例如，搜集微波炉的信息对大多数人来说并不会那么激动人心，但是搜集一件晚礼服的信息可能会有所不同。逛商场、试穿各种款式的服装、体验商店的购物氛围，可能会为消费者带来犹如幻觉、联想、期望的喜悦。这种情况下，心情体验比尽快地确认与购买更为重要。

（二）消费者信息的加工处理

消费者通过外部搜集得到资料后，就开始处理这些信息，图1-3突出了信息处理过程所涉及的步骤。

（1）展露。首先，产品信息与销售服务必须到达消费者。之后就会激发消费意识，从而进入消费决策过程的起始阶段。

（2）注意。经过展露阶段，下一步就是考虑是否给现有的信息分配信息处理能力。和产品相关的信息与内容越多，越会引起人们的注意。

（3）理解。当有关产品的信息使消费者产生意图后，该信息就会被进一步分类，并储存在记忆中。经营者期望消费者能够准确地理解产品信息。

（4）接受。消费者理解产品信息后，要么接受该产品，要么选择放弃。产品信息是为了更正或更改产品在人们心目中的现有形象。但是，在这之前，该信息必须被接受，那么至少会有一些机会让消费者购买该产品。

（5）保持。最后，说服者的目的就是让新产品信息被消费者接受，而且储存在记忆中，以便满足以后的购买需求。

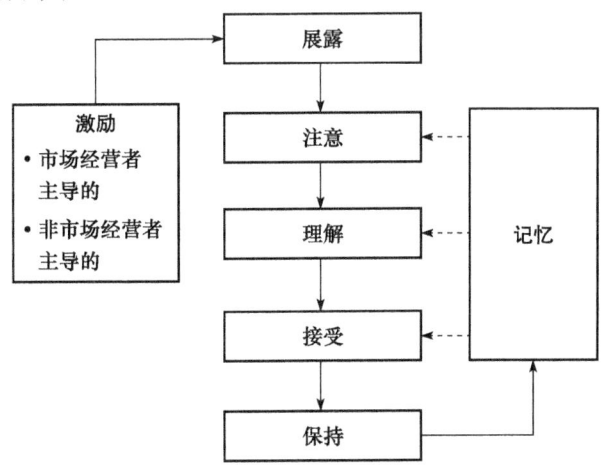

图1-3　消费者的信息处理过程

注：消费者通过外部搜集得到资料后，就开始处理这些信息，该图突出了信息处理过程所涉及的步骤，具体包括：①展露；②注意；③理解；④接受；⑤保持。

为了促进消费者的注意、理解、接受与保持，产品信息的展露往往是铺天盖地的，每个人都会面对一大堆广告，但是他们只会对其中很少的一部分去理解、接受甚至保存记忆。一般来说，消费者搜集资料的核心内容（即需要记忆的内容）有以下三个方面：①用什么标准评定此产品的优劣？②需要考虑什么品牌？③这个品牌能否满足起初的评定标准？所有这些是一个营销策划人在设计营销信息时必须关注的。有了这些，便可进入下一阶段。

第三阶段：购买前评估

消费者决策过程的下一个步骤就是在搜集资料过程中做出选择性评估。在这个阶段，在对各种各样的产品或服务的比较、对比和挑选中，消费者会考虑这样的问题："我的选择对象是什么""哪一个是最好的"，等等。消费者首先会在他们认为极为重要的产品特性方面比较各种品牌的商品，其次缩小选择范围，最后做出购买决策。

消费者利用新的或已经存在于记忆中的评估来选择产品、服务、商标或最能满足优良购物与消费的商店。不同的消费者采用不同的评价标准——比较不同产品和品牌的准则或规则。影响消费者选择性评估的因素有来自环境的和个人的，因此评估标准也就变成了个人需求、价值观、生活方式等在某特定产品上的反映。

产品的一些特性对该产品的选择性评估是突出的，而一些则是具有决定性意义的，二者都会影响营销策略。消费者可能认为产品的突出特性（营销者称之为卖点）是最重要的。在购车的例子中，这些特性可能包括价格、可靠性、各种相似车型都差不多的性能等。每个备选对象的决定性因素（如款型、完善度和获奖证书）有什么样的不同，通常会导致消费者决定最终在哪个商店购买哪个品牌的产品，尤其是当他们认为各个备选产品的突出特性是相同的时候。消费者随时都会关注产品的数量、质量、尺寸、价格等特性。进一步讲，这些特性的变化会影响他们对产品和品牌的决策。另外一些心理上的不确定因素，如感情上的期望、对产品的潜在兴趣也会在消费者的决策上起重要的作用。研究表明，感情的期望，而不是对产品特性的认识性评估，会影响消费者对商品的选择。

第四阶段：购买

消费者决策过程的下一步就是购买。在决定是否购买以后，消费者将进入两个阶段。在第一个阶段，消费者从很多零售商（可以是其他形式的销售商，如目录、电视或计算机辅助的电子销售、直销）中选择其中一个。第二个阶段包括在店里的选择，这当然会受到销售人员、产品陈列、电子媒介、POP（销售点广告）的影响。

消费者是否必须经历前三个决策阶段的每一个，取决于其对某件产品或品牌制订的购买计划。但有的时候，消费者竟然会做出和他们原先计划完全不同的购买决策。因为在购买阶段会发生一些意外。尽管一个消费者喜欢一家经销店，但有时会在另外一家经销店购买商品，可能因为另外一家商店正在搞促销或者在营业时间、地点、交通状况等方面占有优势。在商店里，消费者也可能通过和售货员交谈而改变主意。获悉有优惠券、折扣或没发现他们需要的产品或品牌、钱不够或信用卡不对等问题都会让他们在柜台的转角处改变决策。最好的销售人员为了争取顾客再次惠顾,会尽可能将产品的所有优良特性介绍得清清楚楚,也尽可能维护商店的产品形象,全力营造商店的购物气氛以有利于消费者的现场决策。

第五阶段：使用

当购买完成后,消费者就拥有了该产品,使用该产品的过程也就随之产生,这就是产品使用阶段。买了产品以后,可以立即使用,也可以延迟使用。举个例子,假如消费者看到有好几场促销活动,他很有可能比正常时候买更多的商品,囤积起来以备后用。消费者怎样使用该产品也会影响他们对该产品或品牌的满意程度和以后的购买决策。产品的使用和维修情况也会影响该产品的使用寿命。

第六阶段：用后评价

消费者决策的下一个阶段就是用后评价。在此阶段,消费者会体验到对产品满意或不满意的心理反应。当消费者使用产品达到他们的预期要求时,就会满意该产品;相反,使用产品不能达到预期效果时,就会感到不满意。使用的满意程度具有非常重要的意义。因为,消费者会把此结果储存在记忆中,为以后的购买决策做参考。假如消费者对某品牌的产品很满意,其他同类产品就很难有机会进入消费者的头脑与决策计划中,因为,大部分消费者都趋于在同一个商店购买同一品牌的产品。而消费者对某种品牌的产品或商店不满意时,其他品牌的同类产品也许因为承诺可以做得更好,就有机会进入消费者的购买决策,进而替代消费者原来使用的品牌。

满意度最主要的决定因素是消费过程,也就是说消费者在使用过程中,该产品的表现是否像他们所期望的那样。即使产品本身是好的,但如果消费者不能正确使用,也会感到不满意。渐渐地,公司开始开发产品的维护、使用说明书,也会组织为消费者提供担保、售后服务、技术支持等活动。

即使产品很好用,消费者也会认为他们的决策中有一丝遗憾。特别是对大额资金的购买决策,消费者经常会想:"我是不是做了一个很好的决定""我是不是对比了所有的备选项才做出判断的""我是不是本来可以有更好的选择"或者是"我是否做了一个仓促的决定",这种现象被称作"购后失落症"。

心理学家埃利希（D. Ehrlich）曾经做过这样一个心理学实验,他给新近购买汽车的顾客呈现8种广告宣传单,这些广告涉及各种类型的汽车,让顾客挑选他们自己喜爱的广告。结果发现,80%的顾客挑选的是他们已经购买的汽车的广告。这个事例说明,人们不仅需要营销活动提供的信息选择商品,而且需要营销信息支持他们所做的选择,以证明其购买决策的正确性。

情绪也可能会影响到一些消费者对产品或服务的评估。例如,对一款汽车的满意程度依赖于对该车的满意度、不满意度、积极度（喜欢）、消极度（愤怒、内疚、抱怨）的综合考虑。

第七阶段：处置

处置是消费者决策过程模型的最后一个阶段。消费者有好几种选择，可以将其完全丢弃、回收利用或者低价转让。假如某人已经完成对该车的使用，如果没有特殊的原因，必须处置它，他可以选择将其再次出售，也可以在市场上和别人交易以换取另外一种交通工具，还可以把它拉到废品收购处回收。

第三节　营销活动对消费者行为的影响

经过上面的详细分析，至此我们可以得到一个较为完整的 CDP 模型（见图 1-4）。CDP 模型显示了人们是如何通过购买和使用各种各样的产品来解决自己在日常生活中的需求及存在的问题的。

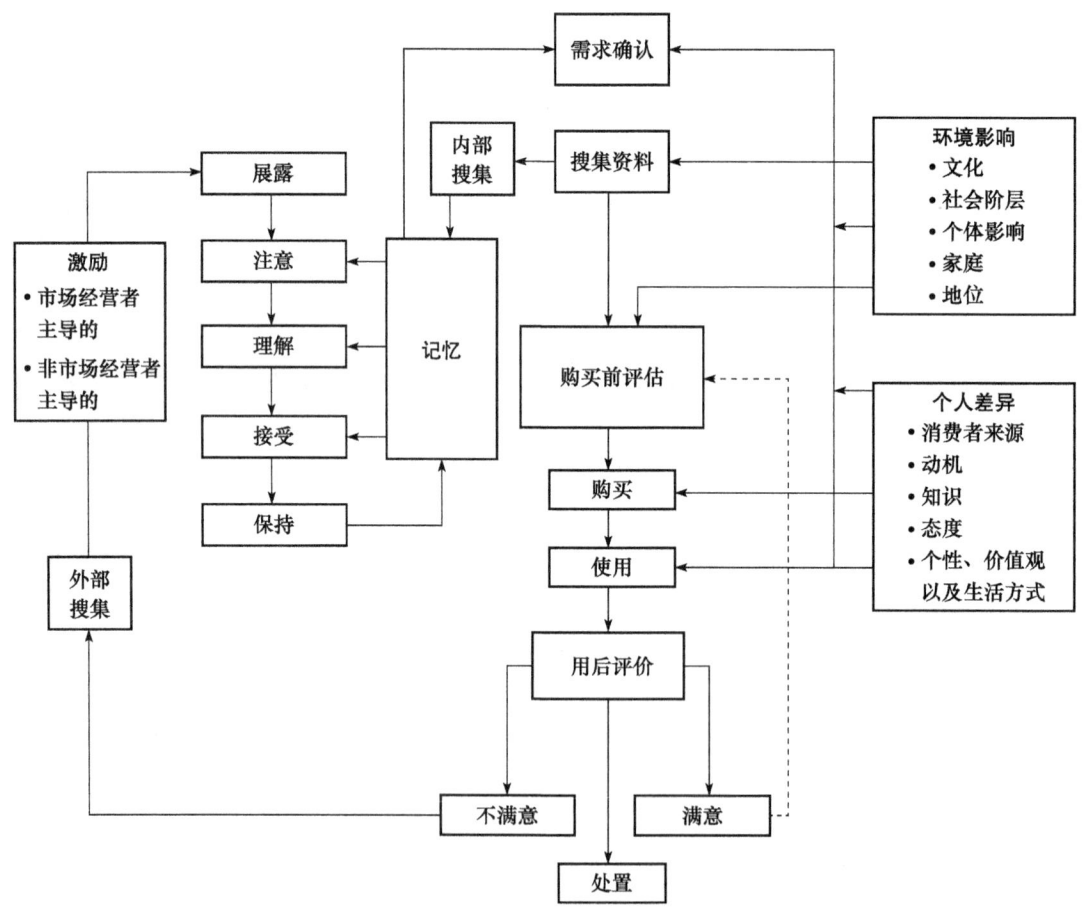

图 1-4　一个较为完整的 CDP 模型

注：这个较为完整的 CDP 模型显示了人们是如何通过购买和使用各种各样的产品来解决自己在日常生活中的需求及存在的问题的。借助这个模型，我们就可以深入考察营销活动在消费者行为与决策的各个阶段是如何对他们产生影响的。

一、营销活动对消费决策的影响

借助于图 1-4 这个较为完整的 CDP 模型，我们可以更加深入地考察消费者行为与决策的各个阶段。在这里，我们的重点是考察营销活动是如何对消费者产生影响的。毫无疑问，营销活动对消费者行为的影响渗透消费决策的各个阶段。

首先，在需求确认阶段，营销活动可以唤起消费者的购物需求，使其产生购买欲望。许多消费者虽有购物需求，但并没有明确意识到它，这一需求是一种潜在的需求，它为人的活动提供了前提条件，但并不构成活动的动力。只有当它被意识到之后，才能激发人的活动。而营销活动传播则可以唤起这种潜在的需求，使之上升到意识水平。例如，对于一个虽然愿意喝啤酒但并没有产生明确的购买啤酒意识的消费者，在看到色泽诱人的啤酒电视广告后，很可能意识到自己喝啤酒的需求。营销活动使需求由潜意识水平上升到显意识水平，从而促进消费。

其次，营销活动直接影响着消费者的资料（信息）搜集，为他们提供有关的商品信息，为其选购商品提供指导。这种影响也是营销活动的功能的直接体现。现代商品社会中，消费品品种多样，令人目不暇接，购物已成为劳神之事，许多消费者常常逛完商场仍一无所获，不是因为没遇到自己所需的商品，而是因为同类产品过于丰富、各有千秋，实在难分伯仲。在这个物质过于丰富的时代，不少消费者觉得，与其耗费精力逛商场选择，不如先看广告，然后按图索骥，既省事又合理。

再次，在购买前评估阶段，营销活动发挥着巨大的作用。营销活动可直接影响人们对品牌的选择，使其选择某一特定品牌的产品。如今，饮料中的可口可乐、百事可乐等品牌借助广告的威力，已家喻户晓。在经济条件允许的情况下，人们会首先考虑这些驰名品牌。有时，某种驰名品牌已超出了其所代表的产品的含义，而成为一种文化的代名词，人们购买某一品牌并不仅仅为了它所代表产品的物理属性，更是为了获得他人的认同、为了获得某种社会身份，即看重的是它的社会属性。

最后，在用后评价阶段，营销传播最大的一个作用是强化消费者对自己购买决策的满意度。当消费者看到自己所用的并且是用后满意的产品的营销活动或广告时，可使消费者更加准确地接受、记住特定的商品信息，对所选购的、令自己满意的商品，有了更加深刻的记忆，在下一次购物时，仍选择同一品牌的产品，这就是品牌的忠诚度。

二、时尚、流行与营销传播

时尚，俗称时髦。时尚是一种重要的社会文化现象，是在整个社会中传播的、周期性的、自发的、短暂的标准式样，反映在人们心理上，时髦则是一种普遍的、易变的、不稳定的社会心理。同其他事物一样，它有其自身的规律和特点。与时尚、时髦紧密相关的另一个概念是流行。

（一）消费时尚的特点

1. 社会发展推动时尚发展

社会的物质和文化水平越高，时尚的变化就越快，其类型与表现就日益复杂和多样。时尚以较快速度反映社会现实状况，是新的社会行为规范和社会风俗形成的前驱。例如 20 世纪 80 年代是彩电、冰箱、洗衣机热，90 年代则是空调、录像机、高级音响热，21 世纪是网上购物、健康保健热。时尚的潮流始终存在，而且某种时尚在消失几年、十几年甚至几十年后可能"死灰复燃"，形成一种周期性的循环。例如，以前人们穿的裤子裤管宽松，进而又出现上窄下宽的"喇叭裤"，前几年又流行上宽下窄的"锥子裤"，稍后又流行中间宽、上下窄的"萝卜裤"，再又讲究舒适合体的西装裤。说不定再过几年，"喇叭裤"再度成为"新"的时尚……我们似乎可以这样描述时装式样兴衰的规律：如果一个人穿上离时兴还有五年的时装的话，就会被人认为是怪物；在三年前穿的话，会被认为是招摇过市；提前一年穿，是一种大胆的行为；正当时尚，穿上这种时装就会被认为非常合体；一年后再穿，就显得土里土气；五年后再穿，就成了老古董；可是过了三十年再穿，人们又会认为很新奇，真具有独创精神！

2. 时尚遵循"新奇原则"

每一种时尚都是以与众不同的形式表现出来的，特别是在时尚刚刚开始的阶段。时尚反映了消费者渴望变化、求新、求美、求异的心态，通过对某一商品的崇尚和追求，可以在他人的心中形成"自我"（见第九章）。时尚既要求模仿又提倡个性，使他人很快地注意到自己以达到某种心理上的满足。因为新奇的东西容易吸引人们的眼球，引起别人的无意注意。许多人喜欢别出心裁的打扮，实际上就是自觉或不自觉地遵循了这一原则，从而达到自我显示、满足心理需要的目的。

3. 时尚遵循"从众原则"

时尚遵循"从众原则"，这一原则决定了时尚的流行趋势。由于社会上对时尚极不注意和极端注意的人是少数，而大多数人的注意是随时尚的发展而转移的，所以时尚的流行是呈正态分布。人们总是这样认为：凡是合乎时尚的就是美的，反之就是落伍的和不合时宜的。这种心理是人们寻求社会认同感和社会安全感的表现。因此，在社会上人们都有一种心理倾向，即大多数人接受的，个人也乐意接受。这种顺从大多数的心理和个体自愿接受社会行为规范的倾向，是时尚得以流行的重要条件。

4. 时尚遵循"价值原则"

一般说来，高档耐用消费品（如汽车、彩电和音响）总是比较时尚的，时尚的周期相对较长；一些中、低档商品可能是时尚的，如牛仔裤和化妆品，但时尚的周期相对就比较短。另外，正当时尚的商品，其价格相对较高，过了时尚高潮，商品的价格就会开始下落。

（二）商品流行及其特点

我们这里谈的流行仅仅是指商品流行。商品流行是一种反映市场价值规律的经济现象，是指一种或一类商品由于其某些特性受到众多消费者的青睐，一时间广泛传播，有时会在短时间内成为众多消费者狂热追求的对象。像这样的消费趋势就可被称作流行，这样的商品就可被称为流行商品。吃、穿、住、用的商品都可能成为流行商品，但穿戴类的商品成为流行商品的机会更多。商品流行是一种客观的经济现象，有它自身的特点和规律。研究它有助于我们更好地引导消费者的购买行为，并在商品流行中为企业创造更多的财富、更大的市场机会。一般说来，流行具有以下几个特点。

1. 流行的阶段性

流行一般要经历这样几个阶段。①初始阶段：商品刚刚面市，成本高，利润低，但由于商品的某些特色或性能吸引了一些具有较高收入的消费者，使得他们乐意出高价购买。②效仿阶段：独具特色的新产品被早期顾客采用，由于他们无形的号召力和感染力，许多热衷时尚的消费者纷纷效仿，迅速形成一种商品流行浪潮，市场上该商品供应量和销售量大大增加。③经济阶段：新产品在市场上大量普及，流行范围扩大，但势头减弱，利润开始减少。这时，精明的企业家便开始转移生产能力，抛售库存，开发新产品。

2. 地域之间的差异

流行具有鲜明的地域差异。一般来说，世界性商品流行是先从经济发达地区开始，进而到一些富裕的国家或地区。例如，香港、澳门地区处于流行的初始阶段时，我国其他地区还未形成流行；当香港、澳门地区处于流行的效仿阶段时，广东、北京、上海等地则处于流行初始阶段；当香港、澳门地区处于流行的经济阶段时，广东、北京、上海等地则处于流行的效仿阶段，国内其他地区则刚刚进入流行的初始阶段。近年来，由于交通、通信和互联网技术的发展，这个差异有在时间上缩短、空间上缩小的趋势。

3. 品牌与品质的差异

若以牛仔裤为例，牛仔裤品牌如 Levi's、Lee、Texwood 等品牌式样多、质地好，而在目前的中国市场，也演变出一些质量不高但价格便宜的杂牌牛仔裤，以满足不同层次消费者的需要。但这种差别变化是建立在流行特色不变的前提下，即牛仔裤还是牛仔裤。

4. 时间的差异

在流行的各个地区，出现的时间有早有晚，持续的时间有长有短，因此，流行表现出时间上的差别。研究流行及其特点是为营销传播找到更好的依据，使营销传播收到良好的效果。

（三）时尚、流行与营销活动

时尚、流行与特定的社会心理状况相适应，营销传播通常会重视时尚与流行，及时捕捉商品的流行趋势，密切关注社会心理的变化特征，以求营销传播从形式到内容都符合社会大众的需求与期望，以得到社会大众的承认和接受，从而促进人们的购买行动。营销传播如果能很好地把握商品流行的趋势，就能使产品销量大增、利润翻番。下面就简要谈谈营销活动运用流行趋势影响消费者的几个常用方法。

第一，留心社会名流。营销策划人通常会留心对有一定社会地位、有社会威望的人所使用商品的营销传播，博得众多消费者效仿，带动流行的发展。有一定社会地位、有社会威望的人，如影视明星、体育明星、商业巨子和作家，他们收入高，消费水平也高，他们购买商品追求新颖、美观、名牌，对市场上的新产品比较敏感，勇于购买使用。当一种新商品进入市场后，若符合这些人的消费心理，这种商品就会形成流行浪潮，这种浪潮形成后，会促使一些收入中等或中等偏上的人攀比、效仿，最后带动其他阶层竞相效仿，形成消费的从众心理。

第二，关注发展阶段。营销传播易于在流行的初始阶段和效仿阶段初期发挥作用。由于流行的特点决定了营销传播旨在想方设法形成并推动流行趋势。一种商品能否流行，关键在于初始阶段和效仿阶段初期，因此在这两个时期投入大量的广告费用进行商品宣传，突出宣传商品的特点、优点和功能，以赠物、优惠购物的方法吸引大量的早期顾客，为形成流行趋势打下良好的基础。一旦形成流行狂潮，产品销量自然会大量增加。

第三，利用地域差异。营销策划人通常会利用流行地域差异的特点。流行在一个地区达到经济阶段后，企业一方面应着手引进新技术，加强对新产品的开发和营销传播；另一方面还会把注意力转向经济不发达的地区或尚未到达流行效仿阶段的地区，加强对这些地区的营销传播，则可能在这些地区再度形成流行趋势，迎来商品销售的新高潮。

第四，打好"时间差"，即利用时间差异。营销传播还会利用流行的时间差异。流行在时间上是先后继起的，发达国家或地区流行一段时间后，其他国家或地区才开始流行。因此，在发达国家或地区刚开始流行时，企业会根据本地区消费者的心理特点，积极开发这种产品，并进行大量的营销宣传，突出产品的先进性、新颖性、高质量、服务优的特点，吸引本地区高收入者购买。

三、文化心理与广告接受

营销活动除了实现其商业功能外，同时也在实现社会文化的传播功能。一个社会的文化能够从各个方面、以各种形式向消费者传授社会规范和价值标准，影响社会成员的消费动机和购买行为。一方面，社会文化制约着消费者的某些心理欲求，抑制某些不为本社会所允许的动机与欲望；另一方面，特定的社会文化也能促使消费者产生商品需求与购买动机。例如，"换肤霜"刚上市时，人们的购买并不是很踊跃，但是由于营销传播、从众心理及潜意识需求等因素造成了"换肤霜热"时，人们就会争相购买，以至出现挤破柜台的场面。可见，在营销传播中，需要很好地把握消费者的文化心理，才能把话说到点子上，使他们乐于接受营销传播。否则，消费者不愿意接受营销活动的劝说，甚至可能会产生抵触心理。下面简要地谈谈文化心理因素对广告接受产生的影响。

（一）价值观与广告接受

价值观是指社会组织中的人们对本组织及其相关的人、事、物的意义及其重要性的基本评价与共同看法，以及这种评价和看法的取向和标准。一个社会组织或团体的价值观决定了它最需要注意和重视的事情，它应为组织内所有层次的所有人所熟知、所认同，它是不可侵犯的、不可动摇的。一个社会所认同的价值观对其社会成员的日常行为具有引导、约束甚至控制的作用。

价值观是文化中较深层的部分，不同阶层、不同地域、不同受教育程度的人有不同的价值观，价值观制约着外部消费行为。因此，营销活动必须与说服对象的价值观相符，否则很难激发他们的购买欲求。

例如，要说服一个美国人购买一幅中国山水画。如果从画的审美价值入手，可能遭遇心理抵触。这是因为西方人崇尚的是油画，他们有关中国画的审美价值观念肯定与我们不一样，就不愿意购买这幅画。然而，如果我们对这位美国人强调的是中国山水画的投资潜力，强化其"增值"的价值观的话，他就很可能动心。具体说，要想说服消费者购买某种商品，就务必顺应并强化他们的价值观,变消极的价值观为积极的价值观。又如,有人在推销雅芳化妆品时就遇到过这样的问题,不少女性消费者认为使用化妆品是"妖里妖气""不正经"等。因此,雅芳的广告就应建立和强化女性美容的价值观,使她们觉得恰当得体的化妆会给人以精神焕发、高贵典雅的体验,有利于表露内在美,它是符合时代文明要求的。一旦美容化妆的价值观在消费者的思想观念中建立起来,她们购买美容化妆用品的行为就会增多。

(二) 风俗习惯与广告接受

不同的种族、地域、社会制度以及职业等都可形成不同的风俗习惯,形成不同的社会态度,引起不同的购买动机,因而营销活动必须"入乡随俗""入国问禁",针对不同的社会风俗习惯,才能取得良好的效果。一般说来,以下几方面的风俗习惯可能会影响消费者对广告的接受。

1. 种族习惯

不同的种族有各自不同的习惯。例如,黑种人一般爱穿浅色服装,黄种人一般爱穿深色服装。

2. 地域习惯

不同的地域也有不同的习惯。例如,北方人喜欢炖煮,南方人喜欢炒溜;川贵湘人喜欢吃辣,江浙上海人则喜欢吃甜。热带地区的人喜欢吃清淡的食物,寒带地区的人爱吃味道浓重、刺激性强的食物。

3. 民族习惯

我国的 56 个民族在生活习惯、崇尚爱好上都有各自的特点。

4. 不同国家有不同的习惯

不同的国家之间风俗习惯差别更大。意大利人把雏菊奉为国花,但在拉丁美洲有的国家视菊花为妖花,只有在送葬时才会用菊花供奉死者,法国人也认为菊花是不吉利的象征。

(三) 教育文化背景与广告接受

在不同文化背景下,接受不同教育的人对同一事物的看法也各不相同。同理,受教育程度不同的人对广告的认识与理解也存在较大差异。文化层次低的人看到的可能是事物的表面,文化层次高的人可能会发掘事物的本质。同一广告主题在不同社会教育文化情景下,它的表现会有所不同,被人们接受的情况亦大有差异。成功的广告通常能洞察当地人文特点,让自己的广告变得易于接受。例如"万宝路"的广告,它的"多彩多姿的动感世界"主题长久不衰,西部牛仔粗犷、勇敢的形象已深入西方人的心中。在中国香港,当地人的文化教育背景与英国相似,所以"万宝路"在香港播出的广告是一群衣冠楚楚的绅士,带着漂亮的小姐在草地上漫步。但中国内地播出的"万宝路"电视广告是身穿民族服装的数以千计的中国人用民族乐器齐奏"万宝路"主题曲,连续多年资助中国"万宝路"锣鼓大赛。这些变化都表明营销活动考虑了当地的社会文化及消费者所受教育的背景等因素,其目的都是想让自己的广告消除心理抵触,让消费者容易接受。

本章知识要点

1. 消费者行为学是心理学的应用领域之一，它主要研究说服大众购买商品的心理过程，即研究营销活动过程中所涉及的心理现象、本质、规律及方法的一门学问。

2. 消费者行为学的研究内容十分广泛，例如消费者的行为与心理特点，以及增强营销活动效果的心理学规律及应用。

3. 消费者行为学的作用是促使营销活动突破常识水平，使营销活动符合人的心理规律，并有效地应用这一规律，使得营销或广告承诺能够顺利地进入消费者的内心世界。

4. 从消费者心理与行为的角度来看，一个出色的、能打动人心的营销活动具有以下几个基本特征：①唤起消费者的注意；②启发消费者的联想；③说服消费者去行动。

5. AIDMA是注意（Attention）、兴趣（Interest）、欲望（Desire）、记忆（Memory）和行动（Action）这五个英文单词首字母的缩写，具体指广告作用于消费者所经历的心理历程，即"引起注意→产生兴趣→激发欲望→强化记忆→促使行动"，这五个环节又被通俗地称作"广告五字经"。

6. 消费者决策过程模型（Consumer Decision Process Model，CDP模型）描述了一个消费者头脑中形成购买决策的核心路径。

7. CDP模型描述了消费者决策过程的7个主要步骤，它们分别是：①需求确认；②搜集资料；③购买前评估；④购买；⑤使用；⑥用后评价；⑦处置。

8. 消费者购买产品的第一阶段就是需求确认。

9. 消费者会从各个他们感到方便的渠道搜集产品的信息。这些渠道可以归类为市场导向的和非市场导向的。所谓市场导向就是指市场经营者主导的，非市场导向是不为市场经营者主导的。

10. 消费者处理信息过程所涉及的步骤：①展露；②注意；③理解；④接受；⑤保持。

11. 消费者搜集资料的核心内容（即需要记忆的内容）有以下三个方面：①用什么标准评定此产品的优劣？②需要考虑什么品牌？③这个品牌能否满足起初的评定标准？

12. 消费者在搜集资料过程中做出选择性评估。在这个阶段，在对各种各样的产品或服务的比较、对比和挑选中，他们会考虑这样的问题："我的选择对象是什么""哪一个是最好的"，等等。

13. 在决定是否购买以后，消费者将进入以下两个阶段：①从很多零售商中选择其中一个；②在店内选择时往往会受到销售人员、产品陈列及POP的影响。

14. 当购买完成后，消费者就拥有了该产品，使用该产品的过程也就随之产生，这就是产品使用阶段。

15. 在用后评价阶段，消费者会体验到对产品满意或不满意的心理反应。满意度最主要的决定因素是消费过程，也就是说消费者在使用过程中，该产品的表现是否像他们所期望的那样。

16. 处置是消费者决策过程模型的最后一个阶段，消费者的选择可能是完全丢弃、回收利用或低价转让。

17. 营销活动对消费者行为的影响渗透消费决策的各个阶段：①在需求确认阶段，营销活动可以唤起消费者的购物需求，使其产生购买欲望；②在资料搜集阶段，为消费者提供有关的商品信息，为其选购商品提供指导；③在购买前评估阶段，可直接影响人们对品牌的选择；④在用后评价阶段，营销传播最大的一个作用是强化消费者对自己购买决策的满意度。

18. 时尚，俗称时髦。时尚是一种重要的社会文化现象，是在整个社会中传播的、周期性的、自发的、短暂的标准式样，反映在人们心理上，时髦则是一种普遍的、易变的、不稳定的社会心理。

19. 消费时尚的特点：①社会发展推动时尚发展；②时尚遵循"新奇原则"；③时尚遵循"从众原则"；④时尚遵循"价值原则"。

20. 一般说来，流行具有以下几个特点：①流行的阶段性；②地域之间的差异；③品牌与品质的差异；④时间的差异。

21. 流行一般要经历这样几个阶段：①初始阶段；②效仿阶段；③经济阶段。

22. 营销活动运用流行趋势影响消费者的几个常用方法：①留心社会名流；②关注发展阶段；③利用地域差异；④打好"时间差"。

23. 营销活动除了实现其商业功能外，同时也在实现社会文化的传播功能。一方面，社会文化制约着消费者的某些心理欲求，抑制某些不为本社会所允许的动机与欲望；另一方面，特定的社会文化也能促使消费者产生商品需求与购买动机。

24. 价值观是指社会组织中的人们对本组织及其相关的人、事、物的意义及其重要性的基本评价与共同看法，以及这种评价和看法的取向和标准。

25. 一般说来，以下几方面的风俗习惯可能会影响消费者对广告的接受：①种族习惯；②地域习惯；③民族习惯；④不同国家有不同的习惯。

26. 在不同文化背景下，接受不同教育的人对同一事物的看法也各不相同。同理，受教育程度不同的人对广告的认识与理解也存在较大差异。

测试题

一、**单项选择题**（在每小题备选答案中只有一个是正确的，请将其选出并把选项前的字母填在题后括号内）

1. AIDMA 中的 I 是下列哪个英文单词的首字母？（　　）
   A. Internet   B. International
   C. Interest   D. Interaction

2. AIDMA 中的 M 是下列哪个英文单词的首字母？（　　）
   A. Monday   B. Memory
   C. Money   D. Moony

3. CDP 模型的具体含义是（　　）。
   A. Consumer Decision Process Model   B. Consumer Direct Process Memory
   C. Comma Decision Process Model   D. Consumer Decision Project Memory

4. 消费者搜集产品信息的渠道可以归类为（　　）。
   A. 主观性的渠道和客观性的渠道   B. 生理上的渠道和心理上的渠道

C. 社会导向的渠道和经济导向的渠道 　　D. 市场导向的渠道和非市场导向的渠道

5. CDP 模型描述了消费者决策过程的（　　）。

A. 4 个主要步骤　　　　　　　　　　　B. 5 个主要步骤

C. 6 个主要步骤　　　　　　　　　　　D. 7 个主要步骤

二、多项选择题（在每小题备选答案中有 2~5 个正确答案，请将正确选项前的字母填在题后括号内）

1. 从消费者心理与行为的角度来看，一个出色的、能打动人心的营销活动具有以下几个基本特征：（　　）。

A. 唤起消费者的注意　　　　　　　　B. 广告效果立竿见影

C. 立刻击败竞争对手　　　　　　　　D. 启发消费者的联想

E. 说服消费者去行动

2. 消费者处理信息过程所涉及的步骤：（　　）。

A. 展露　　　　　　　　　　　　　　B. 注意

C. 理解　　　　　　　　　　　　　　D. 接受

E. 保持

3. 消费时尚的特点：（　　）。

A. 社会发展推动时尚发展　　　　　　B. 变异或是变态

C. 时尚遵循"新奇原则"　　　　　　　D. 时尚遵循"从众原则"

E. 时尚遵循"价值原则"

4. 一般说来，流行具有以下几个特点：（　　）。

A. 流行的阶段性　　　　　　　　　　B. 地域之间的差异

C. 现象与本质的差异　　　　　　　　D. 品牌与品质的差异

E. 时间的差异

5. 营销活动在运用流行趋势来影响消费者的几个常用的方法是：（　　）。

A. 留心社会名流　　　　　　　　　　B. 营销者自己要身体力行

C. 关注发展阶段　　　　　　　　　　D. 利用地域差异

E. 打好"时间差"

三、名词解释题

1. 消费者行为学
2. "广告五字经"
3. 时尚
4. 价值观

四、简答题

1. 简述 AIDMA 法则的核心内容。
2. 简述 CDP 模型所描述的 7 个主要步骤。
3. 消费者搜集资料的核心内容（即需要记忆的内容）有哪几个方面？

五、论述题

1. 从消费者心理与行为的角度来看，一个出色的、能打动人心的营销活动应该具有哪些基本特征？试联系实际谈谈你的看法。

2. 试述在消费决策的各个阶段，营销活动是如何对消费者行为产生影响的。试用你所搜集到的案例联系实际陈述你的观点。

六、案例分析讨论题

仔细阅读本章的开篇案例，然后回答以下问题：

1. 速溶咖啡与一次性尿布的故事给我们的启发是什么？
2. 试述在用后评价阶段，消费者是如何体验对产品的满意或不满意的。
3. 试阐述一下广告的社会文化功能。

第二章
消费者的需求与激发

开篇案例

如何把梳子卖给和尚

营销与广告能够创造需求吗？关于营销与广告能否创造需求，一直是一个值得争论的问题。一个非常有名的营销问题是："如何把梳子卖给和尚？"请看下面这则故事。

一家著名跨国公司高薪招聘营销人员。消息传出，应聘者蜂拥而至，但这些人拿到公司考题后却面面相觑。原来公司要求每位应聘者在10日之内尽可能多地把木梳卖给和尚，为公司赚得利润。

此题一出，应聘者百口悠悠：想那出家和尚，剃度为僧，六根已净，要木梳何用？应聘者议论纷纷，多作鸟兽散，仅剩下A、B、C三人。

按照公司的要求，三位应聘者奔赴各地，知难而进，闯江湖，卖木梳。

期限到，诸君交差。面对公司主管，A君满腹冤屈，涕泗横流，声言：10日艰辛，仅卖出一把木梳。自己前往寺庙推销，不料遭众僧责骂，被轰出山门。在归途之中，偶遇一游方僧人。自己将木梳奉上，并含泪哭诉。游僧动了恻隐之心，才解囊买下。

听罢A君叙述，公司主管深表同情。轮到B君，他声称卖掉10把木梳。为推销木梳，自己不辞辛苦，深入远山古刹。由于此处山高风大，前来进香者，头发被风吹得散乱不堪。见此情景，B君忙找到寺院住持，对他侃侃而谈：庄严宝刹，佛门净土，理应沐浴更衣，进香拜佛。倘若衣冠不整，蓬头垢面，实在亵渎佛祖。故应在每座寺庙的香案前摆放木梳，供前来拜佛的善男信女梳头理发。住持闻之，认为言之有理，便采纳了建议，总共买下10把木梳。

公司主管听罢，点头称赞。此刻，C君汇报，不慌不忙，从怀中掏出一份订单，自称已卖出1 000把木梳，并且还需火速发货，以解货源不足之急。听此言，A、B两人啧啧称奇，公司主管也大感不解。C君解释说，为推销木梳，自己打探到一个久负盛名、香火极旺的名刹宝寺，向方丈进言：凡进香朝拜者无一不怀有虔诚之心，希望佛光普照，恩泽天下。大师是得道高僧，且书法超群，可将所题"积善"二字刻于木梳之上，赠予进香者，让这些善男信女梳却三千烦恼丝，青灯黄卷绝尘缘，以显示我佛慈悲为怀，保佑众生，慈航普度。方丈听闻，大喜过望，口称阿弥陀佛。此举一出，一传十，十传百，寺院不但盛誉远播，而且为求"积善梳"而进山朝圣者众多，简直挤破了脑袋。为此方丈恳求C君急速返回，请公司多多发货，以成善事。

众人听罢，如醍醐灌顶，甘露洒心，自叹不如，对 C 君此举，佩服得五体投地。

资料来源：吴柏林. 广告策划与策略 [M]. 2 版. 广州：广东经济出版社，2009：35.

这一则"让和尚买梳子"的故事，通常被作为"创造需求"的典型案例。故事中的 C 君简直就是一个"制造"需求的高手！虽然"让和尚买梳子"只是一个智者虚构的故事，但它本身颇有一些启发营销者思考的地方。

人类的一切活动总是以需求为中心的，人的行为总是直接或间接、自觉或不自觉地为了实现某种需求。需求是人对特定目标的渴求与欲望，是推动行为的直接动力。所谓需求是个体在一定的生活条件下，感到某种欠缺而力求获得满足的一种内部状态，是有机体对延续和发展生命所必需的客观事物的需求和欲望的反映。当消费者有某种需求有待满足时，他就有动力购买某些具有某种使用价值或交换价值的产品或服务。

本章研究消费者的需求与激发。首先介绍马斯洛的需求层次理论，核心内容是需求的五个层次、五种需求的排列关系以及优势需求决定行为；其次进入针对消费者基本需求的营销策略，以生理、安全、社交、尊重到自我实现的需求为线索，给出相应的营销策略；再次介绍针对消费动机的营销策略，从动机的概念到动机冲突；最后研究消费者的介入与营销策略，从消费者的介入的概念到积极的与消极的、低介入与高介入几个方面，分别展开学习过程。

第一节 马斯洛的需求层次理论

需求反映了有机体对其生存和发展的条件所表现出的缺乏。这种缺乏既可能是生理的，也可能是心理的。在正常状态下，有机体的生理状态和心理状态是趋向于均衡的，这种均衡是个体维护其生存的条件。倘若机体内或者心理上出现某种缺乏，便会导致均衡状态的破坏。在这种场合，机体就处于一种不舒服的紧张状态。只有减少或消除这种紧张状态，才能恢复到原有的满意状态。需求可以看作减少或消除这种紧张状态的反映。

早在 1943 年，美国心理学家马斯洛在《人类动机理论》一文中首次提出了需求层次理论，并于 1954 年在其著作《动机与人格》中做了进一步阐述。马斯洛的需求层次理论对我们研究消费者的需求与行为有很大的启发性。

马斯洛认为人有许多基本需求，并将这些需求排成一个具有高低层次的系统。马斯洛的需求层次理论主要有三个方面的内容：人类有五种基本需求，需求是有层次的，行为是由优势需求决定的。

一、需求的五个层次

（一）生理的需求

这是人类为了维持其生命最基本的需求，也是需求层次的基础。如果衣食住行、空气和水等这类需求得不到满足，人类的生存就成了问题。从这个意义上来说，这些基本的物质条件是人们行为最强大的动力。马斯洛认为，当这些需求还未达到足以维持人们生命之时，其他需求将不能激励他们。他说："一个人如果同时缺少食物、安全、爱情及价值等，则其最强烈渴求的当推对食物的需求。"

（二）安全的需求

当一个人的生理需求得到了一定的满足之后，他就想满足安全的需求。即不仅考虑到眼前，而且考虑到今后，考虑自己的身体免遭危险，考虑已获得的基本生理需求及其他一切不再丧失和被剥夺。例如，要求摆脱失业的威胁，要求在生病及年老时生活有保障，要求工作安全并免受职业病的危害，希望避免严格的监督以及不公正的待遇，希望干净和有秩序的环境，希望免除战争和意外的灾害，等等。

（三）社交的需求

当生理及安全的需求得到相当的满足后，社交的需求便占据主导地位。因为人类是有感情的动物，希望与别人交往，避免孤独，希望与伙伴和同事和睦相处，关系融洽。人希望归属于一个团体，以得到关心、爱护、支持、友谊和忠诚。人为什么要归属于一个团体？因为人们有一种把与自己信念相同的人找出来的倾向，以此来肯定自己的信念，特别是当一种信念发生危机时尤为如此，这时他们便聚在一起，并试图对所发生的事及他们的信仰达成一个共同的认识。社交的需求比生理和安全的需求来得细致，每个人之间的差别也比较大，它和一个人的性格、经历、教育、信仰都有关系。例如能力强又能自处的人，其归属感的表现就比较淡薄。

（四）尊重的需求

当一个人满足了归属感的需求以后，他通常不只是满足做群体中的一员，而且产生了尊重的需求，即希望别人承认自己的工作、人品、能力和才干并给予较高的评价，希望自己在同事中有一定的声誉和威望，从而得到别人的尊重并发挥一定的影响力。

（五）自我实现的需求

马斯洛认为这是最高层次的需求，当尊重的需求得到满足以后，自我实现的需求就成为第一需要。自我实现的需求就是要实现个人理想和抱负、最大限度地发挥个人潜力并获得成就的需求，它是一种"希望能成就其独特性的自我的欲望，希望能成就其本人所希望成就的欲望"。这种需求往往是通过胜任感和成就感来获得满足的。所谓胜任感是指希望自己担当的工作与自己的知识能力相适应，工作带有挑战性，负有更多的责任，工作能取得好的结果，自己的知识与能力在工作中也能增长。所谓成就感表现为进行创造性的活动并取得成功。具有这种特点的人一般给自己设立相当困难但可以达成的目标，而且往往把工作中取得的成就本身看得比成功以后所得到的报酬更为重要。

二、五种需求的排列关系

马斯洛认为，对一般人来说，这五种需求由低到高依次排成一个阶梯，当低层次的需求得到相对的满足后，下一个需求就占据了主导地位，成为驱动行为的主要动力。在这里，生理的需求和安全的需求属低级需要，尊重的需求与自我实现的需求属于高级需要，社交的需求为中间层次，基本上也属于高级需求。必须先满足低级需求，才能逐级上升（见图2-1）。我国古代思想家管仲说"仓廪实，则知礼节；衣食足，则知荣辱"，讲的就是这个道理。

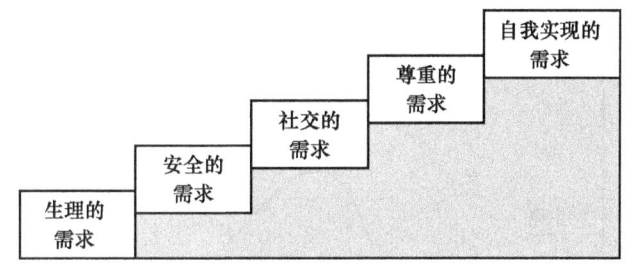

图2-1　五种需求的排列关系

注：在马斯洛看来，人们的五种需求由低到高依次排成一个阶梯，当低层次的需求得到相对的满足后，下一个需求就成为驱动行为的主要动力。

马斯洛又认为，这个层次顺序并非很"刻板"，而是有许多例外的，例如涉及理想、崇高的社会和价值，具有这种价值观的人会成为殉难者，他们为了某种理想或价值将牺牲一切。由此可见，人们对需求的追求不同。当一个人同时面临多种需求时，他应该如何做出选择？这便涉及"优势需求"的问题了。

三、优势需求决定行为

马斯洛认为，在同一时间、地点和条件下，人存在多种需求，其中有一种占优势地位的需求决定着人们的行为。当一种需求满足以后，一般地说它就不再是行为的积极推动力，于是其他需求就开始发生作用。但不能认为某一层次的需求必须完全满足之后，下一层次的需求才会成为优势。实际上，优势需求满足后出现的新需要并不以突然的跳跃的形式出现，而是以缓慢的速度从无到有、由弱到强、逐步发生。因此，马斯洛的需求层次理论并非一种"有"或"无"的理论结构，它只不过是一种典型模式，这种需求分类只说明了一种基本的趋向，即需求具有不同层次，这种层次的优势又是不断变动的，当优势需求获得满足以后，它的动力作用随之减弱，高一级的需求才处于优势地位。

这五种需求的关系如图2-2所示。

可以从图2-2中的心理发展横轴上任取一点，分析了解个体动机结构的内容。例如，在A点上，此人的生理需求最为迫切，其次为安全的需求，其他三个层次的需求尚未提上日程，这相当于在生活水平低下的国家，生理的需求与安全的需求对个体行为具有明显的推动作用；在B点上，社交的需求对他们的影响最大，其次是安全的需求，生理的需求已获相当的满足，而尊重与自我实现的需求已经开始发展，但对行为的推动作用尚微；在 C 点上该人的行为主要由尊重的需求决定，自我实现的需求已有相当大的作用，而生理与安全的需求已退居下位。

马斯洛认为，由于各人的动机结构发展的状况不同，这五种需求在体内形成的优势位置也就不同，但是任何一种需求并不因为高层次的需求获得满足而自行消失，只是对行为的影响比重减轻而已。此外，当一个人的高级需求和低级需求都能满足时，他往往追求高级需求，因为高级需求更有价值，只有当高级需求得到满足时，才具有更深刻的幸福感和满足感。但是如果满足了高级需求，却没有满足低级需求时，有些人可能牺牲高级需求而去谋取低级需求，还有些人可能为了实现高级需求而舍弃低级需求。

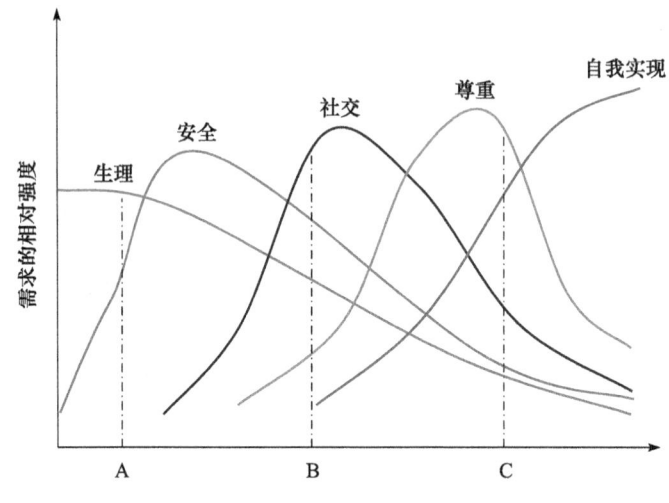

图 2-2　优势需求决定行为

注：从图中心理发展横轴上任取一点，分析了解个体动机结构的内容。例如在 C 点上人的行为主要由尊重的需求决定，自我实现的需求已有相当大的作用，而生理与安全的需求已退居下位。

资料来源：吴柏林．公司文化管理［M］．2 版．广州：广东经济出版社，2007：92.

第二节　针对消费者基本需求的营销策略

了解人类的基本需求对营销策划来说是十分有益的，针对人类的五种基本需求，马斯洛分别给出了相应的描述，而这些描述对我们的营销策划具有指导作用。

一、基于马斯洛需求层次理论的各种策略

（一）关于生理的需求

包括吃、喝、拉、撒、睡与性，即表现为饥饿、口渴、感官刺激、困意和性行为等。在实际的营销策略中，描述生理的需求的关键词有：新鲜的、诱人的、芳香的、美味的、凉爽的、柔软的、香醇可口的、垂涎欲滴的、舒适柔软的、提神醒脑的、消肿止痛的、消除疲劳的、如醉如痴的等。这些描述大都与人的感觉器官直接相关，尤其是口感、味觉、视觉与听觉等，例

如食品、饮料广告尤其要适合人的生理需求。要针对人的生理需求的特点，精心设计广告，诱发人们的购物需求。

例如图 2-3 是可口可乐关于"喝"的一则广告："口渴不知季节。"

图 2-3　可口可乐："口渴不知季节"

注："口渴不知季节"是可口可乐营销史上最有影响力的广告口号之一。眼前这个画面，明媚的阳光下有两个身材健美的女孩，看着她们健康的古铜色肌肤在红红火火的可口可乐商标的映衬之下，使我们忽略了她们脚下的皑皑白雪，完全忘记了冬日的寒冷。

资料来源：上善若水的博客·广告设计论坛·中山大学校园博客 http://sysu.schoolblog.cn/lpswbl/column/633144883650312500.aspx。图片资料来源：http://202.116.65.195/advsite/asp_adv/adv/0300_cases/g11_fooddrink.htm。

（二）关于安全的需求

不仅包括确保我们的身体不受伤害，而且包括我们的财物或住所不受侵害，此外还有就业、投资、生活与学习的秩序及稳定性等。毫无疑问，信任感也是人类的安全需求之一。消费者对产品的耐用性、保修期或售后服务感到疑虑时，这正是他们的安全需求的一种表现，价格昂贵的耐用消费品更易激发消费者的安全需求。在实际的营销策略中，关于安全的需求的关键词有：耐久的、牢固的、有把握的、保险的、可靠的、销量大的、流行的、获奖的、有担保的、经过鉴定的、功能齐全的、可退换的、经过检测的、不易损坏的、有益健康的等。图 2-4 是关于安全的广告：有了安全帽，他才能笑得如此灿烂。

（三）关于社交的需求

说到社交的需求，在现实生活中，我们需要有人关注我们、关心我们、爱护我们，需要与他人和睦相处，认同家庭、寻根寻祖、结交朋友、受人赞扬，这些都属于社交的需求。社交的需求能激发人们强烈的爱心，对于营销传播的效果具有巨大的影响。我们在进行营销策划时，不妨多使用一些有助于激发社交需求的词语，关于社交的需求的关键词有：赞扬、钦佩、忠告、慈爱、关心、依赖、奉献、爱心等。

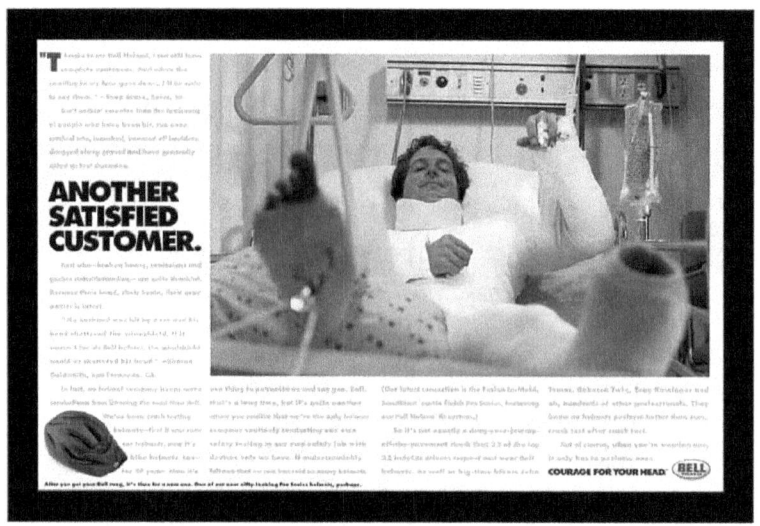

图 2-4　有了安全帽，他才能笑得如此灿烂

注：广告标题是"另外一个满意的顾客"。看到画面上这个遍体鳞伤的家伙，我们不禁感到纳闷：浑身上下不是石膏，就是绷带，为何还能笑得如此灿烂？瞅一眼左下方的安全帽，我们自然就明白了一切：有了安全帽，这小伙子才捡回了一条命啊！这小伙子好像在说："人还活着，真好！"

资料来源：上善若水. 关于安全需要的广告. 网易·上善若水柏树林的博客·广告心理论坛 http://lpsslwj.blog.163.com/blog/static/11673642520113128425 4444/。图片资料来源：http://ettc.sysu.edu.cn/policy/cmp_adv/0402_cases_graphics.htm。

（四）关于尊重的需求

尊重的需求是我们对声望、尊严、他人的尊敬、地位、胜任感、力量、成就等的需求，尊重的需求也是消费者购物的一个重要决定因素。某一品牌（通常是名牌产品）通常包含着一种尊重水平，产品的形象与消费者的自我形象一致就能够得到有效的认同。一位教师在上课时要穿得庄重一些以适合课堂的气氛，而一位社会名流通常以穿着考究的名牌服装来维护自己的尊严。因此，当我们在设计某一产品或对某一产品进行营销传播时，应充分考虑消费者尊重的需求。名牌产品一定要保持其产品品质的稳定性、广告宣传的一致性，以此维护自己的公众形象，树立公众的信心。下面这组关键词有助于激发顾客尊重的需求：一流的、获奖的、高贵的、华丽的、功能强大的、令人羡慕的、领先时代的、独一无二的、重大突破的等。

（五）关于自我实现的需求

人类需求的最高层次是自我实现。实现自己的潜能、展示自己的风度等都是用来描述自我实现这种方式的。有时，人们购买某一商品不是为了其实用价值，而是为了自我实现的价值，为了显示或证明自己的成功。有人不惜重金购置价值连城的工艺品并非为了转手赚钱，而是为了显示自己的价值，证明自己的成功，一句话，就是为了自我实现。下面这组关键词有助于激发自我实现的需求：成功的、圆满的、全面的、成熟的、独立的、最有价值的、无可挑剔的、前所未有的、一帆风顺的、心想事成的、一切尽在掌握的等。

二、机动灵活的综合策略

从操作层面上看，针对消费者需求的营销策划与创意，我们应该机动灵活地运用综合性的营销策略，可以从以下几个方面入手。

（一）营销激发——唤起消费者的潜在需求

如前所述，人类的一切活动（包括消费者的行为）总是以需求为中心的。但是，机体内或心理上的缺乏是否一定被个体自发地意识呢？回答是并不尽然。在消费领域亦是如此，潜在的消费需求也并不是都能为消费者意识到。只有潜在的消费需求被消费者意识到，才有可能成为其购买的动机。据美国一家商场的实地调查，发现72%的购买行为是在消费者只有朦胧欲望的情况下实现的；真正具有明确购买计划的购买行为才占购买者的28%。如何由朦胧欲望转化为明确购买行为，这就有求于营销传播的作用。在这里，是广告激发了消费者的潜在需求。换句话说，有效的营销传播可以激发消费者的购买动机。

（二）营销主题与定位——关注消费者的优势需求

任何商品总是满足消费者某方面的需求，不能满足一定需求的商品是卖不出去的。如前所述，人的需求是多方面的。这就决定了消费动机的多样性。不过，诸多需求中经常会有一种优势的需求。能否满足这种优势需求直接影响消费者对该商品的态度和购买行为。从商品本身来说，通常，一种商品是具有多种属性的，究竟突出哪个或哪些属性作为该商品的营销主题，这是营销策划的首要问题。在很多情况下，面面俱到地罗列产品所能满足的众多基本需求，不如准确抓住消费者的优势需求。只强调这个优势需求比强调众多的需求更能够发挥营销的传播效果。例如，国外有家制鞋商以为消费者对有关鞋的属性关心的顺序首先是式样，其次是价格、料子及小饰件，于是把营销的主题对准了鞋的式样，但是销路平平。后来，该制鞋商进行了实地调查，询问了5 000位顾客对鞋的关注点——优势需求。结果发现：42%的顾客表示"穿着舒服"，32%反映是"耐穿"，16%是"样式好看"，10%为"价格合理"。根据所得到的调查结果，制鞋商果断改换了营销的主题，由原来注重鞋的式样转变为穿着舒服、经久耐穿，结果市场效益大增。

（三）营销主题的变化与演进——追踪消费者的动态需求

人的需求是不断发展变化的，随着社会经济、科技和文化的发展，人的需求也在不断发展，所谓动态需求主要是指消费者需求的时间特征。了解人类需求的这一特点，敏锐观察消费者需求的动态变化，我们就可以及时更新产品营销的主题与定位，以此贴近市场、贴近消费者。从宏观方面说，人类需求的内容、水平和满足需求的方式都制约于社会经济的发展，即需求的时代性。另外，自然季节的变化也明显影响需求的变化，这是需求的季节性。从消费者个体方面说，优势需求与非优势需求也是会转换的。影响这种转换的因素是多方面的，可能来自自身原有需求的满足，也可能来自外部的变化，例如社会活动、事件、时尚与流行等。

第三节 针对消费动机的营销策略

如前所述,人类的一切活动(包括消费者的行为)都是建立在需求的基础之上的。需求是人类活动的根本动力。然而,需求往往只是一种潜伏的状态,只有当需求有了明确的对象,它才获得了激励和引导活动的机能,成为推动机体活动的力,这就涉及动机的概念。对于消费者购买动机的研究会直接影响营销的策划与策略。例如,贝克(Beck's)和喜力(Heineken)是两种主要由自信、高层次的男性专业人士所消费的进口啤酒。BBDO 广告公司的一项关于动机的研究发现,消费者购买喜力主要是出于对地位的显示,而购买贝克则是出于对个性的追求。基于消费动机的不同,两个啤酒品牌的营销策划与广告创意也就大不一样了。

一、动机及其多样性

需求和动机是两个十分相近的概念,动机必须以需求为基础,需求决定了动机。但两者又有细微的差异,需求主要强调的是有机体的匮乏状态,而动机主要是指某种需求已经被主体意识到,与一定的对象相联系,变成了激励和引导活动的力量。因此,我们可以把动机定义为推动人们寻求满足需求目标的动力。

动机的主要功能有两个:①唤起身体的能量,即激活一般的紧张状态,其功能表现在对其行为的发动、加强、维持直到终止;②指向个体所在环境中可满足需求的对象,这使得行为具有明显的选择性。

需求的多样性导致动机的多样性,不同的动机形成了一个动机系统,共同推动着人们去行动。人的动机可分为内在动机与外在动机。内在动机是以内部的奖励系统或强化系统为基础的,而外部动机则刚好相反,是以外在的奖励系统或强化系统为基础的。例如,当我们从事一件我们非常热爱的工作时,我们所在意的是工作的成就感而不是报酬如何,此时推动我们行为的力量来自内部;反过来,当我们从事一件并不喜欢的工作但又迫于生存的压力而不得不做时,我们更关注的是工作的报酬,此时推动我们行为的力量是来自外部的。

更有意义的是,动机的多样性还表现在动机的显性与隐性上,即动机可以分为显性动机与隐性动机。想象如果一个市场调研员询问你为什么购买某品牌的牛仔服时,你通常会回答:"它们很流行""我的朋友都穿它""它们很合身"或"它们看起来适合我"。然而,也许还有其他你不愿承认或没有意识到的原因:"它们能显示我富有""它们使我显得性感"或"它们使我显得更年轻"。以上原因的全部或部分都会影响对于一套牛仔时装的购买。这里提到的消费者意识到并承认的动机称为显性动机。事实上,与一个社会占主导地位的价值观相一致的动机比与其相冲突的动机更易为人们所意识到和承认。消费者未意识到或是不愿承认的动机称为隐性动机。

图 2-5 给出了一个关于购买凯迪拉克轿车的例子,这个例子提示了这两类动机是怎样影响购买行为的。在左边的实线框中,描述的是消费者可意识到并愿公开承认的购买动机;在右边的虚线框中,描述的是消费者无意识的或不愿承认的购买动机。消费者购买凯迪拉克的显性动机大致上有:"大汽车更宽敞、更舒适""它是一辆有卓越表现的车""它是高品质的汽车""我的好几位朋友都开它",等等。在右边的虚线框中,消费者购买凯迪拉克的隐性动机可能是:"它能显

示我的成功""它是一款强有力、性感的汽车""它能够让我赢得靓女的欢心",等等。

既然各种各样的显性动机和隐性动机都可能像图中显示的那样影响特定的购买行为,直接询问"你为什么购买凯迪拉克",通常会获得关于消费者的显性动机的合理评价。然而,要想确定消费者的隐性动机,则要复杂和微妙得多,如在本书第一章的开篇案例中关于速溶咖啡所运用的投射技术,就是用来探测消费者的隐性动机的。

凯迪拉克轿车的广告一直是以"高品质""更宽敞""更舒适""成功的""有地位的""卓越不凡的"等营销诉求方式来迎合消费者的购买动机,它不但注意到了消费者的显性动机,更加关注到了消费者的隐性动机。下面凯迪拉克的这一则"出人头地的代价"的广告更能说明问题。

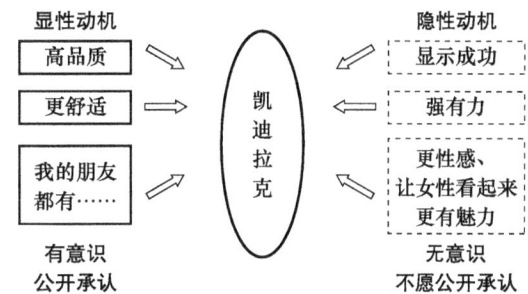

图 2-5 购买情境中的隐性动机与显性动机

注:在这个关于凯迪拉克轿车的例子中,说明这两类动机是怎样影响购买行为的。显性动机可能是"高品质""更舒适"与"我的朋友都买它",隐性动机也许是"显示成功""强有力"与"更性感、让女性看起来更有魅力"。

凯迪拉克:"出人头地的代价"

参考译文

在人类活动的每个领域，得了第一的人必须生活在世人公正无私的裁判之中。无论一个人还是一种产品，当其被授予了先进称号后，赶超和妒忌便会接踵而至。在艺术界、文学界、音乐界和工业界，报酬与惩罚总是一样的。报酬就是得到公认，而惩罚则是遭到反对和疯狂的诋毁。当一个人的工作得到世人一致的认可时，他同时也成为个别妒忌者攻击的目标。假如他的工作很平庸，那就没有什么人去理会他；如果他有了杰作，那就有人喋喋不休地议论他；嫉妒不会伸出带叉的舌头去诽谤一个只有平庸之才的画家。无论是写作、画画、演戏、唱歌，还是从事建筑业，只要你的作品没有打上杰出的印记，就不会有人力图赶超你、诽谤你。在一项重大成果或一部佳作已经完成后的很长一段时间里，失望和嫉妒的人仍会继续叫喊："那是不可能的。"外界早已将惠斯勒（Whistler）称颂为最伟大的艺术大师时，艺术界仍然流言纷纷，将自己的艺术大师说成是江湖骗子；当人们成群结队到音乐殿堂拜罗伊特（Bayreuth）向瓦格纳（Wagner）顶礼膜拜时，一小撮被他废黜或替代的人却气势汹汹地叫嚷"他根本就不是音乐家"；当众人涌向河边看轮船行驶时，少数人仍坚持说富尔顿（Fulton）绝不可能造出轮船。杰出的人遭到非议，就是因为他是杰出者。那些人要力图赶上他，只能再次证明他是出色的；由于未能赶上或超过他，就设法贬低和损害他——只能又一次证实那些人所努力取代的事物的优越性。这一切都没有什么新鲜。如同世界和人类的感情（嫉妒、恐惧、贪婪、野心以及赶超的欲望）一样，历来就是如此，一切都徒劳无益。如果杰出人物确实有其先进之处，他终究是一个杰出者。杰出的诗人、著名的画家、优秀的工作者，每个人都会遭到攻击，但每个人最终也会拥有荣誉。不论反对的叫喊有多响，美好的或伟大的总会流传于世，该存在的总是存在的。

资料来源：弗雷德·波普．世界百家超级公司广告最新广告剖析［M］．葛彦，万秀英，戴涛，译．大连：大连出版社，1994：36．

对于这一则广告，美国广告评论专家弗雷德·波普评价道：如果想了解一则优秀的广告是什么样子、它的基本原则是什么，那就去读一读凯迪拉克公司的"出人头地的代价"，这是一篇全文字的广告，其卓越的文案于1915年1月2日刊登在《星期六晚间邮报》上（距今已有百年的时间了），这则广告可以告诉你全部的答案。读完全篇广告差不多需要4分钟（在这一段时间里，你能够看完16个短的电视广告）。但是你必须相信，对于那些反对用长篇文字做广告的人来说，这篇广告无疑是驳斥他们的最好论证。

二、动机冲突：形式与对策

在现实活动中，人类活动的动机不仅具有多样性，而且还表现出不同的强度。另外，在动机系统中，通常还可能出现相互抵触的动机成分，它们被称作动机冲突。动机冲突的表现为以下四种形式：双趋式、双避式、趋避式和双重趋避式。动机冲突的解决会影响消费方式与行为。许多情况下，我们可以通过对可能出现的动机冲突的细心分析，运用营销策略为消费者提供缓解的方法，以达到影响消费者购买行为的目的。让我们对这四种形式及其相应的营销策略分述如下。

（一）双趋式

当消费者面临两个（或两个以上）具有吸引力的购买目标，可是因某种情况（例如经济条件的制约或其他原因）无法同时满足，即在这两者中只能选择一个，这就是双趋式动机冲突。一对年轻的情侣准备结婚，既想买车又要供房，还想购置高级音响。但是因经济条件的制约，只能抉择一两项，而不得不放弃其他，这正所谓"鱼与熊掌不可得兼"。在这种场合下，他们就会体验到这种类型的动机冲突，如图2-6所示。

图2-6　动机冲突的双趋式

一对刚刚拿到一笔奖金的年轻夫妇可能会为是到泰国旅游（求新动机）还是买一套组合音响（自我表现动机）的选择而处于两难境地——双趋式动机冲突。这时，一则鼓动采取某一行动的广告可能有助于解决这一冲突。例如"泰国双飞五日游只需2 000元"或"音响先试听一个月，满意后再付款"之类的优惠条件会促使他们立即做出决定。

（二）双避式

当消费者处于两个都需要回避的情境之下，可是因某种情况或某些条件的制约无法同时满足，实际只能回避其一，而不可能实现同时回避，因而形成双避式动机冲突。例如，一个用餐者只能在某个条件较差的食堂用餐，面对着可供选择的几个菜，无一感兴趣，但是又不能不用餐，因而只能回避其中更乏味的菜式。在日常生活中，当两种选择所产生的各种结果均是消费者所不希望发生的，这种冲突就出现了，如图2-7所示。

图2-7　动机冲突的双避式

一个人的旧洗衣机坏了，他既不愿花钱买新的，也不愿修理坏的，又不能没有洗衣机。此时，洗衣机厂商的一项关于"以旧换新"的广告缓解了消费者的这一冲突。另外，强调汽车的日常维护保养重要性的广告，如更换滤油器的广告，就是利用了这种冲突：及时更换滤油器要花钱，不及时更换滤油器今后可能要花更多的钱。广告语是："要么现在付，要么以后付得更多。"

如果把双趋式与双避式在这里做一个小结，我们不难设想，面临这两种选择，消费者都有自己的解决方案，可以用中国人常用的一句话来形象地描绘，就是"两害相权取其轻，两利相权取其重"。孰轻孰重？消费者就得参考你的广告是怎样说的了。

（三）趋避式

趋避式消费者面临的是一个积极与消极并存的情境。具体说，要实现一个可满足需求的目标，同时又得付出一定的代价。例如在非市场经济时代，"搭配销售"可能就是一种典型的表现形式：你要买上好的羊肉，就得给你搭个羊头！在这里，你想要的东西与不想要的东西并存，如果要得到你想要的东西，你就得付出相应的代价。

在商品经济比较发达的今天也是如此。对消费者来讲，你想要购买名牌产品，就得付出较高的经济代价；你想要买便宜的商品，就不得不冒假冒伪劣的风险。当消费者的某一购买行为会同时导致一正一反两种结果时，他就面临这种动机冲突，如图2-8所示。例如一个既想减肥又喜欢吃快餐的消费者想要享受快餐的美味（趋近）又担心体重增加（回避）。麦当劳的竞争对手温迪斯在其营销宣传中，针对其对手产品热量较高的特点，刻意强调自己产品的低热量，这种低热量快餐的推出能使希望控制体重的消费者大胆享用美味的快餐，从而缓解了这一冲突。此类广告的案例之一如图2-9所示。

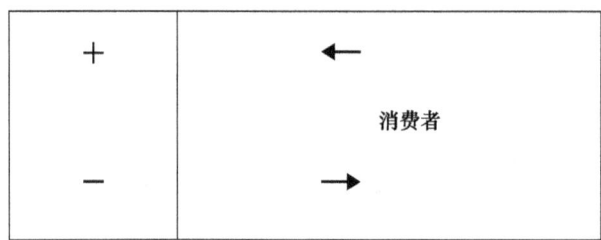

图2-8　动机冲突的趋避式

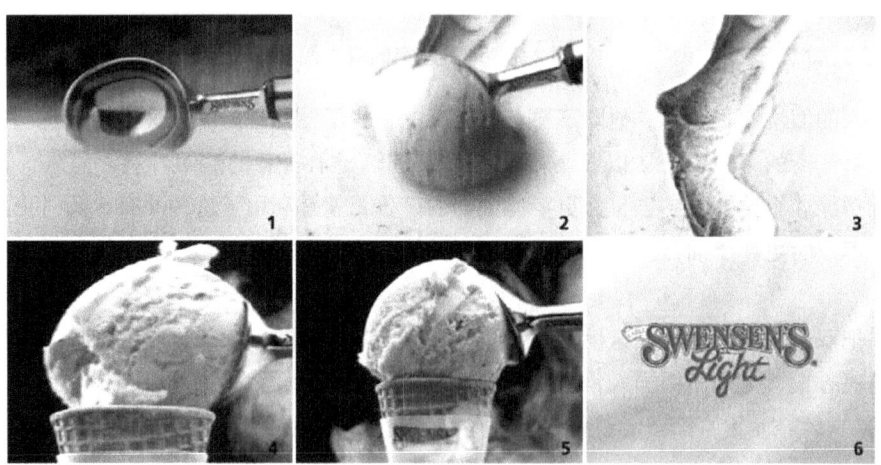

图2-9　Swensens Light冰激凌的获奖广告（用手机扫描图上方的二维码便可观赏）

注：吃冰激凌当然是女孩子的最爱，担心发胖又是其顾虑之一，此类趋避式的动机冲突在我们的生活中常常发生，孟子曰"鱼与熊掌不可得兼"，常言道"又想马儿好，又想马儿不吃草"。然而，Swensens Light冰激凌在广告中声称已解决了这一难题：尽管去吃吧，绝对不会发胖，Swensens Light让你保持身材苗条！（请留意2号和3号图中冰激凌上的划痕。）

资料来源：亚太国际广告奖获奖作品选. 中国民族音像出版社，2000. 观看网址：http://v.youku.com/v_show/id_XMzgxNDM1MjA=.html（图2-9是作者根据视频资料来源结合课程内容设计制作的）。

(四) 双重趋避式

双重趋避式的消费者处在这样一种冲突之中：被选择的两者都存在利弊。例如，消费者面对可供选择的两个品牌的产品，它们各有特色也各有短处，由此择一就可能出现双重趋避式冲突（见图2-10）。

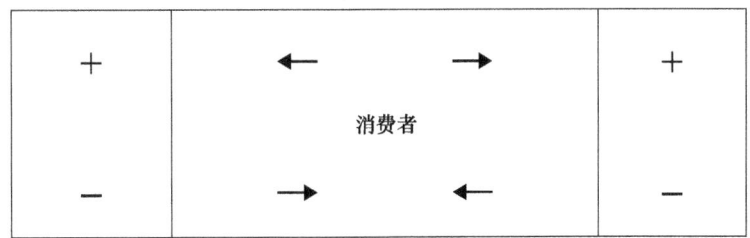

图2-10 动机冲突的双重趋避式

这个模式更加接近消费者选择的现实情况，它发生在多个品牌的产品之间，在商品经济发达的今天，消费者在琳琅满目、五光十色的商品面前表现得无所适从，这可以说是多重趋避式情景的现实表现。此刻，如何选择企业的产品定位、如何突出商品的卖点，都是营销策划人必须面对的课题，营销传播对消费者的引导作用就显得非常重要了。

成功的广告大都具有较强的感染力，而广告的感染力主要来自购买者确信广告给他们的正当承诺，即该产品的广告宣传能够恰到好处地迎合消费者的购买动机。

让我们回到本书第一章开篇案例中关于速溶咖啡与一次性尿布的例子。从这两个案例中可以看出，在消费者的心目中，产品的价值有时不表现在其物理特性上，而是体现在商品所表达的行为特点或心理特点上，事实上，速溶咖啡与一次性尿布销路不好的症结就出在消费者的购买动机上。消费者的购买动机有显性与隐性之分，要想确定消费者的隐性动机则复杂和微妙得多，因为它们常常是隐含着的，深藏于消费者的心理之中。

在速溶咖啡的例子中，因为购买此种咖啡的主妇被认为是喜欢凑合、懒惰的、生活没有计划的女人。在这种心理偏见之下，速溶咖啡成了主妇们消极体验的产品，在消费者心目中留下了不愉快的印象，这就是家庭主妇们冷落速溶咖啡的深层（隐性）动机。在一次性尿布的例子中，广告中关于省事省力的宣传却使母亲们产生了心理上的不安：给孩子用一次性尿布的母亲，必定是一个怕麻烦、懒惰的、浪费的、对孩子不负责任的母亲。

经过对消费者购买动机认真的调查、研究与分析之后，速溶咖啡的营销策划人改变了营销主题，在宣传上不再突出速溶咖啡不用煮、不用洗器具等省时省事的特点，转而强调速溶咖啡美味、芳香，以咖啡的色泽、质地来吸引消费者。避开家庭主妇们偏见的锋芒，消极印象被克服，速溶咖啡的销路就此被打开。一次性尿布的新广告着重突出该尿布比布质更好、更柔软、吸水性更强、保护皮肤、婴儿用了更卫生且更舒服等特点。把产品利益的重点放在孩子身上，淡化了对母亲方便省事的描述。于是，"一次性尿布"就受到了母亲们的普遍欢迎，因为它既满足了她们希望婴儿健康、卫生、舒适的愿望，又可心安理得地避免懒惰与浪费的指责，同时满足了这两方面的购买动机。由此可见，营销策划人准确把握消费者的购买动机（尤其是隐性动机）是产品广告成功的关键。

第四节　消费者的介入与营销策略

一、消费者的介入程度

消费者的介入程度可以通俗地解释为他们在购买决策过程中参与意识的高低。购买不同的商品，消费者的介入程度往往是不同的。对于某些商品，人们不加思索就可以决定是否购买，而对另一些较为贵重的商品却要犹豫再三，在深思熟虑之后才能决定是否购买。这里所说的"贵重"有两层意思：其一是"贵"，说的是商品价格昂贵；其二是"重"，说的是这件产品对消费者来讲意义重大，非常重要。对于这一类商品，即使购买之后，他们还总是耿耿于怀，算计着合不合适，思考着自己的购买决策是否恰当。

消费行为实际上是一种选择过程，而选择必然包含一定的风险。当人们决定购物时，尤其是决定购买大件商品时，这一决定与人的切身利益具有密切的关系。人们总要选择、权衡，力求把风险降到最低程度。人们要算计，这个商品好不好用、合不合算、价格是不是高、此时购买是不是最佳时机等。

通常来讲，购买某商品的风险有以下五种：

（1）功能的风险，即商品不能达到预期的性能所带来的风险；

（2）经济的风险，即商品是否值得花这么多时间、精力和金钱的风险；

（3）社会的风险，即商品招致别人看不起自己或导致不良看法所造成的风险；

（4）心理的风险，即不能确定购买商品会提高人的幸福感或者挫伤消费者的自信而产生的风险；

（5）物理的风险，即商品有可能给消费者的身体造成伤害的风险。

购买一件商品时，消费者面临的风险既可能是五种中的一种，也可能是几种的结合。比如购买空调，经济不宽裕的消费者主要面临的是经济的风险，但也可能有物理的风险，如噪声的大小、制冷效果的好坏。

当人们面对众多看似合理的方案时，每一种似乎都很有道理，但似乎又都存有一定的风险，那么怎样减少风险呢？消费者通常会自觉不自觉地遵循下面几个准则。

（一）信息准则

信息是选择的基础，信息越多，选择的余地越大，不确定性越小，选择到满意方案的可能性也就越大。一般来说，面临高风险水平的消费者比面临低风险水平的消费者更注重收集信息并受所收集的信息的影响。

（二）可行性准则

当进行购物决策时，消费者应当首先衡量一下自身的主观条件和外界的客观条件，制订一个切实可行的方案。例如在买大件商品时，一定要首先考虑自己是否真正需要，有无比这件商品更迫切的需求，不要盲目攀比。只有极少数人会不顾自己的经济实力，因贪图虚荣而购买自己并不是真正需要的东西。

(三) 择优准则

在现实生活中，许多消费者为了减少风险，选择质量可靠的产品，往往是要在两个乃至两个以上的不同产品中选择一个最优的或最符合自己的需求的，这就是我们通常所说的"货比三家"。一旦选购了某一产品，并且对该产品的质量感到放心，人们倾向于记住该产品的商标，下次购物时仍然购买该产品。这样就能够使自己的购买决策变得简单，从而降低了购买的经济风险。

消费者面临的风险与其对这种消费品的介入程度直接相关。如果消费者认为购买某一产品对他的生活关系重大，需要仔细考虑哪种商标，那么他的介入程度就比较高；如果消费者认为某一商品对自己无关轻重，他的介入程度就比较低。

决定介入程度高低的一个因素是消费者的收入水平。收入越高的人在购买一件重要商品时，个人的介入程度就越小。例如，对于一个家财万贯的老板来说，空调的购置微不足道；对于普通居民来说，买空调不是小事，不买空调，这夏日酷暑又怎么熬过去？买了空调，它质量不好怎么办？售后服务不好怎么办？从这个角度来看，介入程度的高低是随着消费者收入及生活水平的高低而上下波动的。

二、积极的与消极的消费动机

人们购买某一产品是出于需求的满足，而需求的满足有两个最直接的功能——趋利和避害，前者引起积极的消费动机，后者带来了消极的消费动机。

当消费者的购买是为了满足自己感官的快乐或精神的快乐，那么这种消费动机被称为积极的动机。例如，人们为了寻求感官的快乐而喝酒，为了追求精神享受而购买书籍，为了求得社会赞许而买名牌时装。

如果促使消费者购买某一商品的动力是为了减轻和避免某些不愉快的体验，这种消费动机就是否定的动机。例如，饮料可以解决口渴的问题，食物可以解决肚子饿的问题，雨伞可以解决淋雨的不适与尴尬，医药可以缓解身体的不适，购买保险可以防范不测。驱使人们购买与消费这类产品的动机是避免不快乐，解决面临的困境与难题。

有了积极的动机与消极的动机这两个概念，结合前面介绍的低介入与高介入的概念，我们可以得到下列矩阵所描述的四种情况：

	消极	积极
高介入	高介入的消极动机，如购买保险、购买贵重药品	高介入的积极动机，如度假、购买小汽车
低介入	低介入的消极动机，如口渴买汽水、下雨买雨伞	低介入的积极动机，如抽烟、喝酒

营销策划应根据消费者的购买能力和市场的具体情况来确定自己的产品应该属于哪个类别，根据不同的类别要求采取不同的营销传播策略。

三、低介入情况下的营销策略

如前所述,低介入的消费者经常体验较小的购物风险,对商品的选择通常是随意的、漫不经心的。针对这一特点,为这类产品做广告就应采取相应的低介入策略。

(一) 低介入且消极动机的营销策略

当消费者出于消极的动机购物时,他们一般不追求购物时的良好情绪,而是焦急而迅速地寻求问题的解决。因此,有关产品的广告所采取的主要策略应是强调产品能很有效地解决人们面临的问题,从而觉得购买这一产品是必需的。当某一产品隶属于低介入且消极动机的类别时,不妨采用以下营销传播策略。

(1) 强化消极的情感。当人们面临某一问题不能解决时,如果我们突出强调问题不解决带来的消极后果,使人们认识到不解决该问题将引起生活中的极大麻烦,人们就会重视这一问题,寻找解决问题的手段。例如海飞丝洗发水的广告,在画面上显示某姑娘与男友约会时出现令人生厌的头皮屑,在求职面试时也出现了头皮屑,使其十分尴尬。接着出现解决问题的镜头:展示一个对比实验,用了海飞丝这边没有了头皮屑,没用海飞丝的那边仍有头皮屑。这则广告调动了人们对头皮屑的厌恶情绪,取得了较好的广告效果。

(2) 突出难题。与引起消极情感有关的营销传播策略是突出难题,即先把消费者遇到的典型问题呈现出来,然后呈现正好能解决该难题的商品。例如芬必得的药物广告就是如此,广告一开始出现人们在饭桌上、会议上打喷嚏的不雅观镜头,然后描绘吃了芬必得24小时内立即见效,不打喷嚏了,也不流鼻涕了,病人又变得生龙活虎、精力充沛。提出难题使人们联想到自己身上曾出现过的或可能出现的此类问题,引起人们的注意和兴趣,其效果要比先呈现产品商标再描述产品的性能与功用好得多。

(3) 突出重点。由于低介入的商品大都是生活必备品或日常消费品,人们的介入程度较低,所以人们并不会花许多精力对之进行选择。因此,低介入的广告应当简明,突出产品最独特的、最重要的特性。不要列举一般特性,而是强调自己相较别人的优势之处。例如,热水瓶广告是一种低介入的广告,做广告时不妨突出它的保健作用,至于杀菌、卫生、解渴等功用可略而不谈。

(二) 低介入且积极动机的营销策略

如果消费者购物是出于积极的动机,则在选购商品时本身的介入程度并不高,面临较低的风险。既然是低介入的产品,那么在营销策划时应遵循简明扼要、重点突出的原则,与前面所述的营销策略的不同之处在于,消费者的积极动机所带来的积极情感。如前所述,积极的购物动机驱使消费者选购能为自己带来感官快乐或精神愉悦的产品,在购物过程中产生一种快乐的情绪和美好的体验。因此,这类产品的广告应力求使消费者对产品形成一种积极的态度,将产品形象与美好的事物联系起来。在做这种广告时应当注意到,广告的目的与其说是陈述产品的功用,不如说是唤起人们的美好体验和快乐的情绪。对于低介入且积极动机的广告来说,唤起肯定的和积极的情感体验是至关重要的,合适的情感体验会使消费者形成对商品的积极联想和肯定的态度。

化妆品是最常见的低介入且形成积极动机的产品，我们不难发现，几乎所有的化妆品广告都会有美丽、妩媚动人的妙龄少女。化妆品广告经常用知名的女电影明星做模特，在这方面不惜重金。女模特肌肤细腻有光泽，充满迷人的魅力，在使人们产生美好的感觉之后，再提示化妆品的品牌和功用，使消费者很容易接受。除了美丽的女明星可以唤起人们的良好情绪之外，还有许多其他事物，如憨态可掬的小动物、天真可爱的孩子、美丽如画的自然风光及优美动人的音乐等。一切美好的事物都能唤起人们美好的联想。营销策划中常常提到的"3B"模式就是美女（Beauty）、动物（Beast）与婴儿（Baby）英文首字母的缩写。

美女广告我们见得太多了，下面两则广告（见图 2-11 和图 2-12），一则是关于婴儿的广告，另一则是关于动物的广告。

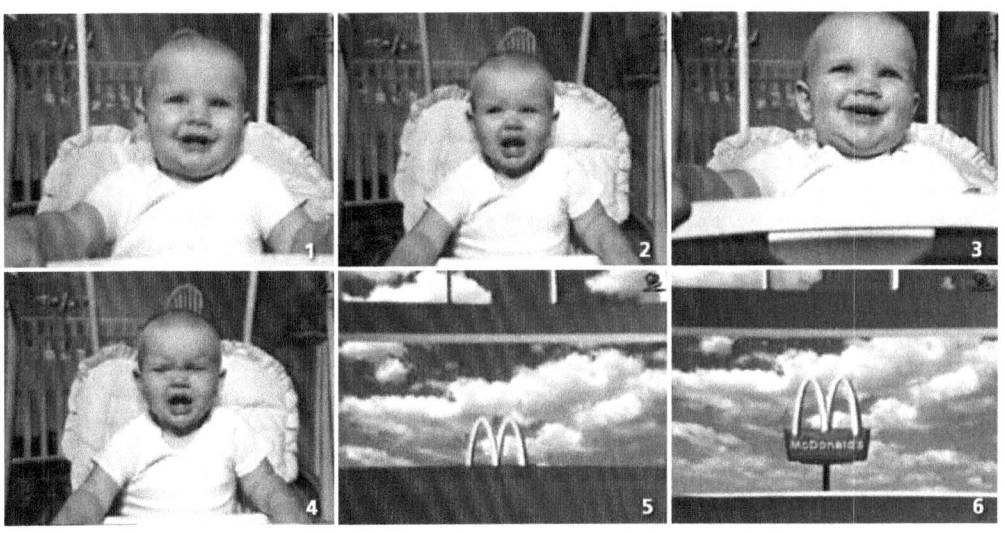

图 2-11　麦当劳：又哭又笑的婴儿（用手机扫描图上方的二维码便可观赏）

注：麦当劳的这则广告很有意思。画面上一个婴儿在荡秋千，当秋千落下时，他是哭的样子，当秋千升起时，婴儿又展现笑的表情，让人觉得不可思议！在广告的最后才揭开谜底：原来当秋千在高处时，婴儿可以透过窗子看到远处麦当劳的标志——笑了；当秋千落下时看不到——哭了。广告的主角是婴儿，一个不会说话（也不用说话）的婴儿，哭笑表情的刻画细腻但让人心中纳闷，广告设置的悬念勾起了消费者的好奇心，让你一定要看到结果——找到答案才肯罢休！

资料来源：第 43 届戛纳广告节，戛纳 1996 获奖影视广告．浙江电子音像出版社，1996. 观看网址：http://v.youku.com/v_show/id_XMjQxNTEwMTI=.html（图 2-11 是作者根据视频资料来源结合课程内容设计制作的）。

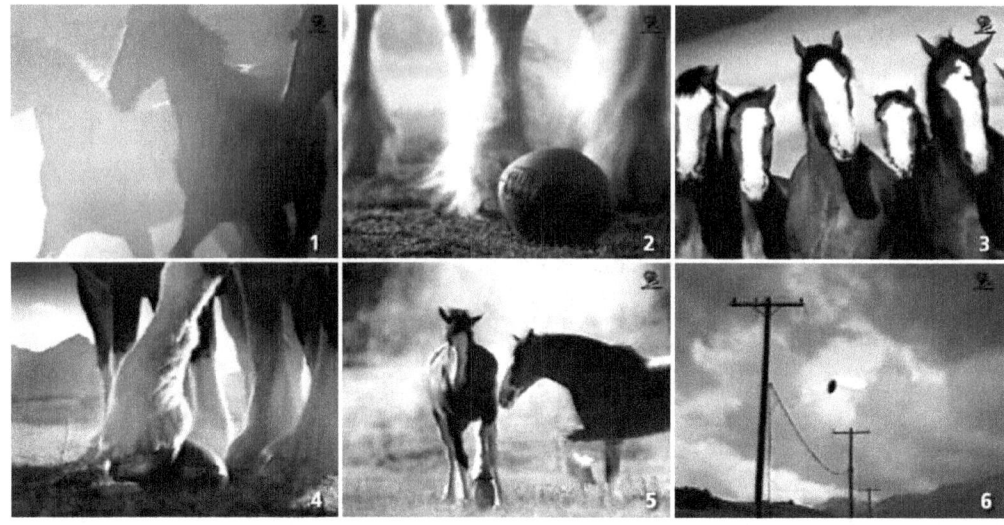

图 2-12　百威啤酒：骏马踢球（用手机扫描图上方的二维码便可观赏）

注：百威啤酒影视广告的显著特点之一是它常用、善用，更会用动物来做广告。这些动物小到蚂蚁，中到鹦鹉，大到骏马，故事情节引人入胜……画面上的两队骏马正在角逐一场马类的足球比赛，其故事情境之紧张、动作细节之真实不亚于真正的世界杯，让人赞叹不已。正如广告最后两位美国西部牛仔感叹的那样：只有百威，才能达此境界！

资料来源：第43届戛纳广告节，戛纳1996获奖影视广告．浙江电子音像出版社，1996．观看网址：http://v.youku.com/v_show/id_XMjI1OTIxMjg4.html（图 2-12 是作者根据视频资料来源结合课程内容设计制作的）。

低介入的广告应该适当地表达产品的功能，这种表达更要突出重点、简明扼要，并且要保持较高的重复频率。低介入且积极动机的广告要经常做，细水长流、常年不断，这样才能取得较好的宣传效果。

四、高介入情况下的营销策略

高介入的产品或服务使消费者承受了一定的风险，一般来说，这类产品投资很大，往往需要动用消费者多年的积蓄。如果选择失误，无论在经济上还是精神上都会给消费者造成很严重的影响。例如，对我国中心城市及沿海发达地区的居民来说，购买住房、轿车与高级音响等均属高介入的消费行为，而对于内地及欠发达地区而言，购买冰箱、空调、普通音响与电视就是高介入的消费行为了。

在对高介入的产品进行营销传播时，其策略与低介入的营销策略大不相同。在策略的层面上，应该注意以下几个方面。

(一) 调动起消费者的积极需求

人们的需求是随着经济的发展不断变化的。某一产品上市初期，营销传播应当着重诱发消费者对这类产品的需求，突出宣传该产品给生活带来的巨大好处和方便。需求是培养出来的，广告应起到诱导、培养需求的作用。在广告中，不妨让消费者自己谈谈体会——"现身说法"。当某种产品已激发普通人的需求后，即进入消费者购买周期的晚期之后，人们已经充分认识到该产品的重要性，并普遍接受了该产品，这时的营销传播再单纯地强调产品与需求的关系便不恰当了；在某一产品被广为接受之后，最重要的是强调该产品的质量、新功能，以满足人们对产品的更高要求。

(二) 善于运用理性的诉求

与低介入的广告相比，高介入的广告的主要目的不是唤起消费者良好的情绪和联想，而是促使消费者合情合理地选择。高介入的广告所要影响的消费者大都是一些慎重、积极主动收集信息、冷静的消费者，其中一些人甚至对所要购买的产品选择了很长时间，因此，营销活动要达到的效果首先是要提供重要的、有说服力的信息，使消费者感到广告所说之物是可信的，不是吹嘘。要做到这一点，高介入的广告应当利用较大的篇幅陈述商品的重要性和用途，使消费者详尽了解该产品的优点和特殊之处。例如，要宣传汽车，那么广告上就要说明你的汽车与别人的相比有哪些优势，如省油、便宜、舒适和耐用，把这些优点生动、细致地描绘出来。此外，在描述这些优点时要有理有据，令人信服。如果价格便宜，那么比其他同类产品便宜多少，为何比别人便宜，是因为采用了新材料还是新工艺。千万注意，在做高介入的广告时不可滥用夸张的手法，不可海阔天空地描绘与产品特性无关的东西。对于这类高介入的产品，人们追求的是质量，是一种安全感，而不是感官的一时享受。

奥尔斯泰特（Allstate）保险公司是 Sears 金融网的成员之一，它是美国第二大财产赔偿保险公司。由于该公司有很大一部分业务为汽车保险，所以它一直致力于一项公众服务——通过广告宣传推广使用安全气囊。进行大规模印刷品广告宣传的同时，还有一系列电视广告。这两种广告都运用了理性诉求来表现广告的真实性，让那些确曾在车祸中因使用安全气囊而保住性命的人证明在汽车中使用安全气囊的好处。Burnett 广告公司的艺术指导拍摄了 15 个手拿救过他们性命的安全气囊的人，包括一名幼儿（见图 2-13）。读者只要看到他们的笑脸就会相信，这些人正是撰稿人在标题中所说的"借助安全气囊活下来的人们"。为了区别开这些人物，将每个人的姓名和家乡都一一标出（见图 2-13 中每组人物头上方的小标注）。这群人几乎代表了各种年龄、民族及家庭情况的人，其中包括一名来自佐治亚州维达利亚的、漂亮的南高加索妇女，来自纽约布鲁克林的一位谢顶的父亲及他的女儿，一位来加利福尼亚州奥兰治的西班牙人，一名来自科罗拉多州利多东的牛仔式人物，俄亥俄州斯多的一对中年夫妇，弗吉尼亚州纽波特纽斯的两名黑人，以及一个考爱岛的夏威夷小伙子，等等，这些人都是典型的美国人。正像广告词中说的，奥尔斯泰特保险公司"从 1969 年起就主张司机和汽车制造商安装安全气囊"。这一为他人着想的精神为公司形象增色不少，同时也给该公司带来了实际利益。因为参加保险的人会从生命中得到更多，公司要赔偿的保险金当然也就减少了。

奥尔斯泰特保险公司：运用理性诉求的广告

图 2-13　奥尔斯泰特保险公司运用理性诉求的广告

广告原文

Living examples of people with air bags

Each of these people is here today because of their air bags. There are hundreds like them. Since 1969 Allstate has been urging drivers and car manufacturers to install air bags. We're pleased this message is now catching on. But we won't stop until everyone who gets behind the wheel gets behind an air bag. （Remember：Air bags together with seat belts are the safest combination.）

See your Allstate agent or write for a free list of cars that come with driver and passenger air bags. And get more out of life.

For information on air bags, write：Allstate Insurance Department 400. P. O. Box 7660. Mount Prospect. IL 60056-9961.

参考译文

借助安全气囊活下来的人们

这里的每个人都借助安全气囊活下来，像这样的人有许多。从1969年起，奥尔斯泰特公司就一直主张司机及汽车制造商在车中安装安全气囊。我们很高兴这一主张得到了认可。我们还将继续努力，直到每个人都愿使用这种安全气囊（记住：安全带加安全气囊是保障安全的最佳办法）。

请访问或写信给你的奥尔斯泰特代理，索要一份带有司机与乘客安全气囊的汽车的免费目录。

从生命中得到更多。

若需安全气囊的信息，来函寄：奥尔斯泰特保险公司，Department 400，P. O. Box7660，Mount Prospect，IL 60056-9961

广告附文

Sears 金融网成员，奥尔斯泰特，您的最佳选择

增强广告真实性的其他信息（见图 2-13 每组人物头上方的小标注）：

①科·门德斯,加利福尼亚州,奥兰治;②朗达·威廉森,佐治亚州,维达利亚;③霍华德·韦伯、杰西卡·韦伯,纽约州,布鲁克林;④索尼亚·斯科菲尔德,宾夕法尼亚州,科茨维尔;⑤恰雷格·赫伯特,新墨西哥州,阿尔伯克基;⑥德博拉·汉拉汉、詹姆斯·汉拉汉,新墨西哥州,阿尔伯克基;⑦威廉·海因斯、迈克尔·海因斯,弗吉尼亚州,纽波特纽斯;⑧雷蒙德·格林,科罗拉多州,利特尔顿;⑨玛丽·坎贝尔、卡尔·坎贝尔,俄亥俄州,斯多;⑩丰西亚·罗布,伊利诺伊州,芝加哥;⑪杰夫·哈希莫托,考爱岛,卡帕。

资料来源:弗雷德·波普. 世界百家超级公司广告最新广告剖析[M]. 葛彦,万秀英,戴涛,译. 大连:大连出版社,1994:14.

(三) 恰当运用比较策略

高介入的产品上市之后,人们往往不敢轻易购买。一是由于以前已经认同了某几种产品,从原有产品中获得了安全感;二是由于对新产品不了解,害怕冒风险。新的高介入的产品如何占领市场呢?不妨采用对比的广告来说明问题。俗话说,不怕不识货,就怕货比货。货比货是一种很有效的营销战术,尤其是当从前已经有若干种消费品获得好评的时候,新产品的对比广告更为有效。

(四) 注意区别消费者的层次

高介入的广告应根据不同层次的消费者的需求进行不同的宣传。同样是为住房做广告,当你向普通消费者宣传时,你应着重宣传房屋的实用性、方便性、结构的合理性;当你向富有者推销住房,你在广告中应突出房屋的豪华性、居住环境的优雅性、住房拥有者的社会地位等。再譬如,为某品牌钢琴做广告。对一般大众做广告应着重宣传该钢琴的音质、耐用性和其文化修养的功能,而对于那些富有的家庭应突出钢琴的社会赞许功能。比如电视上呈现出一间豪华客厅的一角,静静地立着一架锃亮的钢琴,来访的客人面对钢琴流露出羡慕和赞许的神色。而对普通家庭来说,这种气氛下的钢琴高昂的价格实在令人生畏。

本章知识要点

1. 早在 1943 年,美国心理学家马斯洛在《人类动机理论》一文中首次提出了需求层次理论,并于 1954 年在其名著《动机与人格》中做了进一步阐述。

2. 马斯洛认为人有许多基本需求,并将这些需求排成一个具有高低层次的系统。马斯洛的需求层次理论主要有三个方面的内容:人类有五种基本需求,需求是有层次的,行为是由优势需求决定的。

3. 生理需求是人类为了维持其生命最基本的需求,也是需求层次的基础。

4. 安全需求不仅考虑到眼前,而且考虑到今后,考虑自己的身体免遭危险,考虑已获得的基本生理需求及其他一切不再丧失和被剥夺。

5. 社交需求希望归属于一个团体以得到关心、爱护、支持、友谊和忠诚。

6. 尊重需求希望别人承认自己的工作、人品、能力和才干并给予较高的评价,希望自己在同事中有一定的声誉和威望,从而得到别人的尊重并发挥一定的影响力。

7. 马斯洛认为，在同一时间、地点和条件下，人存在多种需求，其中有一种占优势地位的需求决定着人们的行为。

8. 关于生理需求的关键词有：新鲜的、诱人的、芳香的、美味的、凉爽的、柔软的、香醇可口的、垂涎欲滴的、舒适柔软的、提神醒脑的、消肿止痛的、消除疲劳的、如醉如痴的等。

9. 关于安全需求的关键词有：耐久的、牢固的、有把握的、保险的、可靠的、销量大的、流行的、获奖的、有担保的、经过鉴定的、功能齐全的、可退换的、经过检测的、不易损坏的、有益健康的等。

10. 关于社交需求的关键词有：赞扬、钦佩、忠告、慈爱、关心、依赖、奉献、爱心等。

11. 关于尊重需求的关键词有：一流的、获奖的、高贵的、华丽的、功能强大的、令人羡慕的、领先时代的、独一无二的、重大突破的等。

12. 关于自我实现需求的关键词：成功的、圆满的、全面的、成熟的、独立的、最有价值的、无可挑剔的、前所未有的、一帆风顺的、心想事成的、一切尽在掌握的等。

13. 针对消费者需求和动机的综合性营销策略可以从以下几个方面入手：①营销激发——唤起消费者的潜在需求；②营销主题与定位——关注消费者的优势需求；③营销主题的变化与演进——追踪消费者的动态需求。

14. 需求和动机是两个十分相近的概念，动机必须以需求为基础，需求决定了动机。

15. 动机的主要功能有两个：①唤起身体的能量，即激活一般的紧张状态，其功能表现在对其行为的发动、加强、维持直到终止；②指向个体所在环境中可满足需求的对象，这使得行为具有明显的选择性。

16. 动机可以分为显性动机与隐性动机。消费者意识到并承认的动机称为显性动机。消费者未意识到或是不愿承认的动机称为隐性动机。

17. 动机冲突的表现为以下四种形式：双趋式、双避式、趋避式和双重趋避式。

18. 当消费者面临两个（或两个以上）具有吸引力的购买目标，可是因某种情况（例如经济条件的制约或其他原因）无法同时满足，即在这两者中只能选择一个，这就是双趋式动机冲突。

19. 当消费者处于两个都需要回避的情境之下，可是因某种情况或某些条件的制约无法同时满足，实际只能回避其一，而不可能实现同时回避，因而形成双避式动机冲突。

20. 趋避式消费者面临的是一个积极与消极并存的情境。具体说，要实现一个可满足需求的目标，同时又得付出一定的代价。

21. 双重趋避式的消费者处在这样一种冲突之中：被选择的两者都存在利弊，这个模式更加接近消费者选择的现实情况。

22. 消费者的介入程度可以通俗地解释为他们在购买决策过程中参与意识的高低。

23. 消费者购买某商品的风险通常有以下五种：①功能的风险；②经济的风险；③社会的风险；④心理的风险；⑤物理的风险。

24. 消费者通常会自觉不自觉地遵循下面几个准则：①信息准则；②可行性准则；③择优准则。

25. 人们购买某一产品是出于需求的满足，而需求的满足有两个最直接的功能——趋利和避害，前者引起积极的消费动机，后者带来了消极的消费动机。

26. 将积极和消极动机的概念与低介入和高介入的概念结合起来，可获得以下四种情况：①高介入的消极动机；②高介入的积极动机；③低介入的消极动机；④低介入的积极动机。

27. 对于低介入的产品，在营销策划时应遵循简明扼要、重点突出的原则。

28. 低介入且消极动机的营销策略有：①强化消极的情感；②突出难题；③突出重点。

29. 低介入且积极动机的广告要经常做，细水长流、常年不断，这样才能取得较好的宣传效果。

30. 高介入情况下的营销策略有：①调动起消费者的积极需求；②善于运用理性的诉求；③恰当运用比较策略；④注意区别消费者的层次。

测试题

一、单项选择题（在每小题备选答案中只有一个是正确的，请将其选出并把选项前的字母填在题后括号内）

1. 需求层次理论的提出者是（　　）。
   A. 卡尔·霍夫兰　　　　　　　　B. 大卫·奥格威
   C. 大卫·奥斯曼　　　　　　　　D. 马斯洛

2. 马斯洛认为，人类需求的最高层次是（　　）。
   A. 生理的需求　　　　　　　　　B. 安全的需求
   C. 社交与尊重的需求　　　　　　D. 自我实现的需求

3. 营销激发所关注的重点是（　　）。
   A. 如何唤起消费者的潜在需求　　B. 如何吸引消费者的注意力
   C. 如何形成消费者的态度　　　　D. 如何改变消费者的态度

4. 营销主题与定位所关注的重点是（　　）。
   A. 消费者的注意力　　　　　　　B. 消费者的优势需求
   C. 消费者的态度　　　　　　　　D. 消费者的情感

5. 营销主题的变化与演进所关注的重点是（　　）。
   A. 吸引消费者的注意力　　　　　B. 激发消费者的想象力
   C. 追踪消费者的动态需求　　　　D. 改变消费者的态度

二、多项选择题（在每小题备选答案中有2～5个正确答案，请将正确选项前的字母填在题后括号内）

1. 马斯洛的需求层次理论主要有以下几个方面的内容：（　　）。
   A. 人类有五种基本需求　　　　　B. 注意是需求的前提
   C. 需求是有层次的　　　　　　　D. 态度决定优势需求
   E. 行为是由优势需求决定的

2. 马斯洛提出的需求层次具体是指（　　）。
   A. 生理的需求　　　　　　　　　B. 安全的需求
   C. 社交的需求　　　　　　　　　D. 尊重的需求
   E. 自我实现的需求

3. 针对消费者需求和动机的综合性营销策略可以从以下几个方面入手：（   ）。

A. 营销激发——唤起消费者的潜在需求

B. 营销注意——消费者的注意是激发需求的前提

C. 营销主题与定位——关注消费者的优势需求

D. 营销记忆——没有记忆，再好的创意也是白费工夫

E. 营销主题的变化与演进——追踪消费者的动态需求

4. 动机冲突的表现为以下几种形式：（   ）。

A. 双趋式　　　　　　　　　　B. 双避式

C. 单向趋避式　　　　　　　　D. 趋避式

E. 双重趋避式

5. 消费者购买某商品的风险通常有以下几种：（   ）。

A. 功能的风险　　　　　　　　B. 经济的风险

C. 社会的风险　　　　　　　　D. 心理的风险

E. 物理的风险

三、名词解释题

1. 生理的需求

2. 优势需求

3. 双趋式动机冲突

四、简答题

1. 简述马斯洛的需求层次理论三个方面的内容。

2. 试列举几个关于自我实现的关键词。

3. 简述动机的主要功能。

五、论述题

1. 试述马斯洛的需求层次理论的核心内容，联系实际谈谈如何针对消费者需求和动机展开有效的营销策略。

2. 联系实际谈谈动机冲突表现的四种形式。

六、案例分析讨论题

仔细阅读本章的开篇案例与第二节中关于广告能否创造需求的争论，回答以下问题。

1. 如果你是故事中的公司主管，你会录取哪一位？试对 A、B、C 君各自的做法做一个简短的评价。

2. 书中图 2-3 所示的广告指出："不管有些人是如何想的，广告不可能让你购买你本来并不需要的东西。"试联系实际谈谈你的看法。

3. 研究一下"夏天来了，勿做惊人之举"的广告，就此讨论一下显性动机与隐性动机。

第三章
消费者的注意与引导

◎ **开篇案例**

野狼 125 摩托车：以悬念吸引注意力的策略

1973 年年底，中国台湾市场销售的摩托车由 12 家厂商出品。其中一家在生产规模、机器设备、员工技术、售后服务等方面均不输任何一家同业企业，但其销售情况始终落后，难以取得胜人一筹的市场地位。于是厂商想利用广告的力量帮助他们突破困局，这家摩托车制造商就是台湾三阳工业公司。

三阳公司计划在 1974 年度出产一款新型摩托车。为求新产品上市一举成功，他们选中了一家颇具规模的广告公司——台湾广告公司作为 1974~1975 年度的广告代理。经广告代理公司的精心策划，以大胆创新的广告手法，使得三阳工业公司声名大振，突破了营销困局，让同行与消费者刮目相看，也使其新产品野狼 125 摩托车创造了良好的销售业绩，获取超前的市场地位。此广告所产生的营销成果为台湾的广告史创造了一个令人难忘的神话。

……

首先为新产品命名。经过数次会商，广告代理的企划与设计专案小组想出了近 700 个名称。然后进行淘汰，淘汰到 15 个时再进行投票决选，投票时还邀请了多位消费者参加票选。结果"野狼"这个名称胜过了其他科学性、动物性等的名称。由于这次命名做得非常郑重，广告主从中获得不少有关广告的深刻印象。

接着编印摩托车正确使用方法手册，以供消费者索阅及做适当的分发。并编印四冲程摩托车挂图，悬挂在各地经销店。通过经销店的推销人员与受过广告主方面技术训练的维修人员，告知消费者许多这方面的常识，特别强调不能购用假机油，以免损伤车子。

同时编印大型海报一套，共 3 张（均为全开的），分送各地经销店张贴。这 3 张海报足以布满每家经销店的墙壁，且具有售点广告的作用。一时使得 500 家左右经销店均变为三阳摩托车的专卖店，声势甚强。海报上那位美丽的外国模特是通过台北的美国学校邀请来的，拍摄的质量很好，模特的表现实现了诱人欣赏的效果。

最重要的广告发布的战略与战术是在新产品正式上市前，造成全台湾地区消费者停止购买 6 天。这着棋下得颇为轰动、惊人。

1974 年 3 月 26 日，台湾两家主要的日报上刊出一则没有注明厂牌的摩托车广告。面积是八批 50 行。四周是宽阔的网线边，中间保留成一块空白。空白的上端有一则漫画式的摩托车插图，图的下面有 6 行字，内容是"今天不要买摩托车。请您稍候 6 天。买摩托车您必须慎重地考虑。有一款意想不到的好车就要来了"。

次日继续刊出这则广告，内容只换了一个字："请您稍候 5 天。"这天的广告引起了反响。同行打听明了是三阳的广告，纷纷向三阳发牢骚并询问："为什么这两天叫消费者不要买摩托车？"因为每家摩托车店的销售量都减少了。

第三天，继续刊出这则广告，内容重点仍只换了一个字，改为"请您再稍候 4 天"。这天的广告又引起了反响，广告主本身的各地经销店都抱怨销售量减少了。

第四天，内容取消了"今天不要买摩托车"一句，改为"请再稍候 3 天。要买摩托车，您必须考虑到外形、耗油量、马力、耐用度等。有一款与众不同的好车就要来了"。这天的广告又引起了反响。是广告主属下的推销员们大叫"受不了"，这几天的广告影响了他们的推销数量。这三天中，里里外外的反应使得广告主自己也有挡不住的感觉。几乎想中止这套预告性广告。广告代理方面的专案小组负责人则苦苦劝导广告主要忍耐，一定要坚持。

第五天的广告内容稍改为："让您久候的这款无论外形、冲力、耐用度、省油等都能令您满意的野狼 125 摩托车就要来了。烦您再稍候两天。"

第六天的广告内容又稍改为："对不起，让您久候的三阳野狼 125 摩托车，明天就要来了！"

第七天，这种新产品正式上市，刊出全页面积的大幅广告。果然造成空前轰动。广告主发送各地的第一批货几百辆，立即全部卖完。以后持续畅销，累得若干地区的经销商自己派人到工厂去争着取车，以满足买主的购买需求。"野狼 125"成了市场上的热门货。经销商的销售信心大增。广告主在市场中的声誉也随之大大改观。广告主以往所出产的其他型摩托车，销路也连带趋好，显然这一套营销策划非常成功。

当时，广告代理的专案小组调查了全台湾地区，每天有一二百辆摩托车的成交量。让消费者停止购买 6 天，至少可积存七八百辆的成交量。三阳公司的新产品上市后，从中争取了不少交易，自然形成了难得的畅销局面。

另外，负责发放摩托车牌照的各地公路局监理所（站）也证明了，在那几天中，申请牌照的新摩托车确实少了许多。过了那几天之后又突然增加，让所（站）的工作人员始料不及，忙得不亦乐乎。广告效果之明显，由此可见一斑。

资料来源：颜伯勤. 成功广告 80 例 [M]. 北京：中国友谊出版公司，1991：30. 原文标题是"让大家暂停购买的大胆策略"，有删节.

在 AIDMA 法则当中，注意是排在第一位的，开篇案例中的野狼 125 摩托车让人停止购买的大胆策略在台湾地区大获成功的奥秘何在？首先值得肯定的是，该广告运用了"悬念"的手法，一开始就吸引了人们的注意力！

成功的营销活动一定要善于引起消费者的注意，如果不能引起消费者的注意，它就没有存在的价值，更不用谈营销活动的效果了。消费者对营销活动的注意是从信息的选择与搜集开始的，人们生活在现实社会中，必然要接受许多这样或者那样的信息，人们对信息不是兼收并蓄的，而是有目的地根据自己的需要以及个人的偏好进行选择，人类心理的这种选择功能主要是依靠"注意"的活动得以实现的。

本章研究消费者的注意与引导。首先进入注意与注意力经济，介绍注意、注意力与注意力经济等核心概念；其次是关于注意的动机与强度的知识，内容涉及营销活动注意的动机的来源、注意强度的描述；再次是注意的选择性，具体介绍注意力限制、注意的选择与影响注意选择的因素；最后是引起注意的营销策略，具体介绍如何引起消费者的无意注意与有意注意。

第一节　注意与注意力经济

一、注意的概念

注意是人的心理活动对外界一定事物的指向与集中。注意这种心理现象是普遍存在的。学生上课听讲，要聚精会神地听教师讲解；司机开汽车，要全神贯注地观察与操作；射击运动员参加比赛，要屏气凝神瞄准目标……人只要处于清醒状态，就一刻也离不开注意。注意与人们的一切心理活动密不可分，它伴随着人们的认识、情感和意志等心理活动过程而表现出来。

当刺激物激活我们的感觉神经，由此引发的感受被传送到大脑做处理时，注意就产生了。我们时刻面对着数千倍于我们处理能力的外界刺激物。一般的超级市场有30 000种商品，如果注意到每件商品，将花很长时间。一个电视频道每周播放多达6 000次广告，广播电台播放得更多。所以，我们不得不有选择地注意广告及其他信息。

这种选择性对营销总监以及其他希望与消费者沟通的人具有重要意义。比如，美国联邦贸易委员会（FTC）的一项报告表明，香烟广告的受众注意到广告中健康警示的人数不到3%。邮寄广告寄达后被翻阅的不到50%。在电视遥控器广泛使用以前进行的一项研究表明，对黄金时段播放的广告，只有62%的观众仍待在屋内观看，而只有1/3（即约总观众的33%）自始至终看完广告。在中国，相信这些数字会更低。

我们生活在一个"信息社会"，我们可以从许多方面了解一件物品的信息。消费者常常处于一种信息接收超负荷的状态，接触到的信息远远多于能够或者愿意加工的信息量。在我们的社会中，信息冲击的主要来源是商业领域，并且持续不断地竞争着我们的注意力。

电视广播网在电视节目中插播的广告数量也创下了最高纪录，例如美国，平均每小时的节目中有16分43秒广告，即在电视节目中，观众有1/4的时间是在广告中度过的。而且，这些微型短片所包含的信息量比以往的广告要多得多。针对年轻观众注意力集中时间的缩短，导演在同样长的广告时段塞入更多的镜头——对不同场景的更多剪辑增强了广告的节奏和情感活力。1978年，典型的30秒商业广告包含大约8帧镜头，每帧持续约4秒。到了1991年，这个帧数就增加到了13，并且每帧只持续约2秒。

我们上网冲浪时要受到各种标题广告的狂轰滥炸，而且这种刺激还在不断地增加。但是网络广告只有在激发上网者去单击并且阅读里面的内容时，其作用才显现出来。实际上，这些在线广告只要接触一次就能提升浏览者的品牌意识。一些市场分析家认为，互联网已经改变了过去的商业运行方式——他们认为现在正在经历着注意力经济。这意味着，网络的首要目标是吸引消费者的目光，而不是钞票。这个观点认为，商家通过网络提供给消费者的信息量是无限的，但是人们加工信息的时间是有限的。因此互联网媒体的一个目标就是购买和销售"注意力",正如雇用一家公司把一个网站的访问量转移到另一个网站上去。

因为大脑处理信息的能力是有限的,所以消费者对所注意到的信息是有选择的。知觉选择过程意味着人们只注意他们所接触刺激的一小部分。消费者实践着一种"心理经济",在刺激中挑选和选择,以免被信息吞没。他们是怎样进行选择的呢?个人因素和刺激因素都在影响我们的购买决策。

二、注意力经济

"注意力经济"这一观点最早见于美国加利福尼亚大学学者理查德·劳巴姆(Richard A. Lawbam)在1994年发表的一篇题为"注意力的经济学"的文章。正式提出"注意力经济"这一概念的是美国的迈克尔·戈德海伯(Michael H. Goldhaber)。1997年,他在美国发表了一篇名为"注意力购买者"的文章,他在文章中指出,目前有关信息经济的提法是不妥当的,因为按照经济学的理论,其研究的主要课题应该是如何利用稀缺资源。对于信息社会中的稀缺资源,他认为当今社会是一个信息极大丰富甚至泛滥的社会,而互联网的出现加快了这一进程,信息非但不是稀缺资源,相反是过剩的。而相对于过剩的信息,只有一种资源是稀缺的,那就是人们的注意力。注意力经济向传统的经济规律发起挑战,认为经济的自然规律在网络时代会产生变异,传统经济的主导稀有资源由土地、矿产、机械化设备、高科技工厂等物质因素转变为"注意力"。

所谓注意力,从心理学上看,就是指人们注意一个主题、一个事件、一种行为和多种信息的持久程度。它有如下几个特点:①不能共享、无法复制的;②它是有限的、稀缺的;③它有易从众的特点,受众可以相互交流、相互影响;④注意力是可以传递的,名人广告就说明了这一点,受众的注意力可以由自己注意的名人到名人所做的广告物——产品;⑤注意力产生的经济价值是间接体现的。在把注意力转化为经济价值的过程中,媒体既是注意力的主要拥有者又是注意力价值的交换者,所以传媒经济就是以注意力为基础的经济。

但在当今信息过剩的社会,吸引人们的注意力往往会形成一种商业价值,获得经济利益,因此在经济上,注意力往往又会成为一种经济资源,在这一意义上,注意力就是"把精神活动投注在特定的信息项目上。这些特定项目进入我们的意识,引起我们对特定项目的注意,然后我们便决定是否采取行动。如果你对某项事物并未考量做出某种行动,就不算注意到这项事物的存在"。而由这种注意力所形成的经济模式就是注意力经济。进一步说,注意力经济是指最大限度地吸引用户或消费者的注意力,通过培养潜在的消费群体,以期获得最大的未来商业利益的经济模式。在这种经济状态中,最重要的资源既不是传统意义上的货币资本,也不是信息本身,而是大众的注意力,只有大众注意了某种产品,才有可能成为消费者,购买这种产品,而要吸引大众的注意力,重要的手段之一就是视觉上的争夺。也正因此,注意力经济也被称为"眼球经济"。正确理解注意力经济,应该注意以下几个要点。

(1)在知识爆炸的后信息社会,注意力资源已经成为十分稀缺的经济资源,不但成为财富分配的重要砝码(最直观的反映就是明星、名人现象),而且经营注意力资源的产业(如媒介、广告、体育、模特等)迅猛发展,成为高利润的新兴产业群,注意力经济正在形成。

(2)注意力经济已经成为一种十分流行的商业模式,新兴产业的出现都不再是"润物细无声",而是"先打雷后下雨",轰轰烈烈登台亮相,表现出泡沫经济特征,如互联网就是采取这种方式登上历史舞台的。

（3）注意力经济营造了一种新的商业环境和商业关系，它改变了市场的观念以及市场的价值分配。最明显的表现就是，我们进入一个品牌经济时代。在这样的环境中，商家更加注重公众的注意力和长期顾客的维持（注意力的保持），关系营销、事业营销、品牌教育等新概念被引进。

（4）这种新的商业模式使得企业越来越注重客户价值，管理的内涵日益外部化，媒介的风险日趋突出，注重客户的价值与客户关系的协调管理，引进了声誉管理和风险公关的新理念。

（5）注意力经济引发了发展战略的变革，专注化已经成为企业发展的趋势，大企业在纷纷剥离非主导业务，加强自身的核心竞争力，小企业则靠专业化和特色化获取生存空间。

（6）注意力经济对人的能力提出了新的要求，而且为增强企业适应注意力经济的能力而派生出一系列新的职位，从而在企业中加强注意力能力培训。

而且，注意力经济又与信息经济、知识经济有着不同的内涵界定：信息经济着重描述的是一种新型的社会形态——信息社会，知识经济则从生产要素的角度界定社会经济发展的阶段，而注意力经济侧重的是一种新型的商业模式。

第二节 注意的动机与强度

营销活动引起消费者注意的最终效果取决于消费者自己的心理与当时的情境状态，消费者对营销活动的注意的直接动机来自商品的需求，由于这种需求的不同，就使人们产生了许多不同的态度。

一、注意的动机

消费者对营销活动注意的动机可能是以下三个方面的原因：①营销活动能向消费者传递特定的商品信息，对消费者有用；②营销活动的某种刺激形式独特、强烈，引起了人们的注意；③好的广告创意可供人消遣，具有娱乐性。下面将分别讨论这几个功能。

（一）营销活动信息的实用性

营销活动可以向消费者提供产品的价格、名称、品种等信息，使消费者能够了解多种商品的情况，从而为其购买决策活动提供信息支持，因此它具有实用性。一般来说，较长时间或者较详细的营销活动信息可能正是消费者所期待的，因此它引起消费者的注意是一种有意注意，它能唤起消费者去学习、记忆这种信息，其价值也较高。例如，对一个40岁出头的男人来讲，头发脱落是一件令人心烦的事情。为了摆脱这一困境，他会积极主动地寻找解决问题的方法。出于这样的动机，他会对于"护发""织发""生发"类的广告特别注意。

（二）营销活动信息的刺激性

心理学研究表明，现实生活中，人们倾向于寻求新奇与刺激的信息。营销活动信息的新颖与刺激性正好满足了人们的这种心理需求。事实证明，新颖别致、设计独特、形象生动、出人意表、惊险刺激的广告最容易引起人们的注意。

(三) 营销活动信息的娱乐性

营销活动的生命力就在于它不仅丰富了人们的物质生活，而且为人们的精神生活增添了乐趣，一则好的广告语可以成为家喻户晓的口头禅，它可以寓教于乐。从心理感受上讲，人们对娱乐性信息有一种偏爱的倾向，因为人们在欣赏营销活动的过程中产生愉悦感，从而得到心理上的满足。

二、注意的强度

人们在处理信息、解决问题以及进行决策的过程中，自身的认知能力及智力资源总是有限的。消费者一次只能注意和思考数量相对很少的信息，根据哈佛大学心理学家乔治·米勒（George Miller）的理论，人们可以同时注意7个（加或减2个）单位的信息，即人们的注意强度（人们能够注意的信息数量）可在5~9个单位变化。人们在特定时间能够处理信息的数量有多有少，其中一个影响因素是已有的知识和经验。在某一方面具备一定知识的人可以在这方面注意和思考更大单位的信息，同时也能处理更多单位的信息。具备处理更大和更多单位信息的能力，意味着具备很大的信息处理优势。信息处理优势可以使专家处理问题时比"菜鸟"（新手）更有效果，也更有效率。

唤起是影响注意强度的一个重要因素，唤起可定义为警觉的状态。当唤起状态低的时候，人们处于打瞌睡或即将入睡的状态。当唤起状态非常低的时候，人们处于睡眠状态。在正常情况下，人们一天中所经历的状态是中等唤起状态，也就是处于典型的或基本的警觉水平。高度唤起产生于目睹令人兴奋的事件，如电影、音乐会、篮球赛或足球赛（甚至包括令人兴奋的演讲）。消费含咖啡因的产品（如咖啡、茶叶、可乐、辣椒、自酿的威士忌酒），接触很大的声音、闪光和突发事件等，同样能够导致高水平的唤起。非常高的唤起产生于乘坐过山车、参加体育活动和飞行训练等。

唤起和注意强度之间的关系可用一个倒转的"U"形来描述，也就是说，当唤起状态或低或高的时候，注意强度都是低的。当唤起状态低的时候，用来处理信息的认知能力和智力资源的数量也是低的。当我们处于疲劳、瞌睡或即将入睡的状态时，我们很难注意很多的信息。奇怪的是，当唤起进入高状态时，认知能力再次降到低水平。当我们被高度唤起时，我们被过度刺激，而过度刺激会使我们很难注意大量信息。但是，当我们被中度唤起时，我们是警觉的，但并不是警觉到过度刺激的状态。结果，当唤起处于中度状态时，认知能力达到最大化。与唤起处于低度或高度状态相比，中度唤起可以使我们注意到更多的信息（见图3-1）。

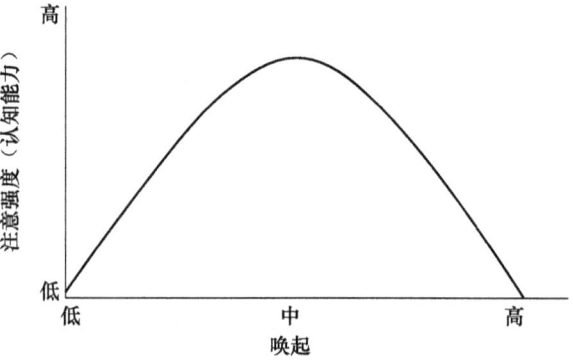

图3-1　唤起和注意强度之间的倒"U"形关系

注：唤起和注意强度之间的倒"U"形关系，当唤起状态或低或高的时候，注意强度都是低的。当我们被中度唤起时，我们是警觉的，但并不是警觉到过度刺激的状态。

在美国的一场超级保龄球比赛中，有人对比赛期间播放的电视广告的注意和记忆情况进行过一次有趣的实验。实验结果是，来自两个参赛城市的球迷处于高度唤起和过度刺激的精神状态，结果，对比赛期间播放的电视广告的注意和记忆情况很差。与之相反，国内其他城市的观众只是处于中度唤起的精神状态，他们对比赛期间播放的电视广告能够更好地注意和记忆。所以，当唤起状态很高时，注意和记忆表现就差，而中度水平的唤起，注意和记忆达到最佳状态。

第三节　注意的选择性

注意有两个基本特征：一是注意的选择性；二是注意的集中性。注意的选择性显示出人们的认识活动具有某种指向性，对认识活动的客体进行有意或无意的选择。注意的集中性就是把心理活动贯注于某一事物，不仅是有选择地指向一定的对象，而且抛开一切局外的、与被注意对象无关的东西，同时抑制了与之相争的附加活动，以全部精力来对待它，以获得对某一事物鲜明而清晰的信息。例如，消费者在选购某种特定商品时，其心理活动总是指向该商品，并将注意力集中在它身上，此刻，对其他商品则视而不见、充耳不闻。

能够引起消费者注意的因素有主观和客观两个方面。从主观上来讲，是指消费者是否已经具备购买商品的需求、愿望、动机以及对某些商品的兴趣等。从客观上来看，是指新奇的、相对突出的、运动变化的刺激物及其对消费者感官的刺激强度与效果。如何综合考虑主观和客观两个方面的因素，我们将在本章第四节专门探讨引起注意的营销策略。

一、注意力限制

在日常生活中，消费者可能遇到很多直接和间接的信息，太多的信息使他们不可能逐个处理或思考所有与产品相关的数据。如果消费者不得不仔细思考每个营销活动、每个包装的标签以及他们看到或听到的每个市场营销方面的信息，那么他们就几乎没有时间处理其他事情。这就是说，消费者受到注意力限制。对于市场上提供的营销活动信息，他们仅注意到其中很少一部分。

如前所述，人们可以同时注意 7 个（加或减 2 个）单位的信息。一个信息单位可以很小，例如单个数字、字母、词汇或概念，也可以很大，例如一连串的数字、字母、词汇或概念。信息单位的大小取决于一个人的知识水平或经验水平，当知识增加时，信息单位也随之增加。

由于人们只能同时注意 7 个单位左右的信息，太多的信息很容易使人不知所措。例如，杂货店可能销售 12 种或更多不同品牌的餐具清洁剂，而且清洁剂的包装可以是大包装、中等包装和小包装。如果这 12 种不同品牌的清洁剂都有大中小 3 种包装，消费者就会面对 36 种不同的选择。将这 36 种选择尽可能进行成对比较，消费者将不得不进行 1 200 多次比较（即 $36!/(36-2)!=1\,260$）。大多数消费者是不愿意花费如此多的时间和精力，从 36 种可选商品中选出其中一种。

但是，如果信息是以一种容易比较的方式提供，那么对 36 种不同品牌的餐具清洁剂进行比较就非常容易。例如，可以将 36 种选择列成"汇总表"，最好的商品排在前面，较好的商品排在其后,接着排列第三好的商品,如此等等。当汇总表上提供一系列餐具清洁剂的单位价格信息时,消费者可以做出更理智的购买决定,钱也会花得更值。当一系列早餐食品的加糖信息在汇总表上提供时,消费者同样会做出更加理智的购买决定,选择更加保健的品牌。由于消费者不可能同时注意并考虑太多的信息,以减少比较品牌的时间和精力的方式提供信息,有助于消费者做出更好的决定。

在这里,我们可以体会到广告的作用了,营销策划人会将这个"汇总表"填写得更加清楚明白。例如,它会突出"最好的"商品名称,以提升你对品牌的印象。它会强调单位价格信息,告诉你哪种商品更便宜。它会刻意提醒早餐食品中"加糖"的信息,以针对特殊的消费群体表达出企业对消费者特别的关怀等。所有这些营销努力,目的只有一个,那就是让消费者把处理信息的事情变得简单,这样就加快了他们信息处理的速度,迅速进入行动(例如购买)状态。

二、注意的选择

2 400年以前,古希腊哲学家柏拉图就明智地指出,我们的大脑是通过感官来知觉物体的。为了在头脑中构筑外部世界的景象,我们首先必须觉察环境中的物理能量,然后将其编码成神经信号(传统上,人们把这一过程称作感觉)。不仅如此,我们还必须对感觉进行选择、组织和解释(这就是传统意义上的知觉,见本书第四章)。我们的知觉无时不在,一种知觉消失,紧接着就会出现另一种知觉。图3-2就可以引起多种知觉。图中的圆圈可以被组织到若干个连贯的图像中,它们在每个图像中都合情合理,而由不同图像所形成的知觉却在不断变换。对"尼克尔(Neeker)立方体现象"也许还存在其他解释,但无论如何,在某一时刻你可能只关注其中之一。这说明了一个重要的原则,即我们有意识的注意具有选择性。

选择性注意指的是,在任何时候,我们所意识到的只占我们所经历全部事情的一小部分。在读到这段文字时,你可能并没有意识到鞋子对脚底的挤压或者鼻子正处于自己的视线内。现在一旦你突然将自己的注意焦点转移到这些事情上,你就会觉得自己的脚被包裹着,鼻子顽固地耸立在你和书本之间。当你注意这几句话的时候,你可能已经将视野边缘的信息排除在意识之外了。但你可以改变这一切,你可以在注视图3-2中的字母x时,注意一下书周围的东西(书本的边缘、书桌上的其他东西)。

你看到的是带有白线条的圆还是立方体?如果你盯着立方体,你可能会发现,它的位置

图3-2 选择性注意

注:图中的圆圈可以被组织到若干个连贯的图像中,即由不同图像所形成的知觉却在不断变换。对"尼克尔立方体现象"也许还存在其他解释,但无论如何它说明了一个重要的原则,即我们有意识的注意具有选择性。

资料来源:戴维·迈尔斯. 心理学[M]. 黄希庭,译. 7版. 北京:人民邮电出版社,2006:194.

在不断翻转，中间的 x 一会儿好像是在前边，一会儿好像又在后边，在不断地前后跳动。注视一段时间后，你可能会看到立方体漂浮在纸上，圆圈在它的下面；也可能是在立方体漂浮的地方，圆圈变成了圆洞，就好像是漂浮在纸后面。由于注意具有选择性，所以每次你只能看到上面两种情况中的一种。

选择性注意的另一个例子是"鸡尾酒会效应"，它指的是人能够从众多声音中选择性地注意其中一个声音，例如，试想一下自己的名字，人们总是可以在一个喧闹的场所，即使在同他人聊天的时候也能听到有人喊自己的名字。假如你通过耳机同时听两段对话，而每只耳朵只注意听其中一段对话。当左耳有声音信息时，要求你重复左耳的信息。而如果你注意左耳的对话内容时，你就会忽略右耳的对话内容。之后当询问你右耳听到的是何种语言时，你可能也一无所知（尽管你能够说出说话者的性别和说话声音的大小）。因此，在有意识状态下，无论你注意的内容有多少，你都无法将其准确分开。这就可以解释，在交通安全的模拟驾驶实验中，为什么当司机使用手机时，他们对交通信号的觉察和反应都会减慢。这也就很好地解释了为什么在许多国家或地区（例如中国香港地区）的交通规则中，司机在驾驶时使用手机是要受到相应处罚（例如罚款）的。

这些问题最早由唐纳德·布罗德本特（Donald Broadbent）在 1958 年的一项研究中提出，他把心理看作一个通信的通道（像一条电话线或计算机的连线）积极地加工和传播信息。根据布罗德本特的理论，作为一个通信的通道，心理只有有限的资源去执行全部的加工。这个限制要求注意严格调整从感觉到意识的信息流。注意形成了一个通过认知系统的信息流的瓶颈，把一些信息过滤掉，让另一些信息继续进入。注意的过滤器理论表明选择发生在加工的早期，在获得输入的意义之前。

为了检验过滤器理论，研究者用双耳分听技术○在实验室重建了有多重输入来源的现实场景。在这种范式中，应试者戴着耳机听同时输入的两种录音信息——不同的信息输入不同的耳朵。应试者被要求仅仅把两种信息中的一种重复给实验者，而把另一耳听到的信息都忽略掉。这种程序被称为掩蔽注意信息。图 3-3 中的应试者听到在每只耳朵同时输入的不同的阿拉伯数字：2（左），7（右），6（左），9（右），1（左）和 5（右）。他报告听到正确的数列：左耳听到的是 2、6、1，右耳听到的是 7、9、5。然而，当要求应试者仅仅注意右耳的输入时，他报告只听到 7、9、5。

研究者发现，当注意已经过滤了所有被忽视的材料使得回忆不可能发生时，有些应试者仍能回忆一些信息。

其他感觉也同样如此。当某一个视觉刺激物持续呈现在我们面前的时候，我们只会选择其中的一部分进行加工。一些实验也证实了人们会对周围环境中的某些事情视而不见、充耳不闻。人们在自然状态下就是如此，何况是面对一个或是与他们没有多大关系，或是他们根本就不感兴趣的营销活动呢？

○ 理查德·格星格，菲利普·津巴多. 心理学与生活 [M]. 王垒，王甦，等译. 北京：人民邮电出版社，2003：112.

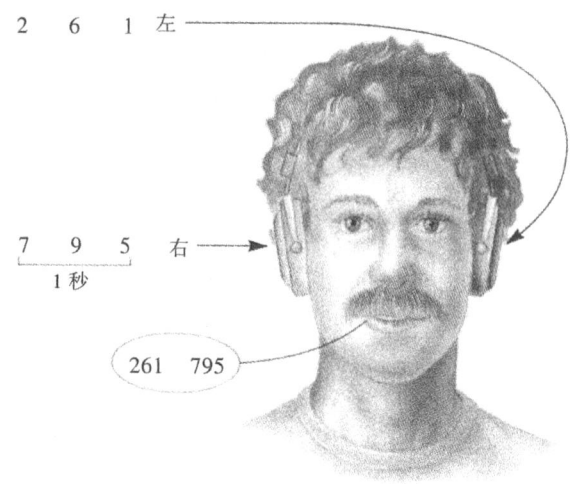

图 3-3 双耳分听任务

注：在双耳分听实验中，应试者戴着耳机听同时输入的两种录音信息。应试者听到在每只耳朵同时输入的不同的阿拉伯数字：2（左）、7（右）、6（左）、9（右）、1（左）、5（右）。应试者报告听到正确的数列是：他左耳听到了 2、6、1，他右耳听到了 7、9、5。然而，当要求应试者仅仅注意右耳的输入时，他报告只听到 7、9、5。

三、影响注意选择的因素

很明显，消费者不可能注意他们接触到的所有商品信息，他们的认知能力（即注意并思考信息的能力）是非常有限的。消费者只能注意或关注某些而不是全部信息。因此，营销者需要明确什么因素支配着注意的选择，或者说什么因素支配着认知能力的分配。是什么导致消费者只关注某些营销刺激而忽略其他？为什么只有某些营销活动有趣并能吸引注意力？在食品杂货店，为什么有些产品包装总让我们驻足细看，有些包装却让我们匆匆而过？在百货商店，为什么有些商品的陈列能捕捉住我们的视线，有些陈列却让人视而不见？驾车行驶，为什么有些商店的招牌和广告牌总让我们多看几眼，有些却让人一瞥而过？我们注意什么和忽略什么取决于什么因素？

（一）有意注意和无意注意

根据心理学的研究，注意力的分配既受有意因素的影响，也受无意因素的影响。由于引起注意的因素不同，结果导致消费者对商品的注意方式也不同，形成两种不同的注意，即无意注意和有意注意。无意注意是指事先没有预定的目的，也不需要意志努力，不由自主地指向某一对象的注意；有意注意则刚好相反，指自觉的、有意图的、必要时还得付出意志努力的注意。

有意注意是有明显购买目标的注意，这些消费者会有意识地从营销活动中寻找所购买商品的信息。与现行计划、意图和目标有关的信息，人们是有意注意的。例如，当消费者计划购买一套新音响、一双新鞋或者一辆新车，他们就会有选择地注意与音响系统、鞋或车有关的信息。但是，无意因素对注意的影响同样存在。电视上，有些广告刺激如此具有吸引力以至于我们很难转换频道，即使我们"无意"看它们。清楚理解这些无意注意因素有助于营销者设计出更好的产品，推出更好的广告宣传，实施更加有效的营销策略。

无意注意往往是外来刺激所引起的冲动和反映，营销传播常常使用这一方法，显著刺激可以无意地吸引注意力。人们很难忽略显著刺激。某些产品、包装和广告是"凸起"的、"显著"的，是因为它们与众不同、充满趣味。例如，劳斯莱斯跟其他类型的车就很不同，因此在路上，它们很抢眼。品客薯片的包装设计成细长的圆柱形，这就与典型的塑料袋包装大相径庭。结果，品客薯片在食品店的货架上就非常引人注目（见图3-4）。早期的劲量小兔子电池广告也与其他常见的电视广告大不相同，结果小兔子电池广告更容易抓住消费者的目光。

图 3-4　品客的筒装薯片与传统包装的薯片不同

注：人们容易注意到显著刺激，因为显著刺激可以引起无意注意。某些产品、包装和广告是显著的，是因为它们充满趣味、别出心裁。例如品客薯片的包装设计成细长的圆柱形，结果它们在超市的货架上就非常醒目。
资料来源：上善若水．有意注意和无意注意．网易·上善若水柏树林的博客·广告心理论坛 http://lpsslwj.blog.163.com/blog/static/11673642520113121024 8139。图片资料来源：http://tupian.hudong.com/s/%E5%93%81%E5%AE%A2/xgtupian/1/0。

然而，所谓"显著"是一个随条件而变化的因变量。即在一种背景或情况下，刺激可能是显著的，但是在另一种背景或情况下，刺激可能不是显著的。例如，在一个排外的区域性俱乐部里，如果俱乐部成员都开着劳斯莱斯车，那么在俱乐部的露天停车场里，某一辆劳斯莱斯车就不会很抢眼；在一个放满相同的圆柱形包装的货架上，某一筒品客薯片就不会那么显眼；消费者在观看众多相同的劲量小兔子电池广告之后，某一特定的劲量小兔子电池广告就不会对他们特别有吸引力。某一刺激显著，只有在这一刺激与其他刺激非常不同时才成立。独一无二或与众不同的刺激具有成像性（聚焦性），而其他刺激都淡化成背景，这称为感知的"图形背景原理"。一则广告的显著性受其新颖性和使用让人预料不到的刺激的影响。

（二）营销信息的新颖性

新颖的、不同寻常的、变化着的、移动着的、鲜艳的、强烈的、综合的营销信息刺激，其营销效果是显著的。这类刺激突出、吸引注意力、可引发我们的兴趣并对我们的判断和选择有强烈的影响。新颖的产品、营销和广告沟通是显著的和吸引注意力的。它们之所以影响我们是因为它们与众不同，所以也就很难被人们忽略。从本质上讲，新颖的产品容易实现较高的销售额。例如，好几家公司开发新颖的透明饮料。百事可乐公司开发了水晶百事（1993），可口可乐公司紧随其后开发了 TabClear（1993），Miller Brewing 公司开发了 Miller 清澈啤酒（1993）。像这样的新产品，在它们投放市场的第一年一般销售都是可喜的。但最终新颖性会消失，公司必须重新开发更新颖的产品。

营销者经常试用新颖的营销技巧。新的角色、方法和方案不断被开发采用。例如，劲量的小兔子电池广告最初是新颖的、有趣的、吸引注意力的，而且通过开发各式各样的小兔子主题，营销者能够在很长时间延续这种新颖性。其中有一则广告是奔跑不息的小兔子打断了一名著名的橄榄球运动员的演讲。这名橄榄球运动员过去常常"嘎吱、嘎吱"地站在四分位的位置上指挥反攻，之后便坐在"橄榄球"餐馆"嘎吱、嘎吱"地吃快餐。如果没有这么多花样翻新的主题，劲量小兔子的新颖性早就消耗殆尽。

不同寻常的、非典型的以及意料之外的刺激在定义上是不同于一般刺激的。变化的和移动的刺激同样是不一般的和显著的。电视广告里的代言人在他们说话时通常都在画面里移动或走动，就是因为静止的人所传递的信息比移动的人具有较少的吸引力。移动的动作，就像刘翔在电视广告中跨栏的动作那样，比静止的动作更有吸引力。霓虹灯招牌上的字符通常都在不停地闪动，而且次序错开，就像它们在流动一样。"Just Do It！"的招牌以及其他类型的霓虹招牌都是非常鲜艳且对比强烈的，特别是在晚上。对新奇的、不同寻常的、非典型的、意料之外的、变化着的、移动的、鲜艳的以及强烈的刺激，消费者都是自动而无意地注意的，这类刺激很难被消费者忽略。

（三）广告形象的生动性

形象生动性刺激同样可以自动地、无意地吸引消费者的注意。但是，与显著刺激不同，形象生动性刺激吸引注意是不分环境的。显著性是背景因变量（即在一个给定的环境中，如果出现其他刺激，显著性刺激效果就会有所不同），而形象生动性是背景自变量（即在一个给定环境中，不管其他刺激出不出现，形象生动性刺激的表现如一）。广告形象生动性刺激的形式有：①感情上个人感兴趣；②具体、有形并能激发想象的信息；③感觉、时间和空间上的接近性。

1. 感情上个人感兴趣

当然，激发某人兴趣的刺激，另一个人并不一定感到有趣。例如，集邮爱好者发现邮票有着销魂夺魄的魅力，令人难以置信。集邮爱好者喜欢花上数小时的时间研究他们的收藏——检查水印、邮戳甚至孔状接缝。有的集邮爱好者甚至梦见邮票，见到方格花纹的衬衫脑海中也浮现出邮票。对这些人而言，邮票很形象、很生动，感情上也很能激发他们的兴趣。相反，那些非集邮爱好者就觉得邮票很烦人。当集邮爱好者向一个非集邮爱好者展示他们珍视的收藏时，非集邮爱好者的那种感觉就像客人被强迫数小时观看主人的孩子玩滑梯一样。

尽管显著性刺激和形象生动性刺激都能吸引注意力，但在一种情况下表现显著的刺激在另一种情况下不一定显著，而一个人感到很形象生动的刺激，另一个人也可能感到不够形象生动。也就是说，显著性刺激可以在某段时间内让所有人注意，形象生动性刺激却可以在所有时间里让一部分人注意。或许最安全的策略是开发出既显著又形象生动的营销刺激。

营销者不可能让所有人都对他们要宣传的产品感兴趣,就像集邮爱好者不可能让所有人对他们的邮票感兴趣一样。但是,能否激发个人情感上的兴趣却是决定产品、广告、促销活动以及产品包装是否具有形象生动性的一个重要方面。形象生动性同时受具体性和接近性影响。具体(特定)的信息生动且容易想象,而抽象(普遍)的信息没有生气且模糊。具体的例子可以使抽象理论的学习更加容易。例如,抽象理论建议:使用吸引人的词汇,营销活动会更有效。吸引人的词汇如新的、快的、容易的、改进的、现行的、快速的、首创的以及令人惊异的,这样表述可能更有说服力。

2. 具体、有形并能激发想象的信息

具体、有形的信息容易让人在脑海中形成图画,容易使人想象和思考。结果,具体的信息通常很具影响力。激发想象的刺激,比如图画,同样容易使人思考。图画是生动的、有趣的、具有影响力的,常言道"一幅画能抵千言万语"。形象生动的、面对面的口头交流通常比书面文字交流更有趣也更有效。有一项关于"新型个人计算机说明"的研究,参与实验的学生以两种方式面对一份新型个人计算机说明:一种是生动的面对面的交流(另一个学生向实验学生现身说法,口头描述产品),一种是令人厌烦的书面形式。结果表明,即使两种方式表述的内容完全相同,生动的、面对面的、口头传递的信息有助于实验学生了解产品。但是,我们同样发现,如果实验对象对被描述的产品已有先见之明,形象生动的交流效果就会减弱。同时,当产品的描述有很多负面信息时,不管信息是否以形象生动的形式表述,实验对象都会形成非常强烈的负面见解。研究表明,包含太多印刷文字的广告比那些包含具体的、形象生动刺激的广告效果差。

3. 感觉、时间和空间上的接近性

接近或贴近消费者的信息,与远离消费者或与消费者不是息息相关的信息相比,更具形象生动性,对消费者的影响也更大。接近性主要分三种类型:感觉上、时间上和空间上的接近性。"感觉接近性"指的是直接的(接近的)或间接的(远离的)信息。用我们的眼睛和耳朵直接得到的信息,比经由他人传递间接得到的信息更具形象生动性。自己亲眼看看产品是如何工作的,比道听途说得到的二手资料更具说服力。时间接近性是指事件发生的时间早晚。最近发生的事件比很久以前发生的事件更具形象生动性,也更具吸引力。我们更关心昨天下线的产品,而不是10年前的产品。空间接近性是指事件发生的位置远近。在我们的居住地发生的事件,比在海外发生的事件更具形象生动性。在我们附近就可得到的产品,比只有在外国才能得到的产品更具形象生动性,也更吸引我们的注意。

总之,有很多不同的方式可以使信息更加具有形象生动性,更加吸引人们的注意。通过使信息更加有趣、更加具体、更加具有接近性,可以增加信息的形象生动性。增加接近性的方式有很多,包括感觉、时间和空间方面。很明显,能抓住我们注意力的信息,相对于那些容易被忽略的信息,更能影响我们的判断和选择。当然,当消费者的注意系统并未达到一定负荷状态时,当消费者对目标产品有强烈的先见之明时,当消费者面对大量的负面信息时,形象生动化的信息对我们的判断和选择就不会有太大的影响。

四、营销信息的理解、误解与误导

有效的营销沟通不仅吸引消费者的注意,而且以消费者理解的方式传递信息,消费者能从传递的信息中概括抽象出其中的意思。理解包括将沟通过程中传递的信息和基于先前经验的信息及储存在记忆中的信息进行联系比照。将信息概括抽象,探明其中的意思,就是弥补信息传递过程中的缺陷,形成自圆其说的推断,使不完整信息变成完整信息。例如,有一则广告是:"技术打造完美系统,转盘质量至高无上。"要理解这则广告,消费者就必须明白"转盘"是一套完整的立体声音响系统中的唱机组件。如果对音响系统一无所知,消费者就不会明白什么是转盘,也就不可能理解这则广告的意思。一些医疗广告动不动就给你来一个"支原体""衣原体"之类的术语,让人"丈二和尚——摸不着头脑"!

(一)可信度

影响可信度的第一个因素是"理解",第二个是"重复",第三个是"推断"。

1. 理解

还记得连环画书中的孙悟空吗?你相信他能七十二变吗?你可能不信,但当你还是小孩子的时候,你很可能信。你相信"××山泉有点儿甜"吗?你很可能信,但当你亲口尝一下以后,你就不信了。你相信李施德林漱口水能杀死感冒病菌吗?很多成年人相信,因为它那药水似的味道让你觉得它可以消毒,因为如果将它含在口中像可乐一般,你永远也不会相信它可以杀死病菌。事实上,太多的成年人相信这类假话,以至于美国联邦贸易委员会不得不采取措施禁售李施德林。为什么这类假话看起来很可信?根据社会心理学家的观点,理解和相信是密不可分的。也就是说,最初我们相信我们看到和听到的任何事情,之后我们才不相信或拒绝假话(或许瞬间之后,但总是之后)。换句话说,相信和理解一样容易发生而且自动发生。但是,不相信却需要花费时间和努力。当然,我们并不相信我们听到的任何事情。但重要的是,不相信假话或拒绝假话与相信假话相比,需要多走一步,需要付出额外的努力。然而,当太多的信息袭向我们使大脑超负荷运转时,当我们不得不在短时间内快速做出判断和决策时,或者当我们设法一下子做太多的事情时,我们很少能够付出不相信假话所要付出的努力,更容易相信并非正确的言论。无疑,信息超载、时间压力以及完成多项任务的要求就是我们日常生活的真实画面。

2. 重复

就像不断重复的广告一样,当虚假陈述一遍又一遍地在我们面前呈现的时候,会出现什么结果。最近的研究结果表明,重复更容易使人相信不真实的东西。Hawkins 与 Hoch 在 1992 年向被试提供了很多真实与虚假的产品评述,例如:"相对于 X 公司,消费者对 Y 公司的房主保险更满意""长时间使用 A 产品会导致肾结石""B 药物对普通感冒毫无疗效""用石磨研磨的面粉比机器研磨的普通面粉更有营养"。有些评述只向消费者提供一次,有些评述提供两三次。被试中的一半被要求判断每项评述的正确性,另一半被要求判断每项评述的可理解性。与预想的一样,重复更容易使人相信其正确,同时,重复也增加了评述的可理解性。由于重复使人们对评述更加熟悉，随之也就增加了评述的可信度。"熟悉的言论"总是"得到赞赏"，通常也就被认为是正确的。如果我们不能记住某一言论是否正确，通常我们就假定熟悉的言论是正确的。这一假定是不难做出的。毕竟，为什么我们要不厌其烦地熟悉那些虚假信息并让它们乱糟糟地堆满记忆呢？只有那些看起来正确的东西我们才去学习并记住它们，这样才更合乎情理。但是，重复使所有东西（真的或假的）更容易让人记住，也更容易让人相信。难怪一些营销者极力赞赏戈培尔的那句臭名昭著的话："谎言重复一千次，就会变成真理！"

3. 推断

理解包括解释和推断。推断是对给定信息"言外之意"的相信或假定。实用推断就是实际对那些字面上正确但引申义上错误的言论的假定。例如，"×牌药可减轻痛苦""×啤酒可能是世界上最好的啤酒"……这些话从字面上看是正确的，因为"可""可能""可能是"意味着"或许是"或者"或许不是"。但从引申义上看，尤其是这个"可"字，人们容易假定"可"意味着"通常是"，因为"可"一词在日常语言中经常这样使用。工商行政与广告管理部门对在字面上虚假的营销言论采取措施丝毫不成问题，但对那些字面上没问题但"言外之意"虚假的言论进行处理却有些棘手。例如，对于丰乳产品来说，他们可以轻而易举地禁止"没什么大不了的"（有违精神文明标准），但对"做女人挺好"（做女人不好吗？性别歧视）却无能为力了。

（二）省略比较对象

以误导的方式使用"可"之类的词汇，并不是诱导人们进行实用推断的唯一方法。省略比较对象是另一种误导方法。例如，"×牌汽油给你更远的行驶里程"这句话，字面上看它是正确的，因为与其他物质（比如汽水）相比，它确实给你更远的行驶里程。但是，省略比较对象正在偷偷地误导消费者，因为很多消费者更喜欢这样假定：与其他牌子的汽油相比，×牌汽油给你更远的行驶里程。即使字面上并没有这样明说。

其他类型的省略同样具有潜在的误导作用。例如，"50 名博士推荐×品牌"，这句话乍看起来很打动人，但如果实际情况是随机抽样 1 000 名博士，只有 50 名博士推荐×品牌，有 950 个人都被省略掉了！如果消费者了解到这一实情，广告的动人效果就消失无影了。

（三）零碎数据

零碎数据同样可误导消费者。例如，"×牌车有比奔驰车更宽敞的头顶空间，比凯迪拉克车更宽敞的伸腿空间，比宝马车更宽敞的车尾行李厢"，这意味着×牌车比这些名车都好。上述例子中即使每个单句的陈述都是正确的，单个句子加起来的总体印象还是带着误导的色彩。祈使句并列同样可以形成误导。例如，"人见人爱！用×牙膏！"意味着用×牙膏刷牙将使你更受欢迎，即使这里并没有明确说明。同样，否定疑问句也可以形成误导，如"你想让你的孩子在学校里更加成功？试试×品牌"。这意味着×牌产品将使你的孩子在学校里更加成功，即使这也没有在原句明确说明。

（四）肯定的结果

"看起来更年轻的女人使用××"一句同样是误导的。因为它犯了一个常见的推理错误——肯定结果。也就是说,"如果 p,那么 q"这种陈述形式经常被错误地理解成"如果 q,那么 p"。在本例中,"看起来更年轻的女人使用××"会被误解成"如果女人使用××,那么她们就会看起来更年轻。"但是,有很多相貌年轻的女子并不使用××,也有很多相貌衰老的女子在使用××。人们经常混淆(颠倒)他们的 p 项与 q 项,这样就会导致错误的结论。

(五) 示范说明

示范同样能够产生误导性含义。例如,A 杀虫剂厂商发布了一则电视广告。广告中蟑螂被分别放入两个单独的容器里。其中一个容器放入 A 杀虫剂,这个容器里的蟑螂大部分都死了;另一个容器放入竞争品牌的 B 杀虫剂,这个容器里的蟑螂大部分没死。然而,昆虫对它们接触的任何杀虫剂都能形成抗药性(这种抗药性能延续几代)。A 公司培养的这些特殊蟑螂只对竞争品牌杀虫剂里的活性成分具有抗药性,而对自己的品牌没有抗药性。

X 谷类食品发布了一则广告,广告中一位著名的营养学家津津有味地吃着野生植物,并大谈 X 食品的保健作用。遗憾的是,广告未能就吃野生植物的危险性向观众提出警告。无独有偶,Y 公司的广告内容是头发移植,广告谈论的全是头发移植的好处,却只字未提移植的风险,如头部不适、皮肤病以及可能造成的永久疤痕。最后,还有一则广告是关于"伟哥"药品的,据说这种产品含有有害物质咖啡因。广告语是"突然间,Jim 打动了那位更加兴奋的女子的芳心"。这则广告暗示"伟哥"使人更具魅力,并能提高使用者个人、婚姻和性生活质量等。

从以上诸多负面案例中我们学到了什么?最重要的是,这些案例揭示了很多有关消费者思维过程的东西。消费者理解和解释模棱两可信息的依据只是日常经验和常识。结果,当消费者接触到的商品信息在字面上正确但在比喻意上虚假时,误解就产生了。大多数消费者并没有接受培训,也没有时间和精力仔细思考每项信息的言外之意。所以,消费者保护就应当提到议事日程上来。其实,营销者追求成功不必诉诸误导性广告。随着对消费者心理了解的不断深化,企业完全有可能更精确地把握消费者的真正需求,更有效地开发出满足消费者需求的产品,并以更真实、更有说服力的营销活动告诉消费者,他们可从企业精心设计的产品中获得实际利益。

第四节 引起注意的营销策略

AIDMA 法则中注意排在第一,中国有句俗语"好的开头是成功的一半",若把这句用在营销传播上,那就是"好的注意就是销售的一半",也就是说,如果你的营销活动能够引起消费者的注意,就等于你的商品已经卖出去了一半。

如前所述,由于引起注意的因素不同,结果导致消费者对商品的注意方式也不同,形成两种不同的注意,即无意注意和有意注意。无意注意是指事先没有预定的目的,也不需要意志努力,不由自主地指向某一对象的注意。有意注意则刚好相反,指自觉的、有意图的、必要时还得付出意志努力的注意。无意注意往往是外来刺激所引起的冲动和反应,营销传播常常使用这一方法。有意注意是有明显购买目标的注意,这些消费者会有意识地从营销活动中寻找到购买的商品信息。在现实生活中,大多数人对营销传播是无意注意的。一则成功的营销活动会在如何使消费者对营销活动从"无意注意"转化为"有意注意"上花一些心思,以此增强营销活动的吸引力,有效地激发消费者的购买需求。

一、如何引起消费者的无意注意

人们对营销活动的注意通常是源于无意,而无意注意的发生与刺激的外部特征和主体自身的状态有关。因为为了增强营销活动的效果,广告制作者必须学会利用外部刺激特征和主体内部的状态增强消费者的注意效果。

(一)大小与强度

研究表明,形状大的刺激物比形状小的刺激物更容易引起注意。企业在发布新产品或开拓新市场时,应当考虑这一因素,如在报纸上刊登大幅平面广告。除有图文并茂的特点外,一般占有半版、整版甚至对开全版。另外,在繁华街道旁、标志性建筑物上布置巨幅广告也是一种常用的方法,图3-5为宝洁公司碧浪洗衣粉的巨幅广告,它就很容易引起人们的注意。

图3-5 宝洁公司碧浪洗衣粉的巨幅广告

注:因为形状大的刺激物比形状小的刺激物更容易引起注意,所以不少企业在推广新产品或开拓新市场时,会运用这一因素。在宝洁公司碧浪洗衣粉的巨幅广告中,这件硕大的衬衫足有十几层楼房那么高,所以它很容易引起人们的注意。

资料来源:吴柏林. 广告策划与策略 [M]. 2版. 广州:广东经济出版社,2009:37.

人们对于信息刺激的感觉都有一个阈限，即当刺激信号达到一定的强度时才引起人的注意。强度太小往往会被人们忽略，在繁茂芜杂的信息背景之下更是如此。刺激物在一定限度内的强度越大，人对这种刺激物的注意就越强烈。然而，我们不仅仅要注意刺激物的绝对强度，更要考虑刺激物的相对强度。在广告设计中，有意识地增大广告对消费者的感觉刺激效果和明晰的识别性，使消费者在无意中引起强烈的注意。在营销传播中常用的手法有鲜明的色彩或光线、醒目突出的字体或图案、不寻常的音响效果等，这些都会有效地刺激消费者的眼球与耳膜，使其心理处于一种积极的、兴奋的状态。

（二）重复或变化

心理学的实验表明，重复的刺激信号比只出现一次的信号更容易引起人们的注意，然而，单调的重复又会让人们感到疲劳与厌倦。对营销传播来讲，运用重复的手段要注意以下两个要点：其一，注意重复的周期，不要在较短的时间内做过多的重复；其二，信息的传达形式要有所变化，不是单调的重复，因为单调的重复只能引起受众的反感。一个有用的口号是："重复中的变化，变化中的重复。"

（三）动态与静态

运动的刺激物更容易引起人们的注意。一般说来，动态广告生动形象、有速度感，比静态广告更容易引人注意。动画效果胜过照片的效果，户外的霓虹灯广告比普通广告牌更容易引人注目的原因不仅是它的颜色鲜艳，更重要的是其图案的变化富有动感。在广告特别是电视广告中，如果能够充分运用画面动与静的结合，尽量利用动态画面增强刺激性，就可以较好地引起观众的注意。除视觉外，人们的听觉也容易接受动态信号的刺激，因此，广告播音员可利用声音的大小、快慢以及节奏的动态变化来吸引听众的注意力。静态的印刷广告及户外广告牌虽然不易产生运动的效果，但可以利用折叠版、三面翻、多面翻及滚动版等方式产生动感，以此引起受众的注意。

（四）色彩及对比

刺激物中各元素显著的对比往往也容易引起人的注意。在一定限度内，这种对比度越大，人对这种刺激所形成的条件反射越显著。因此，在广告设计中，我们可以有意识地处置广告中各种刺激物之间的对比关系和差别，增加消费者对广告的注意度。对比的方法有许多，比如，广告画面的大、小、动、静，语音语调与音响的高、低、轻、重，色彩图案的明、暗、深、浅。另外，除广告本身各种元素的对比之外，还可以考虑广告与周围环境的对比。运用这些对比策略设计的广告让人耳目一新，可达到"万绿丛中一点红""一枝红杏出墙来"的传达效果。

（五）版面或位置

不同位置可能产生不同的注意效果，这对于发布在报刊上的广告来讲尤其重要。印刷在报刊上的广告，什么位置最能吸引消费者的注意呢？调查结果表明：上边比下边、左边比右边更容易引起读者的注意，正像我们读书、写字习惯于"先左后右、先上后下"一样。因此，广告的重要信息应放在版面的中上部，这样更能引起人们的注意。再有，平面广告在报刊上呈现的形状对人们的注意也有影响。一般认为高超过宽的广告要比宽超过高的更引人注意。另外，在大的空间或空白的中央放置或描绘的对象容易引起注意。图3-6运用了一种被称作"天

THE FRENCH WRITER ROMAIN GARY said that patriotism means loving your own people and nationalism means hating other people. Therefore, when Jörg Haider contends he "is a patriot," he had better check that word in the dictionary.

BERNARD J. HENRY
GARCHES, FRANCE

JORG HAIDER'S FREEDOM PARTY CAME in second in the elections of the Austrian Parliament. This shows people's desire for easy answers to difficult political issues. Haider is the perfect man to satisfy this desire. His immigration policy is simple, but very dangerous. The excuses regarding his comments about the Third Reich and Hitler are only tactics. A racist will always be a racist. Now all the Austrian politicians are in charge of this problem: no coalition with racists!

SIMON MEYER
EMMERICH, GERMANY

I'M ASHAMED OF MY COUNTRY. ARE people so bored with our economic and political system—which certainly has been working well enough to obtain a place among the richest nations worldwide—that they vote for the Freedom Party, or even better: Jörg Haider? If one looks closer at your interview, it's obvious that Haider's recent attempt to change his right-wing image is only some kind of a PR gag. He does not regret his comments about the Third Reich, he only admits that some statements might have led to misunderstandings. It's about time he—if he's not a neo-Nazi as he says—makes a clear statement, dissociating himself from right-wing attitudes by acknowledging how horrible Hitler's regime was.

MONIKA WUEHRER
ASCHACH AN DER STEYR, AUSTRIA

Gates: Innovator or Imitator?

REGARDING YOUR ARTICLE ON THE case against Microsoft, "Microsoft innovation" is an oxymoron ("Bill Takes It On The Chin," BUSINESS, Nov. 15). Whether it was offering a graphical user interface, an Internet browser or a mouse with a scrolling wheel, Microsoft was never the innovator but the imitator with the better PR machine. Sadly, no Justice Department ruling or remedy can conjure up a better, viable alternative to Windows any time soon. The only thing it will succeed in loosening is the death grip of Microsoft on the throats of competitors.

ED YAP
MAKATI, PHILIPPINES

Australia and the Queen

YOUR REPORT ON THE AUSTRALIAN REFerendum was spot on regarding the irrelevance of the British crown in Australia today ("OK, Your Majesty," ASIA, Nov. 15). The issue is broadly whether we will have a British style of parliamentary democracy—as at present and as was offered in the referendum—or an American or French style of presidential democracy as advocated by those republicans who campaigned for a "no" vote. An interesting irony in the result is that the small minority of royalists, by rejecting the referendum, may well have thrown away their last good chance at locking in an essentially British-style government, as the next proposal will most likely be for an American-style presidential system.

PETER FRY
KAS, TURKEY

The Bush & Bush Team

GOVERNOR BUSH IS BEING RIDICULED for not knowing the names of the leaders of other countries ("Bush Flunks a Quiz," U.S. AFFAIRS, Nov. 15). President Bush was criticized for being preoccupied with foreign policy. If the son is elected to the presidency, he should appoint his father secretary of State.

J. ROBERT POOLE
SAN ANTONIO, TEXAS

图 3-6　巧借空间的联邦快递

注：该图运用了"天地分割"的版面设计，天地分割即把版面分成天地两部分来安排视觉单元，在上下两部分分别安排重点不同的内容。这里的"天地分割"更有一番境界，那就是在巧借空间的同时，增强了广告的吸引力，牢牢地抓住了读者的眼球！

地分割"⊖的版面设计，天地分割即把版面分成天地两部分来安排视觉单元，在上下两部分分别安置重点不同的内容。往往是图在上时文在下，或是相反。图3-6中的天地分割更有一番境界，那就是巧借空间！因为图形的上半部分是其他文章的版面，联邦快递（FedEx）借用它表现了自己想要表现的东西：一个硕大的"包裹箱"。有趣的是，这上半部分"画面"是不用联邦快递付款的，联邦快递只花了一半的价钱，却买下了整个版面！同时又增强了广告吸引力，牢牢地抓住了读者的注意力。

（六）突破与新奇

环境中新异的刺激容易引起人们的注意。如果缺乏新异性的刺激，人们就容易产生一种条件性的非觉察现象。广告的新异性除了表现在广告形式和内容的更新上以外，画面的"突破与变异"更是一种常用的手段。在图3-7中，这个女孩居然可以用手拉开"拉链"展现自己的脸，这个突破与变异给人以深刻印象，从而传达了美白产品"旧貌换新颜"的功效。

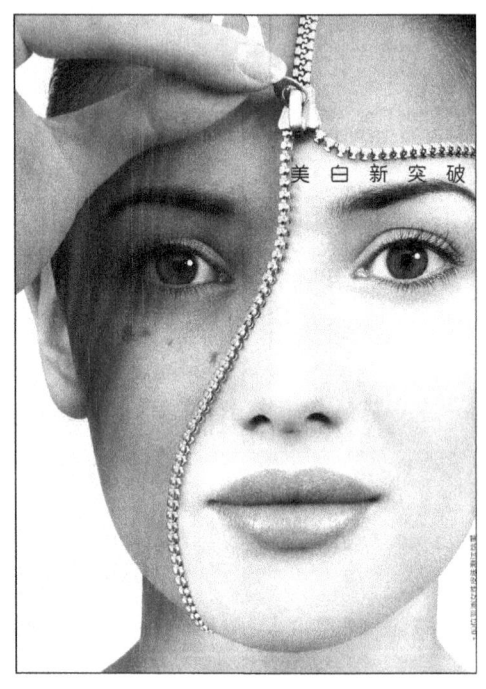

图3-7 突破与变异

注：突破与变异是吸引消费者注意力的常用手段之一。图中的女孩居然可以用手拉开"拉链"拉开自己的"旧脸"换了一张全新的面容，这个突破与变异给人以深刻印象，全面传达了美白产品"换肤"的功效。
资料来源：上善若水．突破与变异的广告．网易·上善若水柏树林的博客·广告心理论坛http://lpsslwj.blog.163.com/blog/static/116736425201131285632967/图片资料来源：http://www.anzt168.com/．

（七）广告标语或口号

所谓要善于利用广告标语或口号，就是要一段特别精美的文字，使之看起来醒目，读起来

⊖ 关于"天地分割"详见：吴柏林．广告学原理［M］．北京：清华大学出版社，2009：216．

朗朗上口，听完后心情愉悦。例如雀巢咖啡的"味道好极了"、麦斯威尔的"滴滴香浓，意犹未尽"、IBM 的"四海一家的解决之道"、南方黑芝麻糊的"一听到……我就再也坐不住了"、耐克的"Just do it"（尽管去做）、百威的"What's up?"（近来可好?）、广州好迪的"大家好才是真的好!"等广告语，让我们难以忘怀。人们一听到或看到这些口号，自然就会同商品联系起来。因此，利用标语与口号是提高消费者对广告注意的一种重要手段。好的广告语在吸引消费者的注意上功不可没，飞利浦公司以千万美元征集的"Let's Make Things better!"（让我们做得更好!），让遍布全球的人们耳熟能详，就是一个明证。

二、如何引起消费者的有意注意

营销活动仅仅引起消费者的无意注意是不够的。人们每天接受大量的营销活动信息是通过无意注意的形式实现的，但真正产生购买行为的很少。成功的营销活动在于引起消费者的有意注意，或设法使消费者对营销活动从无意注意转变为有意注意，从而产生购买行为。从我们目前消费水平来看，许多消费者对相当一部分商品的购买尚属有目的的意志行动，因此他们经常是有意识地寻找、接收、了解有关商品的信息，采取适当的行为，满足自身对商品的需要。因此，引起消费者对营销活动的有意注意就显得非常重要了。下面介绍几种引起有意注意的营销策略。

（一）注意迎合消费者的需求

凡是能够满足消费者当时的某种迫切需求的商品，容易引起注意。一个消费者去商店购物时，肚子饿了，尽管他并非特意去买吃的东西，但如果周围有关于食品的广告，出售食品的商店、饭店甚至食品散发出的香气，都会引起他的注意。关于消费者的需求，我们已在第二章中介绍了许多，这里就不再赘述了。

（二）善于捕捉消费者的兴趣

凡是与消费者的兴趣相关的商品，容易引起注意。例如，一位足球迷，他对足球比赛、足球报刊、足球画刊、球服球鞋、球赛纪念品等与足球有关的营销活动信息会特别注意，最容易激发有意注意。营销策划要善于捕捉诱人关心的营销活动题材，是使营销活动具有更强的吸引力、号召力和推动力，维持消费者对营销活动较长时间的注意并留下深刻印象的重要条件。

（三）充分运用艺术感染力

在营销传播中，刺激物的外部特征固然能引起人们的无意注意，但如果它缺乏引起人们兴趣的感染力，引起的注意也是很短暂的。在广告设计中，有意识地增加营销各组成部分的感染力，激发消费者对营销活动信息的兴趣，是激发并维持有意注意的支柱之一。新奇的构思、艺术的加工、诱人的题材等都能增强营销活动的感染力。另外，广告的艺术加工也是吸引消费者并激发其购买欲望的重要手段。广告的艺术加工包括创造完美有效的色调、字体、造型、构图、言辞和意境。富于艺术表现力的广告往往能使消费者心情愉快，获得艺术美的享受也更有利于突出营销活动的主题，从而抓住消费者的注意力。

(四) 恰当运用悬念手法

在营销活动中运用悬念，例如本章开篇案例中运用的就是悬念广告。悬念广告是指利用人类喜欢探究事物的好奇心，使人们的注意有意识地集中并指向营销活动，并不断注意后续的营销活动信息，以满足其自身需要的心理手段。悬念广告通常是通过系列广告，由粗至细、由部分到整体，或者说是随广告系列的发展，广告信息逐渐充实和完善。在报刊广告中，这类广告常常是大面积空白，或者以提问的方式，或者突出怪异信息。这种设计方式在许多电视广告中也被采用，广告一开始，有点儿像新闻节目，又有点儿像生活片断，但不知道其用意何在，不知道这"葫芦里卖的是什么药"，给观众留下悬念，等到片子结尾才点出广告商品的信息，这样在整个广告中都能扣住观众的注意力。

本章开篇案例是由台湾著名的广告学者颜伯勤亲自撰写的，原文的标题就是"让大家暂停购买的大胆策略"。案例中广告所运用的悬念手法使三阳公司获得了空前的成功，该广告被评价为"台湾广告史上的一段佳话"。

悬念营销策划的关键在于悬念本身的设计是否迎合了消费者的需求？是否捕捉到消费者的兴趣？有没有充分运用艺术感染力？事实上，这是对前面三条的综合性运用，如果运用得当，就可以事半功倍。反之，搞不好会弄巧成拙，为自己招惹许多麻烦。

看完开篇案例广告，我们可以了解到，为了引起消费者的注意，广告商真是费尽心机！

应当注意的是，在强调调动人们注意力的同时，必须处理好产品的形象与辅助手段之间的关系，不可过分突出这些用来引起人们注意的手段，反而忽略了广告的主题与产品形象。如某产品的杂志封面广告，以一个正在沐浴的妙龄少女做模特。画面中少女的身材苗条匀称，十分引人注目，但人们在观看这则广告时完全被少女的美感所吸引，而对广告所要宣传的产品却视而不见。在这里，美女的出现没有为产品增色，相反冲淡了广告的主题。无论使用什么样的渲染手段，产品的牌子和形象一定要突出、醒目，一定要让产品的形象留在人们的记忆中，其他一切手段都是为这一根本宗旨服务的。目的和手段的关系要理顺，千万不要本末倒置。

本章知识要点

1. 注意是人的心理活动对外界一定事物的指向与集中。

2. "注意力经济"一词最早见于美国学者理查德·劳巴姆在1994年发表的一篇题为"注意力的经济学"的文章。

3. 所谓注意力，从心理学上看，就是指人们注意一个主题、一个事件、一种行为和多种信息的持久程度。

4. 注意力有如下几个特点：①不能共享，无法复制的；②它是有限的、稀缺的；③它有易从众的特点；④注意是可以传递的；⑤注意力产生的经济价值是间接的。

5. 注意力经济也被称为"眼球经济"。

6. 正确理解注意力经济，应该注意以下几个要点：①在知识爆炸的后信息社会，注意力资源已经成为十分稀缺的经济资源；②注意力经济已经成为一种十分流行的商业模式；③注意力经济营造了一种新的商业环境和商业关系，它改变了市场的观念以及市场的价值分配；④这种新的商业模式使得企业越来越注重客户价值；⑤注意力经济引发了发展战略的变革，专注化已经成为企业发展的趋势；⑥注意力经济对人的能力提出了新的要求。

7. 消费者对营销活动注意的动机可能是：①营销活动信息的实用性；②营销活动信息的刺激性；③营销活动信息的娱乐性。

8. 根据哈佛大学心理学家乔治·米勒的理论，人们可以同时注意7个（加或减2个）单位的信息，即人们的注意强度（人们能够注意的信息数量）可在5~9个单位变化。

9. 唤起和注意强度之间的关系可用一个倒转的"U"形来描述，也就是说，当唤起状态或低或高的时候，注意强度都是低的。

10. 注意有两个基本特征：一是注意的选择性；二是注意的集中性。注意的选择性显示出人们的认识活动具有某种指向性；注意的集中性就是把心理活动贯注于某一事物，抛开一切局外的、与被注意对象无关的东西。

11. "尼克尔立方体现象"说明了一个重要的原则，即我们有意识的注意具有选择性。选择性注意指的是，在任何时候，我们所意识到的只占我们所经历全部事情的一小部分。

12. 为了检验过滤器理论，研究者用双耳分听技术，在实验室里，应试者戴着耳机听同时输入的两种录音信息——不同的信息输入不同的耳朵。

13. 影响注意选择的因素：①有意注意和无意注意；②营销信息的新颖性；③广告形象的生动性。

14. 有两种不同的注意，即无意注意和有意注意。无意注意是指事先没有预定的目的，也不需要意志努力，不由自主地指向某一对象的注意。有意注意则刚好相反，指自觉的、有意图的、必要时还得付出意志努力的注意。

15. 新颖的、不同寻常的、变化着的、移动着的、鲜艳的、强烈的、综合的营销信息刺激，其营销效果是显著的。

16. 营销形象生动性刺激的形式有：①感情上个人感兴趣；②具体、有形并能激发想象的信息；③感觉、时间和空间上的接近性。

17. 影响可信度的第一个因素是"理解"，第二个是"重复"，第三个是"推断"。

18. 关于营销信息的理解、误解与误导涉及以下几个问题①可信度；②省略比较对象；③零碎数据；④肯定的结果；⑤示范说明。

19. 如何引起消费者的无意注意？应该关注以下几个方面：①大小与强度；②重复或变化；③动态与静态；④色彩及对比；⑤版面或位置；⑥突破与新奇；⑦广告标语或口号。

20. 如何引起消费者的有意注意？应该关注以下几个方面：①注意迎合消费者的需求；②善于捕捉消费者的兴趣；③充分运用艺术感染力；④恰当运用悬念手法。

测试题

一、单项选择题（在每小题备选答案中只有一个是正确的，请将其选出并把选项前的字母填在题后括号内）

1. 1994年发表一篇题为"注意力的经济学"文章的作者是：（　　）。
   A. 理查德·劳巴姆　　　　　　　　B. 乔治·米勒

C. 戴尔·霍金斯 D. 凯文·莱恩·凯勒
2. 注意力经济也被称为（ ）。
A. "发展经济" B. "福利经济"
C. "眼球经济" D. "体验经济"
3. 根据哈佛大学心理学家乔治·米勒的理论，人们可以（ ）。
A. 同时注意 6 个（加或减 2 个）单位的信息
B. 同时注意 7 个（加或减 2 个）单位的信息
C. 同时注意 8 个（加或减 2 个）单位的信息
D. 同时注意 9 个（加或减 2 个）单位的信息
4. 唤起和注意强度之间的关系可用一个（ ）。
A. "U" 形来描述 B. 倒转的 "U" 形来描述
C. "W" 形来描述 D. 倒转的 "W" 形来描述
5. 注意有两个基本特征：一是注意的选择性；二是（ ）。
A. 注意的集中性 B. 注意的分散性
C. 注意的功利性 D. 注意的刺激性

二、**多项选择题**（在每小题备选答案中有 2~5 个正确答案，请将正确选项前的字母填在题后括号内）

1. 注意力有如下几个特点：（ ）。
A. 不能共享、无法复制 B. 它是有限的、稀缺的
C. 它有易从众的特点 D. 注意力是可以传递的
E. 注意力产生的经济价值是间接的
2. 消费者对营销活动注意的动机可能是：（ ）。
A. 营销活动信息的实用性 B. 营销活动信息的刺激性
C. 营销活动信息的娱乐性 D. 营销活动信息的集中性
E. 营销活动信息的连续性
3. 影响注意选择的因素：（ ）。
A. 有意注意和无意注意 B. 营销信息的分散性
C. 营销信息的新颖性 D. 广告形象的生动性
E. 营销信息的连续性
4. 广告形象生动性刺激的形式有：（ ）。
A. 感情上个人感兴趣 B. 广告信息的跳跃性
C. 具体、有形并能激发想象的信息 D. 感觉、时间和空间上的接近性
E. 广告信息的连续性
5. 如何引起消费者的有意注意？应该关注以下几个方面：（ ）。
A. 注意迎合消费者的需求 B. 善于捕捉消费者的兴趣
C. 充分运用艺术感染力 D. 恰当运用悬念手法
E. 跟踪信息的跳跃性

三、名词解释题

1. 注意
2. 注意力
3. 无意注意
4. 有意注意

四、简答题

1. 简述注意力的五个特点。
2. 简述消费者对营销活动注意的动机。
3. 简述影响注意选择的因素。
4. 简述影响可信度的三个因素。

五、论述题

1. 如何正确理解"注意力经济"？联系实际谈谈你的看法。
2. 什么是无意注意？如何引起消费者的无意注意？什么是有意注意？如何引起消费者的有意注意？联系实际谈一谈它们在策略上有何差异。

六、案例分析讨论题

仔细阅读本章的开篇案例，然后回答以下问题。

1. 什么是悬念广告？野狼125摩托是如何设置其广告悬念的？
2. 悬念广告通常有哪些设计方式？
3. 运用悬念广告应该注意哪些问题？试分析一下本案例的成功之处。

第四章
消费者的知觉与潜意识

开篇案例

植入式广告:007 电影商业成功的奥秘

回顾 007 电影走过的 48 年历史,背后体现了电影娱乐和商业的完美结合,植入式广告的作用功不可没。《皇家赌场》《大破量子危机》是 007 系列电影的第 21、22 部,中国观众尤其是 80 后观众对其印象深刻,两部影片的商业气息更加浓厚,植入式广告的运用更是炉火纯青。与以往 007 电影中詹姆斯·邦德周身配备的通常为超尖端、超现实的间谍装备不同,从《皇家赌场》开始,邦德的装备发生了根本转变——面向社会大众。除了我们耳熟能详的宝马七系轿车、欧米茄手表、Buoni 西装等高档商品外,还有索尼-爱立信手机、索尼 VAIO 笔记本电脑、BRAVIA 液晶电视以及 Cyber Shot 数码相机,影片中崭新的、大众化的高科技产品自然地为邦德与邦女郎引出一段段惊心动魄而又极具观赏性的故事情节。

007 系列电影所取得的巨大票房成功有目共睹,但这只是我们关注的热点之一。事实上,007 系列电影在娱乐的同时,巧妙地与商业进行联袂互动,顺利地推广了自身和合作伙伴的产品与形象,从而上演了一场场富有戏剧性的财富盛宴。

四年前,作为当时最新推出的 007 大片,《皇家赌场》自 2006 年 11 月公映后,全球票房收入高达 5.4 亿美元,这一骄人的成绩使该片成为 21 部 007 系列影片中最卖座的一部。此前拥有最高票房的 007 影片是 2002 年上映的《择日再死》,全球票房收入为 4.31 亿美元。据悉,《皇家赌场》2006 年年底在华上映后,占据了 2007 年从情人节到春节的黄金档期。据非正式统计,看过 007 电影的观众总数达 20 亿人次,即地球上每三四个人就有 1 个曾经看过 007 电影!据不完全统计,在这 48 年间的 22 部 007 影片已为制片方带来了近 60 亿美元的收入。作为英语电影中最长寿的影片,007 系列电影在进入 20 世纪 90 年代后加快了"印钞"的速度,一部影片动辄就是三四亿美元的票房。

随着 007 电影的深入人心,除了票房以外的种种衍生品也层出不穷,例如小说、漫画、电视、游戏和玩具,构建了环环相扣的"价值链"体系,从而形成 007 系列的被中国人喻为"摇钱树"式的庞大的财富链条。仅以道具拍卖为例,007 电影的道具拍卖受到影迷的极大追捧,成为创造财富的第一亮点。2001 年,伦敦曾举办过一场 007 电影道具拍卖会,共有来自 21 部电影的逾 250 件道具被拍卖。其中第一位邦德女郎厄苏拉·安德斯所穿的比基尼泳衣极受瞩目,最终以 4.112 5

万英镑成交。成交价最高的是1995年电影《黄金眼》中饰演詹姆斯·邦德的皮尔斯·布鲁斯南所驾驶的1965年出产的经典车——阿斯顿·马丁DB5型跑车，它以近15.7万英镑成交。另外，在007图书、网络游戏、玩具、藏品等方面，相关方也赚得盆满钵溢。

当观众们在舒适的电影院里聚精会神地观赏007系列电影时，往往对影片中刚刚出现的各种品牌（如欧米茄、宝马）不太留意。但是，随着各种品牌和影片情节不断交互出现，观众会在不知不觉中加深对品牌形象的认识与记忆，并且将它们与詹姆斯·邦德所传承的惊险刺激、高档上乘的素质结合在一起。在007系列电影中，我们可以找出众多类似的案例，其共同之处就在于知名品牌的商业信息被魔术般地植入（当我们在"腐蚀"与"渗透"这两个词之间不知该用哪一个更好的时候，"植入"这个词便应运而生了）。它们直逼观众的心智，成为007电影情节中不可或缺的部分。这种品牌商业信息与娱乐产品紧密结合、不分你我的营销传播形式，已经为国内观众所熟悉，其正式名称为"植入式广告"。

知名品牌选择007系列电影中作为植入式广告的载体无疑是十分明智的。在信息过剩的今天，观众往往会有意地过滤一些广告信息。而当名牌和电影、互联网等互动媒体出现，把商业信息与娱乐内容结合于一体，观众就能自然而然地选择和接收这些广告信息，从而产生良好的传播效果，这就是品牌植入的"魔术"效应。与此同时，品牌植入还拥有"不可替代"的特性。当007系列电影在电影院放映的时候，可以在片头插入广告；在电视播出的时候，在电视屏幕的一角可以加入电视台的台标以及栏目赞助的企业标识。但是没有人可以将电影中007驾驶的阿斯顿·马丁或宝马、佩戴的欧米茄手表、饮用的伯朗杰香槟替换成任何或随便一个不入流的品牌。在007系列电影中，知名品牌广告植入屡见不鲜，以下只点出几个杰出的代表，以供大家参考与借鉴。

第一个出场的是"宝马良驹"——宝马。007系列影片中邦德的座驾一直是"宝马"汽车，这几乎已成了该片的定式之一。宝马汽车的优异性能在007系列电影中不仅与剧情巧妙结合，更可以看出很多电影情节是专为宝马汽车的优异性能专门设计的，十分完美地彰显了宝马汽车的动力及超前的机械、电子的高科技性，使宝马的尊贵和技术的卓越得到了完美结合。尤其是007系列影片之一的《黄金眼》成功地替宝马Z3大做了一把广告。宝马的多部Z系跑车、750iL等车辆，甚至连旗下摩托车也屡次在邦德耍酷的时候、最需要帮助的时候帮了他的大忙，当然宝马也借着风靡全球的007成功实现了品牌升值。不少看完007电影的影迷认为，风流倜傥的詹姆斯·邦德都是开着宝马出门拯救世界的，因此自己也对宝马产生向往，情有独钟。有数据显示，007系列电影的品牌效应使宝马汽车公司产生了12亿美元的商业溢价（见图4-1）。

第二个是"表中圣者"——欧米茄。欧米茄手表和007电影的首次合作是1995年拍摄的《黄金眼》，在随后的《明日帝国》（1997）、《末日危机》（1999）、《择日再死》（2002）和《皇家赌场》（2006）中，双方一直保持良好的合作关系。詹姆斯·邦德在影片中佩戴的欧米茄海马系列是"勇于冒险"和"风度翩翩"的代名词，与007的精神气质十分吻合。而欧米茄精良的制造工艺、强大的功能设置及高贵典雅的外观设计无一不体现出欧米茄手表超凡的技术和艺术内涵，使之成为历任007的最爱。这些年来，欧米茄成功借助007的传播，从瑞士二三流的手表阵营中脱颖而出，直逼一流手表阵营（见图4-2）。

第三个是"枪械王中王"——Walther。在007电影中，无所不能的邦德常常佩戴着一支Walther PPK 7.65mm。而且这个习惯延续了好几十年，贯穿十来部电影。毫无疑问，在电影中，Walther抢尽了观众的注意力，而在现实商业中，Walther也一再上演着它的营销神话。

图 4-1 "宝马良驹"——宝马与邦德(皮尔斯·布鲁斯南饰)

第四个是西服顶级名牌——Buoni。Buoni 是来自意大利的国宝级西服,产量很少,以稀为贵,其市场价格为每套 3 000~10 000 美元,全世界有 50 多个国家的总统或元首经常穿它迎接贵宾或进行国事访问。虽然 Buoni 贵为顶级名牌,但借助 007 系列电影提高知名度也不失为明智之举。例如邦德在影片中的动作很多,西装后面的领子往往容易翘起来,而穿 Buoni 西装做任何高难动作,领子都不会翘;无论海水还是泥泞,面料笔挺也不会起皱。借此,007 电影无疑为 Buoni 做了很好的广告宣传(见图 4-2)。

特别值得一提的是,在 007 中获益最大的汽车厂商要属著名的阿斯顿·马丁。在历次电影中,它出现的次数最多,且大多贯穿整部电影的核心情节。如在 2006 年上映的《皇家赌场》中,阿斯顿·马丁再次荣升为 007 座驾。可以说,这一年阿斯顿·马丁正是凭借 007 电影的品牌提升为自己扭亏为盈的。

不言而喻,制片方也因此获利甚丰。例如 2006 年的《皇家赌场》,市场推广、宣传费用的 50% 来自影片中的植入广告,50% 来自商业伙伴的广告。无论如何,如果想在电影中利用詹姆斯·邦德的形象,你就得付钱!

007 系列影片被称为电影史上生命力最强、最成功的特工电影系列。1962 年 10 月首部 007 电影《诺博士》公映至今已有 48 年的历史。有趣的是,虽然它刚好诞生在虎年,但因前 20 部未能在华上映,没有让中国人更早感受到詹姆斯·邦德那"虎虎生威"

图 4-2 Buoni 与邦德(丹尼尔·克雷格饰)

的形象。在 2010 年的虎年,也是 007 电影的"本命年",中国乃至世界对 007 真的还有不少的期盼。几十年以来,热情的观众真的还没有就它"娱乐和商业的相互渗透"说三道四,也没有为它的"植入式广告"而耿耿于怀。相比之下，春晚中的广告植入可就没有那么幸运了，原因何在？值得我们的组织者认真反思。

资料来源：吴柏林．植入式广告：007身后的财富盛宴．网易博客·中山大学吴柏林·广告心理论坛．略有改动。http://blog.163.com/ssrs_wbl/blog/static/731199402010254341958。图片资料来源：http://ent.sina.com.cn/f/m/jamesbond/movie/more.html。

在007的这个案例中，我们可以看到知名品牌的商业信息被魔术般地渗透到引人入胜的电影情节之中，抓住了观众的眼球，运用潜意识的力量直逼观众的记忆深处。这种品牌商业信息与娱乐产品紧密结合，潜移默化的广告传播形式被称为"植入式广告"。

本章研究消费者的知觉与潜意识。首先进入消费者的感觉，我们将按照眼、耳、鼻、舌、身的顺序，对视、听、嗅、味、触五个感觉器官逐个进行研究；其次是知觉的选择与偏见，主要研究影响知觉选择的主、客观因素，知觉偏见的几种表现形式与营销对策；再次是知觉的组合与广告设计，具体研究知觉组织、知觉的解释、错觉及其应用；最后介绍阈下知觉与潜意识劝诱，具体内容有阈下知觉的概念解析、阈下知觉广告及其技巧。

第一节　消费者的感觉

知觉是大脑对当前直接作用于感觉器官的客观事物的整体反映。当一个客观事物的某一种属性对有关的感觉器官发生作用时，通过一系列传导神经，把这一感觉信息传入大脑相应的感觉中枢，引起相关的感觉信息组合的活动，因而得以反映整个事物的存在。也就是说，在主体脑中出现了这个事物的整体映像。

知觉之所以在当前能够一下子反映事物的整体，是因为在此之前已经历了对该事物各种属性的感觉，并在脑中储存着相应的感觉信息组合。因此，当前只要其中一种感觉信息的作用，就能引起这个感觉信息组合的兴奋，产生相应的知觉。在这个意义上说，知觉是在感觉的基础上产生的。如果以前没有对某事物形成包含视、听、触、摸、嗅觉等的感觉基础，当前就不可能对该事物产生知觉。事实上，知觉就是各种感觉的复合。正因为如此，我们研究知觉就要从感觉开始。

感觉是指我们的感觉器官（眼、耳、鼻、舌、身）对光线、色彩、声音、气味等基本刺激的直接反应。知觉是指对这些感觉进行选择、组织和解释的过程。因此，对知觉的研究就集中在为了给初始感觉赋予意义，即我们在原始感觉上添加了什么。

与计算机一样，人们的信息加工过程会经历不同的阶段，在此过程中刺激被输入和存储。然而，与计算机最大的不同是，人们不是被动地加工由感觉所获得的信息。首先，我们环境中只有少量的刺激被注意到，这其中又有更小的一部分是被留意到的。进入意识中的刺激也许没有客观地进行加工。刺激的意义是由具有不同偏见、需要和经验的个体来解释的。如图4-3所示，暴露、注意和解释这三个阶段构成了知觉的过程。在考察每个阶段之前，先来分析一下为我们提供感觉的感官系统。

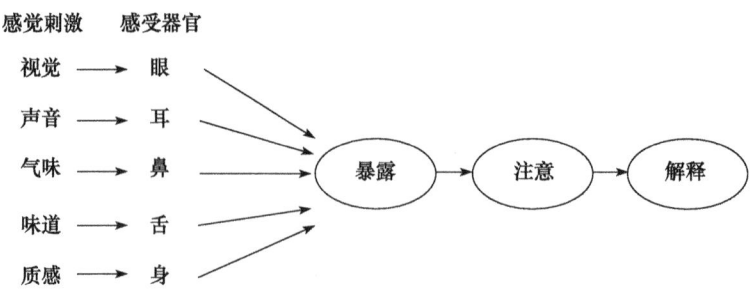

图 4-3 知觉过程示意图

注：感觉是指我们的感觉器官（眼、耳、鼻、舌、身）对光线、色彩、声音、气味等基本刺激的直接反应。知觉是指对这些感觉进行选择、组织和解释的过程。知觉的过程是由暴露、注意和解释这三个阶段构成的。

外部刺激，或者说感觉的输入，可以通过许多渠道来接收。我们可以看到广告牌，听到音乐声，感受到毛衣的柔软，品尝到冰激凌的草莓味道，闻到皮夹克的气味。我们的五种感觉器官拾取的感官输入构成了知觉过程开始的原始数据。来自外部环境的感觉数据能使人产生内部的感觉体验。例如，听到电视剧中的一首歌曲，触发了一个年轻人对他第一次跳舞的回忆，让他想起了舞伴身上的香水味，想起她的发丝掠过自己面颊的感觉。这些反应是享乐性消费的一个重要部分，或者说是消费者与产品相互作用的多重感觉、幻想和情感方面。产品在感觉上的独特性对其在竞争中脱颖而出有重要作用，尤其是在品牌与感觉建立了这种独特联系的情况下。

下面我们将按照眼、耳、鼻、舌、身的顺序，分别介绍一下消费者的视觉、听觉、嗅觉、味觉与触觉，因为这五种感觉是知觉的基础。

一、眼睛：视觉

在各类广告、店面设计和包装尤其是在企业形象识别（Corporate Identity，CI）上，营销者都非常重视并依赖视觉因素，他们将要表达的意义通过产品的色彩、规格和样式等视觉渠道加以传递。飞利浦试图将其电子产品小型化并变得更加色彩缤纷，以给人一种更年轻的感觉。其音响产品曾经全是银灰色的，但现在其每个部件都用了四种颜色，包括一种被称为电绿色的颜色。

颜色还能更直接地影响我们的情感。有证据表明，有些颜色（尤其是红色）能产生唤醒的感觉并刺激食欲，而有些颜色（如蓝色）则令人更加放松。在广告中，使用蓝色背景的产品比使用红色背景的产品更受欢迎。跨文化的研究显示，不论是生活在英国伦敦还是生活在中国香港，人们对蓝色的偏好是一致的。研究表明，蓝色可以引起对未来的积极感觉。为此，美国运通将其新信用卡命名为"蓝色"。它的广告代理商将蓝色称为"新千年的颜色"，因为人们会将它与天空和水联系起来，"提供一种无限和空间的感觉"。本书作者曾经参与主持广东大亚湾核电站的 CI 战略课题研究，我们最后成果的标题定为"蓝色宪章"。为什么选用了蓝色？请看下面关于《蓝色宪章》的标题释义。

蓝色：
科技、理性，
安全、环保，

创造、探索，

蓝天、大海——大亚湾文明。

蓝色，是大海的颜色。

蓝色，是天空的颜色。

蓝色象征着环保和清洁。

蓝色象征着安全和宁静。

蓝色象征着广阔和深邃。

蓝色象征着希望和生命。

蓝色象征着探索和追求。

蓝色象征着科技和理性。

蓝色象征着开拓和创新。

蓝色象征着进步与文明。

蓝色以它特有的鲜明形象和个性魅力，引导着

核电人追求卓越、创造奇迹……

蓝色与金色的价值组合。

我们用海洋一般的蓝色来标识大亚湾文化，寓意着安全文化是核电文化的基调，寓意着科学理性是我们文化的基本色。

我们用太阳一般的金色来标识公司的目标取向，寓意着大亚湾人创意无穷、追求卓越，寓意着我们的事业如日中天、前景灿烂辉煌。

资料来源：吴柏林.公司文化管理[M].2版.广州：广东经济出版社，2007：338.

对颜色的一些反应来自后天学习获得的联想。在西方国家，黑色是哀悼的颜色，而在东方一些国家，特别是日本，白色才扮演这个角色。另外，黑色与力量相联系。在美国橄榄球俱乐部和美国曲棍球俱乐部中，穿黑色队服的球队最具进攻性：在赛季中他们的受罚次数几乎一直位居榜首。

对颜色的其他反应则归因于生理差异和文化的不同。女人更容易被明亮的色彩吸引，并且对微妙的色彩变化和色彩运用方式更为敏感。一些科学家将此归咎于生理上的原因，因为女性对色彩的感受力比男性强，男性患色盲症的比率比女性高16倍。年龄因素也影响着我们对色彩的反应。随着年龄的增大，我们的眼睛也逐渐老化，并且对黄颜色具有视觉敏感倾向。这有助于解释为什么成年消费者喜欢选购白色的汽车——凌志轿车在成年人市场中销售得异常的好，在所有销售出去的凌志车中白色车占了60%。

人们更喜欢鲜艳的颜色和复杂的颜色，这也反映了美国社会不断增强的文化多样性。例如，拉美人更偏好亮丽的色彩，反映了拉丁美洲强烈的日照情况。这就是宝洁公司在拉美国家销售的化妆品使用比较明亮的色彩的原因。

颜色在网站设计中起着主导作用。它引导着冲浪者的眼睛浏览页面，配合设计主题，分隔视觉区域，建立前后联系，营造心境，吸引注意。绿色、黄色、青色和橙色等饱和的颜色被认为是吸引注意的最佳颜色，但是也不要过度使用：过度使用这些色彩会使人们受不了，从而引起视觉疲劳。当然，颜色在包装设计上也是一个关键问题。过去对颜色的选择通常是随意的。

然而，今天颜色的选择是一件严肃的事情，许多公司都意识到，他们对颜色的选择会影响消费者对包装内产品的猜想。

这些决策使我们对包装内产品的期望进行了"着色"。丹麦一家公司在推出一种白色干酪时，将其作为已有的蓝色干酪的"姐妹产品"，以"卡斯特罗·比安科"的名字用红色包装投放市场。尽管味觉测试效果很好，但是销量不尽如人意。后来，对消费者的分析表明，红色的包装和产品的名称使消费者产生了对该产品类型和甜度的错误联想。丹麦消费者很难将红色的鲜艳与白色的干酪联系起来，而且"比安科"的名字包含有甜的意味，这与产品的实际口味是格格不入的。该产品随后以白色的包装和"怀特·卡斯特罗"的名字重新推出，销量几乎立刻提高了两倍。

公司与特定颜色的联系越来越紧密，以至于颜色组合成为公司的商业标志，有的公司甚至被授予了这些颜色的独家使用权。例如，柯达公司就成功地在法庭上保护了它黄、黑、红三色的商业颜色。然而，作为一条规则，只有当消费者可能因竞争者包装使用相似颜色而分不清自己购买的产品时，商业标志才会被授予特权。

二、耳朵：听觉

消费者每年能够购买价值数百万美元的录像制品，广告音乐维持着品牌意识，背景音乐营造出一种理想的心境。超声波系统这项新技术甚至能够在 100 码开外通过贩卖机发出吸饮料的吱吱声引诱你，而且只是引诱你一个人。

声音的各种特性影响着人们的感觉和行为。木扎克公司估计每天大约有 8 000 万人在听它的唱片。这种所谓的"功能性音乐"在商店、购物中心和办公室中播放，或是为了使消费者放松，或是为了刺激消费者。研究表明，上午 10 点和下午 3 点这个时段，员工的工作效率容易下降，因此木扎克公司使用了一种称为"激励进行曲"的系统，在这个懒散的时段加快节奏。在这种激励进行曲的影响下，牛奶和鸡蛋的产量也有了显著的增长。试设想一下，好听的音乐没准对你们的消费者行为学的课程论文也有帮助呢！

声音工程是高端汽车制造商们最新的待开发领域，他们正在想方设法让看起来和用起来差不多的汽车与众不同。过去，汽车声学意味着应用尽可能多的隔音材料，从而使车内比较安静。现在，噪声关乎汽车的质量：如果听起来好像做工不错的话，那么实际上可能就真的如此。梅赛德斯-奔驰的工程师们录下了升降车窗和调整座位电动的补助马达间接变速装置的声音，并与宝马及其他竞争对手的声音比较。如果由于乘客的体重较重，而导致车内的设备在乘客移动座位时马达的声音发生变化，这将是十分尴尬的。宝马召集了不同的消费者帮助设计师们选择当汽车发生技术问题时应采用的警告信号音。

对驾驶环境的终极追求使得工程师们在设计时用尽了一切方法。宝马在追求无噪声的刮雨片时，通过吸音填料削弱了刮雨器电动机发出的噪声，但是仍发现橡胶刀片在弧形的顶部或者底部会产生轻微的碰撞声。数月的测试发现，如果能够保持刀片上橡胶的柔韧性的话，就可以大大消除这种噪声；但是如果刀片一连好几天都保持不动，就会慢慢变硬并固成窗户的形状。最终的解决办法是：每隔几天，宝马 7 系列的刮雨器电动机就拍击刮雨器的静止部位，以活动橡胶的边缘，从而保持橡胶柔软而无声。

三、鼻子：嗅觉

气味能够激发强烈的感情，也能够产生平静的感觉。它们可以唤醒记忆，也可以缓解压力。一项研究发现，在观看鲜花或巧克力广告的同时，闻到花香或者巧克力味道的消费者更有可能花更多的时间对产品信息进行加工，并更有可能在每个产品种类中试用不同的备选产品。

我们对气味的一些反应是由早期联想产生的，这种联想会引起或好或坏的感觉，这是商家研究气味、记忆与心境之间联系的原因。为福尔杰公司工作的研究人员发现，咖啡的气味能唤起许多美国人对童年时期母亲做早餐的记忆。因此，这种芳香使他们想起了家。于是福尔杰公司将这个研究结果用于一则影视广告，讲的是一位身着军装的年轻男子一大早赶到家，走进厨房，打开福尔杰咖啡的包装，咖啡的芳香飘到楼上。他的母亲睁开眼睛，笑道："他回家了！"

香气的感受是由大脑边缘系统进行处理的，它是大脑中最原始的部分，也是体验即时情绪的区域。随着科学家继续发现气味对行为影响的巨大效果，营销者也正在跟进采用灵活的方式来发掘这种联系。据专家预测，"香味营销"将是一个价值不菲的大市场，它正在日益引起人们的注意。下面是香味营销最新发展的一些情况。

- 香味衣服：通过将装有芳香剂的微型胶囊缝入衣服，开发具有香味的新一代服饰。法国一家女性内衣公司出售一种触摸时会散发香味的女性内衣。韩国男子甚至购买具有薰衣草香味的套装，以掩盖身上的烟酒味道。
- 香味商店：托马斯·宾克衬衣公司将新洗衣服的香味泵入商店，激发顾客的购买欲望。美国 Woolworth 商店通过香味显示它的位置，其独特的南瓜香味、温葡萄酒和百里草的混合香味不只产生温暖和令人迷糊沉醉的感觉，而且提高了公司的利润。
- 香味汽车与飞机：英国航空公司在头等舱和商务舱内喷洒一种户外的芳香。劳斯莱斯车来修理时，车内被洒上 1965 年银灰款式劳斯莱斯的一种芳香（这种旧皮革和精制木头混合的气味在人造材料制成的劳斯莱斯新款车型中是找不到了）。福特汽车公司则采用一种用海绵聚合物制成的"电子鼻 4000"机器来代替真人工对新车气味的检测。
- 香味家庭用品：香味疗法团体介绍用大海微风、春天花朵、静雾等来命名香味，生产商会迫不及待地进入这个香味市场。当墨西哥生产的强芳香清洁产品进入美国市场获得成功之后，高露洁公司从中受到了启发，提高了 Palmolive Spring Sensation 的香味。宝洁公司在其汰渍和 Gain 洗衣粉配方中添加芳香剂。这种喜欢浓香的趋势与 20 世纪 90 年代强调清香或无味的趋势刚好相反。生产商提及了这种变化的各种原因，如随着年龄增长对香味敏感度的降低，亚洲人和拉美人偏好芳香气味，每天沐浴和护理身体所用到的各种芳香剂的混合物不断增加，使人们对清香型家庭用品的香味感受力有所下降。
- 香味广告：宝洁公司在英国公交车站棚安置散发出芳香的广告，促销其柑橘香味的洗发水。在一则广告牌中，清风吹过一位快乐的年轻女性的发梢，广告牌的下部有一个按钮，一按就散发出香雾。对香味使用得更有创意的是加拿大 YTV 电视台与卡夫加拿大公司主办的"气味释放刮卡"比赛。一个栩栩如生的鼻子在 YTV 周末早间节目的屏幕上来回嗅着产品，孩子们刮擦游戏卡猜出与卡夫产品相匹配的气味。第 100 个通过免费电话正确猜出气味的人将获得 Roots 提供的价值 500 美元的礼品券。游戏卡散发出的气味包括酸泡菜味、橘子皮味、沼泽气等五花八门的味道，甚至还有"老祖母脚趾头味"（哈哈）。

四、舌头：味觉

味觉感觉器官在我们体验各种物品的过程中是功不可没的。宝洁最近推出的一种新型女性牙膏就是通过产生轻微的刺痛感获得口香糖般健康与清新的口气。

被称为"调味屋"的专业公司一直进行着新调味品的开发，以迎合消费者不断变化的口味。科学家设计新的味道检测装置来帮助这些公司。一家叫作阿尔法 M. O. S. 的公司生产一种用于品尝味道的精巧电子舌头。电子舌头在一个被称为电子嘴巴的装置里工作，电子嘴巴里有人工唾液，还能咀嚼食物并辨别食物味道。可口可乐和百事可乐都使用这种电子舌头检测玉米糖浆的质量。百时美施贵宝公司和罗氏药业公司也使用这种装置研制不含苦味的药品。

文化的不同也决定了对口味的喜好。例如，消费者越来越喜欢不同民族的风味菜肴，造成了对辣味食品的日益渴望，追求最刺激的辣椒油成为一股风潮。现在美国有 50 多家商店专门供应火辣的调味品。这些调味品如此之辣，以至于商店在出售给顾客之前，要求顾客签署法律责任的弃权声明书！

在另一个感觉极端，日本饮料公司正在追赶着日本年轻消费者关注健康的狂热新动向。他们正变得越来越关注健康，只喝味道平和的含水饮料。饮料生产商正努力生产透明的水果饮料。可口可乐公司推出了一种新的茶饮料，在广告中，一位消费者盯着瓶子迷惑不解：这是茶，还是水？商店里堆着一箱箱"近似矿泉水"，这就是味道清淡的矿泉水。七宝啤酒销售一种用水稀释了的冰镇咖啡，朝日啤酒生产了一种和水一样清的啤酒，并有一个概括这种新趋势的名字：啤酒水。

五、身体：触觉

尽管关于触觉刺激对消费者行为影响的研究相对比较少，日常观察也会告诉我们，触觉这个通道很重要。不论是奢侈的按摩还是刺骨的寒风，在感觉它们触及皮肤时都会感到心情兴奋或放松。触觉在销售的互动过程中是一个不可忽略的因素。一项研究发现，与侍者有接触的用餐者会给更多的小费。而在超市中，与消费者有轻微接触的食品示范员会更成功地邀请顾客来品尝新式点心，并且收到更多所推广品牌的订单。英国阿斯达食品杂货连锁店将数种卫生纸包装去掉，让购买者更好地触摸和比较各种纸质。零售商说，其结果是店内自有品牌的销量急剧上升，货架上该产品空间扩大了 50%。

日本运用所谓敏感性分析方法将这种观念进一步发展。感性 212 学或人机工程的理念是将顾客的感觉转化为设计中的元素。在这种运用实践中，马自达的米亚达轿车的设计者瞄准那些将车视为自我延伸的青年，驾驶者追求一种被他们称为"骑手与马合二为一"的感觉。经过深入调研，设计者发现，将操纵杆设计为 9.5 厘米长时，驾驶者就能最佳地体验运动和控制的感觉。

人们常将纺织物和其他物品表面的质地与产品的质量相联系，一些营销者也在探索如何在包装中利用触觉激发消费者的兴趣。家用美容品的一些新型塑料瓶混合了"感觉柔和"的树脂，以便拿在手里产生一种磨砂般柔和的阻力。伊卡璐的日常护理洗发水新包装在进行测试时，焦点小组的成员把这种感觉描述为"很性感"，进而对瓶子爱不释手！

粗糙还是光滑，柔顺还是坚硬，这种对服装、床上用品、室内饰品材料所感受到的质感程度和质量与对它的"感觉"是相联系的。丝绸等光滑的织物被等同于豪华，粗斜纹布被认为是结实耐用的。由稀有材料制成或要求较复杂工序以达到光滑细致的面料一般是比较昂贵的，因而被认为是高级的。类似地，轻柔和精制的质地被认为是富有女性气息的。粗糙常常得到男性的积极评价，而光滑则为女性所追求。

总之，我们生活在一个信息爆炸的时代，一个感觉刺激泛滥的世界：不管是西餐厅里牛排在铁板上滋滋的响声，还是肯德基炸鸡的味道，抑或美国大片的惊险，还有SHE或女子十二乐坊的音乐等。无论在什么地方，我们总会被各种图像、色彩、声音、气味包围，还会有甜酸苦辣、软硬冷暖的各种体验与感觉。这些刺激，有些是来自大自然的，如花的芬芳，有些是来自人的，如香水的味道；营销者当然也是这支混乱"交响乐"的制造者之一。有些是消费者不得不被动接受的，如电视连续剧中甚至电梯里的广告；有些是消费者主动寻找的，如蹦极和游戏。

面对刺激，我们会有意或无意地做出各种选择。我们会通过注意某些刺激而排除其他刺激来应对感觉的撞击。每个人都会选取与自己的独特经验相符合的刺激，结果往往与营销者的预期大相径庭。我们对广告的选择注意往往与营销者的预期是不同的，因为每个人在信息接收过程中往往根据自己的独特经历、偏好和期望来改变所接收的信息。在此过程中，消费者获得了感觉并用来解释周围的世界。

第二节　知觉的选择与偏见

知觉只限于当前在脑中呈现事物的整个映像，而认知到事物的一定意义则是思维起的作用。正是在知觉的基础上，使我们能够认识到事物的名称、性能、因果关系等意义。在心理活动中，知觉与思维紧密地相互联系着。知觉是思维的"窗口"，为思维提供感觉信息，而思维又对感觉信息进行加工处理，把知觉组织起来，使其获得一定的意义。当我们感知到客观事物时，通过思维在大脑储存着的信息系统中，提取相关信息与知觉相结合，使其获得某种意义。因此，在涉及知觉的概念时，应该把知觉与思维结合起来，使其意义化。

由于知觉含有一定的意义，使知觉带有主观意识性，致使人们的知觉往往与现实的客观世界不完全一致。受这种主观意识性的影响，人们对客观事实的知觉经常会出现程度不同的变形或歪曲，造成这种现象的主要原因一是知觉的选择性，二是知觉的偏见。

一、知觉的选择性

我们周围的环境是复杂的，有许多事物同时对我们起作用。但是，在同一时间、同一场合，我们能清晰知觉到的对象是很有限的，最多只能有几个。所谓知觉的选择性就是在知觉过程中，为了清晰地反映对象，人们总是从许多事物中自觉地（主动地）或不自觉地（被动地）选择知觉对象的心理过程。正是由于这种选择性的存在，使得人们在同一时间、同一场合同时要面对众多事物的时候，只能有选择地感知其中少数内容，形成清晰的知觉，而对其他大部分内容则只能视而不见、听而不闻，无法形成清晰的知觉。

这种知觉的选择性既有客观的原因又有主观的原因。这种选择性受客观因素（即"被动地"）和主观因素（即"主动地"）的制约。

（一）客观因素

在知觉过程中，由于某些客观事物在相互对比中有的呈现出较明显的相对特点，致使我们去知觉它。这是知觉的被动选择性。它借以发生的神经机制主要是：客观事物本身易于在大脑相应的感觉中枢引起较强的兴奋过程或易于使大脑把感觉中枢相关的兴奋点组合成整体性的兴奋过程。下述知觉对象的特点影响着知觉的被动选择性。

1. 知觉对象本身的特征

在周围环境中，那些刺激作用强烈而突出的事物，一开始特别容易引起人们的无意注意，成为知觉对象。如响亮的声音、突出的色彩、醒目的标志等刺激物，不管你愿意与否，一开始就使你清晰地感知到。因此，为了增强营销活动的传达效果，在营销传播中经常要考虑让知觉对象本身具有明显而突出的特征，使消费者容易从环境中分出而产生知觉。相反，应当减弱或避免营销传播环境中那些强烈而突出的干扰性刺激，如噪声，以增强消费者的相关知觉。

2. 对象和背景的差别

对象和背景的差别在一定程度上决定于客观事物本身的特征，并在它们的对比作用中加强这种差别。因此，对象与背景之间有着明显的相对关系。在同一时间的知觉过程中，人们清晰感知到的几个事物成为知觉对象，而模糊感知到的其他较多的事物则成为对象的背景。对象与背景的差别越大，就越容易把对象从背景中分出。反之，这种分出就越困难。

3. 对象的组合

知觉所反映的事物整体不一定只是一个对象。有时，在一定条件下我们也能把若干事物组合成一个整体，作为知觉对象。例如在空间上接近的对象容易作为一个整体被感知；一些对象的性质和形状相似，则它们容易组合成一个整体而被感知；当几个对象共同包围着一个空间时，人们往往容易把它们组合成一个整体来知觉；当几个对象在空间或时间上连续地排列着，则它们容易组合成一个整体而被感知。

（二）主观因素

在知觉过程中个人某些主观因素的作用，在不同方面和不同程度上影响着知觉的选择性，表现为主体主动地感知对象。这属于知觉的主动选择性。它借以发生的神经机制主要在于主体脑中对有关的事物特别敏感，易于在感觉中枢引起较强的兴奋过程。影响知觉选择性的主观因素有如下几个方面。

1. 需要和动机

需要是人对客观现实的需求（包括自然需求和社会需求）的主观反映，而动机则是人们为了满足需要而激励着主体采取行动的内隐性意向，二者密切相关。凡是能够满足需要、符合动机的事物，往往容易引起有意注意，成为知觉对象。反之，与需要和动机无关的事物则易被知觉所忽略。

2. 兴趣

兴趣是动机的进一步发展，一般指热切地追求知识或从事某种活动的外显性意向。兴趣在更大程度上制约着知觉的主动选择性。感兴趣的事物较容易在复杂的环境中被注意到，成为知觉对象。不感兴趣的事物即使被注意到了，往往也会从知觉中随即消失。例如从事某种专业性工作的消费者，若对其专业越感兴趣，则有关该专业的事物越容易引起其注意；不关心政治的不会关注报纸头版醒目的政治标题；对体育活动不感兴趣的人也不会留意电视播放的体育消息。

3. 性格

性格是对现实的稳定态度和习惯化的行为方式。性格在意志、自尊心、情绪、对人态度、权力需求、竞争心理等方面的特征影响着知觉的选择性。例如，有些人自尊心强，对有关对人态度的行为非常敏感，这种行为较容易被分出而成为知觉对象；有些人的情绪较易波动，往往随着情绪的变化而有选择地感知对象，使知觉带有一定的情绪色彩。

4. 气质

气质主要是受神经过程的特性决定的行为特征，它往往与性格交织在一起。气质行为可分为多血质、胆汁质、黏液质和抑郁质四种典型类型，它们对知觉选择性的影响主要体现在一定时间内知觉的速度和数量上。多血质者能灵活、敏捷、迅速地感知对象，其选择性知觉的速度快、数量多。胆汁质者的选择性知觉比前者稍差一点儿。黏液质者较缓慢地感知对象，其选择性知觉的速度较慢、数量较少。抑郁质者对事物较敏感，易于感知对象，其选择性知觉的速度较快但不灵活，因而其知觉数量不如多血质。

5. 经验知识

这是指个体过去通过认知积累的、与当前知觉有关的经验知识。它们以信息的形式储存于大脑中，并形成信息系统。经验知识对知觉选择性的影响很明显，主要是使熟悉的对象易于从环境中分出，成为知觉的对象。例如凭着过去的经验知识，熟练工人在嘈杂的环境中能感知到机器声音的细微变化，从而发现机器故障；科技工作者能在复杂的图表中有选择地感知各种符号、图形、特殊数字等。

总之，知觉过程的选择性是客观因素与主观因素相互作用的结果。在营销传播中知觉的选择性关系到营销传播的效果。作为营销策划人一方面应注意发挥消费者主观因素的积极作用，另一方面应充分利用相关的客观因素，创造有利条件，以促进消费者选择性知觉的产生。

二、知觉的偏见

知觉的偏见是人们在感知事物的时候，由于特殊的主观动机或外界刺激，对事物产生一种片面的或歪曲的印象的心理过程。常见的原因有以下几个方面。

（一）首因效应

首因效应指第一印象的强烈影响。事物给人最先留下的印象往往有强烈的作用，左右着人们对事物的整体判断，影响着人们对事物以后发展的长期看法。第一印象一旦形成就比较难以消除。因此，在营销策划工作中要十分注意传播中的首因效应，无论是人、产品、环境还是组织行为，都要尽可能给消费者留下良好的第一印象，避免因不良的第一印象而造成知觉的片面性。

（二）近因效应

近因效应指最近或最后印象的强烈影响。事物给人留下的最后印象往往非常深刻，难以消除。对一件事物或对一个人接触的时间延长以后，该事物或人的新信息、最近的信息就会对认识和看法产生新的影响，甚至会改变原来的第一印象。营销传播工作亦要注意这种近因效应，注意用新信息巩固、刷新消费者心目中原有的良好印象，或尽力改变原来的不良印象。

（三）晕轮效应

晕轮效应指一种以偏概全、以点概面的片面知觉。人们在认识事物或人的时候，往往会从对象的某些突出的特征或品质推广为对象的整体印象和看法，从而掩盖了对象的其他特征或品质，形成某种幻化的知觉。这种幻化的知觉会产生美化或者丑化对象的作用。营销策划活动可以适当利用这种晕轮效应扩大组织或产品的影响，美化组织或产品的形象，如"名人营销""名流广告"。同时也要避免因为滥用这种晕轮效应使消费者反感甚至讨厌，更要反对利用晕轮效应蒙骗消费者。

（四）定型作用

定型作用指固定的僵化印象对人的知觉的影响，也称"刻板印象"。人们往往自觉或不自觉地凭借自己以往形成的固有经验和固定看法判断评价某类人或事物的特征，并对该类人或事物中的个体加以类推，如认为教师是文质彬彬的、商人是唯利是图的、国营商店的商品质量一定可靠、个体户经常以次充好。这种看法一旦在人的大脑中定了型，造成"先入为主"的成见，就容易在新的认知中产生偏差，妨碍人与人之间的正常交往或对事物的正常判断。营销策划工作一方面要研究和顺应消费者的某些刻板印象，使自己的形象与消费者的经验相吻合；另一方面要努力传播新观点、新知识、新经验，以改变消费者某些狭隘的成见和偏见以及由此形成的误解。

以上几种常见的知觉现象是心理定式的具体表现。心理定式是人的认知和思维的惯性、倾向性，即按照一种固定的倾向认识事物、判断事物、思考问题，表现出心理活动的趋向性和专注性。它既有积极的定向作用、推动作用、稳定作用，也有消极的妨碍作用、惰性作用、误导作用。研究消费者的各种心理定式，是我们正确运用营销策略影响消费者态度和行为的重要依据。

第三节　知觉的组合与广告设计

人类不同的感官具有不同的感觉范围，只能对不同的刺激做出反应，例如，眼睛只能对视觉信息做出反应，耳朵只能对一定范围的声音信息做出反应，因此在广告的设计与制作过程中，要充分了解这些知觉的特点。例如，在电视广告制作中，就应该特别注意视觉刺激的效果，可以充分利用电视的优越性，达到别的媒体无法达到的效果。

在广告设计中，要注意人们知觉的选择性特征，尽量加大刺激的强度，使广告要传达的信息以比较显著的方式呈现给消费者，从而使他们在头脑中产生深刻的印象，现代社会信息量非常大，消费者在特定的时间内接受信息的容量是有限的，这就要求广告能抓住消费者的心理特点，以引人注目的方式传递商品的信息，从而达到最佳的广告心理效果。

在心理学史上格式塔学派对知觉问题做了大量的研究，提出了许多知觉的组合原则，这些组合原则对于广告的设计有一定的参考价值，下面介绍与广告设计与制作有关的几个原则。

一、知觉的组织

要把感觉信息转换成有意义的知觉信息，我们必须对其进行加工组织，即把物体从其背景中区分出来，把它们看作有意义的、恒定的形状，并判断它们之间的距离和运动情况，大脑所构建的知觉规则可以用来解释这些令人迷惑不解的错觉。

早在 20 世纪，德国的一些心理学家就对大脑如何将感觉组织成为知觉产生了浓厚的兴趣。有了一系列的感觉，人的知觉就可以使之成为一个格式塔，格式塔是一个德语单词的音译，它的意思是一个"形状"或一个"整体"。格式塔心理学家为格式塔知觉提供了有力的证据，并描述了感觉变为知觉的组织规则。图 4-4 是我们比较熟悉的一个图形，因为它在本书第三章已经出现过，现在让我们换一个角度仔细研究一下。图形的每个单元只是 8 个蓝色圆圈，每个圆圈中都包含三条汇聚的白线。但当我们以系统的眼光观察它们时，我们看到的是一个整体、一个形状，即一个尼克尔立方体。

格式塔心理学家喜欢说："知觉中整体大于部分之和。"同样，一种特殊的知觉形式也是在物体的基本成分中形成。当进一步了解了格式塔心理学家的组织原则后，我们会发现其基本观点是，我们的大脑不仅是登记外部世界的信息，也不仅像按了照相机快门一样把图像印在大脑上，我们还会不断地对信息进行过滤、加工与组织，以对我们有意义的方式进行推断。

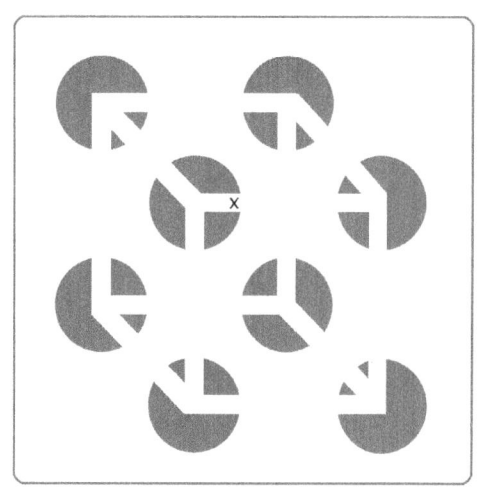

图 4-4　尼克尔立方体

注：这个图形我们在第三章已经见过。此刻再看，研究的角度有所不同，图形的每个单元只是 8 个圆圈，每个圆圈中都包含三条汇聚的白线。但当我们以系统的眼光观察它们时，我们看到的是一个整体、一个形状，即一个尼克尔立方体。

（一）图地关系及其运用

在现实的知觉过程中，我们可以从所处环境（背景）中感知任何物体（图形）。在联欢晚会上，我们能够听到很多声音，而我们关注的那个声音就是"图形"，其余的声音则成为"背景"。在阅读文章时，词语就是"图形"，白纸成为"背景"。如图4-5所示，图形与背景之间的关系不断反转，但我们总能将刺激组织成图形使之从背景中突显出来。这种可转换的图形与背景关系证明，同样的刺激能够引起多种知觉。为方便起见，也将这个关系简称为"图地关系"。

在图地关系中，"图"是主要的知觉对象，"地"是次要的知觉对象，其作用是作为主要对象的陪衬，即我们前边所说的"背景"。然而在现实情况下，由于人们观察的角度不同，常常会将图地关系颠倒，从而产生错视问题。在有关图形与背景的错视问题中，以鲁宾之杯最为有名（见图4-5），人们在画面中看到的东西是什么，完全取决于他的观察角度。如果观察者以黑色为图、白色为底，那么他看到的是杯子；如果观察者以白色为图、黑色为底，那么他看到的是两个鼻子对鼻子的人。

图4-5 鲁宾之杯

注：图地关系以鲁宾之杯最为有名。"图"是主要的知觉对象，"地"是次要的知觉对象，其作用是作为主要对象的陪衬。在此图中，如果我们以黑色为图、白色为底，那么将看到的是杯子；如果以白色为图、黑色为底，看到的是两个鼻尖相对的人。

鲁宾之杯告诉我们，在图地关系中，看图形还是看背景、看整体还是看局部，由于观察角度的不同，将分别出现不同意义的画面，便产生了双重意象。依此原理，在广告设计当中，图是知觉的主体，它应该是清晰完整、突出在前的，能够让人们清楚地知觉到，而地应该是模糊的、朦胧的，用它作为背景与陪衬。

广州某酒店的企业标志的双重意象是非常典型的（见图4-6）。像鲁宾之杯一样，如果我们以白色为图、黑色为地，那么我们看到的是一个羊的剪影，这正是设计师想让我们看到的，因为"羊城"是广州的别称。然而，如果我们以黑色为图、白色为地（"白地黑图"是人们看图的习惯模式），那么我们看到的是一头尖、一头圆的螺旋线，这完全是另外一个莫明其妙的东西！因图地关系而产生的错视问题将会影响我们对企业形象的正确认知。

如图4-7所示，美国联邦快递的企业标志有效地利用了双重意象：第一层意象是FedEx，即联邦快递的英文缩写；第二层意象隐藏在FedEx的"E"与"x"之间，如果我们以"E"与"x"为地，两者之间反衬出了一个图，那就是一个方向向右的白色箭头。事实是，设计这个白色箭头的用意是表达快递行业的速度概念，这正是联邦快递的企业理念之一。

图4-6 广州某酒店的企业标志

注：对广州这家酒店的标志而言，设计师想让我们以白色为图、黑色为地，这样我们看到的是一个羊的剪影，以获得羊城广州的印象。然而让设计师始料不及的是，人们习惯于以黑色为图、白色为地，那么大家看到的是一头尖、一头圆的螺旋线——完全是另外的一个莫明其妙的东西！

（二）分组及其运用

当我们从背景中区分出图形时，我们还必须能够将图形组织成一个有意义的形状。我们能够对场景中的某些基本特征，如颜色、运动和明暗对比，进行迅速而又自动化的加工。为了使这些基本的感觉信息排列有序从而形成一定的形状，我们的大脑将按照某种规则把刺激分组（见图4-8）。格式塔心理学家发现了这些规则，甚至连婴儿也会运用这些规则，这些规则阐明了整体不同于部分之和的观点。

图4-7　美国联邦快递的企业标志

注：美国联邦快递的标志运用了双重意象：第一层意象是FedEx，即联邦快递的英文缩写；第二层意象隐藏在FedEx的"E"与"x"之间，如果我们以"E"与"x"为地，两者之间反衬出了一个图，那就是一个方向向右的白色箭头，以表达快递行业的速度概念。

我们可以用各种方式来知觉图中的刺激，当然也许不同的人会采用相同的知觉方式。格式塔心理学家认为，大脑会采用各种原则将感觉信息组织成为整体。

（1）接近性。我们把邻近的图形知觉为一组。在此我们看到的不是六条单独的线段，而是三个部分，其中每个部分包含两条线段。

（2）相似性。相似的图形会被知觉为一组。我们把三角形和圆圈等形状相同的一列知觉为一组，而不是把不同形状的一行知觉为一组。

（3）连续性。我们知觉到的图形模式是平滑连续的，而不是离散间断的。这种模式可能是一系列交替的半圆，但我们把它知觉成两条连续的线——一条波浪线和一条直线。

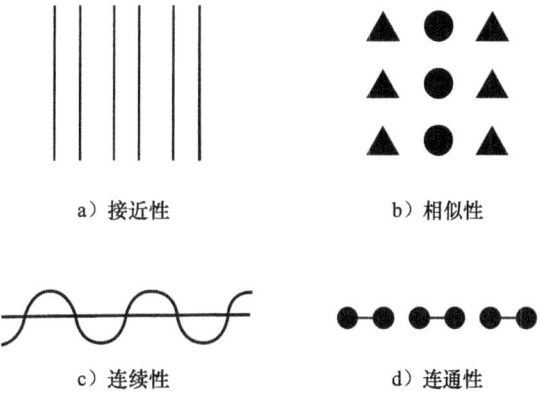

图4-8　刺激的分组

注：为了使这些基本的感觉信息排列有序从而形成一定的形状，我们的大脑将按照某种规则把刺激分组，大脑会采用各种原则将感觉信息组织成为整体。图中所显示的是接近性、相似性、连续性与连通性。

（4）连通性。当图形的形状相同并被连接起来时，我们会把相连接的点、线或面知觉为一个单独的单元。

（5）封闭性。图4-9说明了知觉的封闭性，在这个示例中，我们只有将缺口填满才能形成三个完整的圆形。因此，我们设想圆形基本是正确的、完整的，但是被三角形（错觉）所切断。事实上这个三角形根本就不存在，它是我们的大脑不自觉地运用封闭性原则构建的。

1. 接近原则的应用

接近是指在时间和空间上的相接、连续或相邻。两个事物间在时空上的连续或相邻，可以形成人们对二者之间相互关联或因果关系的知觉。人们具有自动组合信息的能力，能把知觉中相似、相关的成分组成较为完整的认知，从而对接近的相关刺激形成一种初步的印象。这一原则很难通过一个简单的图形来解释。我们不妨用下面的游戏来演示这一原则：在这个游戏中，我们请一个演员扮成一个木偶，让他用一只手来敲自己的头，同时用另一只手在观众看不见的地方敲木头桌子。如果敲击桌子发出的声音和他用手敲头的动作完全吻合的话，这就使观众们产生了一种"不可怀疑"的知觉——他的头是木头做的。另外一个有趣的例子是电影《侏罗纪公园》中恐龙的叫声，事实上，史学家与生物学家并没有搞清楚恐龙的叫声究竟是什么样的，然而电影艺术家要比他们有办法，电影中恐龙的叫声原来是将老虎与驴的叫声运用电脑合成技术生成而来的。在电影院里，当我们看到一只恐龙高昂起头的视觉画面时，我们会对这个电脑合成声深信不疑：它一定是恐龙的叫声！正是这种特别的"恐龙的叫声"使其广告传播非常有效，为《侏罗纪公园》争取到不少观众，创造了丰厚的商业利润。

图 4-9 知觉的封闭性

注：在这个图例中，我们只有将缺口填满才能形成三个完整的圆形，因为我们强烈意识到这三个原本完整的圆被三角形切断了。事实上这个三角形根本就不存在，它是我们的大脑运用封闭性原则构建的。

2. 封闭原则的应用

封闭是指人们具有将一个图形知觉为一个连续完整形状的倾向。当我们遇到不完整的刺激信号时，会有意无意地补充其缺失的部分，把它作为一个整体来识别。如图 4-10 所示，图 4-10a 的三个圆形都有一个缺口，然而这三个缺口被我们知觉为一个可辨认的图形：一个清晰可见的白色的三角形。事实上，在这三个圆形之间显现出来的"形状"是一个幻觉图形，实际上并没有边或轮廓将它们闭合。在图 4-10b 中，我们看到的东西会更多，一个三角形重叠在另一个三角形上，然后遮盖了后边的三个圆形。对幻觉图形的知觉说明：人具有非常强的借助微小的线索组织起完整形状的能力，这些图形与其说是看到的，不如说是由我们的求全思维构造的。

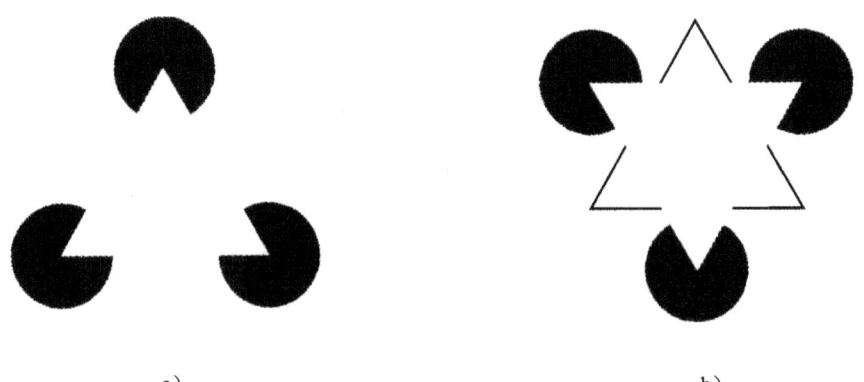

a)　　　　　　　　　　　　b)

图 4-10 封闭原则的应用

注：图 4-10a 的三个圆形都有一个缺口，这三个缺口让我们"看"到一个清晰的白色三角形，这个"形状"是一个幻觉图形，实际上并没有边或轮廓将它们闭合。在图 4-10b 中，我们看到的东西会更多，一个三角形重叠在另一个三角形上，然后遮盖了后边的三个黑色的圆形。这些图形与其说是看到的，不如说是由我们的求全思维构造的。

封闭原则在广告制作尤其是视觉符号（如标志与商标设计）中得到了广泛的运用。另外，根据人们这种"求全思维"的能力，我们还可以设计出不完全的广告词和不完整的广告故事，让消费者自觉不自觉地用自己的思维填补剩余的部分，从而使广告更具吸引力，更能够激发他们的想象力，更有助于加深他们对广告的印象，强化广告的记忆效果。

3. 连续原则的应用

连续性是指消费者对视觉对象的内在连贯特性的认识。从图 4-11 中，我们可以看到："圣斯贝利食品店的鳗鱼用了 6 个月才装进铁听……你只需 6 秒就能打开。"这幅食品广告运用画面采用连续渐变的形式构成，6 个分阶段的图形元素与广告文案中的"6 个月""6 秒钟"相呼应。以罐头听的连续性变化形成有节奏的视觉韵律，准确地表达了该食品制作精良和开启方便的优点。

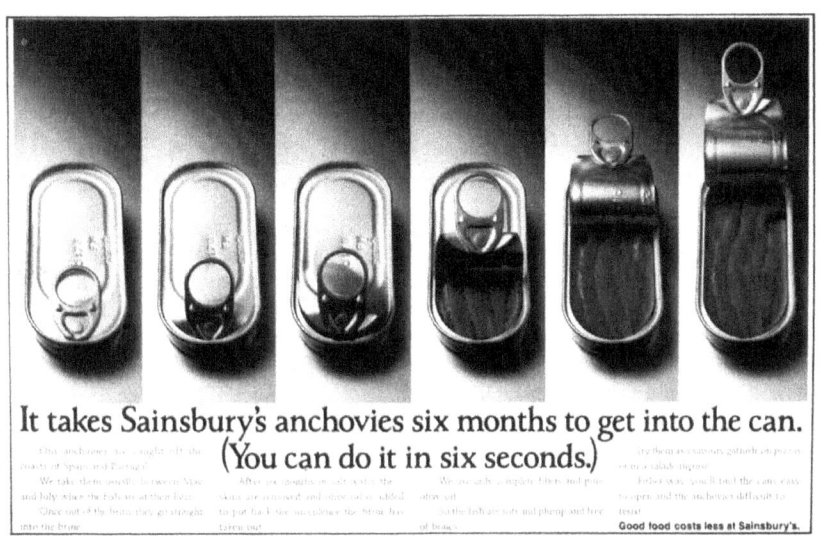

图 4-11　圣斯贝利食品店的鳗鱼罐头广告

注：广告标题："圣斯贝利食品店的鳗鱼用了 6 个月才装进铁听……你只需 6 秒就能打开。"广告运用连续渐变的画面将广告文案中的"6 个月"与"6 秒"关联起来。以连续性变化形成的视觉韵律来表达食品制作精良、开启方便。

资料来源：上善若水．连续原则在广告设计中的应用．网易·上善若水柏树林的博客·广告心理论坛 http://lpss-lwj.blog.163.com/blog/static/1167364252011312953343。图片资料来源：http://202.116.65.195/advsite/asp_adv/adv/0300_cases.htm#graphics。

图 4-12 是一则关于帮助非洲儿童的公益广告，其视觉表现极具冲击力。"With your help…"，如果有了您的帮助……依照箭头指向，从右往左看，图中孩子的状况会越来越好。"Without your help…"，如果没有您的帮助……依照箭头指向，从左往右看，这孩子的状况会越来越坏。你应该如何选择呢？

（三）知觉恒常性及其运用

知觉恒常性能够使我们对物体的知觉不受刺激变化的影响，即识别物体时不被其大小、形状、亮度或颜色所欺骗。因此，我们在识别物体时可以不受观察角度、距离和照明的影响。你可能扫一眼前面人行道上的行人，就可以迅速认出你的同学。也就在转瞬之间，信息已经从眼睛传递到大脑，在大脑中，上百万的神经细胞协同工作，抽取基本特征，并将其与大脑存储的模式进行比较，最终辨认出这个人。几十年来，复制人类的知觉技能一直激励着知觉研究者努力工作，这也是对人类设计可视性计算机的巨大挑战。

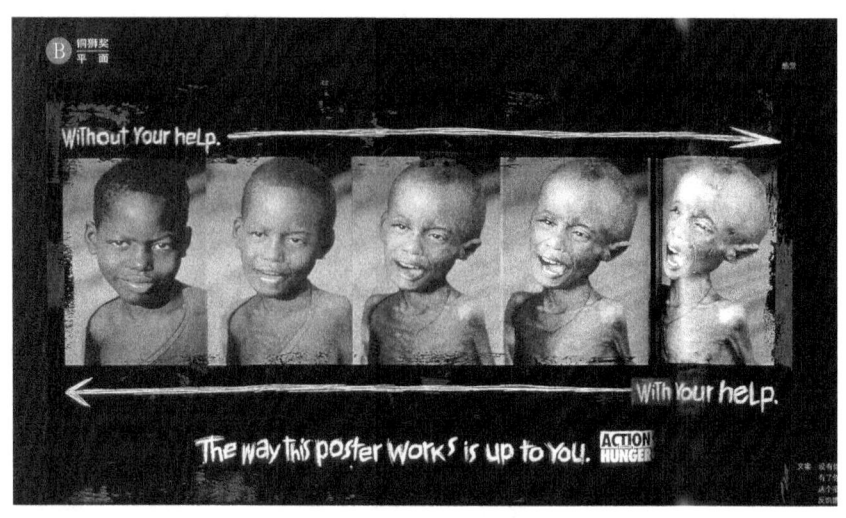

图 4-12　帮助非洲儿童的公益广告

注：这则公益广告是号召大家帮助非洲儿童。从左往右念："Without your help…"，如果没有您的帮助……这孩子的状况会越来越坏。从右往左念："With your help…"，如果有了您的帮助……这孩子的状况会越来越好。连续渐变的画面增强了广告的视觉冲击力。

资料来源：三只眼工作室. 第 44 届戛纳国际广告节获奖作品集 [M]. 哈尔滨：黑龙江美术出版社，1998：102.

有时一个形状恒定的物体看起来似乎会随着观察视角的不同而变化。幸亏存在形状恒常性，所以虽然网膜像会发生变化，但我们对熟悉物体的形状知觉仍然能保持恒定。当一扇门打开时，它投射在视网膜上的形状会发生变化，但我们仍然能够知觉到这是一扇形状不变的门（见图 4-13）。

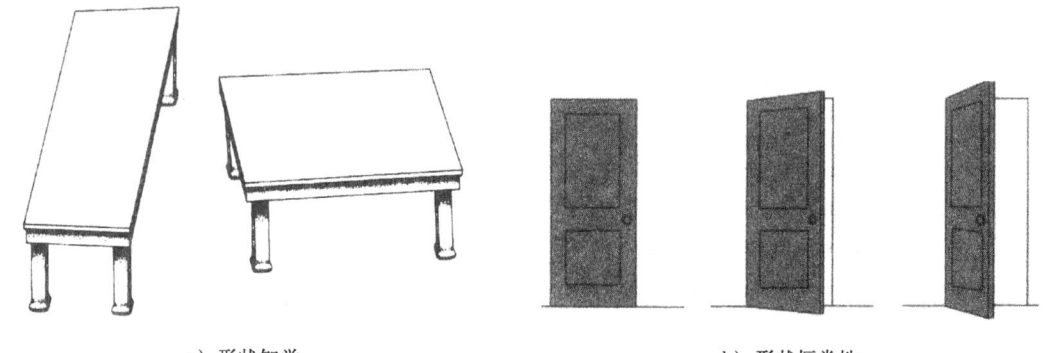

a）形状知觉　　　　　　　　　　　　b）形状恒常性

图 4-13　知觉恒常性

注：1. 在图 4-13a 中，这两个桌面不同吗？乍一看面积似乎有所不同，但不论你相信与否，它们的面积是一样的。（不相信你可以量一量。）在对这两张桌面进行知觉时，我们可以调整自己的观察视角。
　　2. 在图 4-13b 中，当一扇门打开时，它在视网膜上的影像就变成了梯形，但我们仍然将它知觉成长方形。

大小恒常性告诉我们，即使物体距离发生变化，我们仍能知觉到物体的大小不变。尽管当我们在两个街区以外的距离看到一辆车时会感觉它很小，但大小恒常性能够使我们知觉到其大小足以载人。这些都说明了物体的距离知觉和大小知觉之间存在密切的关系。对物体的距离知觉可以为其大小提供线索。同样，知道了它的大小，如一辆汽车，也可以为我们提供其距离线索。

令人惊奇的是，人们可以毫不费力地完成大小知觉。如果物体的距离知觉和网膜像大小一定的话，我们便可以迅速推测出物体的大小。虽然图 4-14 中的两个怪物投射在视网膜上的影像相同，但线条透视告诉大脑，后面追赶的那个怪物离我们更远。因此，我们便把它知觉得更大。

大小知觉和距离知觉二者之间的相互关系可以帮助我们解释几个众所周知的错觉。比如，为什么地平线上的月亮比天空中的月亮大一半？学者们对月亮错觉成因的疑惑和争论已持续了至少 2 000 多年。其中一个原因是，在地平线上的物体提供的距离线索使其后面的月亮看起来比在头顶时显得更远。因此，地平线上的月亮看上去似乎更大。图 4-15 的广告牌上有男女青年硕大的四只手，每只手的大小甚至超过了身体的大小，但我们一点儿也不觉得奇怪，因为那富有立体感的手的造型增强了画面的透视感，是因为手在前面离我们最近，所以会让我们觉得它更大、更突出、更有力量。看到这两双紧握的手，那冲浪的刺激与惊险就不言而喻了。

图 4-14　大小知觉和距离知觉之间的相互影响作用

注：图中两个怪物投射在我们的视网膜上的影像是一样大小的（不相信你也可以量一量），但因为线条透视的提示，我们的大脑会做出完全不同的判断，因为在后面追赶的那个怪物离我们较远，所以会让我们觉得它更大、更可怕。

图 4-15　大小知觉和距离知觉广告设计中的应用

注：广告牌上两青年硕大的手甚至比他们的肩膀还要宽，但我们一点儿也不觉得奇怪，因为立体的造型增强了画面的透视感，是因为手在前面离我们最近，所以会让我们觉得它更大、更有力量。看到这四只紧握的手，那冲浪的刺激与惊险就不用多说了。

资料来源：上善若水. 知觉恒常性在广告设计中的运用. 网易·上善若水柏树林的博客·广告心理论坛 http://lpss-lwj. blog. 163. com/blog/static/116736425201131211533736. 图片资料来源：http://202.116.65.195/advsite/asp_adp/0400_cases. htm.

二、知觉的解释

哲学家一直在为人类知觉能力的起源这一问题争论不休。德国哲学家康德认为，知识来源于以先天方式组织而成的感觉经验。我们的确生来就具有加工感觉信息的能力。但是英国哲学家约翰·洛克认为，我们通过经验同样可以学会知觉外部世界。我们也同样学会了如何把物体的距离和其大小联系在一起。因此，经验到底有多重要呢？它怎样从根本上帮助我们形成知觉解释？

（一）知觉适应

"入芝兰之室，久而不觉其香；入鲍鱼之肆，久而不闻其臭。"刚走进花园，你会闻到一股花香，但过几分钟就闻不到了。这种现象就是知觉适应，知觉适应是由于刺激对感觉器官的持续作用从而使感受性发生变化，即感受性的提高或降低的现象。这是在同一感觉器官中，由于长时间的刺激作用，导致感受性发生变化的现象。知觉适应既可引起感受性的提高，也可引起感受性的降低。

如果戴上一副新眼镜，我们会感觉有些分不清方向，甚至头晕目眩，但一两天内我们就可以调整过来。我们对视觉变化的这种知觉适应使这个世界看上去又恢复了正常。但是，如果我们戴上一副奇特的眼镜，其中一只镜片会使景物向左偏离40度会出现什么情况呢？当你第一次戴上这副眼镜将球传给一个同伴时，球会向左边偏移；当和一个人握手时，你伸出的手也会向左边偏移。

你能适应这个变形的世界吗？小鸡无法适应。当给它们戴上这种眼镜时，它们会在似乎"有"食物的地方啄个不停。但是人类能够很快适应这种变形的眼镜。在几分钟之内，你就能准确地传球，准确地击中目标。摘掉这个眼镜后，你还能体验到某种视觉后效，开始时你会将球错误地传到右边；但几分钟之内，你又可以重新适应。

现在请想象有这样一种更加奇特的眼镜，一副令真实世界上下颠倒的眼镜。戴上它后，地面在上方，天空在下方，你能适应这种感觉吗？鱼、青蛙和火蜥蜴都无法适应。当心理学家通过外科手术把它们的眼睛上下颠倒后，它们对目标的反应方向都是错误的。但是，不论你是否相信，小猫、猴子和人能够适应这个颠倒的世界。

心理学家斯特拉顿发明了一种左右调换、上下颠倒的眼镜，他戴了8天，成为第一个以站立的姿势体验到左右反转、上下颠倒的人。刚开始时，斯特拉顿感到自己无法活动，当他想要行走时，他要先找自己的双脚，因为它们现在在"上方"；吃东西几乎是不可能的。他感觉自己非常恶心和压抑。但是斯特拉顿坚持住了，在第8天时，他可以很顺利地寻找到位于他右边的东西，走路时也不会碰到其他物体。当斯特拉顿最后摘掉眼镜时，他又能很快重新适应原来的世界。

近来，又有人重复了斯特拉顿的实验。经过一段时间的调整，人们甚至可以戴着这种视觉调节器驾驶摩托车，在阿尔卑斯山滑雪以及驾驶飞机。为什么会出现这种情况呢？是他们通过经验在知觉上把上下颠倒的世界变回正常位置的吗？实际上并非如此。街道、滑雪道以及飞机跑道仍旧在他们头顶上方，他们能够主动适应周围环境并学会协调自己的运动，从而能够在这个颠倒的世界运动自如。

知觉适应在管理学中常常被引用的一个案例是"温水煮青蛙",用以比喻那些满足于现状、不求上进、没有危机意识甚至不能觉察到大祸临头的人。在消费者行为学中也是如此,正因为知觉适应的存在,消费者会对我们精心设计的广告产生适应,知觉的感受性降低,导致视而不见、充耳不闻现象的发生。如何突破知觉适应的负面影响,让我们的广告常见常新?的确是一个值得营销者关注与研究的课题。

(二) 知觉定式及其情境效应

就像每个人都知道眼见为实一样。许多人也知道(但并不完全同意)所信即所见。我们的经验、假设和期望可能会为我们提供一种知觉定式或心理倾向,这在很大程度上会影响我们的知觉。知觉定式就是发生在前面的知觉直接影响到后来的知觉,产生了对后续知觉的准备状态。当你看到一个成人和一个儿童在一起时,如果被告知他们是父子或母子,那么你可能会觉得他们两个很相像。如图4-16所示,这是一个吹萨克斯的男子,还是一个女人的面孔?我们会把中间这张图片知觉成什么,取决于我们第一眼看到的是其两侧清晰图片中的哪一个图片。

图4-16 知觉定式

注:你在中间的图片中看到了什么?是一个吹萨克斯的男子,还是一张女性的面孔?你第一眼看到的两侧比较清晰的图片可能会影响你的知觉。

一旦我们形成对现实世界的错误观念,以后就很难再看到真实的东西。即使是追求客观规律的科学家,也是通过建构理论探求现实世界。当他们第一次通过望远镜观察到火星上的沟壑时,有些人把它们看作智慧生物的杰作。的确如此,只不过这个智慧生物是使用望远镜的科学家。

每天都会出现大量知觉定式的例子。1972年,英国报纸刊出了一张未经处理的真实照片,这是一张苏格兰尼斯湖怪的照片,该报称"这是迄今最奇特的照片"。如果这个信息会使你形成同样的知觉定式的话,它也会使大多数读者形成同样的定式,人们的确可以从照片中看出这个怪物。但当坎贝尔用不同的知觉定式观察这张照片时,他看见了一个弯曲的树干,这极有可能是拍照片的当天有一个树干在水面上漂浮。因此,如果采用另外一种不同的知觉定式,你可能看到的是一个物体静静地漂浮在水面上,它周围并没有任何波纹,很难看出它是一个活灵活现的怪物。显然,正是由于存在知觉定式,在月亮上就出现了成百上千的奇异景象,例如桂树山上的修女、薄饼上的耶稣、薯片上的"真主"字样，就是我们中国人所熟悉的嫦娥、白兔、吴刚、桂花酒。

是什么决定着我们的知觉定式呢？我们通过经验形成概念或知觉定式，它们能够帮助我们组织和解释我们所不熟悉的信息。我们头脑中先前就有的一些定式，如吹萨克斯的男子和女性面孔、怪物和树干、飞机的照明灯和UFO（不明飞行物），都会影响我们用自上而下的加工方式对模糊的感觉信息做出解释。看到天空中一个模糊的运动物体，不同人可能会用不同的定式去知觉，"这是一只鸟""这是一架飞机"或"这是一个超人"等。

一个刺激可能会引发完全不同的知觉，其中部分原因是我们拥有不同的定式，但也有可能是因为当时刺激所处的情境在起作用。

如图4-17所示，正在后面追赶的怪物看起来是否极具攻击性呢？前面那个被追赶的怪物看起来是否非常恐惧呢？如果的确是这样，那么你所体验到的就是情境效应。如图4-17所示，魔术盒是放在地板上的，还是吊在天花板上的呢？我们如何知觉它将取决于兔子所在的情境。

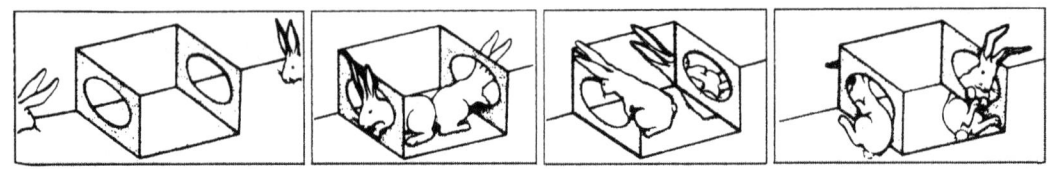

图4-17 情境效应：魔术盒

注：最左边的魔术盒是放在地板上的，还是吊在天花板上的呢？最右边的呢？在这两种情况下，由兔子的探索行为所确定的情境会影响我们的知觉。

苏联电影导演库列雪夫认为，一个经验丰富的导演往往通过营造一种氛围诱发观众的某种情绪。在这种氛围中，观众能够理解演员的表情。他曾经制作过三个短片，每个短片分别描述一种情境，三个短片后面都有一段相同的电影片段，上面展现的是一位演员的中性表情。如果短片呈现的是一个死亡的妇女，那么观众就会被演员的悲伤所打动；如果短片呈现的是一盘汤，观众则认为演员在沉思；如果短片呈现的是一个孩子在玩耍，观众则认为演员很高兴。

知觉定式和情境效应说明了经验如何帮助我们形成知觉。如果某一机构想要一种有效的广告设计，例如网页广告的设计，你想强调的是内容、速度还是图片？如何做才能吸引浏览者并能让他们再次单击？消费者行为学关于知觉定式和情境的研究可以事先检测人们对不同设计方案的反应。需要记住的是，广告设计者必须考虑到人性因素，广告创意必须符合人性的特点，设计者必须意识到自己专业知识的局限性，在广告发布之前进行必要的消费者测试，正确认识知觉定式和情境效应的关系，以使我们的广告发挥良好的传播效果。

三、错觉及其应用

当注意某一刺激的时候，我们如何将这些刺激组织成为有意义的知觉？在19世纪末，当心理学成为一门独立学科时，错觉就曾让科学家十分着迷。为什么在我们明明知道的情况下还会出现错觉呢？错觉让科学家着迷的原因之一就是，它可以揭示在通常情况下我们如何对感觉进行组织与解释。以下是几种典型的错觉，它应该引起广告设计师的注意。

（一）弗朗兹·缪勒-莱耶尔错觉

图 4-18 是由弗朗兹·缪勒-莱耶尔在 1889 年创造的一个经典的错觉现象。线段 AB 与线段 BC 哪条更长呢？在大多数人看来，这两条线段是一样长的，但令人不可思议的是，它们并不是一样长。你可以用尺子验证，线段 AB 比线段 BC 长 1/3。反过来，在后边的两组图像中，线段 AB 与线段 BC 是一样长的，我们又会看成线段 AB 的长度大于线段 BC 或线段 CD 的长度。为什么我们的眼睛会欺骗自己呢？

图 4-19 是弗朗兹·缪勒-莱耶尔错觉的一个变种，同样涉及的两个箭头顶端之间的线段长度。一种解释来自对房间或建筑物拐角的经验，注意观察图中的拐角。在充满角落的生活环境中，我们学会了如何根据角度方向判断线段的长度。售票厅的一角所划定的黑线看上去要比房间一角所划定的黑线短。但如果你测量一下，你会发现它们一样长。我们偶尔出现的错误知觉说明我们的知觉加工过程是正常有效的。距离知觉与大小知觉之间的关系在通常情况下是正确的，但在某些特殊情况下会出错。在商店的橱窗广告、户外广告的设计中，有经验的设计师对于这一点就特别注意。

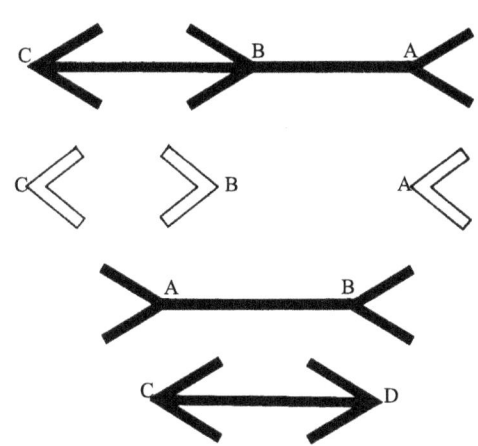

图 4-18 弗朗兹·缪勒-莱耶尔错觉

注：乍一看来，线段 AB 和线段 BC 是一样长的，但令人不可思议的是，线段 AB 比线段 BC 长 1/3。反过来，在后边的两组图像中，线段 AB 与线段 BC 是一样长的，我们又会看成线段 AB 的长度大于线段 BC 或线段 CD 的长度。

图 4-19 缪勒-莱耶尔错觉的一个变种

注：售票厅的一角所划定的黑线看上去要比房间一角所划定的黑线短得多，但是如果我们用尺子测量一下，你会发现它们原来是一样长的。在商店的橱窗广告、户外广告的设计中，有经验的设计师一定会特别注意这一点。

（二）关于长度、宽度与高度的错觉

关于长度、宽度与高度的错觉见图 4-20a 和图 4-20b，图中显示的是原本长度相等的三根木棒，如果它们按图 4-20b 的模样放置，细棒会显得较长。

（三）艾宾浩斯错觉

试比较图 4-21 中左、右两边内圆的大小。乍一看来，左边的大，右边的小。如果用尺子

量一下内圆的半径,你会发现它们原来是一样大的。这个试验告诉我们,当一个图形的周围有较大的形态与之比较时,处于中心的图形就会显得较小。

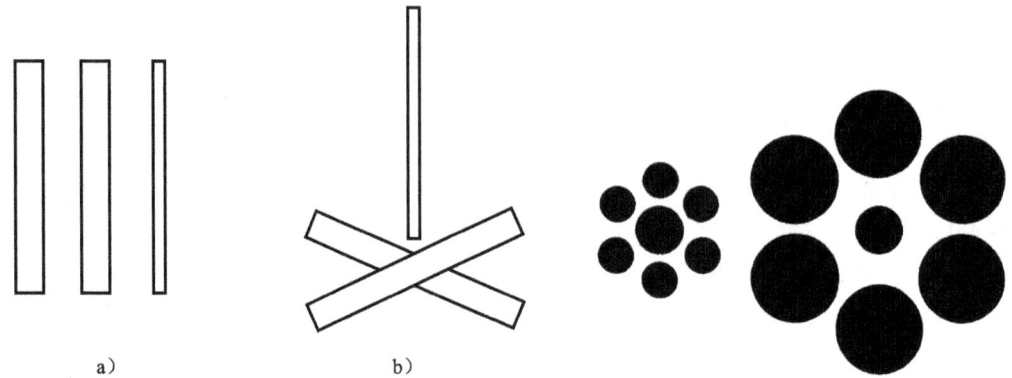

图 4-20 关于长度、宽度与高度的错觉

注:图 4-20a 场景中显示的是原本长度相等的三根木棒,如果它们按照图 4-20b 中的模样放置,细棒会显得较长。

图 4-21 艾宾浩斯错觉

注:乍一看来,左右两边内圆左边大,右边小。如果用尺子量一下,我们会发现它们是一样大的。当一个图形的周围有较大的形态与之比较时,它就会显得较小。

(四) 正多边形的边长错觉

正三、四、五边形的边长错觉如图 4-22 所示,几个正多边形的边长是相等的,但是我们的眼睛"明明白白"地告诉我们,五边形的边长比四边形的边长长,四边形的边长比三角形的边长长。

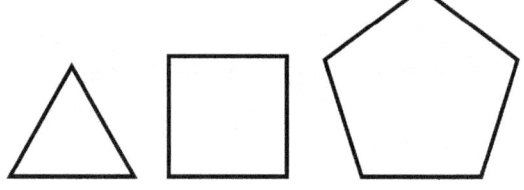

图 4-22 正多边形的边长错觉

注:乍一看来,五边形的边长比四边形的边长长,四边形的边长比三角形的边长长。事实上,图中三个正多边形的边长是完全相等的。

(五) 勃根多尔夫错觉

如图 4-23a 所示,由于其他形态的介入,原本是一条贯穿直通的直线倒让我们的视觉连接不上了,反过来在图 4-23b 中稍微偏下的一条错位的线段倒"理所当然"地与其左下侧的线"贯穿连通"了。读到这里,如果你还不相信的话,那就拿一条直尺比一下,立刻就真相大白:原来你认为能够贯穿矩形的右上侧的线段却不能连通。

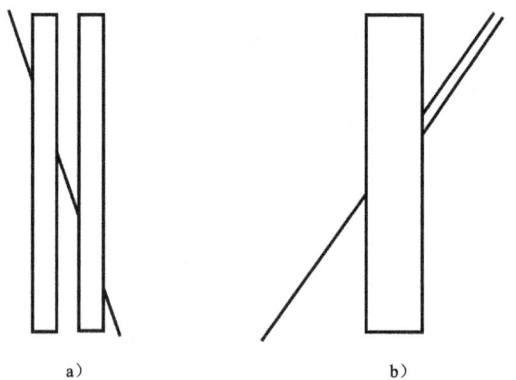

图 4-23 勃根多尔夫错觉

注:在图 4-23a 中,原本是一条贯穿直通的直线让我们的视觉连接不上了,反过来在图 4-23b 中稍微偏下的一条错位线段却与其左下侧的线"连通"了。

(六) 背景线条对形态的影响

见图 4-24,图 4-24a 中的正方形由于同心圆背景的影响显得并不方正。同理,图 4-24b 中的正圆由于放射性线条背景的干扰,也变成的上大下小的"鸭蛋"!

心理学非常重视对视错觉的研究，这说明视觉在我们感觉中的突出地位。当视觉与其他感觉竞争时，它通常都是胜利者，这种现象被称为"视觉捕捉"。如果人们戴上可以使景物移位的棱镜知觉自己手的位置，那么人们看到手所在的那个位置并不是其真正所处的位置。他们也许能触摸到自己所看到的手，而手并不在那个地方。虽然电影中的声音来自我们背后的投影机，但我们会将声音知觉为来自屏幕，因为我们可以看到屏幕上的演员在说话（就像我们可以知觉到声音来自不说话的双簧表演者一样）。当我们看

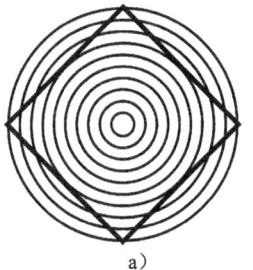
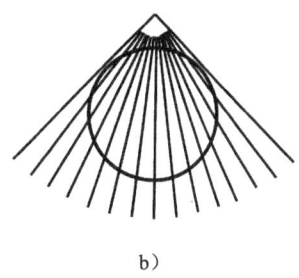

图 4-24　背景线条对形态的影响

注：图 4-24a 中的正方形由于同心圆背景的影响显得并不方正。同理，图 4-24b 中的正圆由于放射性线条背景的干扰，也变成上大下小的卵形。

到过山车在环绕屏幕上呼啸而过的时候，尽管这时候其他感觉告诉我们，我们本身并没有移动，但我们还是会紧紧地抱住自己。所有这些现象都证实视觉可以捕获其他感觉。在广告作品的构思或创作中，如何正确地利用或回避"错觉"是十分重要的。

第四节　阈下知觉与潜意识劝诱

1957 年，因一则错误的报道而引发了一场争论。报道称新泽西电影院的观众在不知不觉中受到了觉察不到的闪现信息的影响，闪现的信息是"喝可口可乐"和"吃爆米花"。多年以后，这个争论再次爆发了。据说广告商通过在饼干上印刷察觉不到的性文字（Sex）和在酒类广告中植入色情图片的方式操纵消费者。此外，据说摇滚唱片包含"邪恶的信息"，如果倒放唱片就可以听到这些信息，甚至当唱片正常播放时也可以使不知情的听者在无意识的状态下接受该信息。为了将各种信息渗透到我们的无意识之中，营销者提供录音磁带来帮助我们减肥、戒烟或改善我们的记忆。这些磁带用温柔的海浪声掩盖我们意识不到的信息，例如"我很瘦""烟味不好闻"或者"我在测验中表现不错，我能回忆起所有信息"。

根据这些说法，我们可以做出如下两个假设：其一，我们可以在无意识状态下感觉阈下刺激；其二，在无意识状态下，这些刺激拥有特别强的暗示能力。我们真的能被影响吗？无意识刺激真有这么大力量吗？

一、阈下知觉：绝对阈限与差别阈限

心理物理学是一门研究如何使外界自然环境和我们个人、主观的内心世界协调一致的科学。通过了解一些支配我们能对什么刺激做出反应的自然规律，这门科学的一些研究成果可被营销者借鉴。

阈下知觉即低于阈限的刺激所引起的行为反应。作用于各种感觉器官的适宜刺激，必须达到一定的强度才能引起感受，这便是感觉阈限。低于感觉阈限的刺激，虽我们感觉不到，却能引起一定的生理效应。例如，低于听觉阈限的声音刺激能引起脑电波的变化和瞳孔的扩大。刚

刚能引起生理效应的最小刺激量，称为生理的刺激阈限。有意识的感觉阈限和生理的刺激阈限并不完全是同等的。一般说来，生理的刺激阈限要低于意识到的感觉阈限。用条件反射方法确定的阈限值一般低于用口头报告法获得的阈限值，它可能是生理的刺激阈限，而不是意识到的感觉阈限；事实上，形成暂时神经联系也不一定引起感觉。

（一）绝对阈限

当我们确定可被某种感觉渠道接收的刺激的最低限度时，我们将之定义为感觉阈限。绝对阈限是指能被感觉渠道觉察的刺激的最小量。狗能听到的声音之所以人类不能听到，是因为该声音的频率太高或太低（我们称其为超声波或次声波），超出了人类听觉的绝对阈限。绝对阈限是制定广告刺激的一项重要考虑因素：一幅广告牌也许是有史以来最富娱乐性的版面，但如果印刷字体太小以至于行驶在高速公路上的驾驶员根本无法看到，这幅天才的广告就浪费掉了。

我们能感觉到低于绝对阈限的刺激吗？在某种程度上，答案无疑是肯定的。请记住绝对阈限仅仅是我们有一半次数觉察到某个刺激所在的那个点（见图4-25）。与某一阈限相等的刺激或者稍微低于这个阈限的刺激有时我们依然可以觉察到。如果从其他角度考虑上述问题，答案也是肯定的。我是否闻到了什么气味？当刺激被觉察到的次数低于50%时，它们就是"阈下"的。绝对阈限是我们有一半的次数觉察到某个刺激的强度。

我们会受微弱得几乎觉察不到的刺激的影响吗？最近的实验表明，在某种条件下，答案可能也是肯定的。在一个实验中，在被试观看人物幻灯片前以阈下刺激的水平快速地闪现积极情绪场面（例如小动物或浪漫的情侣）或消极情绪场面（例如狼人或尸体）。尽管被试有意识察觉到的只是一道光，但是他们对与积极情绪场面相关的人物相片的评价更好。紧随小动物出现的人物图片看上去比紧随狼人出现的

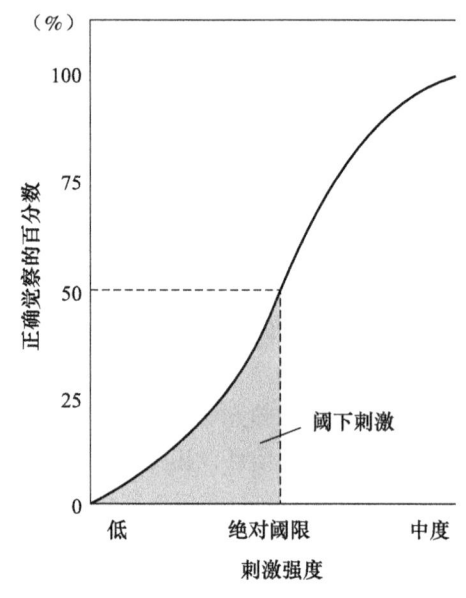

图4-25　绝对阈限

注：绝对阈限是指能被感觉渠道觉察的刺激的最小量。请记住绝对阈限仅仅是我们有一半次数觉察到某个刺激所在的那个点，当刺激被觉察到的次数低于50%时，它们就是"阈下"的。然而，与某一阈限相等的刺激或者稍微低于这个阈限的刺激有时候我们也能够觉察到。

人物图片更好，虽然被试都没有觉察到所看到场面的内容。在阈下刺激水平的笑脸之前呈现不熟悉的汉字似乎比在阈下刺激水平闷闷不乐的脸孔之前呈现的效果更好。在现实情景下，一位研究生在不知不觉地感觉到指导老师闷闷不乐的表情后对自己研究设想的评价会比较消极——好像指导老师不赞成的心理潜伏在无意识的感觉中。

所以，我们能够加工自己意识不到的信息。当快速地呈现一个个体所察觉不到的刺激时，它能够引发个体做出微弱的情绪反应，尽管个体没有意识到该刺激的存在。大脑在意识状态下不能认出的东西，内心可能会知道。这种阈下启动现象以及大量其他证据表明了直觉具有的力

量和危险性。难怪帕斯卡尔（Blaise Pascal）在《沉思》中写道："心有自己的逻辑，而这是理性所无法知晓的。"

（二）差别阈限

为了有效地感知世界，我们需要足够低的绝对阈限以便觉察重要的画面、声音、质地、味道和气味。同时我们也需要觉察刺激间的微小差异：音乐家在给乐器调音时一定能够觉察到音调的微小差异，品酒师一定能品尝出两种佳酿之间轻微的味觉差异，父母一定能在其他孩子的声音中分辨出自己孩子的声音。声称自己完全不知情的人在被要求做一些知觉判断时，例如当判断两个重量非常相似的物体哪个更重，其成绩通常好于机遇水平。有时，我们知道的比我们认为自己知道的要多得多。

差别阈限也称作最小可觉差（JND），是人体有50%的次数可以觉察到的两个刺激间的最小差别。差别阈限会随着刺激量的增加而增加。因而，如果在100克重量上加上10克就可以感觉到差异的话，那么在1 000克重量上加10克可能感觉不到差异，因为差别阈限增大了。一个多世纪前，恩斯特·韦伯（Ernst Weber）注意到，不管物体的重量有多大，两个刺激之间的差别必须按照恒定比例变化才能被察觉到。这个原则（差别阈限是刺激的恒定比例而不是恒定数量）非常简单且普遍适用，因此我们把它称作韦伯定律。这个精确的比例是依照刺激的种类而变化的。要使一般人察觉到差别，两束光的强度差要达到8%，两个物体的重量差要达到2%，而两个音调的频率只需要有0.3%的差异。

韦伯定律只是一个大致的近似值，它适用于中等强度的刺激，而且我们生活中的刺激大多属于此范围。如果50美分的巧克力棒涨价5美分，购物者就能注意到这个变化；同样，涨价4 000英镑才能使价值40 000英镑的奔驰车的潜在买家动一下眉毛。在这两个事件中，价格都上涨了10%。韦伯定律的原则是：我们觉察到的差别阈限是原始刺激的一个大致不变的比例变化。

二、阈下知觉广告：潜意识的劝诱

许多厂商设计广告时都考虑选择运用消费者阈限之内的广告信息。然而，这个问题的另一方面是，相当多的消费者似乎认为事实上许多广告信息企图让消费者无意识地接收或是处于认知的阈限之下。落于阈限之下的刺激被称作潜意识的刺激，当刺激落在消费者的意识阈限以下时，潜意识知觉就产生了。

（一）阈下知觉广告

人们刚听到"阈下"一词时，通常会想到"洗脑"或"被操纵"。阈下知觉广告是在消费者没有意识到的情况下，广告传播者将产品图片、品牌名称或其他营销刺激物呈现给他们的一种技巧。通过这种呈现，营销者希望消费者在阈下水平对信息进行加工并做出购买反应，避免消费者对传统广告侵入式营销的反感，从而达到"随风潜入夜、润物细无声"的效果。

1957年，万斯·帕卡德（Vance Packard）在他的《隐藏的说客》一书中介绍了将阈下刺激运用于广告的始创者詹姆斯·维卡瑞（James Vicary），这正是我们在本节开头所提到的他在美国新泽西州的一家电影院里所做的为期六周的实验,其间光顾这家影院的顾客超过4.5万人,在播放电影的时候,每隔5秒就会闪现3毫秒的广告刺激"吃爆米花"和"喝可口可乐"字样。由于呈现的时间极为短暂,只有千分之三秒,所以没有消费者能够有意识地感知到这种刺激。然而,有趣的是,在这6周内,影院附近爆米花的销量增长了57%,可口可乐的销量增长了18%。维卡瑞的研究颇受非议,他本人也一直不能提供这次实验的具体细节。因而,人们指责销量增长作为一个结果可能并不是因为顾客受到了阈下广告的影响,而是因为当时天气比较闷热等其他因素。后来,维卡瑞在1962年接受《广告时代》的采访时也承认这个实验的证据是捏造的。帕卡德认为由于阈下操纵的问题会造成人们不能"自由"地选择他们自己想要的东西,虽然这个结论远未被证实,有些甚至是故意制造的骗局,但他的书形成了深远的影响,引起了广泛的关注。

随后,更多的案例显示,阈下刺激的信息通常是性、暴力和权利。例如在迪士尼的《狮子王》中曾经两次出现了"SEX"字样,在迪士尼《阿拉丁》中,如果你仔细听会听到一个轻声说:"好样的,年轻人,把衣服脱掉!"(Good teenagers, take off your clothes。)而迪士尼的发言人则争辩说应该是:"好老虎,起身走吧!"(Good tiger, take off and go!)广告批评家则认为迪士尼是故意将这句话"说错了"。隐藏于 Ritz 饼干和吉尔比(Gilbey)公司杜松子酒广告冰块中的"SEX"字样,尽管这些字样不能被有意识地知觉,但是它可能被我们潜意识的性欲记录下来,从而使得产品更富有魅力。1990年,人们甚至在百事可乐的"酷包装"上,也读出了"SEX"字样(见图4-26)。以上所有显示并没有得到科学研究的证实,阈下广告仍被继续应用于广告创作,因为不少营销者认为这种阈下刺激是有效的。然而1999年起美国联邦贸易委员会通过法律禁止使用这种快照式的广告。

潜意识知觉这个主题已使公众困惑了30多年,尽管事实上并没有证据表明这个过程对消费者行为有任何作用。一项对美国消费者的调查表明,几乎2/3的人相信阈下知觉广告的

图4-26 百事可乐"酷包装"上的"SEX"字样
注:更多的案例显示,阈下刺激的信息通常是性、暴力和权利。以"性"为例,"SEX"字样在迪士尼电影《狮子王》中曾经出现了两次,隐藏于 Ritz 饼干和 Gilbey's Gin 饮料冰块中的"SEX"字样更是诡秘,人们甚至在百事可乐的"酷包装"上,也读出了"SEX"字样。
资料来源:石文典,钟高峰,鲁直. 阈下知觉和隐性广告的作用及启动效应研究[J]. 心理科学,2005(3). 另请参见:上善若水. 阈下知觉广告. 网易·上善若水柏树林的博客·广告心理论坛 http://lpsslwj.blog.163.com/blog/static/116736425201131302 21148。

存在。并且超过50%的人确信这项技术能使他们购买实际上并不需要的东西。然而,事实上大多数已被发现的潜意识知觉的案例并不属潜意识之列,因为它们很容易被发现。请牢记,如果一项刺激能够看得见或听得见,那么它就绝非潜意识的,因为刺激在意识范围之内。但是,关于潜意识知觉的持久不休的争论在影响公众对广告的看法以及影响厂商操纵消费者改变其意

愿的能力方面已变得很重要。

（二）阈下知觉广告技巧

消费者辨别两种刺激之间差别的能力是相对的。在嘈杂的街道上并不显眼的低声细谈若挪到安静的图书馆中，则变得引人注目并令人难堪。正是谈话与其所处环境的分贝量的相对差别，而非谈话本身的声音大小，决定了刺激能否受到注意。一项变化何时或能否被消费者注意到与许多营销情形有关。有时，厂商期望变化被注意到，如商品何时会提供折扣，而另外一些场合，已经变化的事实则被尽量轻描淡写，如价格上涨或产品换小包装。在彩色电视机上刻意设计的一幅黑白广告会引人注意是因为它不同其前后的节目而显示出差异。而同样的黑白广告在黑白电视上观看则并不突出，可能被完全忽略。

许多公司选择定期更新包装，每次都做很小的改变，这在当时未必会引起注意。当一种产品形象被更新时，制造商并不希望失去人们对其已熟悉的产品形象的认同。公司形象确立运动（公司在这里想为其产品线树立一个特别的形象）显示了通过在一个较长的时间段内逐渐增加变化而逐步引入一个被认可的形象的重要性。例如，当 IBM 将其桌面印刷机、打印机及其相应供应设施的生产线出售给一家新的投资公司时，新公司需要一个新的名称和标志，因为销售协议规定新公司 1996 年起必须放弃使用 IBM 名称的权利。新公司希望消费者在看出是新的生产线的同时，也注意到它与更为人熟知的 IBM 形象间的联系。利盟国际公司（Lexmark International）这个新名称是从最初的 200 个候选名称中挑选出的。并且，新公司制定了一个四阶段的时间计划表，计划在 5 年内逐步引入 "Lexmark" 这个名称，而这 5 年内，新公司被允许继续使用 IBM 的标志。于是，新公司发起一场确立公司形象的广告运动来协助完成此名称的转变，其中一个广告就是要求 "消费者想象一个具有 50 多年历史的崭新的公司"。图 4-27 演示了这个标志的成功演变过程。

广告设计者可以尝试通过视觉和听觉渠道达到创造并影响潜意识信息的目的。在这里我们将介绍一些类似的技巧。

1. 视觉潜意识

（1）植入。在电影或电视剧中常常将商品有意植入画面，并且让它在画面中的位置很突出。在这样的画面中，实际上没有什么东西被真正"隐藏"起来，只是观众此时关注的是故事情节，而不是这些本应是"对象"的背景商品。换言之，是观众自

图 4-27　Lexmark 标志的演变的四个阶段

注：IBM 将其桌面印刷机、打印机及其相应供应设施的生产线出售给一家新的投资公司利盟国际时，他们制定了一个四阶段的时间计划表，在五年内逐步引入"Lexmark"这个名称，该图演示了公司充分利用公众较熟悉的 IBM 形象逐步引进新标志的过程。

资料来源：迈克尔 R 所罗门. 消费者行为学[M]. 张莹，傅强，等译. 3 版. 北京：经济科学出版社. 1999：55.

己把这些商品给"隐藏"起来，视而不见。在电影海报中也会运用到这种技巧。如在本章开篇案例中提到的007系列电影中超级间谍詹姆斯·邦德的衣食住行用总是与特定的品牌相联系，例如"宝马良驹"——BMW、"表中圣者"——欧米茄、"枪械王中王"——Walther、顶级西服——Buoni，被人戏称为"加长版的商业广告片"。

植入也可以是运用专业摄影的后期处理（如暗房技术）或 PS（指 Adobe 公司的图像处理软件 Photoshop）技术插在报纸、杂志等平面广告媒体上的图像。这些隐含的图像通常与性有关，企图给单纯的读者施加强烈但又无意识的影响。如前所提的一幅被指责使用了这类潜意识技巧的广告是吉尔比公司的杜松子酒广告，广告上用冰块拼出"SEX"这个词。在类似冰块的载体中植入隐含信息的做法，启发营销者在其广告设计中利用这种技术嵌入某种乐趣，绝对牌伏特加酒（Absolut Vodka）就是一个典型的例子（图4-28）。公司在其平面广告中宣称"绝对的无意识"，广告中"绝对伏特加"别具一格的酒瓶造型在篮球场（绝对的波士顿）、葡萄园（绝对的纳帕山谷——美国著名的葡萄酒乡）、手指纹（绝对的证据）、鞋底上的口香糖（绝对的乱码：*%@*/@#——无厘头）、希区柯克悬念故事中凶杀现场（绝对的精神病患者——神经错乱）甚至是唐宁街10号（绝对的伦敦——胆敢拿英国首相官邸开涮）……各种场景中隐约可见，不断地演绎着"隐藏的乐趣"。

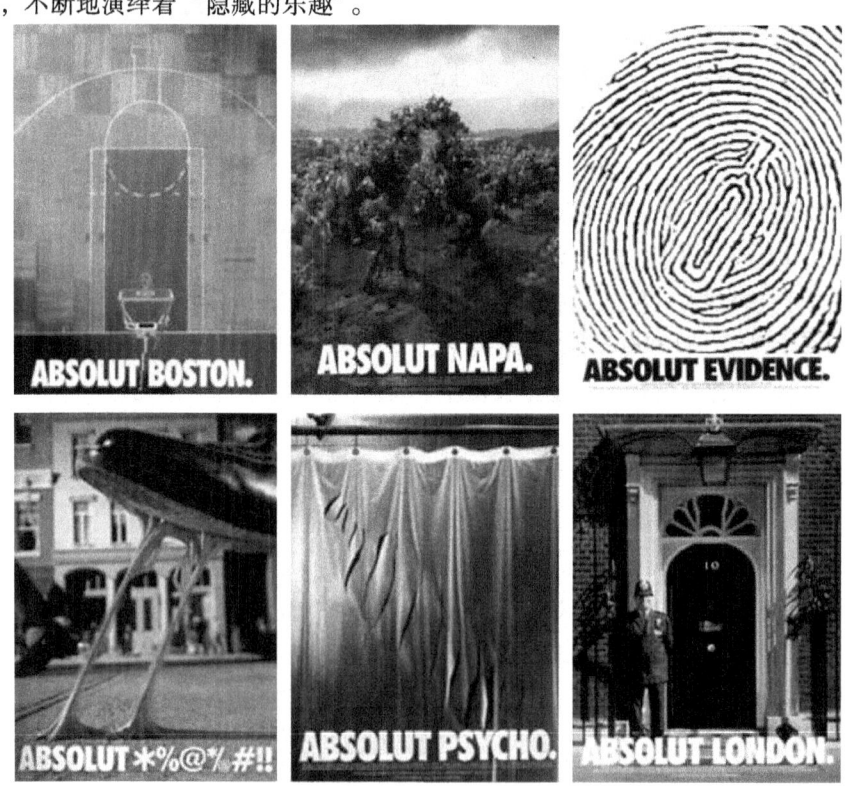

图4-28 绝对伏特加："隐藏的乐趣"

注："绝对伏特加"别具一格的酒瓶造型在篮球场、葡萄园、手指纹、鞋底上的口香糖、希区柯克悬念故事中凶杀现场甚至是英国首相官邸唐宁街10号等场景中隐约可见，不厌其烦地演绎着"隐藏的乐趣"。

资料来源：上善若水．植入：视觉潜意识在广告设计中的应用．网易·上善若水柏树林的博客·广告心理论坛 http：//lpsslwj．blog．163．com/blog/static/11673642520113129108135．图片资料来源：http：//www．sj00．com/article/728/736/2006/2006121314732.html（图4-28是作者根据图片资料来源结合课程内容设计制作的）。

(2)快照。最常用的就是前面提到的可口可乐电影院广告。播放的时间只有几毫秒,观众都不能有意识地感知到这种刺激,这里面当然涉及商业伦理及立法的问题。在现实过程中,快照可能会与听觉结合起来运用,效果更佳。于是便有了稍后会提及的"快速切换"技术的出现。

(3)图地反转。对于这一点相关知识我们已经在本章第三节中研究过。在一个图像当中分为图(对象或前景)和地(陪衬或背景)两部分,人们一般只关注对象部分,对其进行有意识的加工;背景只是起到陪衬或支持性的作用,被人们看作理所当然,所以常被忽略,只能在阈下的水平进行加工。当然,这里存在个体差异的问题,有的人对背景也很敏感,事实上,所谓对象或背景对不同人都是相对而言的。见图4-29,对图中不同的对象和背景进行加工你会发现多张人脸,一则有趣的资料声称,你在图中发现的人脸的多少和你的智商高低有关。无独有偶,在广西桂林就有著名的"九马壁"景观,传说"识得九马为状元,八马为榜眼、七马为探花……"其实不然,这顶多是测试读者的观察能力而已。见图4-29,如果你看到了四五张脸,你不过是一个普通人,观察能力有限;如果你看到了6~8张脸,你可以算是一个观察者了,有一定观察能力;如果你看到了9张脸,你的观察能力已经超出一般人;如果你看到了10

图4-29 隐藏在森林中的人脸

注:对图中不同的对象和背景进行加工你会发现多张人脸,在这里似乎可以发现人脸的数目测试读者的观察能力。发现四五张脸为普通人,6~8张脸为观察者,9张脸为观察能力超出一般人,10张脸为优秀的观察者,11张脸为杰出的观察天才,有12张吗?没有!……再多就是牵强附会了。

资料来源:上善若水. 隐藏的乐趣:广告如何通过视觉来影响观众的潜意识?网易·上善若水柏树林的博客·广告心理论坛 http://lpsslwj.blog.163.com/blog/static/11673642520113189351 0865。图片资料来源:林升梁. 隐藏的说客——潜意识广告研究(PPT讲义). 2009.11.9。

张脸,你就是一个优秀的观察者;如果你看到了11张脸——满分!你一定是一个杰出的观察天才。这种技巧原被运用于美术设计当中,在平面广告中也不时被广告设计师所采纳,像这样测试你"智商"或"观察能力"的图案会让消费者在不知不觉中接受了广告意欲传达的商业信息。

(4) 双关。经过艺术修饰的、能够使人产生联想并引发本能冲动的隐藏符号除了表层意思外,第二层意思通常是我们文化当中广为人知的禁忌,正因为它是禁忌,大脑中的意识就会压制这种意象,从而使它只能在阈下意识的水平进行加工。许多有名的广告语如果从其广告背景中隔离出来都带有性的意味,有人将这些口号串起来:

What is Sex?(什么是性感?)
Like Pepsi:"Ask for more"(就像百事可乐所说:"我还要要。")
Like Coca-cola:"Enjoy yourself"(就像可口可乐所说:"快乐你自己。")
Like Nokia:"Connecting people"(就像诺基亚所说:"连接你我。")

在国内也有类似的广告语,事实上,不用阅读,听就能够听出"其中滋味":

"没什么大不了的!"(丰乳霜,注意这个"大"字的双关含义。)
"做女人挺好!"(丰乳产品,注意这个"挺"字的双关含义。)

2. 听觉潜意识

除了有潜意识视觉信息外,隐藏在听觉制品中可能的信息效果也吸引了许多消费者及营销者。这种利用潜意识听觉技巧的尝试可在日益发展的自助录音带市场上发现。这些磁带通常以浪声隆隆或其他自然界的声音为特色,用被认为包含的潜意识信息帮助听者戒烟、减肥、赢得自信等。

伴随录音带上隐藏的有益信息,一些消费者逐渐开始关心摇滚乐带背面录有有害信息的传言。大众媒体对这类传闻给予很大关注,并且国家立法机构已经考虑要求禁止录制这类信息的提案。这类反面的信息在一些唱片上的确存在,包括莱德·策珀林的古典歌曲《天梯》中的抒情歌词"……仍有时间去改变(There's still time to change)",当令其反转时,听起来就像"于是去见我那甜蜜的死鬼儿(So here's to my sweet Satan)"。这种反转效果的新奇性也许有助于唱片的销售,但其内含的"邪恶"信息于消费者无益。事实上,迄今为止人类还没有一种知觉器官(难道是第六感官)能够在无意识的状态下破译倒置信息。

层次较低的听觉刺激同样得到应用。一种被称为"心理声音劝诱"的听觉技巧似乎的确有效。微妙的听觉信息,诸如"我很诚实,我不会偷窃,偷窃是不诚实的",在美国1 000多家商店中播放,以阻止商店失窃,然而,与潜意识不同的是,这些信息是在一种几乎听不到的可听水平上播放,使用的是一种称作"阈限信息"的技术。通过9个月的测试,一家六层连锁店的失窃损失减少近40%,店内损失减少额达600 000美元。然而,有证据表明,这种信息只在那些易受暗示的人身上起作用。举个例子,如果一个人斗胆想偷一点儿东西,但又感到忐忑不安,他对这些信息才敏感。而对于职业窃贼或是有窃盗癖的人(由于心理原因,感到难以抑制偷窃欲望的人)来讲,这些信息根本不起任何作用。

讲完听觉潜意识，我们自然会想到，如果能够将视、听结合起来，其效果岂不是更好？快速切换就是其应用技巧之一。快速切换将一些图片以很快的速度闪现在被试面前，多数观众无法在后一张图片出现之前对前一张图片进行有意识的加工，因此所有图片只能存储在阈下记忆当中。单个快照虽然看得见，但是它们经常会被紧随其后的其他快照的情感色彩或意义混淆，这在电影、音乐和广告中都比较常用，很受年轻人喜欢。经过声光学处理或隐含不被感知的背景信息的弱光和低音也是阈下刺激的常用技巧，在影视业还采用背景光声来操纵观众的喜怒哀乐。

尽管临床心理学家的一些研究表明，人们在非常特定的情形下的确受潜意识信息的影响，但是这些技术在营销与广告中一定能发挥明显的作用仍令人怀疑。尽管潜意识劝诱能让消费者选择 A 品牌而排斥 B 品牌的可能性很低，但这种技术能刺激人们基本需求的可能性还是存在的。就广告效果而论，这些信息必须针对某些特定的个体，而不是向所面对的所有公众营销传播。

本章知识要点

1. 知觉是大脑对当前直接作用于感觉器官的客观事物的整体反映。知觉就是各种感觉的复合，所以我们研究知觉就要从感觉开始。

2. 在各类广告、店面设计和包装尤其是在企业形象识别上，营销者都非常重视并依赖视觉因素。

3. 声音的各种特性都影响着人们的感觉和行为。

4. 气味能够激发强烈的感情，也能够产生平静的感觉。它们可以唤醒记忆，也可以缓解压力。

5. 味觉感觉器官在我们体验各种物品的过程中是功不可没的。

6. 日常观察也会告诉我们，触觉这个通道很重要，它在销售的互动过程中是一个不可忽略的因素。

7. 受主观意识的影响，人们对客观事实的知觉经常会出现程度不同的变形或歪曲，造成这种现象的主要原因一是知觉的选择性，二是知觉的偏见。

8. 知觉的选择性是在知觉过程中，为了清晰地反映对象，人们总是从许多事物中自觉或不自觉地选择知觉对象的心理过程。

9. 影响知觉选择性的客观因素主要有：①知觉对象本身的特征；②对象和背景的差别；③对象的组合。

10. 影响知觉选择性的主观因素主要有：①需要和动机；②兴趣；③性格；④气质；⑤经验知识。

11. 知觉的偏见是人们在感知事物的时候，由于特殊的主观动机或外界刺激，对事物产生一种片面的或歪曲的印象的心理过程。常见的原因有以下几个方面：①首因效应；②近因效应；③晕轮效应；④定型作用。

12. 在心理学史上格式塔学派对知觉问题做了大量的研究，提出了许多知觉的组合原则，这些组合原则对于广告的设计有一定的参考价值。格式塔是一个德语单词的音译，它的意思是一个"形状"或一个"整体"，在格式塔心理学家看来："知觉中整体大于部分之和。"

13. 要把感觉信息转换成有意义的知觉信息，我们必须对其进行加工组织，即把物体从其背景中区分出来，把它们看作有意义的、恒定的形状，并判断它们之间的距离和运动情况。

14. 在图地关系中，"图"是主要的知觉对象，"地"是次要的知觉对象，其作用是作为主要对象的陪衬，即我们通常所说的"背景"。鲁宾之杯告诉我们，在图地关系中，看图形还是看背景、看整体还是看局部，由于观察角度的不同，将分别出现不同意义的画面，便产生了双重意象。

15. 我们可以用各种方式来知觉图中的刺激，当然也许不同的人会采用相同的知觉方式。格式塔心理学家认为，大脑会采用各种原则将感觉信息组织成为整体，这些原则分别是：①接近性；②相似性；③连续性；④连通性；⑤封闭性。

16. 接近是指在时间和空间上的相接、连续或相邻。两个事物间在时空上的连续或相邻，可以形成人们对二者之间相互关联或因果关系的知觉。

17. 封闭是指人们具有将一个图形知觉为一个连续完整形状的倾向。

18. 连续性是指消费者对视觉对象的内在连贯特性的认识。

19. 知觉恒常性能够使我们对物体的知觉不受刺激变化的影响，即识别物体时不被其大小、形状、亮度或颜色所欺骗。

20. 知觉适应是由于刺激对感觉器官的持续作用从而使感受性发生变化，即感受性的提高或降低的现象。

21. 知觉定式就是发生在前面的知觉直接影响到后来的知觉，产生了对后续知觉的准备状态。

22. 有几种典型的错觉应该引起广告设计师的注意，它们分别是：①弗朗兹·缪勒－莱耶尔错觉；②关于长度、宽度与高度的错觉；③艾宾浩斯错觉；④正多边形的边长错觉；⑤勃根多尔夫错觉；⑥背景线条对形态的影响。

23. 阈下知觉即低于阈限的刺激所引起的行为反应。低于感觉阈限的刺激，虽我们感觉不到，却能引起一定的生理效应。

24. 当我们确定可被某种感觉渠道接收的刺激的最低限度时，我们将之定义为感觉阈限。绝对阈限是指能被感觉渠道觉察的刺激的最小量。

25. 差别阈限，也称作最小可觉差，是人体有50%的次数可以觉察到的两个刺激间的最小差别。

26. 恩斯特·韦伯注意到，不管物体的重量有多大，两个刺激之间的差别必须按照恒定比例变化才能被察觉。这个原则（差别阈限是刺激的恒定比例而不是恒定数量）非常简单且普遍适用，我们称之为韦伯定律。

27. 广告设计者可以尝试通过视觉和听觉渠道达到创造并影响潜意识信息的目的。

28. 利用视觉潜意识来达成广告目的的方法有：①植入；②快照；③图地反转；④双关。

测试题

一、单项选择题（在每小题备选答案中只有一个是正确的，请将其选出并把选项前的字母填在题后括号内）

1. 知觉是大脑对当前直接作用于感觉器官的客观事物的（　　）。

A. 显性反映 B. 隐性反映
C. 整体反映 D. 局部反映

2. CI 的具体含义是（　　）。

A. Corporate Identity B. Corporate Image
C. Collective Identity D. Collective Image

3. 在心理学史上对知觉问题做了大量的研究，提出了许多知觉的组合原则的学派是（　　）。

A. 内容心理学派 B. 意动心理学派
C. 格式塔学派 D. 精神分析学派

4. 差别阈限，也称作最小可觉差，简称为（　　）。

A. CBD B. AND
C. DNA D. JND

5. 不管物体的重量有多大，两个刺激之间的差别必须按照恒定比例变化才能被察觉到。这个原则的发现人是：（　　）。

A. 韦伯·恩格斯 B. 恩斯特·韦伯
C. 麦克威尔·哈伯 D. 恩斯特·哈伯

二、多项选择题（在每小题备选答案中有二至五个正确答案，请将正确选项前的字母填在题后括号内）

1. 影响知觉选择性的客观因素主要有：（　　）。

A. 知觉对象本身的特征 B. 对象和背景的差别
C. 对象的组合 D. 知觉者的智商
E. 知觉者的情绪

2. 影响知觉选择性的主观因素主要有：（　　）。

A. 需要和动机 B. 兴趣
C. 性格 D. 气质
E. 经验知识

3. 产生知觉偏见常见的原因有：（　　）。

A. 首因效应 B. 近因效应
C. 晕轮效应 D. 视学暂留
E. 定型作用

4. 格式塔心理学家认为，大脑会采用各种原则将感觉信息组织成为整体，这些原则分别是：（　　）。

A. 接近性 B. 相似性
C. 连续性 D. 连通性
E. 封闭性

5. 利用视觉潜意识来达成广告目的的方法有：（　　）。

A. 植入 B. 快照
C. 图地反转 D. 双关

E. 夸张

三、名词解释题

1. 知觉
2. 知觉的选择性
3. 知觉的偏见
4. 知觉定式
5. 阈下知觉
6. 差别阈限

四、简答题

1. 简述产生知觉偏见的常见原因。
2. 简述"图地关系"。
3. 简述利用视觉潜意识来达成广告目的的方法。

五、论述题

1. 试述影响知觉选择性的主、客观因素。
2. 有几种典型的错觉应该引起广告设计师的注意，试用你自己的语言加以描述，并结合你平时搜集的案例进行详细的分析。

六、案例分析讨论题

仔细阅读本章的开篇案例，然后回答以下问题。

1. 什么是植入式广告？请给它下一个定义。
2. 试从案例提到的品牌中挑出一个你感兴趣的知名品牌，上网搜索一下它们与007电影进行商业合作的更多细节，就它们成功的经验与不足之处总结一下，说出你的三个观点。
3. 文中提到："相比之下，春晚中的广告植入可就没有那么幸运了，原因何在？值得我们的组织者认真反思。"试就这一问题展开讨论，说出你的观点？

第五章
消费者的记忆与强化

开篇案例

EDS 重塑形象，强化公众的良好记忆

如果在 2000 年以前，向人们询问有关美国电子数据系统公司（EDS）的任何情况，他们可能一无所知。有些人可能会把它和罗斯·佩罗特（Ross Perot）联系起来，他是该公司的创始人，也曾经是美国总统候选人之一。还有人可能知道他后来把 EDS 卖给了通用汽车公司，除此之外，人们可能不会知道更多。佩罗特于 1962 年在达拉斯州和得克萨斯州创立 EDS，当时的基本创业理念主要是企业或组织需要雇用一个外部公司来解决所有的计算机操作问题。那时，"外包"这个词还没有进入商业词典。但是这个新概念迅速流行起来，EDS 控制了其所创立的这个行业，所涉足的领域不仅包括计算机还包括信息技术服务（ITS）。1984 年通用汽车公司收购 EDS，此后 EDS 业绩便呈指数增长。到 1996 年，EDS 从通用汽车公司分离出来成为一个独立的企业，在此之前，EDS 已经成为一个拥有 140 亿美元资产的大型公司。EDS 在通用汽车公司的羽翼下所获得的多方面的成功，变成了该公司继续发展所面临的阻碍。通用汽车公司每年支付的巨额养老金成为该公司的固定收入来源，使其满足现状，滋生了不愿意变革的情绪，即使周围的环境发生着巨大的变化，尤其是 IT 行业迅速崛起。

1999 年年初，EDS 聘用了新的 CEO 迪克·布朗（Dick Brown）。他认识到自己和管理团队要做的不只是彻底改造公司，还要对企业进行重新定位并且设计一个新的形象。在新经济产业中，EDS 被认为是平庸的、保守过时的。一些新兴企业，如 Razorfish、Scient 和 Viant，都是单纯以电子化服务为业务重点的，同样，重新改革后的 IBM 也将其重点转移到电子商务上。EDS 与这些公司相比显得黯然失色。布朗聘用唐·尤兹（Don Uzzi）为 EDS 的高级副总裁，他曾经在 20 世纪 90 年代成功地扭转了佳得乐（Gatorade）的营销颓势。目前，他主要负责全球营销和广告策划以及重塑 EDS 的企业形象。布朗希望尤兹能够使 EDS 重新获得关注，并且将其塑造成一个家喻户晓的品牌。同时，还有另外一个同等重要的目标：对 EDS 员工进行内部营销，使他们对在 EDS 工作感到满意。

在建立 EDS 有力品牌形象的时候，布朗涉足的一个领域就是广告。EDS 与 Fallon McElligott 广告公司开展合作，提出了一个新的主题语 "EDS 解决方案"，在复杂多变的电子商务环境中将 EDS 作为一个问题解决者进行市场定位。1999 年秋，EDS 整版的印刷广告刊登在《华尔街日报》《纽约时报》等主要报刊上，公司没有限制其在广告方面的大投入。尤兹认为在 2000 年有可能出现的千年虫危机（Y2K）给 EDS 提供了一个机会——一个公开宣传的机会。新年前夕，他在得克萨斯州普莱诺的 EDS 战略控制中心安排了一场媒体见面会。当时有许多记者到场，CNBC 和 CNN 及一些当地电视台都对该见面会进行了现场直播。尤兹讲道："我们向全世界展示 EDS 的工作内容和工作方式。这都是该公司以前从未做过的事情。"当新千年只经历了小小的困难便顺利到来的时候，EDS 通过在《华尔街日报》上刊登整版"千年虫危机结束"的广告进行大规模的庆祝，让大众注意其在应对时代变迁中扮演的重要角色。

EDS 继续进行着这样的"冒险"，在 2000 年美国橄榄球总冠军赛超级碗杯上做了一个"牧猫人"的大型广告。美国橄榄球总冠军赛超级碗杯是一个最大的广告展示窗口，经常被一些大型的营销者预定，而不是 EDS 这种在广告界默默无闻的公司。该广告按照约翰·福特的旧式西部风格拍摄——广阔的天空、辽阔的土地、激动人心的配乐，描绘了一幅牛仔把 10 000 只猫赶在一起放牧的画面。尤兹提到，将猫赶在一起放牧是对信息管理的一种比喻，比喻驾驭那些庞大的势不可当的数据变化。该广告完美地捕捉到了 EDS 所从事的工作："我们管理复杂的事物。客户在哪里需要技术，我们就在哪里提供技术。"该商业广告成为美国橄榄球总冠军赛超级碗杯上最受欢迎的广告之一，在该广告播出后的 24 小时内，EDS 网站的点击次数高达 200 万次，点击次数到第一周结束时已经累积到了 1 000 万次。客户从世界各地打电话索要该广告的录音带用于集会时播放，EDS 最大限度地利用了该广告的成功优势，使其成为这项交易中获利最为丰厚的利润来源。

EDS 在"牧猫人"广告之后又拍摄了两则形象鲜明的商业广告。第一则广告名叫"追逐松鼠"，在 2001 年美国橄榄球总冠军赛超级碗杯上首映，是对西班牙潘普洛纳传统的公牛赛跑运动的一种讽刺，该信息强调保持商业灵敏性的重要性。第二个广告叫作"飞机"，展示 EDS 如何在空中建造一架飞机。后来的研究表明，由于该广告三部曲的播出，EDS 与解决电子商务问题联系起来的大众比率翻了一番，同时，整体的品牌认知率提高了 50%。

2002 年，EDS 的营销策略有了新的发展方向，不再仅仅是提高品牌知名度，而是通过一系列电视广告和印刷广告宣传该公司的业务，让消费者更好地了解其业务范围——有关外包、主机以及安全、保密等信息技术。

在短短两年内，该行业越来越多的人开始认识 EDS，并且意识到该公司是一个专业的奋发图强的公司，对于信息技术方面的问题能够提供一些专业的解决方案。在帮助发展业务的基础上，EDS 的广告还激发了内部员工的工作热情，并为该公司吸引了一大批优秀人才。EDS 希望它的广告能够继续引导消费者，给他们带来惊喜并留下深刻的印象，同时对自己的员工也能产生积极的效果。

资料来源：乔治·贝尔奇，迈克尔·贝尔奇. 广告与促销：整合营销传播视角 [M]. 张红霞，庞隽，译. 6 版. 北京：中国人民大学出版社，2006：159. 有改动。

企业通过多种方式传播信息和消息，如广告、品牌名称、标志、图解系统、网站、新闻稿、包装设计、促销以及可视图像，因此在制订和实施营销传播计划时必须理解公众的心理接受过程，以及他们是如何记住我们的企业形象的。翻开 EDS 的案例，我们可以发现，营销者对目标市场进行传播时所用的方式取决于很多不同的因素，包括消费者对该公司知道多少、他们对该公司的印象以及该公司自身想要树立的公司形象等。制订一个有效的广告传播方案远不止挑出一个产品特性加以强调那么简单。我必须了解消费者对于所得到的信息是如何感知、解释并最终输入记忆的，以及这些记忆的信息又将怎样在他们对产品或服务的态度与行动中发挥作用。

消费者对营销活动信息的记忆是帮助他们思考问题、做出购买决定不可或缺的条件。营销活动应该具有帮助消费者记忆营销活动内容的功能，因为消费者接受了营销活动传递的信息后，即使对营销活动产生了良好的形象，一般都不立即去购买。只有等他们产生了购买的需要后，从脑子里提取了存储的营销活动信息，才决定购买何种产品。如果产品难于记忆，商品信息不能存储到消费者的脑子里，营销活动的效果就不理想。因此，在营销活动与广告设计中，有意识地增强消费者的记忆效果是非常必要的。

本章研究消费者的记忆与强化。首先进入消费者的认知学习，主要介绍学习的本质、高介入状态和低介入状态下的学习、学习的一般特点；其次是消费者记忆的特点，具体介绍短时记忆与长时记忆；再次是营销信息的记忆过程，从营销信息的识记、营销信息的保持、营销信息的再现到如何与遗忘做斗争；最后是营销策略，具体介绍了不断提醒，减少记忆材料的数量，增加刺激的维度，利用直观、形象的刺激物，利用理解增进记忆，利用重复与变化增强记忆，注意营销信息的排列顺序，利用节奏、韵律来增强记忆，运用联想强化品牌的一致性等九个具体实在的营销策略。

第一节　消费者的认知学习

记忆包含两个基本过程：认知学习（把信息存入记忆）和恢复（即把信息从记忆中取出）。记忆有短时记忆（也就是思考和理解）和长时记忆（知识寄存的精神仓库），它们之间需要不同的认知能力。认知学习发生在将短时记忆中处理的信息存储在长时记忆中的时候。显然，事物能否被记住取决于它被理解得有多深，人们不可能记住他并不了解或不理解的事物。那么什么决定了认知学习呢？下面让我们从头说起。

一、学习的本质

我们可以将信息处理过程描述为刺激被感知、被转化为信息并被存储在头脑中的一系列活动，它包括展露、关注、解释和记忆。"学习"是用来描述有意识或无意识的信息处理导致记忆和行为改变这一过程。

学习是消费过程中不可缺少的一个环节。事实上，消费者的行为很大程度是后天习得的。如图5-1显示，人们通过学习获得绝大部分的态度、价值观、品位、行为偏好、象征意义和感受力。通过诸如学校、宗教组织、家庭阶层为我们提供各种学习体验，这些体验极大地影响着我们所追求的生活方式和我们所消费的产品。

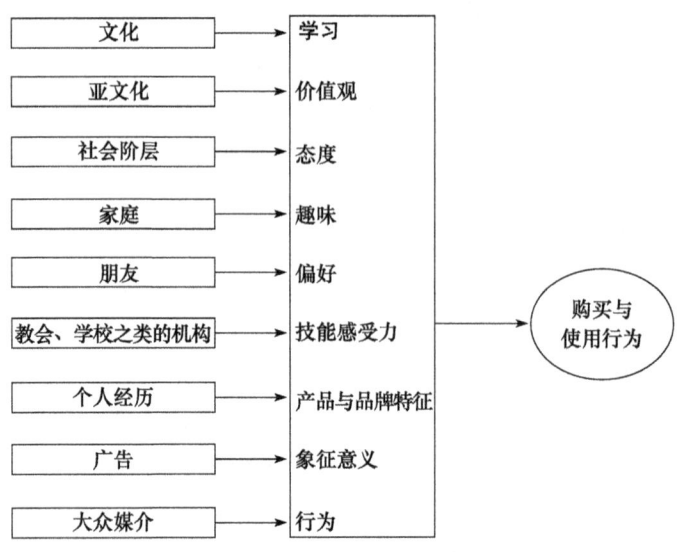

图 5-1　学习是消费者行为的关键

注：人们通过诸如文化、社会、家庭、朋友、教会、学校、广告、大众传媒和个人经历等许多学习渠道获得价值观、态度、趣味、品牌、偏好、象征、感受等学习体验，这些学习体验极大地影响着我们的生活观念和需求，从而影响到我们所追求的生活方式和我们所消费的产品。

一大批社会组织试图帮助消费者学习对待诸如种族歧视、环境保护、恋爱、婚姻、家庭、性行为之类问题的"正确"态度和做法。营销者花费相当大的力气确保消费者知晓其产品的存在及性质。事实证明，用有效的方式帮助消费者认识其产品的企业能够获得长期的竞争优势。

学习是指长时记忆和行为在内容或结构上的变化，学习是信息处理的结果。信息处理可能是在高介入状态下的有意识、有目的的活动，也可能是在低介入状态下的不集中的甚至无意识的活动。

二、高介入状态和低介入状态下的学习

稍微留心便会发现，我们以不同的方式进行学习。为考试做准备需要紧张而集中的注意力，分数是你努力的回报。然而，我们的大部分学习与此有着很大的不同。许多人即使不喜欢足球也知道谁在世界杯比赛中获得了冠军，因为我们反复多次听到这方面的信息。同样，尽管我们也许从不真正在意服装流行的潮流，但我们能够识别出时髦的服装。

学习可以发生在高介入或低介入状态下。高介入状态的学习是消费者有目的地、主动地处理和学习信息。例如，一个在购买计算机之前阅读《笔记本电脑指南》的人，可能有很大的驱动力学习与各种品牌计算机有关的材料。低介入状态下的学习则是消费者没有多少驱动力去主动处理和学习信息。如果在电视节目中插播消费者不常使用的产品广告，消费者就没有动力学习营销活动中的信息。即使不是大多数，也有相当多消费者是在介入程度相对较低的状态下学习。遗憾的是，我们的大部分研究是在高介入状态的实验室环境中进行的，对于低介入状态的学习还缺乏全面的理解。

介入程度是个体、刺激和环境相互作用的结果。例如，一个对服装不感兴趣的人对服装广告也许只是一扫而过，这是低介入状态。然而，为了了解名人的穿着，消费者对某个名人做的服装广告也许会表现出极大的兴趣，对广告内容进行认真研究，这便是高介入状态。同样地，那些通常并不注意服装广告的消费者在准备购买新衣服时更关注有关服装方面的信息。

如图 5-2 所示，我们将探讨的两种一般情境状态和五种具体的学习理论。介入程度的高低是决定信息如何被学习的主要因素。图中的实线表明，操作性条件反射、替代式学习与模仿和推理是高介入状态下常见的学习过程。而经典性条件反射、机械学习、替代式学习与模仿则更多地发生在低介入状态下。从这里我们看到了传播的内容与方式应视受众介入程度的不同而有所差异。

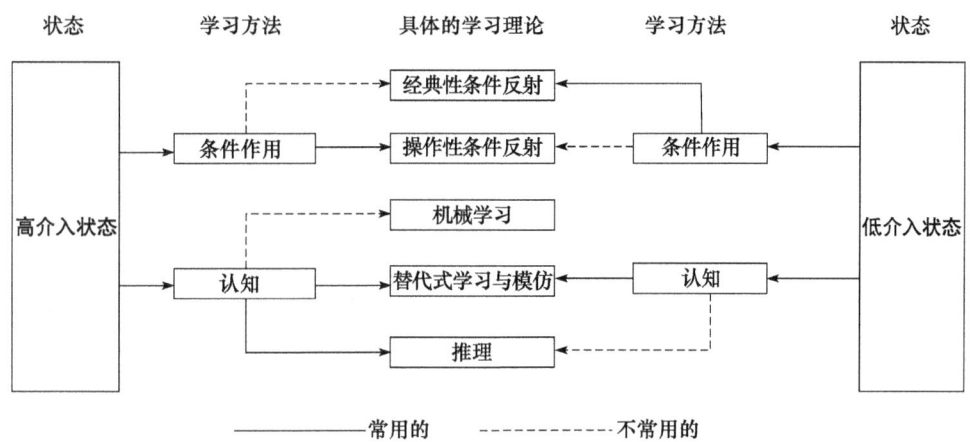

图 5-2　高介入和低介入状态下的学习理论

注：介入程度的高低是决定信息如何被学习的主要因素。请注意图中表示"常用的"实线与"不常用的"虚线，我们可以获取以下两个结果：①操作性条件反射、替代式学习与模仿和推理常用于高介入状态下的学习；②经典性条件反射、机械学习、替代式学习与模仿则更多地发生在低介入状态下的学习。

（一）条件作用

条件作用是指建立在刺激（信息）和反应（行为或感觉）的联系基础上的学习。"条件作用"这个词对于我们许多人来说有一种负面含义，带给人一种机械化的印象。其实，条件作用下的学习只是指经由某些刺激和相应的反应，一个人能了解这些刺激与反应之间是有联系的或没有联系的。有两种基本形式的条件作用学习——经典性的条件学习和操作性的条件学习。

1. 经典性条件反射

运用刺激和反应之间的某种既定关系，使人学会对于不同刺激做出相同反应的过程叫经典性条件反射。这种学习方式见图 5-3。流行音乐（无条件

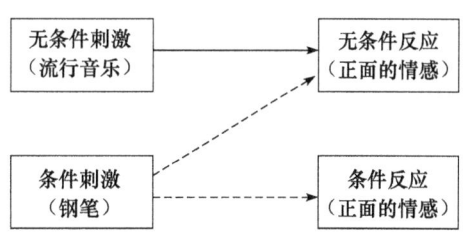

图 5-3　经典性作用条件下的消费者学习

注：经典性条件反射运用了刺激和反应之间的某种既定关系，使人学会对于不同刺激做出相同反应的过程。作为"无条件刺激"的流行音乐，能引发许多人的正面情感，即"无条件反应"。如果这种音乐总是与作为"条件刺激"的某个钢笔品牌同时出现的话，该品牌就能引发正面情感，即"条件反应"。

刺激）能引发许多人的正面情感（无条件反应）。如果这种音乐总是与某种品牌的钢笔或其他产品（条件刺激）同时出现，这种品牌本身也变得能引发正面情感（条件反应）了。

例如，出现在杂志上的万塔基香烟广告多年以来便是一幅美丽的冬日雪景、品牌名称和香烟的包装盒。该广告的部分目的就是想将人们对于户外风景的正面情感与该香烟品牌联系起来，以便增加人们喜爱该品牌的可能性。其他的市场营销应用包括：

（1）不断地在令人兴奋的体育节目中宣传某种产品会使该产品本身令人兴奋。

（2）一个不知名的政界候选人可以不断地在他的竞选广告或露面中现场播放具有爱国内容的背景音乐，从而激发人们的爱国热情。

（3）商店内播放动听的音乐可能会激发给予和共享的情感反应，从而增加消费者的购买倾向。

【小故事】　　　　　　　　父子俩与牛车转弯

父子俩住在山上，每天都要赶牛车下山卖柴。父亲较有经验，坐镇驾车，山路崎岖，弯道特多，儿子眼神较好，总是在要转弯时提醒道："爹，转弯啦！"

有一次父亲因病没有下山，儿子一人驾车。到了弯道，牛怎么也不肯转弯，儿子用尽各种方法，下车又是推又是拉，还用青草诱之，牛仍然一动不动。

到底是怎么回事？儿子百思不得其解。最后只有一个办法了。他左右看看无人，贴近牛的耳朵大声叫道："爹，转弯啦！"牛便应声而动了。

2. 操作性条件反射

操作性条件反射主要在强化物的功能和强化时间上与经典性条件反射相区别。假设你是一家爆米花小食品公司的产品经理，你深信你的产品口味清淡、松脆，消费者会喜欢，那么你怎样影响他们，使他们"学习"并购买你的产品呢？有一个办法就是通过邮寄或在商业大街、商店里大量派发免费的试用品。

许多消费者会尝试这些免费试用品（期望的反应）。如果爆米花的味道确实不错（强化），消费者进一步购买的可能性便会增大，这一过程如图5-4所示。应当指出，强化这一环节在操作性条件反射中要比经典性条件反射中重要得多。因为在操作性条件反射中，没有自发的"刺激—反应"关系，必须先诱导主体（消费者）做出所期望的反应，再对这种诱导的反应进行强化。

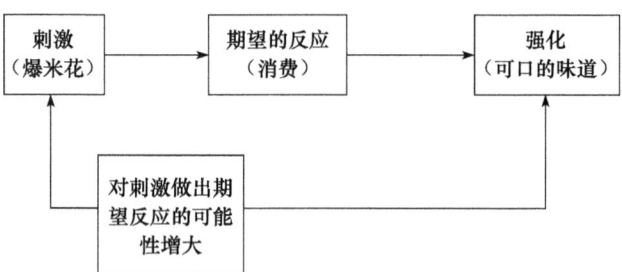

图5-4　操作性条件作用下的消费者学习

注：在操作性条件反射中"强化"这一环节要比经典性条件反射中重要得多，因为在操作性条件反射中，没有自发的"刺激—反应"关系，必须先诱导消费者做出所期望的反应，再对这种诱导的反应进行强化。一旦消费者试用了产品并喜爱它（即被强化），他们就很有可能持续购买。

操作性条件反射经常需要实际试用产品。因此，营销策略的重点在于确保消费者对产品进行第一次尝试。免费试用（在商店派发或送上门）、新产品特别折价、有奖活动都是鼓励消费者试用某种产品或品牌的措施。一旦消费者试用了你的产品并喜爱它（强化），他们就很有可能在今后继续购买它。

研究显示，在一家糖果店接受免费巧克力试吃的人中有84%会购买巧克力，而没有被给予免费试尝品的人中有59%会购买巧克力。可见，行为塑造是很有效的。正强化能增加再购买的可能性，负强化（惩罚）则会产生相反的效果。因此，一次不满意的购买经历会极大地减少再购买的可能性。这一点强调了保持产品质量稳定的重要性。操作性条件反射被营销者广泛运用。最普遍的一种运用便是使产品质量保持一致，从而使消费者从产品使用中得到强化。其他运用包括：

（1）在销售之后，通过信函、人员回访等形式祝贺购买者做出了明智的选择；
（2）对于光顾某一商店的购买者给予诸如商品赠券、折扣、奖励之类的"额外"强化；
（3）对购买特定品牌的消费者给予诸如折扣、小玩具、优惠券之类的"额外"强化；
（4）免费派送试用品或优惠券鼓励消费者试用产品；
（5）通过提供娱乐场所、空调设施、精美布置，使购物场所令人愉快（强化）。

美国的一家保险公司所做的一个试验显示了操作性条件反射的威力。将按月购买人寿保险的2 000多名消费者随机分成3个组。其中两组在每月购买保险后收到公司感谢信或致谢电话的强化，另一组没有收到类似强化。6个月后，前两组中只有10%的人终止购买保险，而后一组中有23%的人终止购买保险。强化（被感谢）使行为得以继续（每月继续交保险费）。

（二）认知学习

认知学习包括人们为解决问题或适应环境所进行的一切脑力活动。它涉及观念、概念、态度、事实等方面的学习，这类学习有助于我们在没有直接经历和强化的条件下形成推理、解决问题和理解事物之间的各种关系。认知学习的范围从很简单的信息获取到复杂、创造性地解决问题。了解消费者的三种认知学习形态对于营销者很重要。

1. 映像式机械学习

映像式机械学习指在没有条件作用的情况下学习在两个或多个概念之间建立联想。许多低介入主体的学习是映像式机械学习。一个简单信息的无数次重复可以促使消费者一处于某种环境就联想到该信息。通过映像式机械学习，消费者可以形成关于产品特征和属性的信念，一旦有了需要，消费者便会基于这些信念购买产品。

2. 替代式学习与模仿

消费者并不一定通过体验直接奖赏或惩罚来学习，而可以通过观察他人的行为和后果来调整自己的行为，另外还可以运用想象预期行为的不同后果。这种类型的学习被称为"替代式学习与模仿"。

替代式学习与模仿在低介入和高介入状态下都经常发生。在诸如获得工作后购买新衣这类高介入状态下，消费者可能特意观察其他员工上班时的穿着，或观察其他环境中包括营销活动中的"榜样角色"的穿着。在低介入状态下，模仿也大量发生。在整个生活过程中，我们都在观察别人如何使用产品、在各种具体情境下做出何种行为。多数情况下我们对这些行为不太在意。然而，随着时间的推移，我们会了解在特定情境下哪些行为和产品是合适的、哪些是不合适的。

3. 逻辑推理

认知学习较复杂的形式是逻辑推理。逻辑推理发生在若干个判断之间，推理就是在已知判断的基础上获得新的判断的思维过程。"三段论"就是一种典型的推理形式。下面是一个关于"荔枝是否能吃"的三段论，它就是在两个已知的判断即大前提（水果是有营养的）、小前提（荔枝是一种水果）的基础上推"荔枝能吃"（荔枝是有营养的）的结论。

大前提：水果是有营养的
小前提：荔枝是一种水果

结　论：所以，荔枝是有营养的

营销策划常常运用"三段论"论证企业及其产品的可靠性：

大前提：世界 500 强企业是实力雄厚的企业
小前提：中国工商银行是世界 500 强企业

结　论：所以，中国工商银行是一家实力雄厚的企业

（三）对学习理论的总结

学习理论有助于我们理解消费者在各种情境下是如何学习的。我们已经考察了 5 种具体的学习理论：经典性条件反射、操作性条件反射、映像式机械学习、替代式学习与模仿、逻辑推理。这些学习方式无论在高介入还是低介入状态下均能运用。表 5-1 总结了上述理论，并提供了高、低介入状态下的具体实例。

表 5-1　学习理论概览

理论	描述	高介入状态下的例子	低介入状态下的例子
经典性条件反射	如果两个物体频繁地在一起出现，由第一个物体引起的反应也会由第二个物体引起	当一个消费者获悉克莱斯勒计划只使用美国制造的零部件后，由"美国"这个词引起的正面的情感反应也会由"克莱斯勒"这个品牌名称引起	即使消费者并不注意某个广告，背景广告歌曲所引起的正面情感反应也会由广告的品牌名称引起
操作性条件反射	如果一种反应被给予强化，人会倾向于在以后遇到相同情况时重复做出这种反应	一个消费者买了一套西装，发现它不打皱，并因此受到周围人的恭维，于是，他在下一次购买运动服时也选择这一品牌	消费者不加思索就购买了一种较熟悉的麦片，吃起来觉得"不错"。以后他就继续购买这种品牌的麦片
映像式机械学习	在没有条件作用的情况下将两个或多个概念联系起来	一个慢跑爱好者仔细阅读了许多他所喜欢的鞋类广告，了解了各种品牌的跑步鞋	在从未真正"考虑"过苹果公司的广告或产品的情况下，一个消费者知道了苹果公司生产家用电脑
替代式学习与模仿	通过观察他人行为的结果或想象某种行为的结果来学习如何行动	在一个消费者准备买一件超短裙时，她先观察人们对于她朋友穿的超短裙有什么反应	在从未真正"考虑"过的情况下，一个小孩知道男人是不穿裙子的

(续)

理论	描述	高介入状态下的例子	低介入状态下的例子
逻辑推理	个体通过思考、重新构造和组合已有的信息，从而形成新的概念、判断或联想	一个消费者认为碳酸氢钠可以除去冰箱里的异味。当他发现地毯有股异味时，决定在地毯里放一些碳酸氢钠	消费者发现商店里没有黑胡椒了，决定买白胡椒代替

三、学习的一般特点

不管哪种学习方法更适用于哪种情境，学习的几个特点与营销者密切相关并引起他们的极大兴趣。其中最重要的是学习强度、消退（或遗忘）、刺激泛化、刺激辨别和反应环境。

（一）学习强度

怎样才能形成一种强烈和持久的习得性反应呢？HIV 联盟怎样教你消除和减少得艾滋病的危险并使你刻骨铭心呢？善存怎样才能使你了解它的新维生素产品及其与其他维生素产品的区别？学习强度受以下 4 个因素的影响：①重要性；②强化；③重复；④意象。一般来讲，所学材料越重要，过程中接受的强化（或惩罚）越多，刺激重复（或练习）的次数越多，材料中包含的意象成分越多，学习就越快，而且记忆也越持久。

1. 重要性

重要性指所学信息对于消费者的价值。学习某种行为或信息对你越重要，你的学习过程越有效果和效率。重要性也是区分高介入状态学习与低介入状态学习的一种尺度。前者比后者更完全，而且也较少需要强化、重复和意象。遗憾的是，营销者面对的往往是处于低介入学习状态的消费者，广告对他们来说看与不看无关紧要。

2. 强化

强化是指能增加特定反应在未来发生的可能性的任何事物或活动。虽然学习经常是缺少强化（或惩罚）的，但强化能极大地影响学习的速度和学习效果。正强化是一种愉快的或期待的结果。一个爱吃糖的人购买了一块宝路薄荷糖，觉得不错，那么他下一次很可能还买宝路薄荷糖。负强化则涉及对不愉快结果的排斥和避免。强化的反面就是惩罚。惩罚是能减少特定反应在未来发生的可能性的任何事物。一个消费者购买某品牌的酸奶并发现味道不好，喝了以后甚至还拉肚子，他就再也不会买它了。

从上面的讨论可以看到，营销者之所以要精确地确定"什么才能强化消费者的具体购买行为"，有两个重要原因：①要让消费者重复购买，产品必须满足消费者追求的目标；②要诱导消费者做出第一次购买，促销信息必须保证恰当的强化，也就是保证产品满足消费者的目标。

3. 重复

重复（或练习）能增加学习的强度与速度。很简单，我们接触某种信息的次数越多，我们掌握它的可能性就越大。重复的效果也直接与信息的重要性和所给予的强化有关。换句话说，如果所学的内容很重要或者有大量强化相伴随，重复就可以少些。由于许多营销内容在当前对于消费者并不太重要，也不能提供直接的激励与强化，重复就成为促销过程中的关键因素。

消费者经常抱怨广告重复，有些人甚至由于厌倦广告的过度重复而发誓"再也不买那个品牌的产品了"。因此，营销者应该把握好重复的度，在重复而同时避免在消费者中产生负面情绪之间保持微妙的平衡。过多的重复会导致人们拒绝接受该信息、对其做出负面评价或对其视而不见、充耳不闻。

4. 意象

无论是某个品牌名称还是某家公司的口号，均能产生一定的意象。例如"老板""熊猫""方正"这样的品牌名称能激起感觉上的意象或大脑中清晰的图像，这有助于消费者学习。因为形象化的语言更容易学习和记忆。意象效果背后的理论是，形象化语言有双重编码，它能同时以语言和形象两种方式存储于人的记忆中。由于意象能极大地提高学习的速度和质量，品牌名称的意象就成为市场营销决策的一个关键方面。

图像是形象化的，因此是一种特别有效的学习工具。它能增加消费者的视觉意象，还有助于消费者就信息编码形成相关的和有意义的信息块。所以，一则广告的关键沟通点应该在它的图形部分所激发的意象里面，原因是消费者对这种意象记得更快、更牢。

有证据表明，声音记忆（包含语言声音的记忆）具有与视觉记忆不同的特点。与语言的信息意义相一致的背景音乐据说能增进学习效果。

（二）消退（或遗忘）

你是否曾经因为突然发现你忘记了本来应该买但是没有买的商品而返回超市呢？每个人可能都有这样的经历。其实，这种"遗忘"并没有被局限在杂货店或者超市中，忘记是消费者行为中不断出现的问题。我们总是忘记给车加油或者刷牙，然而如果消费者忘记了买一件商品，那么肯定意味着有一家公司丧失了一个销售机会。

这种"忘记"包括产品消费和产品购买。你曾有多少次忘记了看想看的电视节目？你可能有许多次忘记了下一次吃药的时间。橙汁制造产业发现很多顾客居然忘记把已经开瓶的果汁放在冰箱里。站在营销与销售的角度来看，消费者对产品忘记得越多，今后对它们的购买就越少，这意味着公司的销售额会因此减少。

当企业产品的市场份额从 20% 剧降到 4% 的时候，这种下降如果主要是由广告与营销活动的推广不足所导致的话，正如一位营销总监所说的那样："自从我们公司远离广告和营销……人们便很快忘记了我们的产品。"营销者希望消费者学习和记住产品的优点，并保持对产品的良好感受和态度。但是，一旦对于习得的反应所给予的强化减弱、习得的反应不再被运用或消费者不再被提醒做出反应，消退或遗忘便会发生。

有趣的是，有时人们可能从相反方向运用记忆，即想办法让人遗忘。例如营销者和政府监管机构希望加速遗忘的进程，美国癌症协会和其他组织设计了许多帮助人们"忘记"吸烟的活动。制造商希望消费者尽快忘记自己不好的公众形象或过时的产品形象。

关于"消退（或遗忘）"，我们将在本章第三节做深入的研究。

(三) 刺激泛化

刺激泛化是指由某种刺激引起的反应可经由另一种不同但类似的刺激引起。例如，一个消费者知道纳贝斯克公司的奥利奥夹心饼干很好吃，便认为它的新产品奥利奥巧克力也很好吃，这种情况就是刺激泛化。营销者经常运用这一原理进行品牌延伸，如果你喜欢宝洁的飘柔洗发水，那么你对潘婷、沙宣与海飞丝等其他洗发水也会产生好感，并且极可能将这种好感迁移到玉兰油护肤、舒肤佳肥皂与帮宝适尿布上。

(四) 刺激辨别

刺激辨别指对于相近但不同的刺激学会做出不同反应的过程。在某一点上，刺激泛化机能开始失灵，因为相似性越来越小的刺激都被同样对待，这时必须对刺激做出区分，以使消费者对它们做出不同的反应。

例如，拜耳阿司匹林与其他品牌的阿司匹林不同，为了发展品牌忠诚型消费者，必须教会消费者区分拜耳阿司匹林与其他品牌的阿司匹林。要做到这一点，营销者可以采用多种方法，其中最显而易见的一种就是在营销活动中具体指出各种品牌的差别。这种差别可以是现实存在的，也可以是象征意义上的。产品本身也应在造型或设计上经常改变以增加产品差别。再拿纯净水来说，哪个厂商敢说自己生产的不是 H_2O？但每个厂商都说自己的水跟别人不一样，如"××水 27 层净化""××水 200 度高温消毒""××山泉：有点儿甜"。

(五) 反应环境

消费者往往能学到比他们将来能够提取出来的多得多的信息。也就是说，我们常常在需要的时候找不到存储在记忆中的相关信息。

信息提取能力的第一个影响因素是最初的学习强度。最初学习的强度越大，在需要的时候提取相关信息的可能性就越大。第二个影响因素是回忆时所处的环境是否与最初的学习环境具有相似性。因此，在回忆时提供越多与当初学习该信息时相似的环境线索，回忆就越有效。这表明，如果平常学习是在安静的桌子上而不是播放音乐的沙发上进行，考试成绩就会好一些，因为考试是在安静的桌子上进行的。根据实际情况，营销者可以做出两种选择：①使学习环境接近回忆环境；②使回忆环境接近学习环境。

使回忆环境和学习环境相似，需要了解消费者是在何时何地做出购买决定的。如果购买决定是在家中做出的，零售店或购物大街的环境线索就不能给消费者提供产品回忆帮助。

假设某企业在其口香糖电视广告中将一幅有趣的画面与该口香糖品牌的发音配对出现，以使消费者对于该品牌产生正面情感（经典性条件反射），但是广告中没有清楚地显示该口香糖的包装和品牌字样。在购买环境中消费者面对的是满货架不同的口香糖包装盒，却听不到品牌名称的声音。此时，回忆环境很难激起消费者对产品的正面情感。因此，更好的营销策略是显示产品的包装画面，因为这恰好是消费者在做出购买决定时会遇到的场面。

桂格麦片直接运用了反应环境这一概念。它先为"生命"谷物制品公司设计了一个极为成功的广告，当这个广告被证明是家喻户晓的时候，桂格便把广告中的一个画面印在其"生命"谷制品包装盒的正面。这样做大大增强了消费者回忆广告信息和情感的能力，终于获得成功。

对于消费者学习的结论,到目前为止,我们考察了学习的具体理论和方法,这些知识可以用来设计营销活动和发展沟通策略,以帮助消费者学习与产品相关的事实、行为和情感。

第二节 消费者记忆的特点

如前所述,记忆是通过识记、保持、再现(即再认与回忆)等方式,在人们的头脑中积累和保存个体经验的心理过程。如果运用信息加工的术语来讲,就是人脑对外界输入的信息进行编码、存储和提取的过程。人们感知过的事物、思考过的问题、体验过的情感或从事过的活动都会在头脑中留下不同程度的印象,其中有一部分作为经验能保留相当长的时间,在一定条件下还能恢复,这就是记忆,记忆是人的大脑的一种积极能动的活动。

人们对外界输入的信息能主动进行编码,使其成为人脑可以接受的形式。只有经过编码的信息才能记住。同时,人们对外界信息的接受是有选择的,只有那些对人们的生活有意义的事物,人们才会有意识地进行识记。另外,记忆还依赖人们已有的知识结构,只有当输入的信息以不同形式汇入人脑中已有的知识结构时,新的信息才能在头脑中巩固下来。

记忆是以往学习经验的积累,它由两个相互关联的部分(即短时记忆和长时记忆)组成。短时记忆和长时记忆并非两个相互独立的生理部分。实际上,短时记忆是整体记忆中处于活跃状态或处于工作状态的那部分。

一、短时记忆

短时记忆只有有限的信息与感觉存储能力。事实上,它并不像通常意义上的记忆,而更像计算机系统中的当前文件,是用来临时保存所分析、添加、改变的信息的。一旦信息处理完毕,重组形成的信息便被转移到其他地方(如打印出来),或以更持久的方式被保存起来(如存入硬盘或软盘)。短时记忆与这一过程类似。个体在分析和解释信息时将信息暂时放在短时记忆中,然后可能把这些信息转移到别处(写到纸上或打印出来),也可能使这些信息进入长时记忆。

因此,短时记忆类似于我们通常所说的"思考"。它是一个活跃、动态的过程,而不是一个静态的结构。短时记忆中有两种基本的信息处理活动——渲染性活动和保持性复述。

(一)渲染性活动

渲染性活动是运用已有的经验、价值观、态度、信念、感觉来解释和评价当前记忆中的信息,或者添加与以前所存储的信息相关的内容。渲染性活动是用来重新定义或添加记忆元素的。在本书第四章中所描述的知觉的解释,其基础就是渲染性活动。

假设你的企业开发了一款新的自行车,这种自行车有一个带背带和吸管的水壶,骑车者可以把它背在背后,并且无须用手就可以利用吸管中喝水。这种产品在市场上会被归为哪一类?或者人们会赋予这种产品以什么含义呢?回答取决于你怎样介绍和呈现这种产品,介绍和呈现方式将影响消费者的理解与渲染活动,进而影响他们对该产品的记忆。

(二) 保持性复述

保持性复述是为了将信息保留在短时记忆中，供解决问题之用或使之转移到长时记忆中而不断地重复或复述信息。考前强记公式或定义就是保持性复述的例子。营销者通过在营销活动中重复产品品牌名称或重要功用来激发消费者的保持性复述。

短时记忆包括概念和意象的使用。概念是对现实的抽象，它以通俗的词汇反映事物的含义。意象是思想、情感和事物在感觉上的具体表现，它能直接再现过去的经历。因此，意象处理涉及感官影像的回忆和运用，包括视觉、嗅觉、味觉、触觉。下面两项任务将有助你区分短时记忆中的概念和意象：

（1）关于概念：听到"浪漫的夜晚"后，写下涌现在你头脑中的10个词。
（2）关于意象：想象一个"浪漫的夜晚"，试简要描述一下。

显然，营销者希望激起消费者的意象反应。在这里，尽管我们刚刚开始研究意象反应，对它的了解很少，但它是人类精神活动的重要组成部分。在对营销活动所传达信息的记忆中，意象反应是非常重要的。

二、长时记忆

长时记忆被视作一种无限、永久的记忆，它能存储各种类型的信息，如概念、决策规则、方法和情感状态。长时记忆至少可以分为两大类，一类是技能性记忆或程序记忆，另一类是事实性记忆或陈述记忆。一些心理学家认为，陈述记忆又可分为语义记忆和情景记忆。

记忆是一个完整的系统，我们称之为记忆系统，如图5-5所示。从感觉记忆开始进入记忆系统，在这里，记忆是一个总的概念，其中包括短时记忆与长时记忆，长时记忆又可分为程序记忆与陈述记忆，而陈述记忆又有语义记忆与情景记忆之分。

消费者的记忆与其消费活动是密切相关的，从消费者心理与行为的角度来看，营销者更加关注长时记忆。从长时记忆的角度来考察消费者的记忆，他们对于营销活动所传达的信息的记忆通常更多地涉及图中所标识的四种形式。

（一）程序记忆

程序记忆是对习得行为和技能的记忆，包括基本条件反射和各种习得的动作，通常是以人们操作过的动作为内容的记忆。如书写、打字、拼图、打球的动作、对劳动操作和某种习惯动作的记忆，这些记忆通过动作来表达，它们可能被登记在大脑较低级的区域，尤其是小脑。程序记忆是条件反射、学习和记忆中可以被"自动提取"的基本成分。

程序记忆虽然在识记时比较困难，但是一经记住，则易于保持、恢复而不易忘记。程序记忆是人们

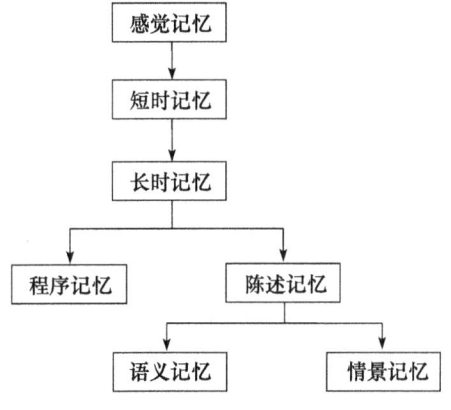

图5-5 记忆系统

注：记忆是一个完整的系统，从感觉记忆开始进入记忆系统，其中包括短时记忆与长时记忆，长时记忆又可分为程序记忆与陈述记忆，而陈述记忆又有语义记忆与情景记忆之分。

获得语言、掌握和改进各种劳动技能的基础。在有些营销活动中，常常要求消费者参与其中，照着营销活动的指引从事某种操作活动，即参与式的"体验"。由于消费者在营销信息接收过程中加入了自己的动作，这样就可以加深他们对销售信息的记忆。

（二）陈述记忆

陈述记忆是对事实信息的记忆，包括各种特定的事实，如姓名、人脸、单词、日期和观点。陈述记忆通过单词和符号来表达，例如，你能记起华盛顿是美国的第一任总统，你也能记起《真实的谎言》男主角是施瓦辛格扮演的，你知道可口可乐是美国的产品、茅台酒的产地是中国贵州……陈述记忆是一般人都具备的，却是健忘症患者所缺失的。对于营销活动来讲，我们想要消费者记住的东西很多，它们可能是新产品名称、品牌的含义、产品的功能、包装的识别、如何使用、到哪里可以买到以及价格如何实惠等，然而，尽管营销者付出了很大的努力，往往仍收效甚微，你想要他们记忆的内容越多，他们反而记住得越少。如图5-5所示，陈述记忆又细分为语义记忆与情景记忆。

1. 语义记忆

语义记忆通常是以词语的形式，在人们头脑中以概念、判断（或命题）、推理以及论证等思维为内容的记忆。它具有概括性、理解性和逻辑性等特点。大多数人是不会忘记关于世界基本事实的知识。这些非个体性的事实构成长时记忆的一部分，其中包括各种物体的名称、年月日的说法、加减乘除、春夏秋冬、单词和语言等，对这些事实的记忆被称为语义记忆。

语义记忆是个体保存经验最简便、最经济的形式，它的内容无论在数量上和质量上都会超过下面将要解释的情景记忆。语义记忆是人类特有的记忆，人们对自然、社会和思维本身的规律性的知识都是通过语义记忆保存下来的。对于某类产品有研究的消费者常常通过对营销活动的语义记忆加深对产品性能的了解，通过对某种产品的制造原理、工艺水平的认识与记忆进一步做出购买决定。由于语义记忆具有概括、理解和逻辑性的特点，使得消费者在实际购买过程中显示理性的特征，这在大件商品、生活耐用品（如购房买车）消费中更是如此。

营销者对语义记忆特别感兴趣，因为它代表我们对事物理解的最简单水平。在这个水平上，消费者能够轻易地将某一个品牌如"奔驰"理解为"一辆豪华汽车"，而不仅是一个描述速度飞快的动词；"可乐"是一种饮料，而不是特指某人或某事"可笑"；"双核""四核"是关于计算机中央处理器的一种描述，而跟水果之类的东西毫无关系。同样，"菜鸟"不是鸟！

当你看到"渴"这个词时会想到什么？你会想到各种各样的事物，包括很多品牌，这些就构成了"渴"这个词的语义记忆。百事可乐公司在营销活动策划方面花费了很大精力以使其各种饮料品牌成为与"渴"相联系的一部分。近年来百事可乐关于"渴望无限"的营销活动主题一直受到年轻人的关注与喜爱。

2. 情景记忆

情景记忆通常是以感知过的事物在人脑中再现的具体形象为内容的记忆，它保存事物的感性特征，具有显著的直观性与形象性。例如某品牌洗衣机的广告，通过电视形象地展现在洗衣过程中衣物的揉洗情况，这就可以使消费者在头脑中形成一幅比较生动的关于洗衣机功能的情景记忆。这种情景记忆可以是视觉的，也可以是听觉，还可以是嗅觉、触觉与味觉的。

你记得你的 7 岁生日是如何过的吗？你还记得自己第一次约会的情景？3 天前的早餐你吃了些什么？这些回忆都属于情景记忆。情景记忆是与时间和地点有关的记忆，是每个人的"自传性记录"，存储着特定时空情景中发生的各种事件。情景记忆的另外一个显著表现是以个体体验过的某种情绪或情感为内容的记忆，现实的购买活动不像科学研究或是上班工作那样具有严格的程序、目标性的理性的活动，它在很大程度上是一种非理性的活动。对一般消费者而言，其购买活动具有很大的随机性，并且受情绪因素的影响。消费者对这种情绪性的情景记忆在一定程度上也影响着其消费活动。当消费者购买行为完成以后，也可产生某种特定的情感体验，例如他可能对消费活动非常满意，可能尚不满足，也可能产生不满。大脑将各种反馈信息综合起来，就会变成消费者对某种商品或者是某类消费活动的情景记忆。在这一点上，营销者是最乐于运用情景记忆来调动消费者的情感与情绪的了。

第三节　广告的记忆过程

营销者一旦发布了广告，就期望消费者能够记住它，然而这不是一件容易的事。即使消费者已经有了购买计划，在决策的过程中，记忆仍然起到非常重要的作用。没有被从记忆中找回的产品将不会被消费者考虑，除非产品在消费者做决定时就在他们面前。本节专门研究一下广告的记忆过程。

与此相似，对起初被考虑的选择的记忆可能最终决定了什么样的产品将被考虑。考虑买一栋房子，在购买之前，人们经常搜寻大量关于房产的信息。而在第二轮参观的时候，他们会缩小考虑的范围。在许多情况下，是否看中某处房子取决于购买者对它记住了多少。因此，房地产开发商建造的样板间的装饰会成为顾客的"记忆点"。这些记忆点使得这些样板间与众不同，而且不易忘记。例如，一家房屋装修公司在样板间内安装了一个发声装置，每当有人进入房间的时候都会使传感器激发这个装置发声。这样做的结果无非是想在消费者的大脑里留下一点儿印象而已。

广告的记忆过程可以相对地区分为识记、保持、再现三个基本环节。

一、广告的识记

广告的识记是指消费者获得广告信息的过程。广告识记是广告记忆过程的开始，是保持的必要前提，要提高广告的记忆效果，必须有良好的广告识记。广告识记是一个开展的过程，它包括对广告信息进行反复感知、思考、体验和操作。新的广告信息必须与消费者已有的知识结构形成联系，并汇入旧的知识结构，才能得以巩固。但是，在某些情况下，当广告信息与人们的需要、兴趣、情感密切联系时，尽管只看过一次，人们也能牢固地记住它。

与广告识记密切相关的几个概念分别是产品定位、品牌形象与产品或形象的知觉图。产品定位是营销者为了使产品在某一细分市场形成一定品牌形象而做出的决策。也就是说，营销者试图让目标消费者以某种方式看待和感觉某个品牌。产品定位通常是相对某种竞争品牌或使用情境而言的，而且大多数情况下与品牌决策有关。当然，产品定位概念可适用于产品，也可用于描述关于商店、公司和产品类别的相关决策。

品牌形象的一个重要组成部分是产品恰当地使用情境或场合。"产品定位"和"品牌形象"是两个常可替换使用的词。一旦营销者确定了某个恰当的产品定位,营销组合就要围绕在目标市场获得这种形象定位而进行设计和调整。

知觉图是营销者测量产品定位状况和制定产品定位策略的有用技术。该技术测量消费者对不同品牌或产品之间相似性的感知,并将这些感知与产品的属性联系起来。知觉图一方面帮助营销者正确了解产品在消费者心目中的位置,另一方面可以有意识地运用它影响消费者的广告识记,促进其形成对公司产品、品牌与形象有利的认知,最终留下良好的记忆。

消费者对几种汽车的知觉图见图5-6。别克Park Avenue和奥兹莫比尔LSS所处的位置令人堪忧。这不仅因为它们都显得保守和平淡,而且作为通用汽车公司的产品,它们几乎是在自相残杀,而不是与其他制造商进行产品竞争。图5-6还提供了三个理想的细分市场位置——TM1、TM2和TM3,它们表示每个细分市场的理想汽车形象。如果市场上销售的所有车型已经全在该图中表示出来,就说明以TM1作为心目中理想汽车的消费者的需求未得到满足。目前,他们不得不花更多的钱买土星SC2,或者购买像本田Civic或道奇Neon这样够不上跑车型的汽车。如果这一细分市场足够大,一家或多家企业就应该考虑开发一种有趣、运动型且价格稍低的经济型汽车,以满足这部分消费者的需求。

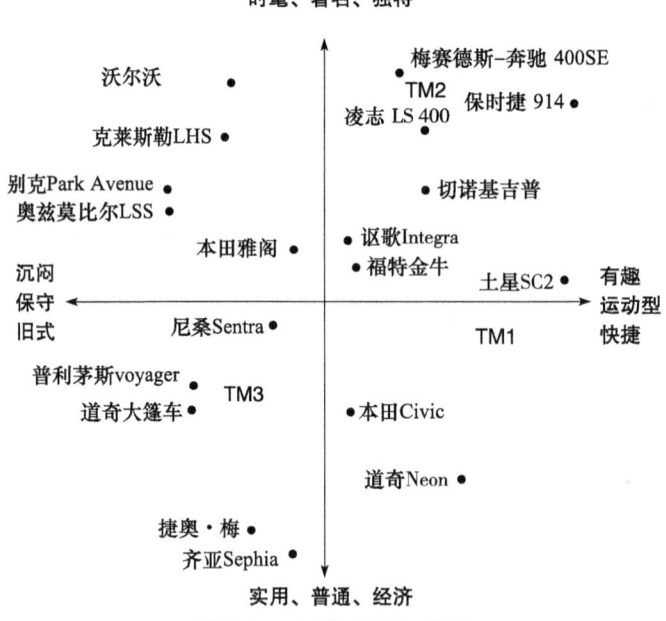

图5-6 对于汽车的知觉图

注:知觉图是营销者测量产品定位状况和制定产品定位策略的有用技术。在这幅汽车知觉图中,别克Park Avenue和奥兹莫比尔LSS处于沉闷、保守的位置。另外作为同一家公司的产品,它们却又相互竞争,这无疑是自相残杀。而TM1、TM2和TM3则处于三个理想的细分市场位置。

二、广告的保持

广告的保持是过去接触过的广告映像在头脑中得到巩固的过程。广告的保持不仅为巩固广告的识记必需，而且也是实现广告的再认或回忆的重要保证。广告的保持是一个动态过程，在保持阶段，存储的经验会发生变化。这种变化表现在质与量两个方面：在量的方面，保持广告信息的数量随时间的推移而逐渐下降；在质的方面，由于每个人的知识和经验的不同，加工、组织经验的方式不同，人们保持的广告信息可能有以下几种形式的变化：①内容简略和概括，不重要的细节将逐渐消失；②内容变得更加完整、合理和有意义；③内容变得更加具体，或者更为夸张和突出。

图 5-7 是基于对 16 500 名被试者的研究得出的，它显示了在 48 周内不同的广告重复对于知名和不知名品牌的影响。有几个方面特别引人注目：第一，最初的接触或展露影响力最大；第二，高频率的重复（1 周 1 次）比低频率的重复（隔 1 周 1 次或每 4 周 1 次）效果好，而且时间越长，这种效果优势越大；第三，相对来说，不知名的品牌从广告中获利更大，即其知名度提高幅度更大。由此可见，广告是大幅提升企业产品或品牌知名度的有力手段之一。

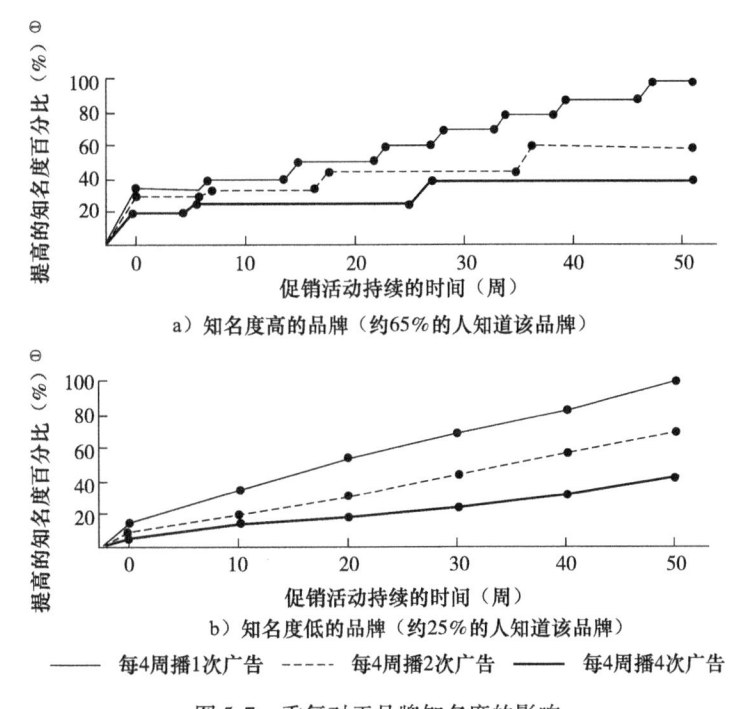

图 5-7 重复对于品牌知名度的影响

注：在 48 周内不同的广告重复对于知或不知名品牌的影响，有三个方面值得关注：第一，最初的接触或展露的影响力最大；第二，高频率的重复比低频率的重复效果要好，时间越长其效果越好；第三，不知名的品牌从广告中获利更大，即其知名度提高幅度更大。

① 相对于原来知名度的变动百分比。例如，从 10% 变为 15%，则知名度提高 =（15% - 10%）/10% =50%。

资料来源：德尔·霍金斯，肯尼思·科尼，罗格·贝斯特. 消费者行为学 [M]. 符国群，译. 7 版. 北京：机械工业出版社，2000：205.

广告重复的次数和重复的时机都会影响学习程度和持久性。某则食品广告重复时机与产品回忆之间的关系如图 5-8 所示，其中由两段较平滑的线构成的那条"刀尖"状的曲线代表一组接受测试的家庭主妇在连续 13 周内每周收到该食品的邮寄广告，结果她们对该产品的回忆能力迅速提升，并在第 13 周达到最高，然后迅速下降，到年底几乎降到 0。

另一组家庭主妇也收到同样的邮寄品，但是每 4 周收到 1 次。她们的回忆能力由图 5-8 中在起伏中渐进上升的"锯齿"状的曲线表示。可以看出,她们的回忆能力在整整一年中不断提高,但在每两次邮寄广告品的间隔期存在相当程度的遗忘。

在同一本杂志内多处插放相同广告能增进学习。3处插放是1处插放效果的2倍。集中在一个电视频道播放广告也有类似的效果。对于米勒·李特啤酒,在一场棒球决赛中插播3次广告的平均回忆率是只播1次的2.33倍,而且3次插播较1次插播使正面态度增加20%,负面态度减少50%。在美国NFC决赛中播放的一则广告的调查结果见图5-9,当广告播放次数分别为1、2、3、4次时,平均回忆分别是28%、32%、41%和45%。

一家企业怎样在有限的预算范围内设置广告?回答取决于任务。在能够迅速传播产品知识的重要时期,如新产品推出时期,应该使用高频率(紧挨着)的重复,这被称为"脉冲"。例如,政治候选人通常保留很大一部分媒体预算,直到选举临近时才使用,通过最后阶段的"轰炸式"宣传确保自己的优点广为人知。持续时间长一些的活动,如商店或品牌形象塑造,重复的间隔应该大一点儿。同样,为了强化和巩固现有品牌地位所做的提醒性广告一般应该在整个年度或购买季内合理分布。在以上情况中,如果同时使用不同形式的广告,效果会更好。

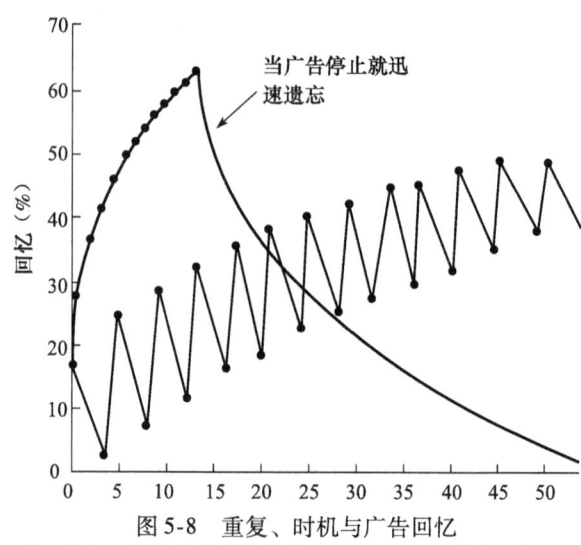

图5-8 重复、时机与广告回忆

注:某食品广告重复时机与产品回忆之间的关系。第一,"刀尖"状的曲线代表一组被试在连续13周内每周收到邮寄广告,她们对该产品的回忆能力迅速提升,在第13周达到最高,然后迅速下降,到年底几乎降低到0。第二,"锯齿"状的曲线表示另一组被试每4周收到1次邮寄广告,虽然在每两次邮寄广告的间隔期存在遗忘,但在整整一年中其回忆能力呈现出渐进性增长。

资料来源:德尔·霍金斯,肯尼思·科尼,罗格·贝斯特. 消费者行为学[M]. 符国群,译. 7版. 北京:机械工业出版社,2000:206.

三、广告的再现

广告的再现包括对广告的再认与回忆。当经历过的广告传播重新出现时就能够识别出来,这就是广告再认。对广告的再认,可能有不同的速度和不同程度的确定性。这取决于两个条件:第一,当前出现的广告同已经体验过的广告相

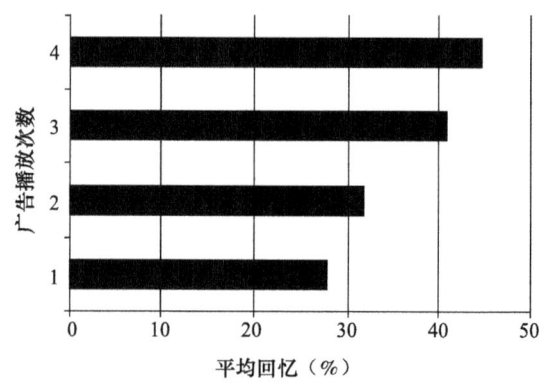

图5-9 NFC决赛中播放某广告的调查结果

注:在同一本杂志内多处插放相同广告能增进学习,集中在一个电视频道播放广告也有类似的效果。图5-9显示的是在美国NFC决赛中播放一则电视广告的调查结果:当广告播放次数分别为1、2、3、4次时,平均回忆分别是28%、32%、41%和45%。

类似的程度;第二,对旧广告的识记的巩固程度。广告再认要依靠各种线索进行,如广告的某一部分或特点。在广告的再现出现困难的情况下,就借助于回忆,或转化为广告的回忆。广告

的回忆指不在眼前的、过去经历的广告信息在脑中重新出现映像的过程。广告的回忆有直接性和间接性之别：直接性就是由当前的广告直接唤起旧经验，间接性指要通过一系列的中介联想才能唤起对旧广告的记忆。

学习仅是记忆的一部分，它只代表了从短时记忆到长时记忆获得的信息。记忆的另外一个部分是恢复，恢复是指将储存在长时记忆中的信息激活，长时记忆转化成短时记忆。学习和恢复合在一起完成记忆的两个基本要求，构成的记忆圈如图5-10所示。

恢复成功的可能性取决于一些因素。其中一个关键因素就是要被记住的信息记忆"痕迹"的强度。对一些信息记忆很特别，那么在记忆中的印象会很深，它们可以很容易被回忆起来（比如你家庭成员的姓名）。然而，对其他信息记忆的痕迹可能会非常弱，成功恢复这些记忆需要更多的努力。有时记忆痕迹很细微以至于没有恢复的提示几乎不会成功。恢复提示是指一种刺激，该刺激激活了与要被记住的信息相联系并已经存在于记忆中的信息。例如，你还记得你小学一年级同学的名字吗？一些人如果没有帮助是不会想起来的。但是看一下一年级教室的照片、同学的照片或者老师的照片，这些可能会刺激他们的记忆。虽然要被记住的记忆仍然在脑子里，但是直到和图片所激活的记忆节点相联系，该信息才可以利用。下面，我们讨论更多的是恢复提示，以及它在帮助消费者记忆中起到的作用。

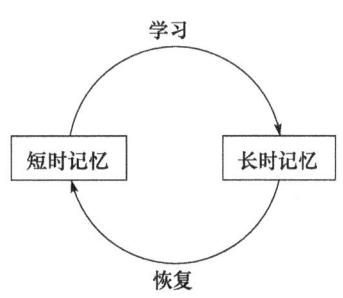

图5-10　记忆圈

注：学习仅是记忆过程中的一个环节，它将学习者所获得信息从短时记忆转化为长时记忆；恢复是指将储存在长时记忆中的信息激活，由长时记忆提取信息并将其转化为短时记忆以供使用。学习和恢复两个过程的复合构成记忆圈。

成功的恢复也取决于要被记住的事物与其他记忆节点之间联系的强度以及数量。这里有一个"激活传播"的概念，激活一个记忆节点会产生波浪效应，也就是说沿着有联系的节点继续传播。同时这也会促使其他节点被激活，这取决于联系的强度。因此，记住信息节点与另外节点的紧密联系会使恢复后者对恢复前者有帮助。把一种产品和一位明星代言人建立紧密联系，想到该明星会帮助恢复对该产品的记忆，反之亦然。而且，当联系更加普遍时，激活要被记住的节点的可能性会更大。假设一个记忆节点有5个紧密的联系，激活5个联系中的任何一个都可能实现成功的恢复。现在假设仅有一个紧密联系，显然记住的可能性非常小。

除了记忆痕迹的强度外，恢复也取决于要被记住的信息是否需要再认或者回忆。对于再认，我们只需要简单地再认出是否熟悉一些事实，因为我们已经在以前见过或者接触过它们，比如学生考试。当他们回答选择题的时候，他们依靠的是再认。相似地，消费者拿到了一些产品名称列表后，被要求写出他们熟悉的名字，他们也依赖再认。或者向他们展示一条广告，然后问他们是否以前看过它，这也是再认。

在另外一个方面，和再认相比，回忆需要更多的认知。正像我们的经验一样，大家都知道做选择题比做填空题容易得多。对于考察消费者对于广告、品牌的记忆，这也是适用的。请消费者从长长的名单中选出他们熟悉的牙膏品牌和请他们写出根据自己的记忆想起的品牌名称是不同的。当用再认（像做选择题一样）而不是回忆（像做填空题一样）时，消费者会表现对一些事物更好的记忆。

以上识记、保持和再现三个过程按先后顺序发生，缺一不可。例如，一位消费者家里需要购买空调，他就会注意阅读报纸杂志上有关空调的广告，收看电视播放的空调广告，查阅有关空调方面的书籍，向懂行的朋友和同事请教，从而获得有关空调的各种品牌、型号、性能、质量、耗电量、噪声量和价格方面的知识，还有选购空调、安装和使用空调应当注意的事项，等等。他把这些信息、知识和经验统统记下来（识记）并储存在脑子里（保持），过了一段时间（保持），去商场选购空调时，他就能根据记忆中有关空调的知识挑选中意的品牌（再现），顺利地完成购买行为。

四、如何与遗忘做斗争

通过对识记、保持和再现三个过程的了解，我们深刻地认识到广告记忆的重要性，然而遗忘却是记忆的大敌。

人们想记住某事，但总是不能成功。这种不能从记忆中恢复的状态就是我们平常所说的遗忘。为什么会遗忘？根据衰减理论，随着时间的流逝，记忆会减弱。就像一位著名画家的绘画作品经过几个世纪会褪色一样，在脑子里的信息也会"褪色"。除非在初始学习后信息被恢复，否则衰减就会起作用，记忆痕迹也会变浅。有些情况下，记忆会非常微弱，以至于几乎不可能恢复。

然而，即使记忆痕迹不很微弱，遗忘也会发生。这是由于在某一个特定时间内，并不是储存在长时记忆中的每件事情都可以被恢复。我们都经历过试图想起什么，但是怎么也记不起来的情况，然而之后又突然想了起来（比如，想要想起某个人的名字或者某首歌的名字）。研究表明，容易被遗忘的信息在初始尝试恢复的时候不可用，然后在恢复的提示下，这种一开始不可用的信息就会被回忆起来。

无法恢复在记忆中没有"褪色"的信息可以归因于妨碍的影响。干扰理论指出，当其他信息干扰增大时，恢复一条信息的可能性就会减小。为了说明这一点，假设我们请人写下所有他们记得的牙膏名称。在这之前，给一些人看一个品牌的牙膏广告，另外一些人看不到这条广告。你认为在这两群人中，他们写下来的结果有没有不同？答案是肯定的。看到广告的人写出的名称数目较少。对于广告的理解导致在记忆中激活了广告所宣传的品牌。这样做干扰了长时记忆中恢复其他名称的可能性。

德国著名心理学家贺曼·艾宾浩斯（Hermann Ebbinghaus）关于记忆的研究发现，输入的信息在经过人的注意过程的学习后，便成为人的短时记忆，但是如果不经过及时的复习，这些记住过的东西就会被遗忘，而经过了及时的复习，这些短时记忆就会成为人的一种长时记忆，从而在大脑中保持很长时间。艾宾浩斯在做这个实验的时候是拿自己作为测试对象的，他得出了一些关于记忆的结论。他选用了一些根本没有意义的音节，也就是那些不能拼出单词的众多字母的组合，比如 asww、cfhhj、ijikmb 和 rfyjbc。他经过对自己的测试得到的数据如表 5-2 所示。

表 5-2 艾宾浩斯记忆保持记录表 （%）

时间	记忆保持
刚刚记住	100
20 分钟之后	58.2
1 小时之后	44.2
8~9 小时之后	35.8
1 天之后	33.7
2 天之后	27.8
6 天之后	25.4
1 个月之后	21.1

根据这些数据绘制一条曲线，我们可以得到揭示遗忘规律的曲线——艾宾浩斯遗忘曲线（见图5-11），图中竖轴表示学习中记忆的保持量（%），横轴表示时间（天），曲线表示记忆量变化的规律。艾宾浩斯遗忘曲线告诉我们在学习中的遗忘是有规律的，遗忘的进程不是均衡的。在记忆的最初阶段遗忘的速度很快，后来就逐渐减慢了，相当长的时间后就保持在一定的水平上，这就是"先快后慢"的规律。

艾宾浩斯还在关于记忆的实验中发现，记住12个无意义音节，平均需要重复16.5次；为了记住36个无意义音节，需重复54次；而记忆6首诗中的480个音节，平均只需要重复8次！如果对不同记忆材料的难易程度进行考察，结果发现记忆无意义音节最难，其次是散文，最易记忆的是诗歌。这个结果告诉我们，有意义的材料是比较容易记住的，而那些无意义的材料在记忆时比较费力，回忆起来也不轻松。简言之，凡是理解了的东西，就能记得迅速、全面而牢固。

与广告记忆有关的遗忘曲线见图5-12。该研究从《美国机械师》（American Machinist）杂志中选取了4则广告，测量消费者在有辅助和无辅助情况下对这些广告的回忆状况。可以看出，5天之内，回忆率迅速下降，5天之后大致维持在稳定状态。遗忘发生的速度与最初的学习强度呈负相关关系。也就是说，学习的内容越重要、强化越多、重复越多、意象越强，学习对遗忘的抵制就越强。

记忆衡量的两个基本类型见图5-12。第一类是有辅助回忆或称提示性回忆。第二类是无辅助回忆或称自由回忆，这里没有任何恢复提示。这正是我们在前边提到的广告的再认与回忆，再认就像做选择题一样，有A、B、C、D四个选项为你提供线索；回忆就像做填空题，没有任何提示物，它需要更多的认知。正如我们所预料的那样，有辅助

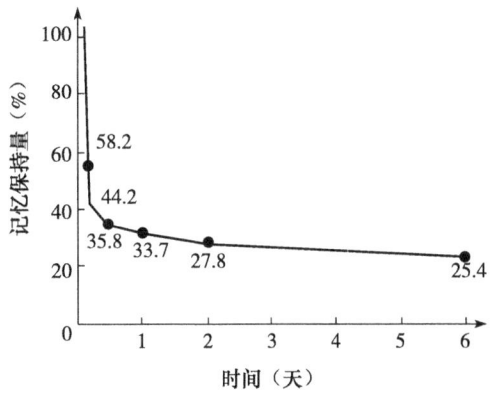

图5-11 艾宾浩斯遗忘曲线

注：贺曼·艾宾浩斯选用了一些没有意义的音节，即不能拼出单词的字母组合，经过测试并记录下相关数据，绘出该图获得此曲线。该曲线告诉我们在学习中的遗忘是有规律的，在记忆的最初阶段遗忘的速度很快，后来就逐渐减慢，最后保持在一定的水平上，形成"先快后慢"的规律。

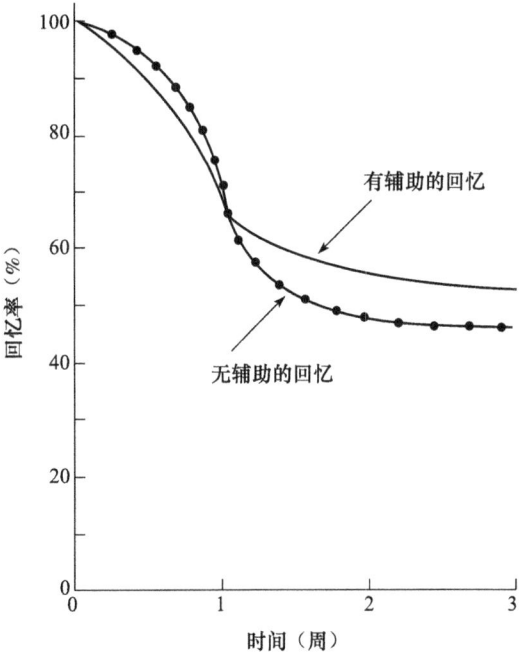

图5-12 随时间发生的遗忘：杂志广告

注：这一条与广告记忆有关的遗忘曲线测量了消费者在有辅助和无辅助情况下对这些广告的回忆状况。图中显示了记忆衡量的两个基本类型：第一类是辅助回忆或称提示性回忆；第二类是无辅助回忆或称自由回忆，这里没有任何提示。显而易见有辅助回忆比无辅助回忆的效果好得多。

资料来源：德尔·霍金斯，肯尼思·科尼，罗格·贝斯特.
　　　　消费者行为学 [M].符国群，译.7版.北京：
　　　　机械工业出版社，2000：207.

回忆比无辅助回忆的记忆效果要好，当消费者发生有辅助回忆时，他们会记得更牢、更多。

第四节 增强消费者记忆的营销策略

除非消费者在评估产品选项时使用的信息就在他们面前，否则对于考虑不同选项的评估完全取决于从记忆中恢复的信息。在做选择的时候，对选项事先形成的全部评价都会被恢复和比较，或者说购买决定基于对选项属性所能回忆的信息。在两种情况下，记忆决定了最终选择。设想两个人正在考虑买电视机。一个人去了最近的商店，考虑了价钱的因素然后买了一台。另一个人去了同一家商店，什么都没买，因为他想起来另外一家商店的电视比这里便宜，这对于这个人来说更有吸引力。所以，他对第一家商店的评价会下降，当然不会在第一家购买电视。

帮助消费者记住对于提高营销宣传的影响力非常重要。为了说明这一点，想象一个怀念家乡的广告，它让消费者回忆起从前的美好时光。这可能是他们学校的一位老师或者一次非常温馨的旅行，无论是什么，目的是鼓励消费者记住这美好时刻。和这种美好时刻相联系的有利情绪可能使消费者把这种情绪转移到营销宣传的产品上。在一些情况下，营销宣传可以侧重于激发消费者记忆中对过去消费的美好体验。通过这种做法，公司希望消费者记住从前消费的经历，从而为下一次购买打基础。

由于以上这些原因，商业中最大的利益经常来自如何帮助消费者记住自己的产品。增强消费者对营销及广告信息的记忆，是加强营销传播效果的一个有效途径。显然，消费者只有在记住营销活动中所宣传的商品信息的条件下才能对商品进行分析、比较和加以评价，也才能真正受营销的影响，最终决定是否购买。增强消费者对营销活动的记忆效果的常用营销策略有以下九个[1]。

一、不断提醒

通常，让消费者记住的一个明显方法就是提醒他们公司希望消费者记住的信息。

例如，医生经常给顾客邮递明信片，以此通知他们该进行年度身体检查了。美国电话电报公司在给潜在消费者的邮件中提供了一张免费使用单，以此激励消费者使用该公司服务，随后又给消费者邮寄了一张明信片，提醒他们前面那次免费使用单。

另一个例子是，消费者容易忘记什么时候保养汽车，如果没有提醒，一些人直到超过了规定的期限才会想起。为了减少这种遗忘，一些汽车4S店把一张小小的贴条粘在汽车的挡风玻璃上，以提示下次保养的时间。

在购买的时候，以恢复的线索为形式的提示可能会帮助提高营销活动宣传的力度。由于在对营销活动的理解和购买的实现之间存在时间上的延误，从营销活动中得知的相关产品信息在购买时不一定是可用的。一种能从记忆中激发这种信息活动的方法是把恢复提示放在产品的包装上。这种提示应该和营销宣传本身有较强的形象上的联系。一个很好的例子就是劲量电池和他们那只打鼓的小兔子[2]（见图5-13）。虽然看到这些广告的人很多，但是一些人很难记住广

---

[1] 其中多个策略参考了吴柏林. 广告策划与策略 [M]. 2版. 广州：广东经济出版社，2009：44.
[2] Juliann Sivulka. A Cultural History of American Advertising（美国广告文化 [英文影印版]）. 大连：东北财经大学出版社，1998：355.

告宣传的产品是什么，因此，广告激发的有利情绪没有和劲量的品牌相互联系。为了克服这一点，其产品的外包装被修改，使用了一只小兔子作为恢复提示。使用恢复提示的好处可以从坎贝尔汤集团公司的实例中看出来，当把POP（购买点广告）和电视广告直接联系起来时，这家公司的销售额上升了15%。

一些公司会在广告中使用激发记忆的恢复提示。这些记忆是通过对同一种产品进行不同广告宣传来产生的。例如一个事先混合好的液体饮料广告活动使用了两种不同的广告。每一个都强调了一对年轻的恋人正在享用饮料，并且在一个聚会上潇洒地跳舞。通过这样的方式，激励了消费者对于记忆的再现，帮助建立更深的记忆痕迹。同时，在理解每条广告后也加强了记忆中广告的精神表现之间的联系。

优惠卡或折扣券是商家提醒消费者最常用的方式之一，当消费者购买了某一种产品或服务，就免费或以折扣的价格向他们提供商品，这种刺激会使他们进一步消费。优惠卡或折扣券通常都有一定的期限，不及时提醒可能会作废。像这样的"善意的提醒"实际上也是在帮助消费者回忆。

图5-13 劲量电池的打鼓小兔
注：劲量电池和他们那只打鼓的小兔子就是一个很好的例子。在广告中，产品的外包装相当简约，使用了一只小兔子作为恢复提示。当消费者把POP广告和电视广告中的形象关联起来时，这家公司的销售额便上升了。

二、减少记忆材料的数量

研究表明，人的记忆容量为 7 ± 2 个组块。因此，所需记忆的东西越少越容易记住。为了使营销信息在更大程度上为消费者记住，就应尽可能地减少记忆内容的数量。

在企业的营销宣传中经常会见到这样的情况，在一则广告中推出了好几种商品。营销者这样做的目的无非是为了省钱，但实际上这样做反而得不偿失。由于广告的内容繁杂，消费者很难对某几种或某一种商品有清晰的印象。

因此，一则广告不宜同时推出多种商品。减少记忆材料的数量的策略在构思广告标题时尤为重要，记忆的材料越少越容易为广大消费者熟记。例如德国一家打字机厂商早年在我国做的一个广告，翻译成中文后的标题只有5个字："不打不相识。"非常简练，消费者很容易记住。

三、增加刺激的维度

刺激的维度指的就是特性的数量。例如，一种颜色，颜色深浅是一个维度，颜色的明亮度又是一个维度。要想增加人们正确辨认刺激的数目，应当设法增加刺激的维度，而不要只在一个维度上变化。在营销活动、广告设计及包装设计中，已广泛地利用了这一规律。比如采用形意结合、形字结合、图形与色彩结合的方法增加信息的传递量。这些结合的效果缩小了营销活动与商品之间的距离，从而有利于诱发消费者购买的意向活动。

增加刺激维度的一个常用方法是附送小礼品以促进记忆的策略。在美国，附送小礼品的做法已有很长的历史。在19世纪早期，政客们把竞选口号印制在纽扣或徽章上，这些有纪念性的东西把他们的名字传送到大众中间。很快美国制造公司开始发行他们印有广告宣传信息的直尺、三角板、曲线板、游戏板、搅拌器这一类的东西。在我国,带有广告的日历、台历、电子钟、钢笔、文件夹和镇纸等也成为家庭中很常见的东西。

附送小礼品可能比传统的营销宣传工具更有优势,这种方式实实在在,因为它们比较耐用,为消费者所收藏,这样就能经常被接触到,不断地激发回忆。作为某种象征物它会更有价值,象征更可以唤起人们的良好情绪,让人们回忆起从前的美好时光。试想,一张已有10年之久的音乐会票根及其附送的小礼品帮助你唤起了对从前的人或者事件的回忆,不禁会想起那个跟你一起听音乐的人……

四、利用直观、形象的刺激物

利用直观的、形象的刺激物传递信息能增强消费者对事物整体映像的记忆。通常,直观的、整体形象的东西比抽象的、局部的东西容易记忆。直观的东西尽管只能形成感性认识,但它是领会事物的起点,是记忆的重要条件。在广告传播中,有意识地采用实物直观、模拟直观以及语言直观进行信息的表达,不仅可以强烈地吸引消费者的注意,而且可以使人一目了然,增强知觉,提高记忆效果。

不同的词被记住的容易程度也是不同的。具体名词(比如"苹果""树""狗")是很容易被形象化的词汇。相比之下,抽象名词(比如"科学""民主""平等")是不易用形象来描述的。因此,具体名词与抽象名词相比更易唤起记忆中的形象描述,也为日后恢复提供了有效的方法。当一些人拿到具体名词和抽象名词列表时,人们对具体名词会比对抽象名词记得更牢。

由于具体名词自身的优点,当开发一种新品牌名称时,它们应该被重点考虑。除非这种优势会被其他方面的考虑抵消,比如一个抽象名词产品名在塑造消费者的产品观念时更有效(例如"科龙"),构造具体名词的名字应是产品品牌最合理的选择(例如"美的")。

与众不同的刺激更容易被记住。例如,假设我们想在一定时间内记住100个人的名字,并不是一件容易的事。如果第一份名单上全部是女性,"张小燕"是其中一个,这个名字一定不会给你留下印象;如果第二份名单上有99个男性,只有"张小燕"一个女性,可能给你留下印象;如果第三份名单上全部是男性,居然有一个名字是"张小燕",那一定会给你留下深刻印象!因为这个"张小燕"曾经让你以为是名单有错,当你确信无误时又成了聊天的谈资。因此,营销者越把这种与众不同的特点糅合到它的产品或营销活动中,该产品本身、营销活动或广告的可记忆性就越强。无论是在产品形象还是可记忆性上,产品的外包装、宣传和营销活动都可以创造让产品从众多竞争对手中脱颖而出的显著性。

五、利用理解增进记忆

理解是识记材料的重要条件。建立在理解基础上的意义识记有助于识记材料的全面性、精确性和巩固性,其效果优于建立在单纯机械识记基础上的机械识记。这是由于理解能使材料与消费者已有的知识经验联系起来,把新材料纳入已有的知识结构,因而识记效果好。在商业广告中，把新产品与消费者熟知的事物联系起来，能潜移默化地增强记忆效果。

在理解过程中发生的深入思考，指的是将刺激和现有知识综合起来的程度。在低层次的深入思考中，思考刺激的形式和它所出现的形式几乎完全相同。

一般来说，深入思考越多就会引发更多的学习。一个人对一条信息深入思考越多或者越深入，那么他记忆中已储存信息和新信息的联系就越大。这也相应地增加了该信息被恢复的途径。由于存在对于恢复途径更多的联系，记忆的可用性就越强。许多专家提出了一些提高人们学习和记住新信息的能力的方法，这些方法都立足于让人们深入思考。

在理解信息的过程中发生的深入思考的程度取决于一个人想做一件事的动机和能力。下面分别讨论。

（一）动机

在面对新信息的时候，一个人的动机对学习有很大的影响。有的人会有意识地学习，因此他们可以在以后记住那些信息。比如，一名学生努力读书，然后记住相关的内容以应付即将到来的考试，或者一个人正在思考买什么东西，然后努力记住推销员对这种产品的建议。这种学习叫作有意识学习。

当然，我们有时即使没有认真学习，也会记住一些信息。比如，你今天早晨看了报纸或者看了电视新闻，你可能无意中就记住了一两条信息。在没有意识的情况下发生的学习称为偶发性学习。因此，当有意识学习和附带学习多次发生的时候，记忆就会增多。

（二）能力

知识是学习的一个决定性因素，因为它使人能够在信息被理解的时候进行更有意义的深入思考。在一项经典的关于事先知识如何提高学习的研究中，象棋大师和新手显示了他们棋艺不断进步的差异。和新手相比，大师对于棋局有更多的记忆。有趣的是，当棋局是以不规律的形式出现时，大师的优势就消失了。因此，知识的好处仅仅在当这些知识与专家的知识结构和期望相一致时才会有作用。

甚至有时候会发生知识非常多但能力非常低的情况。这是由于学习的能力取决于个人和环境两个因素。对于一个令人精神不能集中的地方（比如火车或汽车候车室）播放的广告，即使是知识很丰富的人也不可能有太多深入的思考。

有一种被本书作者称为"荒唐理解记忆法"的记忆策略已经被广泛使用，一个典型的案例是关于圆周率的记忆。

圆周率 = 3.1415926535897932384626……

其中一个版本是：山巅一寺一壶酒（3.14159），尔乐苦煞吾（26535），把酒吃（897），酒杀尔（932），杀不死（384），乐尔乐（626）……

对于营销者而言，如何让他人记住你的电话号码？下次你订鲜花时，你认为下面哪个电话号码更好记？是8312463、3333888还是7758258？答案是显而易见的，第一个号码最难记，因为它们不过是一个枯燥无味的7位数而已；第二个号码似乎要好记得多，因为前面是四个3，后边是三个8；然而如果说第三个号码最好记，你一定会觉得不可思议。事实上，如果借助于理解与思考，运用"荒唐理解记忆法"，事情就好办多了。我们可以把这个"7758258"记成"亲亲我吧爱我吧"，这样的话，你想忘记反倒很难。

六、利用重复与变化增强记忆

根据记忆遗忘的规律，记忆信息留在人脑中的痕迹受其他各种因素的干扰，时间一长就会逐渐遗忘。因此，适当的重复是增强记忆效果、延长记忆作用时间的一种重要手段。因而在广告传播中，应有意识地采用重复的手法，反复刺激消费者的视觉、听觉器官，极力加深消费者对商品的印象。

对于重复认知会产生有利影响的观点已经被广泛证明。普遍的发现是，虽然重复时每次的影响力都在降低。例如每次观看之后，作用都比前一次对记忆的贡献要少，而且会一直减小到没有任何作用，但是越来越多的重复使得认知效果不断加强。而且，当重复通过媒体被散发出去，而不是集中在一起时，它对建立长时记忆的作用就会增强。

重复对于最大化认知到底有多少必要性取决于人和将要被认知的信息。在观看了一次广告后（只要广告的内容不要太多），被广告强烈激发的消费者会记住广告中的内容，但是如果广告中表达了大量且复杂的信息，那么在仅看到这个广告一次以后，消费者不可能完全理解其信息，所以多次重复广告会改善消费者认知。当消费者缺少主动认知的意愿时，对即使是非常简单的广告来说，多次重复的方法也很合适。

要认识到重复对认知虽然有利，但是一定要记住重复是有限度的，过分重复会令消费者厌烦。因为认知学习在一定数量的重复之后会减少很多。在这一程度上，如果再重复就是浪费金钱了。太多的广告会使营销宣传让人觉得乏味，从而失去作用。多次观看同一种产品的营销会使消费者对产品产生消极情绪，也会影响消费者对这种产品的正确认知。因此有经验的广告制作者往往还在营销形式和表述方式上做一些变化。例如在介绍产品时，分别介绍它的不同特性，以新的角度或方式让旧内容重现，以此加深理解和记忆。为同一种产品设计几个不同的广告是一个很好的选择。如果在20次广告中每次看到的都是同一版本，对广告宣传效果非常不利。如果10次用一个版本，另外10次换另一个版本，宣传效果会很好。

重复的好处也可能被大量的广告混战所限制。一项研究报道说，当播放某一产品的广告时，如果没有或者几乎很少有竞争产品广告，重复刺激回忆的效果非常好。但是当同时有许多竞争产品的广告时，这种优势就会消失。

七、注意营销信息的排列顺序

根据记忆与遗忘的心理学研究，最初和最后记忆的事物比较容易记牢，中间部分通常被遗忘，因此在广告制作当中必须注意对营销信息做适当的排列。首先，由于两端材料容易记忆，营销传播应把标题、商品名称、牌号、厂家等信息放在前面易记忆的位置，购买途径、地址、联系方法等放在后面。

营销信息的排列秩序在改变公众的态度时也显得比较重要，哪些问题先说，哪些事情后讲，其顺序的安排得讲究技巧。一般说来，首先提出宣传论点，可以引起公众注意，易形成有利的气氛；最后提出的论点有利于公众记忆；如果传播内容是受众赞同的或可能接受的，那么把它们首先提出来比较有利；如果首先唤起消费者的需求，再提出解决之道更易于被消费者接受。关于这一点，我们将在本书第七章第二节中进行更详细的探讨。

八、利用节奏、韵律来增强记忆

让我们回忆一下艾宾浩斯关于记忆的实验，如果对不同记忆材料的难易程度进行考察，结果发现记忆无意义音节最难，其次是散文，最容易记忆的是诗歌。受此启发，在营销传播中，将广告文稿写成诗歌、顺口溜、对联等形式，使之合辙押韵，读起来朗朗上口，从而增强人们的兴趣和注意，能收到良好的记忆效果。另外，还可以利用相声、漫画和动画片等消费者喜闻乐见的形式做广告，令人对广告内容印象深刻，经久不忘。例如，梁记牙刷广告的标题——"一毛不拔"，使用成语说明商品的性质和质量，语意双关，新鲜有趣，过目不忘。毛巾的"717"牌和闽南方言"擦一擦"的谐言，用这种既有韵律又有意义的数字做商标，读起来上口，记起来方便。如"888""168"与"163"是"发发发""一路发"与"一路升"的谐音，把数字和人们希望发财的愿望结合起来，使消费者很容易就记住了。

这样做的目的是让消费者处于愉悦的情绪状态下，这个状态更有利于他们记忆。情绪是指人们在某一特定时间的感觉及其内心的体验如何，情绪在人们观念形成时发挥着重要作用。情绪的另一个作用是它影响记忆的恢复。大体上来说，一种积极的情绪会提高记忆恢复的可能性，而且对恢复记忆的有利程度取决于该情绪积极与否。积极的情绪提高了记住有利信息的可能性，而消极的情绪可能不利于激发对信息的恢复，或形成消极不良的记忆。

促使消费者在良好的情绪状态下会提高他们积极认可产品的可能性。使用幽默、音乐并善于利用节奏、韵律的广告有助于消费者恢复产品的积极信息。如果能够让广告做一些事情，让消费者沉浸在一种良好的情绪下进行回忆，这样可能会更好地帮助他们恢复一些关于企业或产品的有利信息。

九、运用联想强化品牌的一致性

绝对伏特加：求同存异的广告创意

1985年，波普艺术家安迪·沃霍尔主动要求为伏特加酒瓶画一幅画，因为他喜欢伏特加酒瓶的设计，觉得"任何一滴绝对伏特加都胜过香奈儿香水的味道"，酒商欣然答应了。于是一幅只有黑色绝对伏特加酒瓶和"Absolut Vodka"字样的油画诞生了，并第一次作为广告创意在媒体上发表。广告一发布，销售激增，在短短两年内，绝对伏特加就成为美国市场第一伏特加酒品牌。绝对伏特加公司看到了艺术价值与酒文化价值的互动效应，便将伏特加酒的传播定位为艺术家、影星、富豪、社会名流等群体，使它变成了一个时尚的、个性化的品牌。此后，绝对伏特加的艺术广告系列开始了，并迅速加入了其他各种艺术形式和艺术家。

除了艺术，绝对伏特加还将时尚引入广告营销战略，广告表现也突破了瓶子的局限，而是将品牌标识系统的其他元素应用到创意中。它邀请到享有国际声誉的时尚设计师为其创作主题作品，每个设计师从自己的角度对绝对伏特加的品牌理念进行解构。同时，绝对伏特加大胆起用非洲、亚洲等一些落后地区的年轻设计师，从 2003 年开始，每年推出一本以不同设计师的作品为主题的日历和各类主题商品。

绝对伏特加力求传播环境的浓厚艺术时尚氛围，从而与其广告风格保持一致。在著名的《美国艺术》《VOGUE》《青年视觉》等艺术时尚杂志上，这些广告和其他印着艺术家作品的彩页混杂在一起，并刻意淡化广告痕迹，有时让人很难区分哪些是艺术品、哪些是广告。

通过糅合时尚元素，绝对伏特加广告悄然跨越或模糊了广告与艺术的界限，树立起一个高雅、智慧、自信、神秘的品牌形象，并且创造了一种全新的广告模式。通过颠覆性的艺术和时尚注解，绝对伏特加宣告自己不只是一瓶酒，还代表了一种生活态度和生活方式。

在营销策略上，绝对伏特加坚持广告创意表现形式和概念上变与不变的辩证统一，在标准的广告格式下采用源源不断的创意传达品牌价值。具体到品牌识别策略上，它所贯穿的理念是"酷"和"前卫"，但又不乏幽默和傲气。

绝对伏特加的广告创意概念都以独特酒瓶的特写为中心，下方加一行两个词的英文，是以"绝对"为首词，并以一个表示品质的词居次，如"完美"或"纯净"。从第一则平面广告"绝对完美"开始，绝对伏特加先后采用这种"标准格式"制作了 1 000 多幅平面广告。虽然表现手法千变万化，但广告"格式"不变，保持其设计风格的一致性。它将普通的酒瓶形象置于不断变化的、出人意料的背景之中，广告运用的主题多达 12 类——绝对的物品、城市、口味、文学、时事新闻等。与视觉关联的标题措辞与引发的奇思妙想赋予广告无穷的魅力和奥妙。

如图 5-14 所示，著名的绝对城市系列是绝对伏特加针对不同市场设计的广告，在这一系列中绝对的广告创意概念被发挥到极致。手表的内部有一酒瓶状的小零件——"绝对的日内瓦"、撒尿的小童于连变成喷水柱的绝对牌酒瓶——"绝对的布鲁塞尔"、酒瓶上的米兰风情——"绝对的米兰"、威尼斯广场成群的和平鸽——"绝对的威尼斯"、横跨纽约东江的布鲁克林大桥——"绝对的布鲁克林"、京剧脸谱上红色的酒瓶图案——"绝对的北京"等。广告将所要传达的产品意念与受众心目中具有重要地位的"名物"融为一体，不断散发出文化的永恒魅力。广告背后传达出对世界文化的差异性及对本地文化的充分认同，这也成为其品牌的核心竞争力之一。

图 5-14　绝对伏特加"绝对的城市"系列

注：在这一系列广告中，以手表小零件、撒尿小童、米兰工匠的酒瓶、威尼斯广场的和平鸽、纽约的布鲁克林大桥、京剧脸谱上的酒瓶图案等为视觉要素，既传达了对世界文化差异性及本地文化的充分认同，又将广告所要传达的产品意念和盘托出。绝对伏特加的"酒瓶"形象的一致性让观众印象深刻。

图 5-14　（续）

绝对伏特加将精彩的创意整合到品牌价值中，在持久的广告运动中强调概念的一致和连贯，确保形散而神不散，从而树立了"总是相同，却又总是不同"的广告创意哲学，并将这种持久的创意战略转化为品牌属性。

资料来源：上善若水. 绝对的伏特加：求同存异的广告创意. 网易·上善若水柏树林的博客·广告心理论坛 http://lpsslwj.blog.163.com/blog/static/116736425201131292610209. 图片资料来源：http://www.sj00.com/article/728/736/2006/2006121314732.html（图 5-14 是作者根据图片资料来源结合课程内容设计制作的）。

从上边绝对伏特加的这个案例中，我们看到一致性是如何促进记忆的。在一条广告中，各个事物之间如果和谐、一致，那么消费者记住广告和广告所宣传的产品的可能性就会上升。当广告中讲到的产品优势与产品名称所提示的意思一致时，这些优点就更能为消费者牢记。同样的道理，如果图片表达的意义和附带产品的意义相似，那么它就可以更好地帮助消费者记住产品名称，而且当广告所表达的内容与产品名称、图片一致时，对产品的回忆会进一步加强。

同一种信息可能在长时记忆中以不同的形式被表现出来。双重译码的概念指出信息既可能以语义的形式（比如它的意义），也可能以想象的形式（比如外表）来储存。除口头形式的表述以外，它可以通过意识来表达。这样做可以提高信息被语义化和形象化存储的可能性。虽然有许多关于记忆的语义化和形象化理论，但是不少专家比较认同把记忆以网络联系（即联想的形式）来看待。这一方法指出，在记忆中存储的信息与蜘蛛网非常相似。含有一些信息的记忆点与其他信息的记忆点相互连接，形成一个复杂的网状结构。图 5-15 显示了 IBM 个人计算机的一个相当简约的"联想图"。在这个图形中，IBM 是中心节点，它和其他节点相连接（比如快速反应、易于学习、性能可靠），其他节点又进一步和另外一些节点相连（比如易于学习与操作容易、地位品牌与信誉象征、性能可靠与价格不菲）。

虽然营销者非常关心消费者对广告的记忆，但是我们并不能因此得出"只要消费者能够记住我们的广告，它就一定会产生良好效果"的肤浅结论。关于广告的记忆有以下三点需要提醒营销者。

（1）消费者有没有记住信息的来源——营销者？消费者在看过并理解了一条广告后，有的人却没有记住信息的来源——居然不知道这个广告是由谁发布的？营销者做了"冤大头"（花了冤枉钱）。

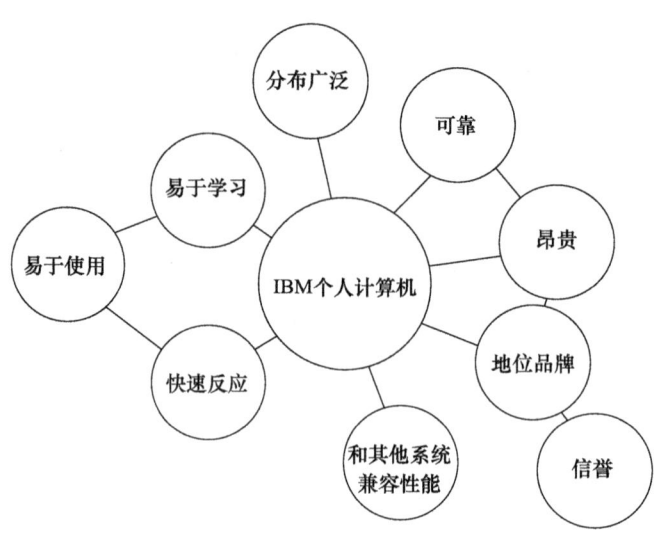

图 5-15　IBM 个人计算机的联想图

注：不少专家认为在记忆中存储的信息与蜘蛛网非常相似，它由一些信息的记忆点与其他信息的记忆点相互连接，形成一个复杂的网络。在 IBM 个人计算机的这个联想图中，作为中心节点的 IBM 或是直接或是间接地与其他各节点相连。

（2）消费者会相信我们的广告吗？消费者记住了一种产品的广告并不意味着该广告就会有正面效果，因为消费者记住了广告信息并不意味着他们相信这些信息。如果他们不相信，那么就会对产品产生不利的态度。由于这个原因，对广告信息回忆越多，也不一定会对产品越有利。

（3）负面的、令人不悦的广告反而会让消费者记忆深刻、耿耿于怀。更让人难堪的是，令人讨厌的广告反而会让人记忆深刻，随之而来的就是消费者对产品的负面态度极为强烈。在这种情况下，想让他们忘记反倒是一件难事！例如近年来一直在网络上引人热议的××品牌的"十二生肖广告"就是如此。

本章知识要点

1. 记忆包含两个基本过程：认知学习（把信息存入记忆）和恢复（即把信息从记忆中取出）。

2. "学习"是用来描述有意识或无意识的信息处理导致记忆和行为改变这一过程。学习是指长时记忆和行为在内容或结构上的变化，学习是信息处理的结果。

3. 信息处理可能是在高介入状态下的有意识、有目的的活动，也可能是在低介入状态下的不集中的甚至无意识的活动。高介入状态的学习是消费者有目的地、主动地处理和学习信息。低介入状态下的学习则是消费者没有多少驱动力去主动处理和学习信息。

4. 条件作用是指建立在刺激（信息）和反应（行为或感觉）的联系基础上的学习。

5. 经典性条件反射运用了刺激和反应之间的某种既定关系，使人学会对于不同刺激做出相同反应的过程。

6. 操作性条件反射主要在强化物的功能和强化时间上与经典性条件反射相区别。在操作性条件反射中"强化"这一环节要比在经典性条件反射中重要得多，因为在操作性条件反射中，没有自发的"刺激—反应"关系，必须先诱导消费者做出所期望的反应，再对这种诱导的反应进行强化。

7. 消费者的三种认知学习形态分别是：①映像式机械学习；②替代式学习与模仿；③逻辑推理。
8. 学习的几个特点与营销者密切相关并引起他们的极大兴趣，其中最重要的是：①学习强度；②消退（或遗忘）；③刺激泛化；④刺激辨别；⑤反应环境。
9. 学习强度受以下 4 个因素的影响：①重要性；②强化；③重复；④意象。
10. 站在广告与销售的角度来看，消费者对产品忘记得越多，今后对它们的购买就越少。
11. 刺激泛化是指由某种刺激引起的反应可经由另一种不同但类似的刺激引起。
12. 刺激辨别指对于相近但不同的刺激学会做出不同反应的过程。
13. 信息提取能力的第一个影响因素是最初的学习强度；第二个影响因素是回忆时所处的环境是否与最初的学习环境具有相似性。
14. 记忆是通过识记、保持、再现（即再认与回忆）等方式，在人们的头脑中积累和保存个体经验的心理过程。
15. 记忆是一个完整的系统，其中包括短时记忆与长时记忆，长时记忆又可分为程序记忆与陈述记忆，而陈述记忆又有语义记忆与情景记忆之分。
16. 短时记忆只有有限的信息与感觉存储能力。短时记忆类似于我们通常所说的"思考"。它是一个活跃、动态的过程，而不是一个静态的结构。
17. 在短时记忆中有两种基本的信息处理活动：①渲染性活动；②保持性复述。
18. 渲染性活动是运用已有的经验、价值观、态度、信念、感觉来解释和评价当前记忆中的信息，或者添加与以前所存储的信息相关的内容。
19. 保持性复述是为了将信息保留在短时记忆中，供解决问题之用或使之转移到长时记忆中而不断地重复或复述信息。
20. 长时记忆被视作一种无限、永久的记忆，它能存储各种类型的信息，如概念、决策规则、方法和情感状态。长时记忆至少可以分为两大类，一类是技能性记忆或程序记忆，另一类是事实性记忆或陈述记忆。
21. 程序记忆是对习得行为和技能的记忆，包括基本条件反射和各种习得的动作，通常是以人们操作过的动作为内容的记忆。
22. 陈述记忆是对事实信息的记忆，包括各种特定的事实，如姓名、人脸、单词、日期和观点，陈述记忆又有语义记忆与情景记忆之分。
23. 语义记忆通常是以词语的形式，在人们头脑中以概念、判断（或命题）、推理以及论证等思维为内容的记忆。
24. 情景记忆通常是以感知过的事物在人脑中再现的具体形象为内容的记忆，它保存事物的感性特征，具有显著的直观性与形象性。
25. 广告的记忆过程可以相对地区分为识记、保持、再现三个基本环节。
26. 广告的识记是指消费者获得广告信息的过程。广告识记是广告记忆过程的开始，是保持的必要前提。与广告识记密切相关的几个概念分别是：①产品定位；②品牌形象；③知觉图。

27. 广告的保持是过去接触过的广告映像在头脑中得到巩固的过程。广告的保持不仅为巩固广告的识记必需，而且是实现广告的再认或回忆的重要保证。

28. 广告的再现包括对广告的再认与回忆。当经历过的广告传播重新出现时就能够识别出来，这就是广告再认。广告的回忆指不在眼前的、过去经历的广告信息在脑中重新出现映像的过程。

29. 学习仅是记忆过程中的一个环节，它将学习者所获得信息从短时记忆转化为长时记忆；恢复是指将储存在长时记忆中的信息激活，由长时记忆提取信息并将其转化为短时记忆以供使用。学习和恢复两个过程的复合构成记忆圈。

30. 德国心理学家贺曼·艾宾浩斯关于记忆的研究发现，输入的信息在经过人的注意过程的学习后，便成为人的短时记忆，但是如果不经过及时的复习，这些记住过的东西就会被遗忘，而经过了及时的复习，这些短时记忆就会成为人的一种长时记忆，从而在大脑中保持很长时间。

31. 关于记忆的衡量有两个基本类型：①有辅助回忆或称提示性回忆；②无辅助回忆或称自由回忆，这里没有任何恢复提示。

32. 增强消费者对营销活动的记忆效果的常用营销策略，有以下几种：①不断提醒；②减少记忆材料的数量；③增加刺激的维度；④利用直观、形象的刺激物；⑤利用理解增进记忆；⑥利用重复与变化增强记忆；⑦注意营销信息的排列顺序；⑧利用节奏、韵律来增强记忆；⑨运用联想强化品牌的一致性。

33. 研究表明，人的记忆容量为 7 ± 2 个组块。因此，所需记忆的东西越少越容易记住。

34. 关于广告的记忆有以下三点需要提醒营销者：①消费者有没有记住信息的来源——营销者？②消费者会相信我们的广告吗？③负面的、令人不悦的广告反而让消费者记忆深刻、耿耿于怀。

测试题

一、单项选择题（在每小题备选答案中只有一个是正确的，请将其选出并把选项前的字母填在题后括号内）

1. 学习是指长时记忆和行为在内容或结构上的变化，学习是（　　）。
   A. 人生的开始　　　　　　　　　　　B. 对传播效果的验证
   C. 信息处理的结果　　　　　　　　　D. 人终其一生的过程

2. 经典性条件反射运用了刺激和反应之间的某种既定关系，使人学会（　　）。
   A. 对于相同刺激做出相同反应的过程　B. 对于不同刺激做出相同反应的过程
   C. 对于相同刺激做出不同反应的过程　D. 对于不同刺激做出不同反应的过程

3. 在操作性条件反射中是哪一个环节要比经典性条件反射中重要得多？（　　）。
   A. "强化"　　　　　　　　　　　　　B. "刺激"
   C. "映像"　　　　　　　　　　　　　D. "反应"

4. 运用已有的经验、价值观、态度、信念、感觉来解释和评价当前记忆中的信息，或者添加与以前所存储的信息相关的内容的短时记忆被称作（   ）。
   A. "渲染性活动"　　　　　　　　　　B. "映像式机械学习"
   C. "替代式学习与模仿"　　　　　　　D. "保持性复述"
5. 为了将信息保留在短时记忆中，供解决问题之用或使之转移到长时记忆中而不断地重复或复述信息的短时记忆被称作（   ）。
   A. "渲染性活动"　　　　　　　　　　B. "映像式机械学习"
   C. "替代式学习与模仿"　　　　　　　D. "保持性复述"

二、**多项选择题**（在每小题备选答案中有二至五个正确答案，请将正确选项前的字母填在题后括号内）

1. 消费者认知学习形态分别是：（   ）。
   A. 映像式机械学习　　　　　　　　　B. 形象思维
   C. 替代式学习与模仿　　　　　　　　D. 情感思维
   E. 逻辑推理
2. 学习的几个特点与营销者密切相关并引起他们的极大兴趣，其中最重要的是：（   ）。
   A. 学习强度　　　　　　　　　　　　B. 消退（或遗忘）
   C. 刺激泛化　　　　　　　　　　　　D. 刺激辨别
   E. 反应环境
3. 学习强度受以下几个因素的影响：（   ）。
   A. 重要性　　　　　　　　　　　　　B. 强化
   C. 气候　　　　　　　　　　　　　　D. 重复
   E. 意象
4. 与广告的识记密切相关的几个概念分别是：（   ）。
   A. 产品定位　　　　　　　　　　　　B. 品牌形象
   C. 知觉图　　　　　　　　　　　　　D. 利润表
   E. 记忆圈
5. 以下哪些记忆从属于陈述记忆？（   ）。
   A. 语义记忆　　　　　　　　　　　　B. 程序记忆
   C. 直觉记忆　　　　　　　　　　　　D. 情感记忆
   E. 情景记忆

三、**名词解释题**

1. 学习
2. 高介入状态的学习
3. 保持性复述
4. 语义记忆
5. 情景记忆

四、**简答题**

1. 简述高介入状态与低介入状态的学习。

2. 简述消费者的三种认知学习形态。
3. 试简要描述一下记忆系统。
4. 简述记忆衡量的两个基本类型。

五、论述题

1. 试根据艾宾浩斯关于记忆的研究，谈谈在广告传播中如何与遗忘做斗争？
2. 联系实际，谈谈如何增强消费者对广告的记忆效果？
3. 关于广告的记忆有哪些地方需要提醒营销者？联系实际谈谈你的看法。

六、案例分析讨论题

仔细阅读本章的开篇案例，然后回答以下问题。

1. 文中写道：

如果在2000年以前，向人们询问有关美国电子数据系统公司（EDS）的任何情况，他们可能一无所知。

试从记忆对企业产品与品牌重要性的角度分析一下这个情况，谈谈它会对EDS产生或者已经产生了哪些不利的影响？

2. 文中写道：

1999年年初，EDS聘用了新的CEO迪克·布朗。他认识到自己和管理团队要做的不只是彻底改造公司，还要对企业进行重新定位并且设计一个新的形象。

试运用广告的识记与产品定位、品牌形象、知觉图之间关系的相关知识，分析一下迪克·布朗的作法的依据是什么？关于EDS企业形象定位，如果你是他们公司的广告代理的话，还应该给他哪些建议？

3. 文中写道：

在短短两年内，该行业越来越多的人开始认识EDS，并且意识到该公司是一个内行的奋发图强的公司……给他们带来惊奇并留下深刻的印象，同时对自己的员工也能产生积极的效果。

试运用本章所学习的关于记忆的知识，分析并总结一下EDS运用营销活动来传递企业形象与公司文化的成功经验。这些营销活动还有哪些不足之处？试分析并给出你的对策与建议。

第六章
想象与广告创意

◎ 开篇案例

触摸怦然心动的感觉——蓝带啤酒的广告创意

最近,我们发现了"蓝带"——"中国销量第一的外国品牌"的系列广告:

"侠客篇"——豪情四溢,痛快淋漓,将我们带入中国酒文化"侠行天下"的意境之中,折射出蓝带的品牌策略;

"特色篇"——色彩鲜明,虚实辉映,以理性诉求方式展示产品的独一无二之处,表现出蓝带的产品特色;

"雷公篇"——创意新奇,意境独特,富有盎然的趣味性和浓厚的戏剧性,放射出蓝带的诱人魅力。

不知不觉之中我们已经步入蓝带的世界:一个神秘而美丽的广告"陷阱"。

蓝带的定位:中国销量第一的外国品牌

提起蓝带,它的广告语我们耳熟能详:"蓝带啤酒,天长地久"。

"蓝带啤酒,天长地久"给消费者传达的是一个"时间与信心"的理念,若用广州话来读,其韵味更浓。难怪这一巧用谐音的广告词为国内不少酒广告仿效:"某某啤酒,天长地久""某某某酒,天长地久""某某某某:天尝地酒"等。然而,这对蓝带来讲并不是一件好事,因为在蓝带向其消费者传达品牌形象时,传播背景的"噪声"太大,这样势必会影响消费者对"蓝带"的清晰认知。

蓝带啤酒在中国市场(尤其是在华南市场)承受着巨大的市场压力,内有珠江、生力、青岛,外有百威、喜力、嘉士伯。这么多内外啤酒品牌形成两面夹击之势,市场状况不容乐观。在这种情况下,如何准确地给产品定位,让蓝带啤酒在这繁茂芜杂的市场背景中脱颖而出?理所当然是广告推广的关键所在,也正是凌峻为其做广告策划的难点所在。

蓝带此刻所面临的情况和贝克啤酒当年在美国市场面临的情况差不多。德国啤酒口味之纯正连美国人都佩服,于是在美国声称是"德国啤酒"的啤酒非常多,弄得消费者眼花缭乱、不知如何是好。这更让真正的德国啤酒贝克处境尴尬、无可奈何。照一般的思路,我们可能会在贝克的品牌名称前加上"真正的德国啤酒"几个字,然而这只不过是一种心理上的"自我安慰"。事实上,声称是"德国啤酒"的啤酒有一半以上都有"真正的""正宗的"字样。这可如何是好?好在贝克并不惊惶失措,它认认真真地做好自己的市场调查,睁大眼睛寻找自己的市场定位点。后来，一则调查报告让广告策划人欣喜若狂：除贝克以外，在美国所有的"德国啤酒"其生产地都不在德国，而是在美国本土！于是下面的一段广告文字为贝克啤酒找到了解决之道：

您已经品尝过在美国最受欢迎的德国啤酒，现在请您品尝一下在德国最受欢迎的德国啤酒。

历史有惊人的相似之处！

受此启发，凌峻从以下几个方面问自己、问客户、问市场："蓝带的销售业绩怎么样？"其一，在所有啤酒品牌中，蓝带的销售业绩怎么样？其二，与国产的啤酒品牌相比较，蓝带的销售业绩怎么样？其三，在所有外来啤酒品牌中，蓝带的销售业绩怎么样？同样一则调查报告让凌峻兴奋不已：在所有外来啤酒品牌中，蓝带在中国的销售量排名第一！于是，下面这句广告语也让凌峻为蓝带啤酒找到了解决之道：

"蓝带，中国销量第一的外国品牌。"

蓝带的策略：植根于民族文化的土壤之中

无论如何，蓝带毕竟是一个外国品牌。欲在中国市场站稳脚跟，还得将自己植根于中国民族文化的土壤之中。除此之外，别无他途。

蓝带的平面广告"侠客篇"（见图6-1）充分体现了这一品牌传播策略。

图6-1 蓝带的平面广告"侠客篇"

注：此时此刻它让蓝带领着我们走近了金庸，走近了《笑傲江湖》中的令狐冲，走近了《雪山飞狐》中的胡斐。他们的音容笑貌、他们的豪爽仗义……仿佛就在我们的身边：一柄宝剑、一壶好酒。

该广告中文字与画面浑然一体，淡黄的古书底色上有行云流水般的草书文字，舒缓流畅的白描勾勒出持剑饮酒的侠客形象。文字诠释了画中人的心情，画中人的形象渲染了文字的意境。

广告文案：大丈夫生于世上会当畅情适意，连酒也不能喝，女人也不能想，人家欺到头上不能还手，还做什么人？不如及早死了来得爽快！——金庸

文学与图画大抵为广告的"孪生姐妹"，你中有我，我中有你，相互帮衬对映，使该广告图文并茂，意趣盎然。"侠客篇"散发着古朴儒雅的文化气息，令人悠悠然沉浸于文明古国上下五千年灿烂的酒文化之中。这不禁让我们想起了"何以解忧？唯有杜康"的曹操，"人生得意须尽欢，莫使金樽空对月"的李白，"明月几时有，把酒问青天"的苏轼……美酒促成了"江山代有才子出"的古国文化的鼎盛。

然而，这些历史人物对我们来讲"既亲切，又遥远"。可贵的是，凌峻"深知我心"，此时此刻它让蓝带领着我们走近了现代的金庸，走近了《笑傲江湖》中的令狐冲，走近了《雪山飞狐》中的胡斐。他们的音容笑貌、他们的豪爽仗义……仿佛就在我们身边：一柄宝剑、一壶好酒。除此之外，还要什么？蓝带的这则广告恰当地把握住了诉求对象，抓住了男子汉大丈夫"畅情适意、一醉方休"饮酒心态，让广告更易于与消费者在心理上产生共鸣。何以醉？唯有酒。什么酒？蓝带啤酒。广告画面右下角的蓝带标识则提醒我们这是最佳选择。

在"洋文化"渗透国内市场的年代,蓝带啤酒的广告创意让我们领略了民族文化的独特魅力,提醒我们在视广告为一种商业行为的同时,不应该忘记它更是一种文化行为。让我们再细心研究一下可口可乐、雀巢咖啡、宝洁……这些地地道道的"洋"品牌,它们是如何悄悄进入中国老百姓的内心世界的?"植根于本土文化"便是其奥妙所在。

蓝带的特点:无须开瓶器的啤酒

如果说"侠客篇"力求以感性诉求赢得消费者的心理认同,那么"特色篇"(见图6-2)则试图以理性诉求方式展示蓝带与众不同的产品特点,激发受众的消费需求。

图6-2　蓝带的平面广告"特色篇"

注:这三幅广告构图简洁明快,它以"特"为中心介绍产品特制的瓶盖、特型的瓶身、特质的酒液,让产品自己"开口"说话。第一幅强化瓶身的线条;第二幅突出特制瓶盖,一拧就开,不用开瓶器;第三幅以暖亮的金黄色充溢整个背景,显示蓝带啤酒的醉香金黄。

此系列的三幅广告构图简洁明快,让人一目了然。它以"特"为中心介绍产品性能:特制的瓶盖,特型的瓶身,特质的酒液,让产品自己"开口"说话,形成产品独特的优势,让消费者对其有更深刻的了解与认知。

三幅广告在设计上各具匠心。第一幅强化瓶身的线条,黑色背景下映衬黄色曲线,犹如在黑暗中感觉渴望中的蓝带,具有强烈的梦幻色彩;第二幅以醒目的设问句吸引公众注意力,自问自答,尤使卓尔不群;第三幅以暖亮的金黄色充溢整个背景,仿佛醉香金黄的特质蓝带啤酒在整个空间流动、荡漾。

值得一提的是,第二幅广告着力突出蓝带使用简便、独一无二的产品特点:

标题:开瓶器在哪里?

正文:喝啤酒,常有人问:"开瓶器在哪里?"没有开瓶器的烦恼,有时连牙齿、桌沿都解决不了!

特制蓝带与众不同,瓶盖特制,一拧就开,酒质出众……

提示语:特制蓝带啤酒　一拧就开

"开瓶器在哪里?"这句看似简单的设问,却准确表达了蓝带啤酒与其他啤酒的不同之处。只有细心观察生活,了解消费者到底需要什么的策划人,才能找出这细致入微的"卖点"。如今,"无须开瓶器的啤酒"已成为蓝带啤酒广告中不可或缺的诉求重点,这也正是蓝带啤酒的 USP。如果广告上缺少这一诉求,广告主定会将其指责为不可原谅的失策。反之,若能在设计中突出这一特点,商品更容易让消费者识别。一旦体会到它的方便之处,消费者自会主动选择蓝带。

蓝带的魅力:雷公见了也动心

与"侠客篇""特色篇"不同,"雷公篇"是一则影视广告,这则广告做得有声有色,其创意独特具有童话色彩,让受众耳目一新:

蓝天、白云、牧场、马群。

栅栏上有一瓶蓝带啤酒,其外形优美,其色泽鲜亮,其味道……

突然间,阴云密布、狂风大作、雷鸣闪电、大雨倾盆……原来是天外的雷公一眼瞥见了引人注目的蓝带,不由怦然心动。于是便不辞辛苦跋涉而至,腾云驾雾直逼蓝带。只见那隐约可见的无形之手,抓起蓝带,一饮而尽。不多时,那雷公神清气爽,满天阴霾也随之一扫而光。顷刻间,霁云满天、阳光灿烂……

广告语:"蓝带啤酒,天长地久!"

这正是:古有吴三桂"冲冠一怒为红颜",今有雷公"千里狂奔饮蓝带"。

雷公尚且如此,何况凡人?广告运用童话般的拟人手法,富有神秘感和戏剧色彩,令观众在"惘然困惑——恍然大悟——哑然失笑"的欣赏过程中对品牌产生深刻印象。尤其是片尾关于商标的特写镜头,将悬念的主角突现观众眼前,产生瞬间的冲击力。"雷公篇"中虽没有关于产品的文字介绍,却极富震撼力、冲击力和吸引力,借此让品牌的形象深入消费者的内心深处。

与"侠客篇""特色篇"不同,"雷公篇"是一则影视广告,这一则广告做得有声有色,其创意独特具有童话色彩,让受众耳目一新(见图6-3)。

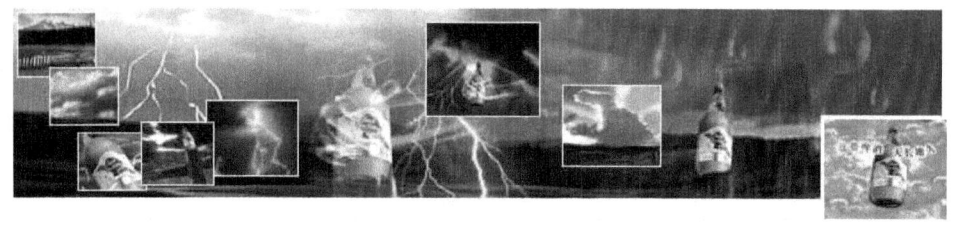

图6-3 蓝带的影视广告"雷公篇"

注:蓝天、白云、牧场、马群……这是一则影视广告。广告运用童话般的拟人手法,富有神秘感和戏剧色彩。"雷公篇"中虽没有关于产品的文字介绍,却极富震撼力、冲击力和吸引力,借此让品牌的形象深入消费者的内心深处。

资料来源:吴柏林.广告策划与策略[M].2版.广州:广东经济出版社,2009:113-117.

本章将介绍想象与广告创意。首先介绍广告创意中的想象,具体内容有想象的一般特点、想象与创造、广告设计中的联想与广告作品中的联觉效应;其次进入广告创意过程,即从收集原始资料、用心审查资料、深思熟虑、实际产生创意到实际应用五个基本阶段;最后介绍广告创意方法,它们分别是李奥·贝纳的固有刺激法、罗瑟·瑞夫斯的独特销售建议、大卫·奥格威的品牌形象法、威廉·伯恩巴克的实施重心法、艾·里斯和杰克·特劳特的定位与查德·伍甘的信息模式法等。

第一节 广告创意中的想象

一、想象的一般特点

(一)什么是想象

想象是指用过去感知的材料来创造新的形象,或者说是在人脑中改造记忆中的表象而创造新形象的过程。心理学上把客观事物作用于人脑后,人脑会产生出这一事物的形象称为表象。

那么对于已经形成的表象进行加工和改造，创造出并没有直接感知过的事物的新形象就是想象。

形成想象要具备三个必要条件，它们分别是：①必须要有过去已经感知的经验，但这种经验不一定局限于想象者个人的感知；②想象必须依赖人脑的创造性，需要对表象进行加工；③想象是个新的形象，是主体没有直接感知过的事物。

（二）想象的种类

按照想象活动是否具有目的性，想象可以区分为无意想象和有意想象两大类。无意想象是一种没有预定目的、不自觉的想象。它是人们的意识减弱时，在某种刺激的作用下，不由自主地想象某种事物的过程。例如，人们看见天上的浮云，想象出各种动物的形象。有意想象是指按一定目的、自觉进行的想象。例如，科学家提出各种想象模型，文学艺术家在头脑中构思人物形象，这些都是有意想象。

在有意想象中，根据想象内容的新颖程度和形成方式的不同，可分为再造想象和创造想象两种。再造想象是根据言语的描述或图样的示意，在人脑中形成相应的新形象的过程。例如，建筑工人根据建筑蓝图想象出建筑物的形象，消费者根据广播广告的言语描述想象出商品的形象，这些都属于再造想象。创造想象是在创造活动中，根据一定的目的、任务，在人脑中独立地创造出新形象的心理过程。在新作品创作、新产品创造时，人脑中构成的新形象都属于创造想象。例如《西游记》中孙悟空、猪八戒等形象就属于创造想象。

二、广告创意中的想象与创造

在广告创意中，要充分发挥人的创造性思维，即充分运用再造想象与创造想象，才能取得较好的效果。

（一）再造想象

广告的设计者可以通过再造想象创作出引人注目的广告作品，广告的接受者则通过再造想象的方式，理解与接受广告作品中所创造的形象，因此再造想象对于广告的理解与创作均具有十分重要的意义。

再造想象主要是广告的接受者所要经历的一个心理过程，广告接受者对于广告作品的理解，主要受到广告作品所提供的艺术形象的制约。例如，如果广告作品以视觉形式呈现，则广告接受者所形成的再造想象的形象往往也是一种视觉形象。但是广告接受者的这种接受过程并不是机械地复制出广告呈现的形象，而是要通过表象的再造过程补充、发展这些形象。这种活动就具有了创造的性质，而不是像镜子那样简单地反映广告的信息。

为了加深广告接受者对广告信息的理解与记忆，广告的设计者应该注意发挥广告对于消费者在广告接受过程中所具有的再造活动特点，在广告作品的设计与表现手法上，尽量刺激人们的欲望，给人们的再造想象活动提供尽可能多的线索，使广告的接受者能充分发挥自己的再造想象的作用，更好地理解记忆广告的信息。

（二）创造想象

创造想象的过程不同于再造想象的过程，它具有很大的偶然性，是人们靠自己的顿悟形成的。例如把不同的形象综合起来，形成新的形象就是一种常用的方法。组合是一种创作的基本方法，但是创造性的综合与简单的、机械的组合是不同的，它可以使图像中创造出原来消费者从未见到的新形象。现代广告制作技术可以将各种形式通过合成的方法加以综合，例如，把人们所熟悉的产品形象与太空飞行图像组合起来，使人们对产品有一种新颖、高科技的印象，从而提高人们对产品的信赖程度，达到促销的目的。

在日常生活中，人们对于常用的产品的功能是非常熟悉的，久而久之，就会产生一种无须说明的印象，如果广告还不厌其烦地重复这些功用，肯定不会引起消费者的兴趣。在广告创作中，有意放大或缩小某些广告对象的特殊性质、功用或特点，就可以让消费者对产品产生一种新的印象。

（三）广告创意中的想象

广告的创意与设计就是广告创作者发挥想象的过程，广告创意中经常使用的想象手法有以下几种。

1. 比喻

比喻即运用人们所熟知的事物作类比，使人产生联想，增强对商品的认识。新中国成立前上海有一家南洋烟草公司开业，在香烟投放市场之前就刊登广告宣称"婴儿出生了……"，以婴儿出生比喻新品牌的问世。IBM 的企业形象广告将公司比喻为集"个人价值、服务客户、科技实力、追求卓越"为一体的"蓝色巨人"。德芙巧克力的"牛奶香浓，丝般感受"堪称广告比喻之经典！之所以说它经典，在于那个"丝般感受"的心理体验，把巧克力细腻滑润的口感用丝绸的温柔细滑来比喻：想象丰富、意境高远。让消费者萌发"尝试一下"的欲望，从而推动他们的购买行动（见图6-4）。日产汽车"古有千里马，今有日产车"深谙中国传统文化，以"千里马"的贴切比喻拉近了与中国人的情感距离，从此确立了日产车在中国市场的明确定位。

图 6-4　德芙巧克力的比喻

注：德芙巧克力的广告语是"牛奶香浓，丝般感受"。广告把巧克力细腻滑润的口感用丝绸的温柔细滑来比喻，引发消费者"像丝绸一样柔滑细腻"的愉悦体验，萌发"尝试一下"的念头，从而推动他们的购买行动。
资料来源：上善若水. 广告创意中的想象. 网易·上善若水柏树林的博客·广告心理论坛 http://lpsslwj.blog.163.com/blog/static/116736425201131293154429。图片资料来源：http://www.dovechocolate.com.cn。

2. 寓意

寓意即运用有关事物间接表现主题，启发人们思考与领会。如百事可乐在与可口可乐的长期竞争中终于找到产品定位的突破口，它从年轻人身上发现市场，把自己定位为新生代的可乐，广告语为"新一代的选择"，聘请新生代偶像（如杰克逊、瑞奇·马丁、郭富城）作为品牌形象代言人，终于赢得青年人的青睐。山叶钢琴的"学琴的孩子不会变坏"成为台湾最有名的一句广告语，其成功之处在于抓住父母"望子成龙""害怕孩子学坏"的心态，采用以寓意间接表现主题的攻心策略，不直接讲钢琴的优点，而是从学钢琴有利于孩子身心成长的角度，直达孩子父母的心灵深处。"可怜天下父母心……"如果为人父母的家长们认同了山叶的观点，那么购买这个牌子的钢琴就不是一件难事了。

3. 比附

比附即用外表不相关但有内在联系的事物表现广告商品的形象，给人以生动、深刻的印象。如日本三洋牌电冰箱的平面广告，广告背景是美国的尼亚加拉大瀑布，以此衬托该冰箱如大瀑布一样清凉。又如麦氏咖啡的"好东西要与好朋友分享……"，这是麦氏咖啡进入台湾市场推出的广告语，由于雀巢已经牢牢占据台湾市场，那句"味道好极了"的广告语已经深入人心，麦氏只好以比附策略入手，将提神醒脑的咖啡比附于好朋友之间真诚的情感，把咖啡与友情紧密地结合起来，深受台湾消费者的认同。人们一看到麦氏咖啡，就想起与朋友分享的感觉，像这样的情感体验的确是"妙极了"，这一点着实让雀巢咖啡感受到竞争的压力。与之相似的案例还有人头马 XO 的"人头马一开，好事自然来"，尊贵的人头马非一般人能享受，喝人头马 XO 一定会有一些不同的感觉。广告语将好酒比附于一个希望——"好事自然来"，有了这个吉祥的"占卜"，何愁事业不成、生活不美呢？

4. 夸张

夸张即用显而易见的含义夸张或形体夸张来突出商品形象，给人以强烈的印象。比如日本富士胶卷的广告，一个巨大的彩色胶卷立在中间，许多小人围着它，表现人人争着用它来拍照，以其夸张形体引人注目。飞亚达手表的"一旦拥有，别无所求"，当人们的生活品质达到一定高度之后，手表就不再只具备计时这一单一功能了。飞亚达以其高贵的品质，把产品与身份联系起来，使人们戴上飞亚达手表，感受不凡的气质和唯我独享的体验。丰田汽车的"车到山前必有路，有路必有丰田车"夸张到了"雷人"的地步，但让人印象深刻。丰田汽车作为日本最大的汽车公司曾经在中国市场上执牛耳，而这句夸张的广告语也反映了当时的情况。广告巧妙地把在中国妇孺皆知的一句俗话"车到山前必有路"与"丰田车"结合起来，表达了自信和霸气。然而时过境迁，20多年后的今天，丰田汽车已经没有勇气再讲这样的大话了，但中国人对这句广告语仍然记忆犹新。

在广告创意中运用夸张的手法进行强调是激发创造想象的常用方法之一。可将广告商品、人物或情景在时间、空间或相互关系上加以突出，从而树立独一无二的产品形象。图6-5是三星公司为其宽屏电视所做的著名的"分眼儿童"的广告。初看起来，以为是一则妇幼保健院的广告，瞧这个小孩的眼睛不行，该上医院看医生了。但仔细一分析，越看越不对劲儿：一般小孩眼睛的毛病是"对眼儿"而不应该是"分眼儿"……当看到广告的右下角时，我们终于明白：原来是宽屏幕电视的缘故！依此方法，三星夸张地强调其电视屏幕之"宽阔"。

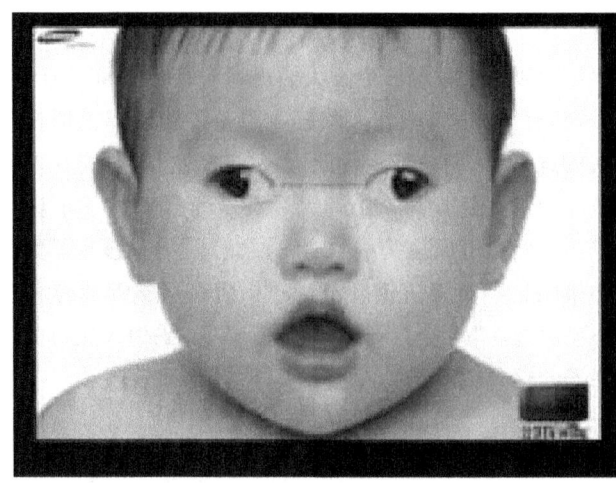

图6-5 三星的平面广告:"分眼儿童"

注:初看起来,我们以为这是一则妇幼保健院的广告,你瞧,这个小孩的眼睛有点儿不对劲儿,该上医院去看看了。但细看起来,越看越不对劲儿:一般小孩眼睛的毛病是"对眼儿"而不应该是"分眼儿"……当看到广告的右下角时,我们终于恍然大悟:原来是宽屏幕电视的缘故!

资料来源:吴柏林.广告策划与策略[M].2版.广州:广东经济出版社,2009:161.

三、广告创意中的联想

客观事物是相互联系的,事物的不同联系反映在人的大脑里就形成心理现象的联系。联想是由一事物的经验激发起另一事物的经验的心理过程。具体来讲,它可能是由当前感知的事物回忆起与之相关的另一事物,或者是由想起一事物的经验激发起另一事物的经验过程。按照巴甫洛夫的条件反射学说,联想是神经中已形成的暂时神经联系的复活。联想亦有规律可循,所谓"联想四法则"即联想遵循四个规律,它们分别是接近律、对比律、相似律和因果律。

(一)接近律

接近律是指对时间或空间上接近的事物产生的联想。"节日与礼品"是时间上的接近,提到节日很容易联想到礼品,而"河流与船舶"是空间上的接近,"香烟与白酒"既在时间上又在空间上接近。又如,消费者晚上看到一幅广告,宣传某产品,第二天一早就在商店里见到了这种产品,这就使他很快觉察到昨晚的广告与今早产品的联系。在广告创意中应尽可能地用这一规律把事物间在时空上的接近关系表现出来,以利于消费者唤起与此相近的联想。

(二)对比律

对比律是指对于性质和特点相反的事物之间的联想。例如"冰与火""白天与黑夜",这些都在性质上或特点上相反。一些事物在某种特性上具有较大的差异,由此差异会引起对比联想,这种鲜明的对比容易引人注目,在广告创意中常常被引用。如果在广告中出现沙漠的画面,很容易使人联想到干渴,因此可用沙漠画面作为饮料的广告的背景,配合一个人在沙漠上狂喝饮料的镜头就是在利用联想的对比律。这种人在沙漠中的干渴状态与喝了消暑饮料状态的对比，使人倍感该饮料的诱惑难挡。一些药品、牙膏、化妆品的广告为了强调产品的效果与功能，常把该产品使用前后的状态加以对比。在影视或平面广告中应用最多的视觉对比就是颜色的对比了，鲜明的色彩对比有助于突出产品特点，让人印象深刻。

（三）相似律

相似律是指在形状或内容上相似的事物容易产生联想。例如"鸟类与飞机""绿色与生命"，在文学作品中常用的比喻、象征、拟人等修辞手法，例如杜甫在《春望》中的名句"感时花溅泪，恨别鸟惊心"，其心理学依据就是相似联想。由于人们对某一事物感知时会激发其在性质、形态上或其他方面相似的事物的回忆，广告人常常将形似、义近的事物加以类比而激发消费者产生此相似性联想。在广告创意中，常常利用相似律来做文章，如利用知名度较高的产品或者是人们比较关心的事物来做广告，以扩大产品的知名度。

（四）因果律

因果律是指在逻辑上有因果关系事物之间的联想。例如"摩擦与生热"，它们在逻辑上存在因果关系。人们在联想的过程中常常利用自己的逻辑推理与判断能力对事物做出因果联系的联想。今天早上我们看到地面上的水迹，可顺理成章地推断昨天夜间下过雨。在广告中常用这种因果关系揭示某种商品可以满足消费的某种需求，把商品观念和需要观念联系起来，以突出产品的个性。例如，家用电器广告产品中常常宣传×产品的电机或主板是世界500强企业的产品，就诱发了人们的因果联想：既然核心部件的质量过硬，那么产品质量就有了保障。

四、广告创意中的联觉效应

（一）什么是联觉

联觉是各种感觉之间产生相互作用的心理现象，即对一种感官的刺激作用触发另一种感觉的现象。不同的色彩能引起人们不同的温度感觉，红色、橙色等使人产生温暖的感觉，而青色、绿色使人产生寒冷的感觉，这就是由视觉触发了人的触觉，它是感觉相互作用的结果。我们看到的音乐喷泉就是把声音信息转化成控制喷泉的信号，使水柱的高低随着音乐旋律的起伏而上下运动，产生奇妙的视听互动效果。最常见的联觉是"视听联觉"，即对色彩的视觉能引起相应的听觉，在现代设计中的"彩色音乐"就是这一原理的运用。色彩视觉又兼有温度感觉——这实际上是"视触联觉"。红、橙、黄色会使人感到温暖，所以这些颜色被称作暖色系色彩；蓝、青、绿色会使人感到寒冷，因此这些颜色被称作冷色系色彩。

事实上，作为感觉器官之先的"眼睛的看"，可以激发起"耳朵的听""鼻子的闻""舌头的尝""手指的摸"等。联觉现象在现实生活中有许多具体表现，我们"日常用之而不知"。例如人们常说"甜言蜜语""甜美歌声""冰冷脸色""冷淡态度""辛辣讽刺""酸溜溜的表情""撕心裂肺的叫喊"等都是在描述联觉现象。不妨想象一下，如果声音能用视觉感知——用眼睛来"听"，味道能用听觉感知——用耳朵来"尝"……那将是一个什么样的情景？我们可以看到红、橙、黄、绿、青的音符，尝到酸、甜、苦、辣、涩的歌曲，触摸到粗糙、麻木的乐曲……这是幻觉吗？不是。眼、耳、鼻、舌、身所产生的视、听、嗅、味、触五种感觉原来是可以通过人的心理活动"互相串通"的，这就为我们形象地解读了什么是"联觉"，如图 6-6 所示。

（二）广告创意中的联觉

广告设计者为了达到理想的效果，应该充分利用人们在知觉事物过程中所具有的联觉心理学规律。不同的广告媒体对人们的心理作用效果是不同的，例如印刷广告给人们的主要是一种视觉刺激，它的局限性在于不能使人们的听觉与其他有感觉通道产生直接的效果。因此，对于印刷广告而言，要使人们产生联觉效果，就应该尽量使用直观的视觉画面、生动的语言，使人们看过、读过之后产生一种"听到、闻到、摸到"的感觉。图 6-7 就是利用联觉传达广告信息的成功例子，这两则平面广告恰当地运用视觉符号的刺激，引发读者产生了联觉的心理效应。具体来讲就是通过塞满洋葱与烟蒂的口腔，让我们"看"到了"洋葱的怪味""香烟的臭味"，同时也能体会到画面人物所面临的"口中异味难以去除"的尴尬处境。一句"Return your mouth to mint condition"（还您一个清新的口腔）的广告语，让我们立刻明白了该产品具有"清除口中异味"的特别功效。

对于电视广告而言，同样不能产生直接的"闻到、尝到、摸到"的感觉，这就要求电视画面能通过广告模特等人物形象给观众以生动的刺激，从模特的言谈与活动中体现这种产品的特点。作为视听结合的电视媒体，它可以将"眼睛的看""耳朵的听"结合起来，通过悦目的画面与动听的音乐，可以有效地激发"鼻子的闻""舌头的尝""手指的摸"的联觉效应。例如音响产品的广告，如果选一只老虎作为"形象代言人"的话，用电视来做效果肯定不错。在这则电视广告中，人们不仅可以从画面上看到老虎张开大口的形象，同时也能够听到它那震耳欲聋的声音。从上下起伏的音箱纸盒（视觉），我们似乎可以感受到它那可以触摸到的震撼（触觉），超群的音响效果就不言而喻了。如果用平面广告来表现的话，我们可以从画面上看到张开了大口的老虎，它"似乎发出了震耳欲聋的声音"，这时我们只有通过"视听联

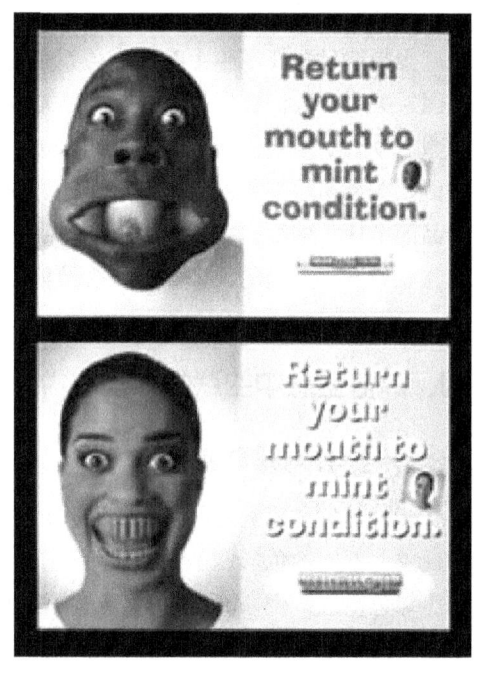

图 6-6 联觉：各个感觉器官的"互相串通"
注："眼睛的看"、"耳朵的听"、"鼻子的闻"、"舌头的尝"、"手指的摸"等，原来不是相互割裂的。眼、耳、鼻、舌、身所产生的视、听、嗅、味、触五种感觉其实是可以通过人的心理活动"互相串通"的，这就是所谓的"联觉"。

图 6-7 利用联觉的平面广告
注：这两则平面广告通过塞满洋葱与烟蒂的口腔，让我们"看"到了"洋葱的怪味"与"香烟的臭味"，一句"还您一个清新的口腔"的广告语，清楚明白地传达了产品具有"清除口中异味"的特别功效。
资料来源：三只眼工作室. 第 44 届戛纳国际广告节获奖作品集 [M]. 哈尔滨：黑龙江美术出版社，1998：79.

觉"感受那巨大的声音了。如前提到过德芙巧克力的"牛奶香浓，丝般感受"，它充分利用了触味联觉，"丝般感受"原来是身体的触觉，却把巧克力细腻滑润的味觉表达出来，依此联觉把广告的力量发挥到极致（回头再看一下图6-4）。

联觉与联想既有联系又有区别。联觉是直接在感官刺激作用下产生的另一种感觉，无须经过大脑的复杂思考，因而它比联想更加直接、生动、有力。如果说广告的成功在于有效地传播信息，更能够打动人，那么联觉的运用不失为实现这一目标的简洁、有效的途径。

第二节 广告创意过程

广告创意是广告人对广告的创作对象进行想象、加工、组合和创造的过程，它是使商品潜在的现实美升华为消费者能感受到的艺术美的一种创造性的劳动。

美国广告大师詹姆斯·韦伯·扬在他所著的《产生创意的方法》中提出了下面的两项重要原则。[⊖]

第一，创意完全是把原来的许多旧的要素作新的组合。

第二，涉及把旧的要素予以新的组合之能力，此能力大部分在于对（事物间）相互关系的了解。在心理上养成寻求各事物之间关系的习惯，是产生创意当中最为重要的事情。

具体说来，产生创意的整个过程可以大致划分为前后相互关联的五个阶段：①收集原始资料；②用心审查资料；③深思熟虑；④实际产生创意；⑤实际应用。让我们分述如下。

一、收集原始资料

广告创意的第一步是收集原始资料。

收集原始资料有两方面的内容：一方面是你眼前问题所需的特定知识的资料，另一方面是你在平时连续不断累积储存的一般知识的资料。

特定资料是指那些与产品有关的资料，以及那些计划销售对象的资料。我们都在不停地诉说拥有对产品以及消费者深入的了解之重要性，事实上，大家却很少为此事努力。然而，假如我们研究得够深入，我们几乎都能发现，在每种产品和某些消费者之间有其相关联的特性，这种相关联的特性就可能催生创意。

二、用心审查资料

广告创意的第二步是，用心仔细检查这些资料。

这是一个内心消化的过程。对这些资料你要细细咀嚼，正如你要对食物加以消化一样。你现在要寻求的是事物间的相互关系，以使每件事物都能像拼图玩具那样，汇聚综合后成为适切的组合。创作人员在这一阶段给人的印象是"心不在焉，神不守舍"。此时，会有两件事发生。

（1）你会得到少量不确定的或部分不完整的创意。不管它如何的荒诞不经或支离破碎，

⊖ 吴柏林. 广告策划与策略［M］. 2版. 广州：广东经济出版社，2009：142.

把这些都写在纸上。这些都是真正的创意即将到来的前兆。

（2）渐渐地，你对这些拼图感到非常厌倦。不久之后，你似乎要达到一个绝望的阶段，在你的心里，每件事物都是一片混乱。

三、深思熟虑

广告创意的第三步是深思熟虑，你让许多重要的事物在有意识的心理之外做综合的工作。

在这一阶段，你要完全顺乎自然，不做任何努力。把你的题目全部放开，尽量不要想这个问题。有一件事你可以去做，那就是干点儿别的，诸如听音乐、看电影、阅读诗歌或侦探小说。在第一阶段，你收集食粮。在第二阶段，你要把它嚼烂。现在到了消化阶段，你要顺其自然——让胃液刺激其流动。

【小资料】　　　　　　大卫·奥格威广告创意的"神灯"

我想，创意有着某种神秘的特质，就像传奇小说中描述的一样。在南海有许多岛屿，古代水手们说，在航海图上所表示的深黑海水的某些点上，在水面上会突然出现许多可爱的环状珊瑚岛，那里充满奇幻的气氛。我想，许多创意就是如此形成的。它们的出现就像突然漂浮在脑际表面，接着就是相同的奇幻气氛，并且是一种无法摆脱的状况。

——詹姆斯·韦伯·扬

大卫·奥格威的"神灯"——创作高水平广告的 11 条戒律

（一）广告的内容比表现广告的方法更重要

信不信由你。真正决定消费者购买与否的是广告的内容，而不是广告的形式。

承诺，大大的承诺，是广告的灵魂。选择正确的承诺极其重要，你绝对不能想当然地决定下来。

（二）若你的广告的基础不是上乘的创意，你必遭失败

然而，并非每个广告主都能识别一个了不起的创意。

（三）讲事实

消费者不是低能儿，她们是你的妻女。

为你的产品提供的信息越多，你推销出去的东西就越多。

（四）令人厌烦的广告是不能促使人买东西的

广告太多，要使你的声音穿越这一片嘈杂，它必须极不寻常。

（五）举止彬彬有礼，但不装模作样

你应该以好的风度来吸引消费者买你的东西。

（六）使你的广告宣传具有现代意识

要懂年轻消费者的心。

（七）委员会可以批评广告但不写广告

有些广告看起来像是委员会的会议记录，单枪匹马创作出来的广告似乎最能发挥推销作用。

（八）若是你运气好，创作了一则很好的广告，就不妨重复地使用它直到它的号召力减退为止

许多广告还没有发挥尽潜力就被替换搁置。

采用一部好雷达,让它不停地为你扫描。

(九) 千万不要写那种连你也不愿你的家人看的广告

己所不欲,勿施于人。

好的产品可以因诚实的广告而畅销。如果你讲了谎话,迟早会败露。若让消费者识破,他们会以不买你的产品来惩罚你。若让政府发现,你还得吃官司。

(十) 形象和品牌

保持前后协调的风格。

任何广告都应该是对品牌形象的长程投资。

(十一) 不要当文抄公

没有什么人是由于盗用别人的广告而树立起了一个品牌的。

四、实际产生创意

广告创意的第四步就是实际产生创意——"Eureka!"的阶段。"Eureka!"(尤里卡,意思是:我找到了!)这是阿基米德发现了皇冠的秘密时发出的惊喜的叫声!

如果在前三个阶段你的确尽到了责任,那么你将会进入第四阶段:突然间会出现创意!或由于某种偶然因素的激发,或根本没有任何充足的理由。也许它来的不是时候,这时你正在刮胡子,或是正在洗澡,或者最常出现于清晨的半醒半睡之间,或在夜半时分把你从梦中唤醒。这便是创意到来的情形,在你竭尽心力之后,休息与放松之时,它突然跃入了你的脑海。

五、实际应用

广告创意的第五步是使其能够实际形成并发展此创意,使之能够实际应用。

这是创意的最后阶段,真可谓黑暗过后的曙光。在此阶段,你一定要把你可爱的"新生儿"拿到现实世界中,让它能够适合实际情况,让它发挥作用。

你还可以惊奇地发现,好的创意似乎具有自我扩大的本质。它会刺激那些看过它的人们对其加以增补,大有把你以前所忽视而又有价值的部分发掘出来并加以放大的可能性。

这就是詹姆斯·韦伯·扬的"广告创意过程论"。在这里我们似乎感觉到,韦伯·扬所描绘的广告创意过程和科学史上许许多多发明创造的产生过程非常相似。事实上,作为一种创造性的思维活动,广告创意与科学发明创造之间有许多共通之处。

一个关于创意是如何产生的经典案例:阿基米德与皇冠的故事

当海罗在锡拉丘兹称王之后,为了显示自己的丰功伟绩,决定在一座圣庙里放上一顶金冠,奉献给不朽的神灵。于是这位国王就拿一些黄金叫一个珠宝匠为他做一顶皇冠。不久,珠宝匠便把做好的皇冠交给了国王。国王称了一下皇冠的重量,虽然与他拿给珠宝匠的黄金的重量一样,但国王还是怀疑珠宝匠在皇冠中掺进白银,盗取同样重量的黄金。国王想,怎样才能确定珠宝匠有没有在皇冠中掺白银呢?他把这件事交给了阿基米德。

阿基米德接受了任务，他立刻想到，解决这个问题的关键就是测量皇冠的体积。虽然皇冠的重量与国王给的黄金是一样的，但是如果能够测量出皇冠的体积与黄金的体积的差异，事情就会真相大白。具体来说，如果皇冠的体积与黄金的体积是一样的，那么珠宝匠就没有掺假。如果皇冠的体积比黄金的体积大，那就必然是掺进白银了，因为白银的密度比黄金的密度小，同样重量的白银一定比黄金的体积大。

然而，像皇冠这样的不规则形状如何才能准确地测量出它的体积呢？阿基米德本来想把皇冠融化掉，再与同重量的纯金比一下体积，这样就很快知道皇冠是不是纯金的了，但是这样会把皇冠毁掉，如果用这种方法验证皇冠是否纯金，那么世界上就再也没有这个纯金皇冠了。阿基米德百思不得其解，弄得他心烦意乱。于是他准备去洗个澡放松一下。下浴缸之前，皇冠的事情又浮现于脑际：

皇冠，皇冠的体积，这个不规则的、奇形怪状的东西，叫我如何测量？

我现在要下水了，这是满满的一缸水。我现在把一只脚放进水里，浴缸里的水开始往外溢。我现在已经下水了，浴缸里的水往外溢出的更多。我现在泡在水里，在我没有下水之前是满满一缸水，在我下水之时浴缸里的水慢慢往外溢出了不少，怎么现在仍然是满满一缸水呢？为什么？因为我？是的，因为我。因为我的身体替代了那部分溢出的水。这就是说我的身体在水中所占的空间和刚才被我挤出去的那部分水所占的空间完全相同。这就是说，刚才被我挤出去的那部分水的体积和我身体的体积完全相等。我的身体是一个不规则体，是没有办法测量的，但被我挤出去的那部分水的体积是可以测量的！若把那部分溢出去的水的体积测量出来，我身体的体积不就被测量出来了吗？

假如我是皇冠，皇冠就是我。我泡在水里，就是皇冠泡在水里。如果把皇冠浸在水中，如何？那被排出的水的体积就一定是皇冠的体积了。

尤里卡！尤里卡！这可找到解决问题的办法了！

他一下子从浴缸里跳出来，连衣服也顾不上穿，光着身子欣喜若狂地跑回家去："尤里卡！尤里卡！尤里卡！"

第三节　广告创意方法

过去半个世纪以来，广告一直受到六种不同的广告创意方法的影响，它们分别是，李奥·贝纳的固有刺激法；罗瑟·瑞夫斯的独特销售建议法；大卫·奥格威的品牌形象法；威廉·伯恩巴克的实施重心法；艾·里斯和杰克·特劳特的定位法以及理查德·伍甘的信息模式法。

一、李奥·贝纳的固有刺激法

李奥·贝纳于1935年8月在美国芝加哥创办了李奥·贝纳广告公司，后来又创办了芝加哥广告学校，被尊称为"芝加哥广告学校之父"。李奥·贝纳先生虽然已于1971年逝世，但李奥·贝纳广告公司仍然是当今世界上大型广告公司之一。前面我们多次提到的万宝路香烟的系列广告就是李奥·贝纳广告公司的杰作。

李奥·贝纳认为，成功的创意广告的秘诀就在于找出产品本身固有的刺激。"固有的刺激"也被称为"产品与生俱来的戏剧性"。广告创意最重要的任务是把固有的刺激发掘出来并加以利用，也就是说要发现生产厂家生产这种产品的原因以及消费者购买这种产品的原因。一旦找到这个原因，广告创意的任务便是依据固有的刺激即产品与消费者的相互作用，创作出吸引人的、令人信服的广告，而不是靠投机取巧、靠噱头、靠蒙骗或虚情假意来取胜。

按照这种理念，在广告创作中，如文案写作，李奥·贝纳认为，不论你要说什么，一般情况下，根据产品和消费者的情况，要做到恰当，只有一个能够表示它的字，只有一个动词能使它动，只有一个形容词去描述它。对于创意人员来说，一定要去寻找到这个字、这个动词及这个形容词。同时永远不要对"差不多"感到满足，永远不要依赖欺骗（即使是聪明的欺骗手段也不要用）逃避困难，也不要依赖闪烁的言辞逃避困难。

李奥·贝纳运用固有刺激法最成功的一例广告是他为"青豆巨人"做的广告。为了向消费者传达广告主在收割和包装青豆过程中表现出的精心细致以及消费者对"新鲜"的渴望，李奥·贝纳在"青豆巨人"的广告中特别强调其"在月光下收割"。这一成功的创意成为广告界的范例（见图6-8）。

李奥·贝纳先生在1960年的一次讲演中，从三个方面论述了与固有刺激法相背离的做法，当然，他也是用罐装豌豆"青豆巨人"来做解释的。

（1）用许多不证自明的事实做成一篇无趣味的自吹自擂的文章。李奥·贝纳认为，有这种习惯的撰文人员可能会这样来写"青豆巨人"的广告：

图6-8　"青豆巨人"的广告："月光下的收成"
注：李奥·贝纳为"青豆巨人"所写的广告。广告标题是"月光下的收成"，正文为"无论是白天还是夜晚，'青豆巨人'总是用最短的时间选妥，风味绝佳……从收获到装罐不超过三个小时"。
资料来源：丹·海金斯. 广告写作艺术［M］. 刘志毅，译. 北京：中国友谊出版社，1991：45.

如果你想要最好的豌豆，你就要"青豆巨人"。"青豆巨人"经过精心种植与装罐，保证使你最后对味道满意。因为他们是同类产品中最好的，所以这些大而嫩的豌豆在美国最畅销。今天就在你买东西的食品杂货店中买一些吧。

（2）用明显的夸大之词构成了夸张的狂想曲。李奥·贝纳指出，有这样倾向的创意人员可能会醉心于这样的文案：

在蔬菜王国中的大颗绿宝石。你从来不会知道一颗豌豆能够像这样的，似露的甜蜜，像六月清晨那么新鲜并洋溢着丰富的豌豆的芬芳。这不是一般的豌豆，这是"青豆巨人"，是蔬菜王国中的大绿宝石。逸兴遄飞，把它端到烛光照射的餐桌上，如果你丈夫把你的手握得更紧一点儿也不足为奇。

（3）炫耀才华，舞文弄墨。这类人会这样写：

这种豌豆计划永远终止蔬菜战争。"青豆巨人"，它也不过与玉米粒那么大，剥豌豆的人能够剥下。"青豆巨人"有一个保证豌豆永存于世的计划：豌豆在大地，善意满人间。

"青豆巨人"的广告是20世纪30年代末由李奥·贝纳为"绿巨人公司"（当时叫"明尼苏达流域罐头公司"）所写的广告。

李奥·贝纳广告标题是"月光下的收成"，李奥·贝纳正文如下：

无论日间或夜晚，"青豆巨人"的豌豆都在转瞬间选妥，风味绝佳……从产地到装罐不超过三个小时。

李奥·贝纳先生自己评价道："如果用（新鲜罐装）做标题是非常容易的，但是（月光下的收成）则兼具新鲜的价值和浪漫的气氛，并包含着特种的关切，这在罐装豌豆的广告中是难得一见的妙句。"

二、罗瑟·瑞夫斯的独特销售建议法

罗瑟·瑞夫斯认为，要想让广告活动获得成功，就必须依靠产品的独特销售建议（Unique Selling Proposition，USP，也有人称"独特销售主张"）。他认为，独特销售建议包含以下三部分内容。

（1）每条广告都必须向消费者提出一条建议，不光靠文字、图示等。每则广告都必须告诉受众："买这个产品吧，你将从中获益。"

（2）提出的建议必须是竞争对手没有或无法提出的，无论在品牌方面还是在承诺方面都要独具一格。

（3）提出的建议必须有足够的力量感动消费者，也就是说，建议要有足够的力量吸引新顾客购买你的产品。

许多商品的独特性并不是显而易见的，它隐藏于商品本身，因此，在这样的情况下，USP的界定依赖于对商品和消费者的使用情况进行详细的调查。一旦USP找到之后，广告的创作就会水到渠成。瑞夫斯认为，只有从商品中发掘与众不同的独特销售主题，才能使广告的表述更令人信服。因此，他对调查工作十分重视，有时甚至达到了一种吹毛求疵的地步。为了找到商品的独特销售主题，并使其确实可靠，瑞夫斯对所宣传的商品进行反复的测试和实验，不惜下大本钱。

美国著名的生活用品公司高露洁找到瑞夫斯，请他为棕榄牌香皂做广告。为了找出独特的销售主题，瑞夫斯所在的广告公司与高露洁公司共同投资，对这种品牌的香皂进行了各种各样的测试。为了这一测试，双方投入的资金高达30万美元。最后终于证明，如果每天坚持用这种香皂洗脸一分钟，就能改善皮肤状态。于是，瑞夫斯把这一实验结果作为商品的独特销售主题，写出了一句广告语，即"棕榄牌香皂使皮肤更娇嫩"，并附上了详细的测试数据。为了寻找一个难得的独特销售主题，对方付出了高达30万美元的代价，但是一旦确定了独特销售主题，商品的销路便顿时打开，所带来的利润是30万美元的几十甚至几百倍。

瑞夫斯曾经很肯定地说："莎士比亚会是一位很糟糕的文案（指广告文案，下同）作者，海明威会是一位很糟糕的文案作者，陀思妥耶夫斯基或是托尔斯泰等人们能叫得出名来的小说家都是一样。如果让作家进行文案创作，那么他们大都是不合格的。"虽然瑞夫斯对海明威极为仰慕，但他仍然这么说，因为文学创作与广告创作两者的区别实在太大了。虽然都是运用文字进行创作，但是这其实是两种不同的特长。写广告是一种专门的技巧，而新闻写作、小说创作也同样如此。有人问："什么是广告写作的最高境界？"瑞夫斯回答："用尽可能低的费用把一项信息灌输到最多的人心中，除此之外，其他标准都是似是而非的。"这便决定了瑞夫斯的文案写作风格：言简意赅，一语中的！

瑞夫斯享有杰出撰文家的殊荣，这令无数广告人羡慕不已，但是他对此并不看重。他的一贯观点是："一个人是否写出了好广告，不应该由所谓的广告专家来评判，最有发言权的应该是客户，最重要的评定标准不是广告做得美不美，而是对促进销售的作用大不大。"

1954 年，美国玛氏公司苦于新开发的 M&M 巧克力豆不能打开销路而找到瑞夫斯。玛氏公司在美国是有些名气的私营企业，尤其在巧克力的生产上具有相当的优势。此次，公司新开发的巧克力豆由于广告做得不成功，在销售上没有取得太大效果。公司希望瑞夫斯能构想出一个使 M&M 巧克力豆与众不同的广告，从而打开销路。瑞夫斯认为，一个商品成功的因素就蕴藏在商品之中，而 M&M 巧克力豆是当时美国唯一用糖衣包裹的巧克力。有了这个与众不同的特点，又何愁写不出打动消费者的广告呢？瑞夫斯仅仅花了 10 分钟，便形成了广告构想：M&M 巧克力豆"只溶在口，不溶于手"。广告语言简意赅，朗朗上口，特点鲜明。随后，瑞夫斯为 M&M 巧克力豆策划了电视广告片。

画面：一只脏手，一只干净的手。

画外音：哪只手里有 M&M 巧克力豆？不是这只脏手，而是这只手。因为 M&M 巧克力豆，只溶在口，不溶在手。

简单而清晰的广告语，只用了几个字，就使得 M&M 巧克力豆不黏手的特点深入人心，它从此名声大振，家喻户晓，成为人们争相购买的糖果。"只溶在口，不溶在手"，50 多年后，这条广告语仍然作为 M&M 巧克力豆的促销主题，一直流传至今，把 M&M 巧克力豆送到了各国消费者的心中。瑞夫斯一直认为，广告成功与否取决于商品是否过硬、是否有自己的特点。他说："M&M 巧克力豆之所以不溶化，是因为有糖衣。发现这一事实是世界上最容易的事情，而事实已经存在于商品之中。"瑞夫斯相信，一旦独特的销售建议确定下来，就应该不断地在各个广告中提到这个建议并贯穿于整个广告活动。瑞夫斯为 M&M 巧克力豆所做的广告承诺"只溶在口，不溶在手"成为全球著名的 USP 之一。

M&M 巧克力豆近年发布的一则平面广告见图 6-9。

图 6-9　M&M 巧克力豆近年发布的一则平面广告

注：鉴于巧克力糖在夏季的销售情形不佳，M&M 巧克力豆早在 1941 年就引进了食用膜技术，包覆在巧克力外面的糖衣即是这种食用膜……这便是瑞夫斯为 M&M 巧克力豆所做广告语"只溶在口，不溶在手"这个著名的 USP 承诺的真实依据。

资料来源：上善若水."只溶在口，不溶在手"：M&M 巧克力豆与罗瑟·瑞夫斯的 USP. 网易·上善若水柏树林的博客·广告心理论坛 http://lpsslwj.blog.163.com/blog/static/11673642520113181043 6541. 图片资料来源：http://auction1.paipai.com/544F9018000000000543AC10758445D.

三、大卫·奥格威的品牌形象法

产品个性是人们对产品所产生的全部印象,通常被称作产品形象,它是人们在听到诸如IBM、宝洁、戴尔或全美联合公司等名字时心中产生的东西。大卫·奥格威是广告史上令人尊敬的创意大师之一、奥美广告公司的创始人。他认为,任何产品的品牌形象都可以依靠广告建立起来。他信奉品牌形象并不是产品固有的,而是消费者联系产品的质量、价格、历史等,在外在因素的诱导、辅助下生成的。正是基于这种观点,奥格威建立了自己的品牌形象法。按照奥格威的方法,人们购买的是产品所能提供的物质利益或心理利益,而不是产品本身,因此,广告活动应该以树立和保持品牌形象这种长期投资为基础,即使这种方法意味着做出一些短期的牺牲也值得。

奥格威认为,每则广告都应该对品牌形象这个复合象征有所贡献。那些致力于使自己的广告为自己的品牌树立最出众的品质的生产厂家将会以最高利润获得市场的最大份额,基于同样的道理,那些目光短浅的投机型生产厂家只要有可能,就会抽出他们的广告资金用于他处,这样的企业总有一天会发现他们正一步步走向困境。到了难以解脱的时候,再想树立品牌形象,往往需要花更大的气力,甚至回天无力。

图6-10是大卫·奥格威的代表作——"穿哈萨维衬衣的男人"。箭牌衬衣的声誉与它每年200万美元的广告费密切相关。与之展开竞争的哈萨维衬衣只准备支付3万美元的广告费,却想使自己的广告强过箭牌。这使大卫·奥格威煞费苦心,奥格威想出了18类穿这种衬衣的人物。我们不知道前17类人物都什么样,只知道第18类人物,这是一个戴着眼罩的男人的形象,他使哈萨维衬衣在默默无闻116年之后,在数月间名噪全美。

在报纸和杂志上出现的广告标题一律是"穿哈萨维衬衣的男人"(The man in the Hathaway shirt)。画面上的人物由两三个不同的模特儿扮演,分别出现在各种背景上,指挥乐团、演奏双簧管、画画、击剑、驾游艇,等等。不管由谁来扮演,这位"穿哈萨维衬衣的男人"的右眼都戴着一只黑色的眼罩。一位英俊的男士,一只眼却罩着,神秘的形象给人以浪漫而独特的感觉。至于哈萨维衬衣,也因为这浪漫而独特的感觉而显得格外高档。

图6-10 穿哈萨维衬衣的男人

注:这是一个戴着眼罩的男人的形象,在报纸和杂志上出现的广告标题一律是"穿哈萨维衬衣的男人"。这位英俊的男士在右眼上戴着一只黑色的眼罩,给人以独特、神秘的印象。

资料来源:大卫·奥格威.奥格威谈广告[M].洪良浩,官如玉,译.台北:哈佛企业管理顾问公司,1984:59.

大卫·奥格威的非凡创意是哈萨维衬衣成为名牌的决定性因素。创意是广告的思想内涵和灵魂,是具有感染力和说服力的要素,是向消费者诉求的主要动力。由上面这个例子可以说明创意在广告设计中的重要意义,创意是决定一件广告作品成功与否的内在基础和基本要素。正像奥格威指出的那样"如果广告活动不是由伟大的创意构成，那么它不过是二流品而已""如果海报内容没有卓越的创意，注定是要失败的"。

<h3 style="text-align:center">广告译文：穿哈萨维衬衣的男人</h3>

作者：大卫·奥格威

产品：哈萨维衬衣

标题：穿哈萨维衬衣的男人

美国人现在终于认识到，买一套上好的西装而被一件大批量生产的廉价衬衣破坏了整体穿着效果，这实在是一件非常愚蠢的事情。因此，在各个阶层的人中，哈萨维衬衣日渐流行起来。

首先是哈萨维衬衣极耐穿，这已是它多年的传统了。其次是它的剪裁，低斜度以及专为顾客定制的衣领，使你看起来更年轻、更高贵。整件衬衣不惜工本的裁剪，让你穿在身上备感舒适。

下摆很长，可深入你的裤腰。纽扣是用珍珠母做的，它非常大，很有男子气。在缝纫上，甚至带有一种在南北战争前才有的高雅。

最重要的是，哈萨维衬衣的布料是从世界各地进口的最好布料。如从英国来的棉毛混纺斜纹布、从苏格兰奥斯特拉德来的毛织波纹绸、从西印度群岛来的海岛棉、从印度来的手织绸、从英格兰曼彻斯特来的宽幅细毛布、从巴黎来的亚麻细布。穿上如此完美的衬衣，会使你得到诸多满足。

哈萨维衬衣是缅因州渥特威小城的一家小公司的虔诚的手艺人缝制的，他们老老少少在那里已经工作了114年。

你如果想在离你最近的商店买到哈萨维衬衣，请你写一张明信片寄到：C. F. 哈萨维·缅因州·渥特威城，即复。

四、威廉·伯恩巴克的实施重心法

威廉·伯恩巴克出生于1911年，逝世于1982年，他于1949年创办了DDB广告公司，在这之前他是葛瑞广告公司的创意总监。

在20世纪50年代初，伯恩巴克提出实施重心法。他认为，实施（广告信息战略的"如何表达"部分）完全可以独立成为自己的内容。按照他的观点，实施风格是广告中起决定作用的特征，有效广告的秘诀便是抓住问题，然后将其变成一条图像刺激而又诚实可信的优点。按照伯恩巴克的诠释，在创意的表现上，仅求新求异、与众不同还不够。杰出的广告创意不是夸大，也不是虚饰，而是竭尽创意人员的智慧使广告信息单纯化、清晰化、戏剧化，使它在消费者脑海中留下深刻而难以磨灭的记忆。广告创作最难的事就是使广告信息排除众多纷杂的事物而被消费者认知接受。广告必须制造足够的"噪声"才会被注意，但这些"噪声"绝非无的放矢，毫无意义。他认为，广告的技巧不在于"说什么"（What to say）——每家广告公司都知道说什么，其差别在于"如何说"（the way you say）。因此，实施重心法应注意以下四点。

（1）尊重受众。广告不能以居高临下的口吻与其意图接触的人交流。

（2）手法必须干净、直接。伯恩巴克说："假如你不能把你所要告诉消费者的内容浓缩成单一的目的、单一的主题，你的广告就不具有创新。"

（3）广告作品必须出众。它们必须具有自己的个性和风格。伯恩巴克说："我认为广告上最重要的东西就是要有独创性与新奇性。"

（4）不要忽视幽默的作用。幽默可以有效地吸引人的注意力，使人得到一种收听、收看和阅读的补偿。

伯恩巴克的实施重心法的著名广告创意之一就是他早年为大众甲壳虫车做的系列广告。当甲壳虫车被初次介绍给美国市场时，这种车有四个特征：又小、又丑、后引擎驱动，而且还是外国造。但伯恩巴克利用这些不利条件创作出了幽默又别致的广告，这些广告被认为是永恒的广告创意佳作。

1958年以前，在美国，几乎所有的轿车广告都千篇一律，经常可以看到的画面是：在一座富丽堂皇的庭院前，一群衣衫翩翩的家庭成员，簇拥在一辆高贵豪华的轿车旁。这样的画面看起来赏心悦目，标题和文案也是辞藻华丽，但感觉空洞而没有意义。然而，1960年却出现了今天仍让人称奇的甲壳虫车广告，被广告专家称为广告史上最好的作品。抛弃传统的以豪华设施、漂亮外形、高贵气质作为轿车的诉求方式，甲壳虫车的系列广告通常在画面上只是单纯的甲壳虫车，未经修饰也不修整，通常是黑白两色，最重要的，像"想想小的好处"这样的标题和文案却创造了视阅（听）率最高的纪录。单纯简洁的画面却蕴涵着无限的说服力，非常有效。战后甲壳虫车刚在美国面世的时候，底特律的汽车业者对之不屑一顾，认为它又丑又小难成大器。然而，在伯恩巴克的精心创意下，甲壳虫车让人刮目相看，甲壳虫车不讳言其丑，但在广告表现上能以幽默比喻的方式，转弱点为优点，使消费者认知其性能好、经济、省油的特点。

图 6-11 是伯恩巴克为德国大众甲壳虫车创作的另一则平面广告，标题为"柠檬"的甲壳虫车平面广告最为脍炙人口。"柠檬"为俚语，意思是指不合格而被剔除的车，但画面上出现的车看不出任何瑕疵。文案中描述："这辆甲壳虫车未赶上船装运……仪器板上放置杂物处的镀铬受到损伤，这是一定要更换掉的。你或者不可能注意到，但检查员克朗诺注意到了。"文案最后说："我们剔除了不合格的车，你们将得到十全十美的车。"

图 6-11　德国大众甲壳虫车的平面广告

注：威廉·伯恩巴克为德国大众甲壳虫车所做的这一则广告"柠檬"。"柠檬"为俚语，意思是指不合格而被剔除的车，但画面上出现的车看不出任何瑕疵。广告的最后说："我们剔除了不合格的车，你们将得到十全十美的车。"

资料来源：大卫·奥格威. 奥格威谈广告 [M]. 洪良浩，官如玉，译. 台北：哈佛企业管理顾问公司，1984：73.

广告参考译文:"柠檬"(不合格的车)

作者:威廉·伯恩巴克

产品:德国大众甲壳虫车

标题:"柠檬"(不合格的车)。

正文:

这辆甲壳虫车未赶上船装运。

仪器板上放置杂物处的镀铬受到损伤,这是一定要更换掉的。你或者不可能注意到,但检查员克朗诺注意到了。

在我们设在渥福斯堡的工厂中有3 389名工作人员,其唯一的任务就是:在生产过程的每一阶段都检查甲壳虫车(甲壳虫车是一款福斯车,每天生产3 000辆甲壳虫车,而检查员的数量比生产的车还多。)

每辆车的避震器都要测验(绝不仅仅是抽查),每辆车的挡风玻璃也经过详细的检查。福斯车经常会因肉眼所看不出来的表面抓痕而无法通过。

最后的检查实在了不起!福斯公司的检查员们把每辆车像流水般地送上车辆检查台,通过总计189处的查验点,再飞快地直开自动煞车台,这样50辆福斯车中总会有一辆被人说"不通过"。

对一切细节如此全神贯注的结果,大体上讲福斯车比其他的车子耐用而不大需要维护。(其结果也使福斯车的折旧比其他车子的折旧少。)

我们剔除了不合格的车,你们将得到十全十美的车。

五、艾·里斯和杰克·特劳特的定位

定位原理是融合了市场学、商标学、心理学、传播学、公共关系学等学科内容而形成的广告创作理论与手段。艾·里斯和杰克·特劳特将定位法引入了营销、广告战略。20世纪70年代初,他们在《工业市场营销》和《广告时代》上发表了一系列的文章,奠定了"定位"理论基础。他们认为创作广告的目的应当是为处于竞争中的产品树立一些便于记忆、新颖别致的东西,从而在消费者心中确立一个独一无二的位置。

为了证明自己的方法,他们引用了安飞士的"我们第二,但更努力"的主题以及米狮龙的"第一家美国造特佳啤酒"承诺作为广告可以带来有效感知定位的证据。与李奥·贝纳、罗瑟·瑞夫斯以及大卫·奥格威的方法一样,定位法也是以"应当说什么"为其根本,一旦确定下来,便广为宣传,消费者便会在需要这种利益或需要产品解决某种困难时回忆起来。

被里斯和特劳特引为证据的安飞士租车公司广告并不是他们创作的,而是前面提到的威廉·伯恩巴克的大作。提到安飞士,在今日广告界几乎没有人不知道它最成功的"No. 2定位策略"。60年代之前,安飞士在租车业一直不景气,甚至到了濒临破产的地步,直到1962年聘请罗伯特·汤赛德担任总裁后才有了转机。当时,在租车业赫兹是第一位,资本是安飞士的5倍,年营业额是3倍半。一个弱势品牌要想对抗一个强势品牌当然要有一套创新有效的营销策略和广告创意。

1963年，伯恩巴克为安飞士做的广告标题是："安飞士在租车业只是第二位。那为何与我们同行？"（Avis is only No. 2 in renting cars. So why go with us?）内文是："我们更努力！（当你不是最大时，你就必须如此。）我们不会提供肮脏的烟盒，或不满的油箱，或用坏的雨刷，或没有清洗的车子，或没气的车胎，或任何像无法调整的座椅、不热的暖气、无法除雾的除雾器等。很明显，我们如此卖力就是力求最好，为了给你提供一部新车，像一部焕然一新、马力十足的福特汽车和一个愉快的微笑……下次我们同行。我们的柜台排队的人比较少（意味着不会让你久候）。"这个广告坦诚自己在租业中不是老大，因此不能像老大一样凡事都不在乎。在这则广告中"我们更努力"的表白唤起了读者同情弱者的心理，给人们留下了极为深刻的印象（见图6-12）。

图6-12　安飞士关于"第二位"的平面广告

注：伯恩巴克为安飞士做的广告："安飞士在租车业只是第二位。那为何与我们同行？"这则广告中"我们更努力"的表白唤起了读者同情弱者的心理，给人们留下了极为深刻的印象。

资料来源：Juliann Sivulka. A Cultural History of American Advertising（美国广告文化 [英文影印版]）. 沈阳：东北财经大学出版社，1998：307.

广告说明：安飞士在租车业只是第二位。那为何与我们同行？

作者：威廉·伯恩巴克

产品：安飞士租车

广告标题：安飞士在租车业只是第二位。那为何与我们同行？

广告正文：

我们更努力！（当你不是最大时，你就必须如此。）我们不会提供肮脏的烟盒，或不满的油箱，或用坏的雨刷，或没有清洗的车子，或没气的车胎，或任何像无法调整的座椅、不热的暖气、无法除雾的除雾器等。很明显，我们如此卖力就是力求最好，为了给你提供一部新车，像一部焕然一新、马力十足的福特汽车和一个愉快的微笑……下次我们同行。我们的柜台排队的人比较少（意味着不会让你久候）。

在广告史上，从来不曾出现这样的广告。将自己的公司在同业界里定位为第二位，这可说是第一次。另一则广告，标题直接说："老二主义——安飞士的宣言。"（No. 2 ism. The avis manifesto）内文是这样的："我们在租车业面对业界巨人只能做老二。最重要的是，我们必须学会如何生存。在挣扎中我们学到了在这个世界里做个老大和老二有什么基本不同。做老大的态度是：'不要做错事，不要犯错，那就对了。'做老二的态度却是：'做对事情、找寻新方法、比别人更努力。'老二主义是安飞士的信条，它很管用。安飞士的顾客租到的车都是干净、崭新的。雨刷完好，烟盒干净，油箱加满，而且安飞士各处的服务小姐都笑容可掬。结果安飞士本身就转亏为盈。安飞士并没有发明老二主义。任何人都可采用它。全世界的老二们，奋起吧！"有效的定位策略使安飞士租车公司从弱势品牌翻身并获得高利润。

里斯和特劳特在归纳、总结了许多成功模式而提出定位法后，引起了众人的注意。定位法最关键的问题是研究哪种定位更有可能成功，可行的定位方法可以从以下几个方面入手。

（1）以产品特征或顾客利益来定位，如美国美乐啤酒以冷过滤过程来定位；
（2）以价格—质量关系来定位，如西尔斯总是与家用的、质量上乘的东西联系在一起；
（3）以使用或运用方式来定位；
（4）以产品使用者来定位，如布希啤酒的定位为酒量大的体力劳动者的啤酒；
（5）以产品种类来定位，如将国酒定位为进口酒的替代品；
（6）以文化象征来定位；
（7）以竞争对手来定位，如安飞士将自己定为第二位的租车公司。

定位法有时会和品牌形象法混淆，实际上，定位法是一个更广泛的概念。定位法与明确竞争、相关属性、竞争对手以及市场有关系。其实，定位法是形象分析的逻辑发展，因为它涉及运用所知的品牌形象、竞争、广告主准确触及的受众以及受众个人受刺激后如何做出反应。

六、理查德·伍甘的信息模式法

1979~1980 年，由 FCB 广告公司的理查德·伍甘研究出一种复合传播模型，称为 FCB 策略模式。㊀多年来，经过不断完善，目前有不少广告主和广告公司运用这种方法。这种模式由建立在两个连续集群（思维与感觉、重要性的强与弱）上的"信息模式"组成。之所以将这种模式称作信息模式法，是因为它迫使创意者在创意时使产品特征信息与消费方式信息相符合。

这种模式有四个象限，见图 6-13，每个象限都把产品类型与消费者参与联系起来，指出广告应如何处理，并提出创意、媒介和测定的含义。按照伍甘的观念，这种方法的目的在于识别

㊀ 吴柏林.广告学原理[M].北京：清华大学出版社，2009：198.

对某一产品的信息、感情或行为水准，为广告活动创造一个适宜的模式，然后加以实施。

	思维 ——————→ 感觉	
强 ↑ | 重要性 | ↓ 弱	信息性（思维者） 汽车—房子—家具—新产品 模式：了解—感觉—行动 可行的做法： 测试：记忆诊断 媒介：长篇文稿安排 　　　反射载体 创意：具体 　　　信息 　　　表现	影响性（感觉者） 珠宝—化妆品—时装—摩托车 模式：感觉—了解—行动 可行的做法： 测试：态度变化 　　　情感激发 媒介：大空间 　　　形象特别 创意：实施 　　　刺激
	习惯组成（行动者） 食物—日常用品 模式：行动—了解—感觉 可行的做法 测试：销售 媒介：小幅广告 　　　10秒广播广告 　　　销售推广 创意：提醒	自我满足（反应者） 香烟—酒类—糖果 模式：行动—感觉—了解 可行的做法： 测试：销售 媒介：海报 　　　报纸 　　　销售推广 创意：醒目

图6-13　伍甘的信息模式法

注：1979~1980年，理查德·伍甘总结了一种叫作FCB的策略模式。这种模式由建立在两个连续集群（思维与感觉、重要性的强与弱）上的"信息模式"组成。之所以将这种模式称作信息模式法，是因为它迫使创意者在创意时使产品特征信息与消费方式信息相符。

本章知识要点

1. 想象是指用过去感知的材料来创造新的形象，或者说是在人脑中改造记忆中的表象而创造新形象的过程。

2. 形成想象的三个必要条件是：①必须要有过去已经感知的经验，但这种经验不一定局限于想象者个人的感知；②想象必须依赖人脑的创造性，需要对表象进行加工；③想象是个新的形象，是主体没有直接感知过的事物。

3. 按照想象活动是否具有目的性，想象可以区分为无意想象和有意想象两大类。无意想象是一种没有预定目的、不自觉的想象。有意想象是指按一定目的、自觉进行的想象。

4. 有意想象可分为再造想象和创造想象。再造想象是根据言语的描述或图样的示意，在人脑中形成相应的新形象的过程。创造想象是在创造活动中根据一定的目的、任务，在人脑中独立地创造出新形象的心理过程。

5. 广告创意中经常使用的想象手法有以下几种：①比喻；②寓意；③比附；④夸张。

6. 比喻即运用人们所熟知的事物作类比，使人产生联想，增强对商品的认识。

7. 寓意即运用有关事物间接表现主题，启发人们思考与领会。

8. 比附即用外表不相关但有内在联系的事物表现广告商品的形象，给人以生动、深刻的印象。

9. 夸张即用显而易见的含义夸张或形体夸张突出商品形象，给人以强烈的印象。

10. 联想是由一事物的经验激发起另一事物的经验的心理过程。"联想四法则"即联想遵循的四个基本规律，它们分别是：①接近律；②对比律；③相似律；④因果律。

11. 接近律是指对时间或空间上接近的事物产生的联想。

12. 对比律是指对于性质和特点相反的事物之间的联想。

13. 相似律是指在形状或内容上相似的事物容易产生联想。

14. 因果律是指在逻辑上有因果关系事物之间的联想。

15. 联觉是各种感觉之间产生相互作用的心理现象，即对一种感官的刺激作用触发另一种感觉的现象。

16. 联觉与联想既有联系又有区别。联觉是直接在感官刺激作用下产生的另一种感觉，无须经过大脑的复杂思考，因而它比联想更加直接、生动、有力。

17. 广告创意是广告人对广告的创作对象进行想象、加工、组合和创造的过程，它是使商品潜在的现实美升华为消费者能感受到的艺术美的一种创造性的劳动。

18. 詹姆斯·韦伯·扬提出了广告创意的两项重要原则：第一，创意完全是把原来的许多旧的要素作新的组合；第二，涉及把旧的要素予以新的组合之能力，此能力大部分在于对（事物间）相互关系的了解。在心理上养成寻求各事物之间关系的习惯，是产生创意当中最为重要的事情。

19. 詹姆斯·韦伯·扬认为产生创意的过程大致有五个阶段：①收集原始资料；②用心审查资料；③深思熟虑；④实际产生创意；⑤实际应用。

20. 过去半个世纪以来，广告一直受到六种不同的广告创意方法的影响，它们分别是：①李奥·贝纳的固有刺激法；②罗瑟·瑞夫斯的独特销售建议法；③大卫·奥格威的品牌形象法；④威廉·伯恩巴克的实施重心法；⑤艾·里斯和杰克·特劳特的定位法；⑥理查德·伍甘的信息模式法。

21. 李奥·贝纳认为，成功的创意广告的秘诀就在于找出产品本身固有的刺激。"固有的刺激"也被称为"产品与生俱来的戏剧性"。

22. 罗瑟·瑞夫认为，要想让广告活动获得成功，就必须依靠产品的独特销售建议。独特销售建议包含以下三部分内容：①每条广告都必须向消费者提出一条建议；②提出的建议必须是竞争对手没有或无法提出的；③提出的建议必须有足够的力量感动消费者。

23. 大卫·奥格威认为，任何产品的品牌形象都可以依靠广告建立起来。他信奉品牌形象并不是产品固有的，而是消费者联系产品的质量、价格、历史等，在外在因素的诱导、辅助下生成的。

24. 威廉·伯恩巴克提出了实施重心法，他认为，实施（广告信息战略的"如何表达"部分）完全可以独立成为自己的内容。广告的技巧不在于"说什么"，而在于"如何说"。实施重心法应注意以下四点：①尊重受众；②手法必须干净、直接；③广告作品必须出众；④不要忽视幽默的作用。

25. 艾·里斯和杰克·特劳特在20世纪70年代初提出了"定位"理论。他们认为创作广告的目的应当是为产品树立一些便于记忆、新颖别致的东西，从而在消费者心中确立一个独一无二的位置。

26. 可行的定位方法可以从以下几个方面入手：①以产品特征或顾客利益来定位；②以价格—质量关系来定位；③以使用或运用方式来定位；④以产品使用者来定位；⑤以产品种类来定位；⑥以文化象征来定位；⑦以竞争对手来定位。

27. 1979 年理查德·伍甘总结了一些创意方法，综合出一种叫作 FCB 的模式。这种模式由建立在两个连续集群（思维与感觉、重要性的强与弱）上的"信息模式"组成。

测试题

一、单项选择题（在每小题备选答案中只有一个是正确的，请将其选出并把选项前的字母填在题后括号内）

1. 按照想象活动是否具有目的性，想象可以区分为（　　）。
   A. 无意想象和有意想象两大类
   B. 具体想象和抽象想象两大类
   C. 形象想象、情感想象与逻辑想象三大类
   D. 形象想象、情感想象、逻辑想象与直觉想象四大类

2. 有意想象可分为（　　）。
   A. 具体想象和抽象想象　　　　B. 再造想象和创造想象
   C. 形象想象、情感想象与逻辑想象　　D. 形象想象、情感想象、逻辑想象与直觉想象

3. 将产生创意的过程大致分为五个阶段的人是（　　）。
   A. 大卫·奥格威　　　　　　　B. 詹姆斯·韦伯·扬
   C. 威廉·伯恩巴克　　　　　　D. 罗瑟·瑞夫斯

4. 广告创意"固有刺激法"的提出者是（　　）。
   A. 李奥·贝纳　　　　　　　　B. 罗瑟·瑞夫斯
   C. 大卫·奥格威　　　　　　　D. 威廉·伯恩巴克

5. 广告创意信息模式法（FCB 模式）的提出者是（　　）。
   A. 大卫·奥格威　　　　　　　B. 威廉·伯恩巴克
   C. 艾·里斯和杰克·特劳特　　D. 理查德·伍甘

6. USP 的具体含义是（　　）。
   A. Unlike Selling Promotion　　B. Unique Selling Promotion
   C. United State Proposition　　D. Unique Selling Proposition

二、多项选择题（在每小题备选答案中有二至五个正确答案，请将正确选项前的字母填在题后括号内）

1. 形成想象的几个必要条件是：（　　）。
   A. 必须要有过去已经感知的经验，但这种经验不一定局限于想象者个人的感知
   B. 想象必须根据一定的目的和任务，在人脑中独立地创造出新事物
   C. 想象必须依赖人脑的创造性，需要对表象进行加工
   D. 想象完全是一种没有预定目的、不自觉的个人行为
   E. 想象是个新的形象，是主体没有直接感知过的事物

2. 广告创意中经常使用的想象手法有以下几种：（   ）。
A. 比喻　　　　B. 寓意　　　　C. 推理　　　　D. 比附　　　　E. 夸张
3. 詹姆斯·韦伯·扬认为产生创意的过程大致有以下几个阶段：（   ）。
A. 收集原始资料　B. 用心审查资料　C. 深思熟虑　　D. 实际产生创意　E. 实际应用
4. 实施重心法应注意以下几点：（   ）。
A. 尊重受众　　　　　　　　　B. 富余的预算
C. 手法必须干净、直接　　　　D. 广告作品必须出众
E. 不要忽视幽默的作用
5. 联想的基本形态有：（   ）。
A. 接近联想　　B. 对比联想　　C. 类似联想　　D. 因果联想　　E. 直觉联想

三、名词解释题
1. 创意
2. 联想
3. 联觉

四、简答题
1. 简述形成想象的三个必要条件。
2. 简述联想的四个基本规律。
3. 简述 USP 核心内容。

五、论述题
1. 联系实际，谈谈广告创意中经常使用的想象手法。
2. 试运用詹姆斯·韦伯·扬的观点，描述产生创意的五个阶段。

六、案例分析讨论题
仔细阅读本章的开篇案例，试回答以下问题：
1. 贝克与蓝带的广告语是如何表现自己产品特点的？试比较它们的异同。
2. 文中提到：

无论如何，蓝带毕竟是一个外国品牌。欲在中国市场站稳脚跟，还得将自己植根于中国民族文化的土壤之中。除此之外，别无他途。

对此你有何看法，说出你的观点。
3. 从广告创意上看，蓝带是如何突出自己产品的特点的？

第七章
消费者的态度与说服

开篇案例

西部牛仔之死——公益组织的禁烟广告运动

闭上你的眼睛想想万宝路香烟,你头脑中出现了什么?铁骨铮铮的男子汉?驰骋飞奔宝马良驹?优美的田园景色?英俊潇洒,还有粗犷豪迈?然而,从20世纪60年代,大多数成年美国男性吸烟,而且女性吸烟者人数也不断增加。与此同时,吸烟对健康的危害日益增多地被报道和证实。各种各样的团体和组织,特别是美国癌症协会,开始了禁烟或减少吸烟的广告、宣传运动。这些运动使用了各种各样的技术,包括理性说服、事实呈现、名人演说、恐吓和幽默等。

万宝路牛仔们为该公司占领美国及世界的烟草销售市场立下了汗马功劳,作为万宝路香烟的形象代表,这些西部牛仔以其英俊潇洒、粗犷豪迈的形象给人们留下了深刻的印象,然而就在人们对其趋之若鹜的时候,却有6位万宝路牛仔相继过早地离开人世……都无一例外地成了香烟的受害者和牺牲品。图7-1就是利用万宝路牛仔所做的平面公益广告。在广告中左边的这位牛仔对右边的那位说"Bob, I've got emphysema"(鲍博,我得了肺气肿)。昔日铁骨铮铮的男子汉,今天风采已经不在。座下良驹宝马似乎也感受到了主人心中的忧伤,在这种状况之下,"万宝路世界"的景色之优美又有何用呢?

图7-1 利用万宝路牛仔所做的平面公益广告

注:左边的这位牛仔对右边的那位说:"鲍博,我得了肺气肿。"昔日铁骨铮铮的男子汉,今天风采不再。座下良驹宝马似乎也感受到了忧伤,在这种状况之下,景色之优美又有何用呢?

1976年一部名为"西部牛仔之死——万宝路的故事"的电视片在英国上映了,这部由英国沙美士电视台制作的45分钟电视访谈片,是针对世界范围内随处可见的《万宝路牛仔》的广告而制作的。

该节目访问了6位美国牛仔，这些人都是万宝路牛仔的形象代表，他们曾一度是老烟枪，现在都面临癌症与肺气肿的威胁，有的甚至即将离开人世。在介绍完这些吸烟的病牛仔后，节目中出现了医师的话语："这些人因吸烟而致病！"该节目在伦敦首播后，在世界范围内引起轩然大波。1982年5月11日，美国著名的NBC电视台旧金山电视台Kron除了播放这部《西部牛仔之死》外，还播放了该台组织的专题讨论。观众反映十分强烈，当晚就有3 000多个电话打入电视台。

Kron电视台播出《西部牛仔之死》后，全国各地的电视台积极跟进。洛杉矶、波士顿、西雅图、芝加哥，连烟草业的大本营——北卡罗来纳州的电视台也播出了该节目。最近连"万宝路之乡"堪萨斯州也不例外，他们播放了这部电视专题片，并组织了专题讨论，请有关专家和观众谈论其中的是非曲直。

在制作这部电视片的过程中，曾参加拍摄的这6位西部牛仔都感慨地表示，希望节目拍完后给还在上中小学的孩子们看。在这部电视片拍完7年后，6位西部牛仔相继去世，他们的愿望终于得以实现。一位大学教授在其同人的配合下，编写了一个以《西部牛仔之死》为蓝本的中学课程，并且根据此课程的内容制作了一个录像带。以后，这个戒烟的活教材迅速传播到全美的中小学校，为推动青少年戒烟起到了很好的示范作用。

图7-2利用万宝路牛仔之一的温·麦肯林的哥哥迈克·麦肯林所做的电视公益广告更是让人为之动容。迈克·麦肯林在这则广告中以自己的亲身经历现身说法，下面原文引用：

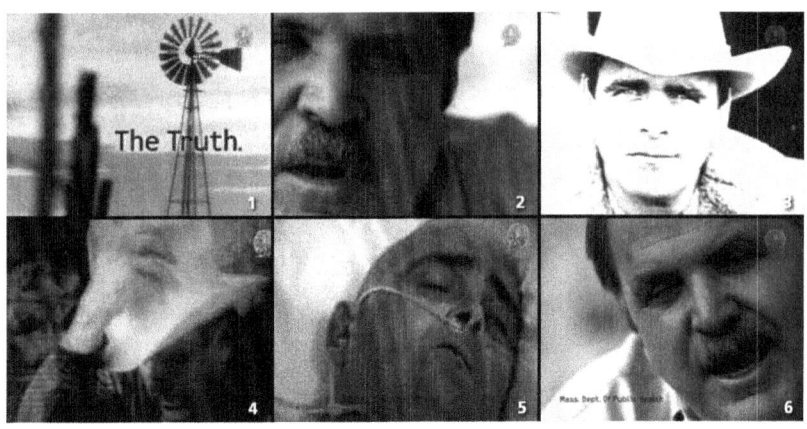

图7-2　利用万宝路牛仔所做的电视公益广告（用手机扫描图上方的二维码便可观赏）

注：万宝路牛仔温·麦肯林的哥哥迈克·麦肯林在这则广告中现身说法，其中一句："烟草利用我弟弟来创造一种形象，那就是吸烟使您显得独立，千万不要相信他们的鬼话！你看他现在躺在那里，全身插满了针管……怎么会有'独立'可言呢?!"着实让人心灵震撼。

资料来源：第44届夏纳广告节，夏纳97获奖影视广告. 九通电子音像出版社，1997. 观看网址：http://v.youku.com/v_show/id_XMjI2NDE3OTAw.html（图7-2是作者根据视频资料来源，结合课文内容设计制作的）。

过去我很喜欢抽雪茄……电视上的这个牛仔骑在马上粗犷、独立而又潇洒，但他后来死于非命，他因抽烟而得上了肺癌。他就是我的弟弟，名叫温·麦肯林，我叫迈克·麦肯林。烟草利用我弟弟来创造一种形象，那就是吸烟使您显得独立，千万不要相信他们的鬼话！你看他现在躺在那里，全身插满了针管……在这种状况之下，怎么会有"独立"可言呢?!

《西部牛仔之死》不久之后也出现在澳大利亚。影片是墨尔本的一个"反对推广有害健康物质的运动"的社会公益团体所提供的。这个团体在公开放映这部影片时还印发了一本小册子，其中有这么一段话：

对澳大利亚和全世界青少年而言，万宝路牌的香烟极具吸引力。万宝路牛仔给人一种豪迈、独立与粗犷的印象，为菲利浦·莫里斯公司赚了不少钱。《西部牛仔之死》消除了这种浪漫气氛，使大家回到了现实。这部影片揭穿了万宝路牛仔的神话，我们应该帮助孩子们认清这个被广告操纵的事实。

这些试图改变人们态度和行为的尝试获得了极大的成功，万宝路牛仔过早地离开人世，成为香烟牺牲品的事实让人刻骨铭心。目前美国成年男子中的吸烟人数是近几十年来最低的，成年女性吸烟者上升的势头也得到了遏制。尽管最近少年中吸烟者比率有所上升，但有证据表明，针对少年的反吸烟广告可以改变许多少年吸烟者的态度，并使该群体的吸烟者比率显著降低。

资料来源：1. 德尔·霍金斯，肯尼思·科尼，罗格·贝斯特. 消费者行为学 [M]. 符国群，译. 7版. 北京：机械工业出版社，2000：236.
2. 吴柏林. 营销策划与策略 [M]. 2版. 广州：广东经济出版社，2009：121. 改动比较大，部分内容及所有插图都是作者根据相关资料添加的。

正如本章开篇案例所描述的，商业性和社会性机构常常通过改变人们对某一产品、服务或活动的态度成功地改变他们的行为。态度的改变可以催生有益的消费决策（例如保健），也可以导致有害的消费决策（例如吸烟）。营销活动最基本的作用是说服消费者或是购买其产品（如万宝路香烟）或是接受它的观念（如吸烟有害健康），营销活动起作用的方式不是强制性的，只能是劝说、引导，在形成或改变消费者的态度上下功夫，这样的营销活动才有较强的说服力。

本章介绍消费者的态度与说服。首先介绍消费者的态度，基本内容有态度的构成、态度的一致性及态度的测量；其次进入消费者态度的改变，分别介绍态度改变的三个阶段、态度改变的功能以及影响态度改变的主、客观因素；再次是营销说服的机制，其中有低认知介入的理论模式、高认知介入的理论模式、综合模式即精细加工可能性模式以及霍夫兰的说服模式；最后介绍改变消费者态度的营销策略，具体有改变消费者认知的营销策略、改变消费者情感的营销策略以及改变消费者行为的营销策略。

第一节　消费者的态度

态度是个体对待人、事、物或观念的评估性的总体感觉，是行为前的准备状态。态度是我们对于所处环境的某些方面的动机、情感、知觉和认识过程的持久的体系。它是"对于给定的人、事、物喜欢或不喜欢的行为倾向"。因此，态度就是我们对于所处环境的某些方面，如一家零售店、一个电视节目或一个产品的想法、感觉或行动倾向。

一、态度的构成

可以把态度的结构概括为三个成分：认知、情感和行为倾向，我们可以将其简称为"知、情、意"三要素。认知成分指的是我们对态度对象的所有认识，当消费者对某一商品形成某种态度时，他们通常要观察该产品的外观、各项技术指标、运转的情况等。没有这一认识，就不可能对这一商品进行恰当的评价。情感成分实质上是人们对态度对象的评价，它表达了消费者对具体商品是喜欢还是厌恶。行为倾向指的是消费者的购买意向，在对待商品的态度中，只有具有了购买意向，消费者才会有购买行为。

态度的三个因素往往是相互影响、相互作用的。一般来说，认知因素是基础。当人们认识到某一商品的优秀品质之后，就会对它怀有好感，并愿意购买它。但有些时候也可能是情感因素首先形成，人们因为喜欢某一东西之后才去认识它，进而从认知到采取主动的购买行动。依此分析，图7-3描绘了态度的三个组成成分，这三个成分是认知成分、情感成分和行为成分。

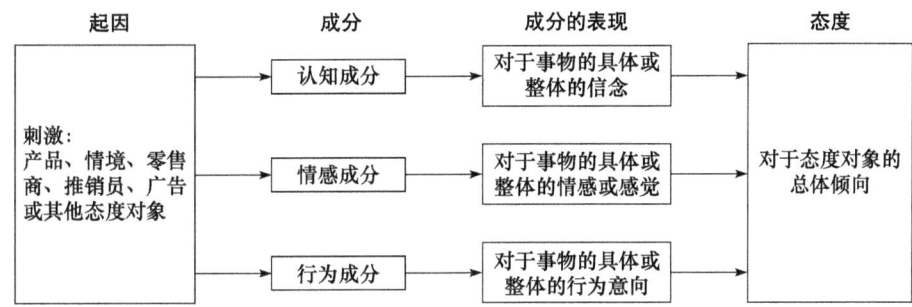

图7-3 态度的组成成分及其表现

注：可以把态度的结构描绘为三个组成部分，即认知成分、情感成分和行为（倾向）成分。我们将其简称为"知、情、意"三个要素，这三个部分往往是相互影响、相互作用的，形成态度主体对态度对象的总体倾向。

（一）认知成分

认知成分由消费者关于某个事物的信念所构成。对于大多数事物，我们都有一些认知或信念。例如，我们也许相信并认为健怡可乐⊖：①几乎不含热量；②含有咖啡因；③相对来说贵一些；④是一家大公司生产的。

关于这种品牌饮料的所有信念构成了对于健怡可乐的态度的认知成分。重要的是，我们必须记住：信念不必是正确的或真实的，它们只要存在就行。

许多关于产品属性的信念本身具有评价性质。较长的汽油行驶里程、吸引人的式样、可靠的表现通常被视为正面信念。一个品牌与越多的正面信念相联系，每种信念的正面程度越高，则整个认知成分就越积极。而且，由于某一态度的三个组成成分总的来说具有内在一致性，因而整个态度也会越积极。这一逻辑便是人们所熟悉的"多属性态度模型"的基础。

⊖ 健怡可乐是由可口可乐公司研发的不同于传统可乐的产品，于1995年首先在德国推出，而后向全球推广。因其接近可口可乐的原味、具有都市时尚形象、符合现代人追求享受的生活主张、顺应了消费者对低热量饮食的需求，上市之后广受世界各地消费者的喜爱。

多属性态度模型有几种不同的表达方式，以下是最简单的一种

$$A_b = \sum_{i=1}^{n} X_{ib}$$

式中，A_b 是消费者对于某特定品牌 b 的态度；X_{ib} 是消费者对于品牌 b 的属性 i 的表现的信念；n 是所考虑的属性的数目。

这一表达式假定所有属性在决定整体评价中具有同等重要性。但是，稍微考虑一下便可发现，对于某些产品和个人来说，价格、质量、款式等少数属性比其他属性更重要。于是，为每种属性加上权重往往是必要的

$$A_b = \sum_{i=1}^{n} W_i X_{ib}$$

式中，W_i 是消费者赋予属性 i 的权重。

该模型的这一表达式在很多情况下都是颇有用处的。但是，它假定了"越多（或越少）越好"。这的确是通常适用的假定。更多的"每升汽油可跑公里数"显然比较少的"每升汽油可跑公里数"要好，其他事物也一样。这一表达式对于这类情况是完全适用的。

对于某些属性，"越多（或越少）越好"在某一点之前是正确的，过了这一点，继续增加（或减少）就不再好了。例如，向无盐饼干上撒盐会使我们感到味道更好，但是撒的盐一旦超过某个限度，味道就难以忍受了。此时，我们需要在多属性态度模型中引入"理性点"

$$A_b = \sum_{i=1}^{n} W_i \left| I_i - X_{ib} \right|$$

式中，I_i 是消费者认为的属性 i 的理想表现水平。

多属性态度模型在市场研究和管理中应用广泛，下面我们将提供一个有属性权重和理想点的模型实例。更简单的模型的使用与此类似。

假设某个细分市场的消费者认为，健怡可乐在 4 个属性上的表现水平（用 X 表示）和消费者期望的理想表现（用 I 表示）如表 7-1 所示。

表 7-1

	(1)	(2)	(3)	(4)	(5)	(6)	(7)	
价格低	—	—	I	X	—	—	—	价格高
口味甜	—	I	—	—	—	X	—	口味苦
地位高	—	—	I	—	X	—	—	地位低
热量低	IX	—	—	—	—	—	—	热量高

可见，该细分市场的消费者认为（用 X 表示）健怡可乐的价格适中，味道很苦，地位多少有一点儿低，热量极低。而他们期望的理想情况（用 X 表示）是价格更低一点儿，味道很甜，地位多少要高些，热量也极低。由于这 4 个属性对消费者的重要性不一样，该市场的消费者对各属性赋予不同的权重。

衡量权重的一种通常方法是 100 点"常数和量表"。如表 7-2 所示，重要性权重反映了软饮料 4 个方面属性的相对重要程度。在上面的例子中，热量被认为是最重要的属性，口味的重要性处于其次，价格是最不重要的。由以上信息，我们可以算出该细分市场对健怡可乐的态度指数：

表 7-2

属性	重要性
价格	10
口味	30
地位	20
热量	40
总计	100

$$A_{健怡可乐} = 10 \times (|3-4|) + 30 \times (|2-6|) + 20 \times (|3-5|) + 40 \times (|1-1|)$$
$$= 10 \times 1 + 30 \times 4 + 20 \times 2 + 40 \times 0$$
$$= 170$$

该方法先算出消费者对于健怡可乐各属性的理想值与评价值的绝对差值，各差值乘以该属性的权重，由此得到态度指数值。此例中得到的态度指数值为170，这个值是说明态度好还是不好呢？

态度指数是一种相对测度指标，要评价它，必须将该指数与对其他产品或品牌的态度指数进行比较。

我们知道，如果健怡可乐被认为是一种理想的软饮料，则消费者对它的各属性的评价值就应该与理想值相等，从而使态度指数值等于0。因此，态度指数越接近于0，说明所持态度越好，消费者对该产品评价越高。

到目前为止，我们一直在讨论多属性视角的认知成分，并且假定消费者会明晰地、有意识地完成一系列精确的评价和加总工作以形成对产品的总体认识。但是，这种精细的处理只是在高度介入的购买情境下才可能发生。在大多数情况下，多属性态度模型只是对我们不大精确和缺乏条理化、无意识认知过程的抽象模拟。

图7-4为健怡可乐在我国市场上常见的一个版本：Coca-Cola Light。

图 7-4 Coca-Cola Light：健怡可乐的另一个版本
注：对中国人来讲，说起健怡可乐，会想起市面上常见的 Coca-Cola Light，这实际上是健怡可乐的另一个版本。在美国人心目中印象最为深刻的要数 Diet Coke 了。Diet Coke 是由可口可乐公司于1995年研发的不同于传统可乐的新产品，它先在德国推出，后向全球推广。它既接近可口可乐原味，又顺应人们对低热量饮料的需求，上市之后大获成功。

（二）情感成分

态度的情感成分就是人们对某个事物的感情或情绪性反应。一个宣称"我喜欢健怡可乐"或"健怡可乐是一种糟糕的苏打水"的消费者所表达的是关于产品的情感性评价。这种整体评价也许是在缺乏关于产品的认知信息或没有形成关于产品的信念条件下发展起来的一种模糊的、大概的感觉。或者，也许是对产品各属性表现进行一番评价后的结果。例如，"健怡可乐口味不好"和"健怡可乐太贵"的评价，隐含着对产品某些方面的负面情感反应，这种负面情感与关于产品其他属性的情感相结合，将决定消费者对于该产品的整体反应。

像对其他事物的反应一样，我们对产品的评价是在特定的情境中做出的，因此，特定消费者对于某个产品的情感反应（正如对该产品的认识和信念一样）也会随情境的改变而改变。例如，一个消费者也许认为：①健怡可乐含有咖啡因；②咖啡因能使你保持清醒。这些认识和信念，在该消费者为准备考试而需要熬夜时会引起一种积极的情感反应，而在该消费者想在晚上喝点儿东西又不至于睡不着觉时会引起负面的情感反应。

由于独特的动机、个性、过去经历、参照群体和身体状况，不同个体可能会对同一信念做出不同评价。

有些人会对"健怡可乐是一家很大的跨国公司生产的"产生积极的情感，另一些人却可能对此做出负面的反应。

尽管存在个体差异，但在某一特定文化内大多数人会对与文化价值观紧密联系的信念做出相似的反应。例如，对于餐馆的清洁信念和情感在大多数美国人中是相似的，因为这一价值观在他们文化中是非常重要的。所以，在怎样评价某个信念和该文化中与此相关的某种重要价值观之间，常常存在很强的联系。

尽管情感往往是评价某产品的具体属性的结果，它也可能在认知出现之前产生并影响认知。事实上，一个人可能在没有获得任何有关产品的认识的情况下便喜欢上该种产品。的确，我们对于某产品的最初反应（喜欢或不喜欢的感觉）可能不是建立在认知基础上的。这种最初的情感能影响我们后来对该产品的评价。

（三）行为成分

态度的行为成分是一个人对于某事物或某项活动做出特定反应的倾向。购买或不购买健怡可乐，向朋友推荐该品牌或其他品牌等一系列决定，能反映出态度的行为成分。在下一部分我们将看到，行为成分提供了行为倾向。我们的实际行为反映出这些意向，而这些意向会随着行为所发生的情境而调整。

由于行为往往是针对整个事物的，它不像信念或情感那样具有具体的属性指向。当然，这也不是绝对的。例如，许多消费者在折扣商店或仓储型平价商店购买罐头食品，而在超级市场购买肉和新鲜蔬菜。因此，对零售店而言，消费者针对其中的某些具体属性做出不同的反应仍是可能的。但是对于单个产品来说，我们就难以针对产品的具体属性做出不同的行为反应，我们只能对整个产品做出购买或不购买的决定。

图 7-5 是健怡可乐在推广初期的一则影视广告，在这一则广告中，广告运用了夸张的手法表现了健怡可乐的迷人之处。

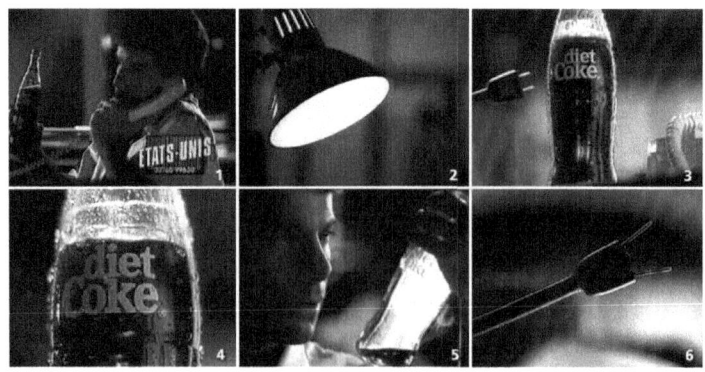

图 7-5　健怡可乐在推广初期的一则影视广告（用手机扫描图上方的二维码便可观赏）

注：广告运用了夸张的手法表演了一部办公室里的"鬼片"：台灯用自己的电插头狂吸健怡可乐，纸张翻飞，灯光闪烁……无人操纵的打印机居然打出了健怡可乐的字样！当男士回来看到那空荡荡的可乐瓶子时大惑不解，不知其中奥秘。

资料来源：疯狂广告．深圳市先科娱乐传播有限公司出品，1997．观看网址：http://v.youku.com/v_show/id_XMjI1ODEzOTIw.html（图 7-5 是作者根据视频资料来源结合课程内容设计制作的）。

一位公司白领男士将一瓶没有喝完的健怡可乐放在办公室里下班走人,奇特的一部"鬼片"在办公室里即刻开演。桌上的台灯将自己的插头从电源插座上拔下,用尽全力穿透玻璃瓶子,发疯似地狂吸里边的健怡可乐。空无一人的办公室顿时活跃起来:茶杯起舞、纸张翻飞、窗帘摇曳、灯光闪烁……无人操纵的打印机自动打出"diet Coke"的字样。男士下楼后回望办公室摇曳、闪烁的窗户,似乎觉察到"事情有点儿不对头",急忙回去。一到办公室,这里疯狂的场面戛然而止,只是那瓶健怡可乐已被喝光。正当男士凝视那空空如也的瓶子感到莫名其妙、瞪眼发呆的时候,那台灯的插头还在一旁窃喜,偷偷打了一个饱嗝!

二、态度的一致性

图 7-6 说明了态度的一个重要特征:态度的三个组成成分倾向于一致。这意味着某个成分的变化将导致其他成分的相应变化,这一趋势构成了营销策略的基础。

作为营销策划人,我们极为关注如何影响行为。但是,要直接影响行为通常是很困难的。换言之我们通常不能直接要求消费者购买、使用并向他人推荐我们的产品。不过,消费者通常会听取推销人员的介绍,会注意我们的营销活动,或者会查看我们的包装。于是,我们可以通过提供信息、音乐或其他刺激来影响他们对产品的认识或情感,进而间接地推动他们的行为。这样做的前提是使态度的三个组成成分之间保持一致。

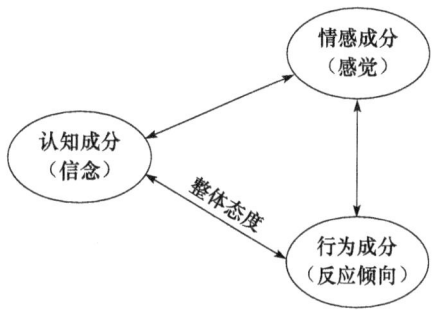

图 7-6 态度的一致性
注:态度的三个组成成分倾向于一致,想直接影响消费者的行为通常是十分困难的。但我们可以通过提供信息、音乐或其他刺激来影响他们对产品的认知或情感,进而间接地推动他们的行为。这样做的前提是让态度的三个成分保持一致性。

一些研究已经发现了这三个成分之间的某些联系。让我们以一个例子来考察这种一致性的来源。假定某个消费者对于苹果公司的 PowerBook 计算机有一系列正面的信念,并且对该品牌和型号有一种积极的情感反应。进一步假定,该消费者对于 PowerBook 的信念和情感比对其他同类的计算机更积极。他填写了一份问卷,并在问卷中表明其正面的信念与情感。但是,他并不拥有一台 PowerBook,也没有购买其他品牌或型号的计算机。此时,研究者可能会得出结论,认为态度的三个成分并不完全一致。

总体上,态度的三个组成成分(认知、情感和行为)倾向于保持一致。但是,在认知和情感的测得值与可观察的行为之间显现的一致程度会因为一系列其他因素的影响而降低。此外,我们必须记住,行为成分只是一种行为倾向,并不是实际的行为。行为倾向在许多情况下不一定通过购买显示出来,比如乐于接受关于该品牌的新信息,赞扬购买了该品牌的人等都构成行为倾向,这便是营销活动真正能够发挥作用的地方。

三、态度的测量

(一) 态度量表

态度通常是用一些专门的量表加以测量,常用的量表有:①非比较性评价量表;②比较性评价量表；③语意差别量表；④李克特量表。

非比较性评价量表要求消费者评价某个对象或该对象的某一属性，而不与其他对象或属性做比较，如表7-3所示；比较性评价量表则提供直接比较点，如指明某个竞争者、"你所喜爱的品牌"或"理想品牌"，如表7-4所示。

表7-3　非比较性评价量表

你喜欢健怡可乐的味道吗？

非常喜欢	喜欢	讨厌	非常讨厌
—	—	—	—

表7-4　比较性评价量表

较之于可口可乐（可口），百事可乐（百事）的味道如何？

喜欢百事远胜于可口	更喜欢百事	同样喜欢	更喜欢可口	喜欢可口远胜于百事
—	—	—	—	—

配对比较量表向消费者同时呈现两个对象（如品牌、包装），要求他按照某种标准（如总体偏好、味道、颜色）从中选出一个。排序或顺序量表则要求消费者按照偏好、味道或重要性对一系列品牌或广告进行排序。常数和量表与排序量表具有某种程度的类似性，但前者要求被试对各对象赋予一定分值并使总分值为100。分值的分配实际上反映了被试对被评对象的偏好程度或反映了被试对评价对象重要性的认识。

语意差别量表则运用两极形容词让消费者表明他对某个目标对象的态度，如表7-5所示。

表7-5　语意差别量表

本田雅阁汽车

	绝对	相当	比较	中立	比较	相当	绝对	
快	×	—	—	—	—	—	—	慢
奇特的	—	—	—	—	—	×	—	平庸的
大的	—	—	—	×	—	—	—	小的
便宜的	—	—	—	×	—	—	—	昂贵的

在表7-5中，消费者在相应的横线上做标记，以表明这些形容词在多大程度上刻画了被评价的对象。两端位置表明"绝对""极"或"非常"，接下来靠近两极的一对位置表明"相当""很"，中间的位置表示"既不也不""中立"，而紧靠中间位置的一对位置表示"比较""有点儿"。例如，在表7-5中，消费者认为本田雅阁汽车速度极快、很平庸，价格有点儿贵，既不太大也不太小。

李克特量表要求消费者对一系列与态度对象相联的陈述句表明同意或反对的程度，如表7-6所示。

表7-6　李克特量表

1. 真功夫是本市最有吸引力的快餐店吗？

绝对同意	同意	中立	反对	绝对反对
1	2	3	4	5

2. 真功夫提供的服务令人满意吗？

绝对同意	同意	中立	反对	绝对反对
5	4	3	2	1

3. 快餐店的服务对我来讲非常重要吗？

绝对同意	同意	中立	反对	绝对反对
+2	+1	0	−1	−2

为了分析李克特量表上的反应，每一类别的反应被赋予一个数值。例如，可以将绝对同意赋值为1，同意为2，以此类推，绝对反对为5，也可以反过来将绝对反对赋值为1，绝对同意为5，或者可以运用–2到+2对李克特量表上的5个位置赋值。

观察这种改变对另外一个变量如消费者态度、学习或重复购买行为产生的影响。在控制条件下改变的变量被称为自变量，受自变量影响而改变的变量被称为因变量。试验设计的目的是组建一种环境或情境，在此情境下因变量的改变很可能由自变量的改变引起。

试验研究中的基本工具是控制组和试验组。在试验组里，自变量被改变或被引入，然后观察因变量是否改变。而在控制组里，其他方面与控制组没有任何区别，唯一的区别是自变量没有改变。在现实研究中，控制组和试验组可以以多种方式搭配，由此产生不同的试验设计。

除了选择合适的试验设计，还必须发展一种试验环境。在试验室试验中，我们必须控制所有外部影响，这样，每次重复该试验将会得到相似的结果。例如，如果在试验室让人品尝几种不同的沙拉，用类似的消费者来重复这一试验，我们将得到类似的偏好结果（这称为内部有效性）。然而，这并不必然意味着消费者在家里或在餐馆会喜爱同一种沙拉（这称为外部有效性）。

在试验中，我们要使试验环境尽可能与相关的现实环境接近，也就是说要尽可能排除不寻常或偶发条件下才出现的外部因素对试验结果的扭曲。然而，如果试验结果没有遭到扭曲，在现实营销运用中这些结果应当是有效的。在上面的例子中，如果我们让消费者在家里品尝几种不同的沙拉，其评价结果与现实市场条件下的评价结果可能存在出入。原因是，在现实的市场条件下，竞争者的活动、不正常的天气或产品和可获性等外部因素均可能影响消费者对这些沙拉的评价。然而，在不存在这些外部影响的条件下，试验中受消费者偏爱的某种沙拉如果真正上市同样也应受到消费者的喜欢。

（二）态度三种成分的测量

通过测量消费者对整体品牌的喜好或情感可以相当准确地预测该消费者对这一品牌的购买和使用情况。然而，由于态度的各个成分往往是某一营销策略的有机组成部分，我们有必要对每一态度成分加以测量。下面以健怡可乐为例，简要介绍一下测量态度三种成分的具体方法。

1. 测量认知

在表7-7中，对于健怡可乐的认知是通过语意差别量表予以测量的，该量表列出目标市场关于该品牌的态度可能涉及的不同属性和特点。这些属性可以通过集中小组访谈、投影技术和逻辑分析来发现。每种属性用其可能有的相互对应的两极（如大与小、亮与暗、快与慢）来表示。

表7-7 健怡可乐认知成分的测量

	绝对	相当	比较	中立	比较	相当	绝对	
口味浓烈	—	—	—	—	—	—	—	口味温和
不含糖量	—	—	—	—	—	—	—	含糖量高
不含咖啡因	—	—	—	—	—	—	—	咖啡因含量高
便宜的	—	—	—	—	—	—	—	昂贵的

在两个极端之间划分出5~7个层次。消费者被要求在恰当的地方对所评价的事物标准标注×符号，在最两端表示"极为"或"绝对"，最靠近两端的位置表示"很"或"相当"，再向里的一对位置表示"比较"或"有一点儿"，最中间的位置表示"中立"或"既不，也不"。

2. 测量情感

运用李克特量表时，也需要找出目标市场关于品牌特点可能涉及的一系列属性和特征。这些属性的清单可以运用前述语意差别量表下所使用的类似方法获得（即小组访谈或深度会谈的方法）。

在李克特量表中，品牌可能具有的各种属性通过一系列陈述语句表现出来，这些语句陈述该品牌具有某种特点或消费者对该品牌整体或某一方面持有某种情感。例如"去麦当劳用餐使我很高兴"就是这种陈述句。消费者被要求对这些陈述表示同意或反对，并表明同意或反对的程度。如表7-8所示，5个层次的同意量度通常就足够了，有时6个或7个层次的量度也被使用。

表7-8 健怡可乐情感成分的测量

	很同意	同意	中立	反对	很反对
我喜欢健怡可乐的口味	—	—	—	—	—
含糖量高影响健康	—	—	—	—	—
咖啡因对健康不利	—	—	—	—	—
健怡可乐太贵了	—	—	—	—	—
无论如何，我就是喜欢健怡可乐	—	—	—	—	—

3. 测量行为倾向

行为倾向通常是用直接询问的方法予以测量，这种方法对许多产品是相当有效的。但是，对于那些强烈地与某些社会规范相联系的产品，如酒精或色情产品、饮食模式和媒体使用，这种方法就不一定有效。人们倾向于隐瞒或低报对于这类负面产品的消费，而夸大他们对诸如教育电视之类的正面产品的消费。

在这种情况下，问卷中小心的措辞和间接的询问有时是很有帮助的。例如，与其问某人对这类产品的消费，还不如让他估计与他们相似的人（如他们的邻居或同事）对这类产品的消费。健怡可乐行为成分的测量如表7-9所示。

表7-9 健怡可乐行为成分的测量

您通常喜欢喝的饮料是：_____；
您最近一次买的饮料是：_____；
下一次购买饮料时，您购买健怡可乐的可能性有多大？
□ 肯定会　　□ 可能会　　□ 不一定　　□ 可能不会　　□ 肯定不会

第二节　消费者态度的改变

态度是后天经验形成的，它是可以改变的。对某一事物或某个人的肯定态度会变成否定态度，原先的否定态度也可变成肯定态度。事实上态度的形成与改变是同一发展过程的两个方面。态度的形成强调某一态度的发生、发展，而它的改变则强调由旧的态度改变为新的态度，二者相互联系，相互衔接。态度的改变可分为两种：①态度的一致性改变，指改变原有态度的强度，而其方向不变，如稍微反对（或赞成）的态度改变为强烈反对（或赞成）的态度。可以说，态度的一致性改变是态度"量"的改变。②态度的不一致性改变，指以新的态度取代旧的态度时其方向改变了，如由反对的态度转变为赞成的态度，或者相反。也可以说，态度的不一致性改变是态度"质"的改变（见图7-7）。

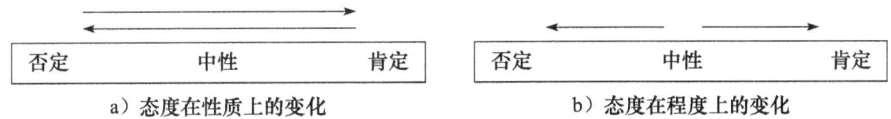

图 7-7 态度改变的两种形式

注：态度的改变可分为两种：其一是态度"量"的改变，即态度的一致性改变，指改变原有态度的强度，而其方向不变，态度在程度上发生了变化；其二是态度"质"的改变，即态度的不一致性改变，指以新的态度取代旧的态度时其方向改变了，态度在性质上发生了变化。

一、态度改变的三个阶段

美国社会心理学家凯尔曼提出，态度的变化可分为服从、同化和内化三个阶段。

（一）服从阶段

这是从表面上转变自己的看法和态度的阶段，也是态度转变的第一个阶段。处在此阶段的人们只是被迫表现出一些顺从的行为，内心并非心甘情愿。比如，一个刚刚加入某群体的人只是慑于压力，害怕受到处罚才对群体规范表现出服从。

（二）同化阶段

在此阶段，人们不是被迫而是自愿接受他人的观点、认知、态度和行为，使自己的态度与别人接近。如加入某群体的人经过一段时间后，认识到作为群体成员，必须遵守群体规范，才能保证群体的存在和发展。于是他便能够自觉地执行各种规章制度，并将此作为一种认知和态度。

（三）内化阶段

真正从内心深处相信和接受他人的观点，从而彻底转变了自己的态度。在此阶段，真正使一个人相信了新的观点和新的思想，从而把这些新的思想和新的观点纳入了自己的价值体系，成为自己态度体系中的一个有机组成部分。

就营销活动而言，必须达到内化阶段才能影响人们的态度。人们不会自欺欺人地被迫接受营销活动信息，只有让消费者发自内心地接受营销活动、喜欢其营销活动宣传，才能达到宣传的效果。

二、态度改变的功能

这一理论认为，人们之所以持某种态度，是因为那种态度可以满足个人一定的心理需求。要改变一个人的态度，应当先了解支持这种态度的需求是什么。态度主要有如下几个功能。

（一）适用性或功利性功能

如果一个人、一件事、一件物品对我们有利或可以帮助我们达到某种目的，我们就会对其产生正面的态度。人们尽力发展能够提供最大利益的态度，反之则不然。这就是态度的适用性或功利性功能。态度的功利性功能告诉我们，它遵循"奖励最大，受罚最小"的原则，如图7-8所示。

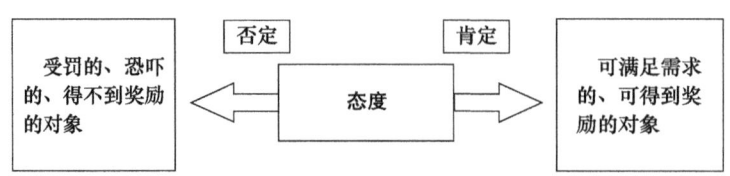

图 7-8　态度的功利性

注：如果人、事、物对人们有利或可以帮助我们达成目标，大家就会对其产生正面的态度，反之则不然。这就是态度的适用性或功利性功能，态度的功利性功能显示"奖励最大，受罚最小"的原则。

（二）自我防御功能

自我防御功能指个体通过态度，保护他自己和自己的自我形象，从而减少焦虑。如感到卑微的人对别人常持一种高高在上的态度，敌视别人是想缓解自我的脆弱和不安全感，以维护自己的形象。

（三）认识和评价功能

为了有效地应付各种生活问题，我们对于常接触的事情自然地会加以组织归类并赋予一定的意义，于是便成为我们对特定事物的态度。反之，由于态度的存在，使很多事情成为对我们具有特别意义的事情。

（四）价值表达功能

每个人对生命的意义都有一定的解释，这种对生命的解释构成个人对一些人、事、物特有的态度。如有的人认为生命的最高意义是追求美，因此对艺术持有积极肯定的态度；有的人认为生命的最高意义是追求物质享受，因此向往舒适的生活，对其持肯定的态度。所以，态度具有表达个人价值的功能，力图把内在的价值观转化为外在的表达。

既然态度的功能在于满足人们的特殊需求，那么我们就可以针对个人的需求进行相应的营销传播，进而达到改变态度的目的。心理学家指出，若一个人的态度是用来支持自我防卫需求的，则向其传播解释性的信息，这样比较能够激发态度的改变。若一个人的态度是用来支持知识需求的，则向其传播常识性的信息。若一个人购物是由于盲目攀比，满足自我防卫的需求，那么我们就对他传播解释性的信息。

我们可以利用有关态度改变的心理学原理促使消费者对某一产品或品牌建立良好的态度。营销活动的目的就是希望能保持或增加良好的商品态度，努力改变消费者坏的态度，使之变为较好的态度。

三、影响态度改变的主、客观因素

态度的改变不仅取决于企业或社会机构的活动（客观因素），还取决于个体或心境（主观因素）。不同个体转变态度的难易程度不同，就主观因素而言，有些人较另一些人更顽固、封闭或保守，不易受社会的影响，强烈的态度比微弱的态度更难改变。

大多数营销者并不花太多精力争取那些对竞争品牌极为忠诚的顾客，而是集中注意力于那些不很忠诚于竞争品牌的顾客，因为后者更愿意关注营销信息并做出反应。在营销者试图改变消费者的态度时，消费者本身并不是完全被动的。相反，他们常常推断营销活动的意图并据此对企业的营销传播活动做出适当的反应。

（一）社会因素

社会因素是指社会上各种事物，包括社会制度、社会群体、社会交往、道德规范、国家法律、社会舆论、风俗习惯等。它们的存在和作用是强有力的，影响着人们态度的形成和改变。社会上刚出现了新的事物，往往会遭到一些人的抵制和反对，但只要这种事物有利于社会和个人身心的发展，它迟早会被人们所接受。例如消费者旧的消费观念与消费习惯的改变与新的消费观念与消费习惯的形成，这个态度的转变过程可能是在潜移默化的情况下进行的。

（二）团体因素

许多社会因素往往通过各种团体起作用，团体是社会的缩影。团体因素包括一定的信仰、目标、组织形式、规章制度、行为规范、成员与团体的关系等，也是一种强有力的客观因素。个人出于某些需要加入一个或几个团体，与团体建立一定的关系，团体从而对其成员施加影响，使他们改变和形成有关的态度。团体影响力的大小取决于个人与团体的关系。个人与团体的关系越密切，在团体中的地位越高，其归属感越强，那么团体就越能对他施加影响，使他形成有关的态度，而改变不相适应的态度。反之，个人与团体的关系越疏远，就越难对他施加影响，直至他脱离团体，重新改变和形成态度。

（三）宣传因素

许多社会因素和团体因素往往通过一定的宣传因素起作用。宣传因素是指在宣传过程中由宣传者的威信、宣传内容、宣传方式方法等结合成为一种客观的说服力，影响着被宣传者有关态度的形成和改变。运用营销宣传手段进行营销传播是我们传达企业理念、树立品牌形象、影响消费者态度的重要策略之一。

（四）个性因素

主观的个性因素含个性倾向性和个性心理特征两个因素。

1. 个性倾向性

个性倾向性是指个体心理活动中稳定的意识倾向性特征，主要有需要、动机、兴趣、理想、信念、世界观等因素。它们作为各种心理动力调节着主体的行为，态度受这个系统中诸多因素的影响。例如，需要对态度的形成和改变就起着很大的作用。需要是主体企求获得某种事物的一种心理动力状态，能激起主体为满足需要而采取行动。因此，凡是能够满足需要的对象，就易于对它产生喜爱的、积极的态度；反之，对阻碍满足需要的对象，则产生厌恶的、消极的态度。如果某种需要能够不断得到满足，那么有关的态度就巩固下来，成为一种习惯性的态度。如果原来的需要得不到满足，或产生新的需要，则促使态度的改变或新态度的形成。可见，需要是态度的形成和改变的一个心理动力。

2. 个性心理特征

个性心理特征是指个体心理活动中稳定的心理特征，包括能力、气质和性格三个因素。例如气质和性格，气质主要以其灵活性和可塑性影响着态度的改变和形成：灵活性及可塑性较大的多血质者较易改变态度，灵活性及可塑性较差的黏液质者和抑郁质者较不易改变态度。性格则以其类型特征影响着态度的改变和形成：外倾型者及顺从型者较易改变态度，内倾型者及独立型者较不易改变态度，理智型者善于通过认知因素改变和形成态度，意志型者易于通过目的的明确改变和形成态度，情绪型者易受情感因素的影响改变态度。

（五）态度的系统特征

一个人形成某些态度，这些态度往往相互组合成为一个态度系统。该系统具有各种特性，作为主观的心理条件影响着态度的形成和改变。态度如果具有以下七个特征之一，则不易改变：①态度是幼小时形成的；②态度已经发展到两个极端；③态度所涉及的关系比较复杂；④态度在长时期内前后是一贯，并已形成相应的认知与信念；⑤态度中认知、情感和行为倾向三个因素协调一致；⑥态度强烈地激励着行动，并使主体取得较多的奖励或满足；⑦态度与价值观的联系较为密切。现在假设我们是在做一个多项选择题，如果态度在以上七个选项（特征）中可以选中两个或更多，则其强度更牢固，所表现的行为更强烈，因而要改变它也就更加不容易。

总之，态度的形成和改变是上述各种主客观因素相互作用的结果。其中，客观因素是外因，以社会因素为主；主观因素是内因，以思维和个性倾向性因素为主。外因通过内因起作用，使态度得以形成或改变。营销者如能恰当地把握好这个主客观因素的相互作用，就能对消费者的态度施加有效的影响。

第三节 营销活动说服的机制

20世纪60年代以来，随着电子技术的发展，电子媒体的普及及其在营销活动中的广泛运用，人们对营销活动的说服机制日益重视。许多消费者心理与行为专家、广告心理学家、营销理论家开始致力于这方面问题的研究，并逐渐形成各种各样的理论或模式。

关于营销活动说服机制的研究，大致可分为三个阶段，每个阶段研究者所倡导的理论模式的侧重点都有所不同：①低认知介入理论模式阶段。20世纪六七十年代，关于说服的各种理论均强调情感迁移以及其他非认知因素的作用，而忽视了消费者的信息加工对他们接受营销活动说服的作用，这一阶段的理论模式称为低认知介入理论模式。②高认知介入理论模式阶段。20世纪七八十年代，由于认知心理学的迅速发展及其对其他领域的冲击，研究者们非常重视信息加工或认知介入对营销活动说服的影响，有些研究者甚至直接将认知心理学理论引入营销活动说服领域。与此同时，非认知因素则被忽视，这一阶段的理论模式称为高认知介入理论模式。③精细加工可能性模式阶段。20世纪80年代以来，有些营销研究者、心理学家开始认识到，单纯地强调非认知因素的作用，或单纯地强调信息加工、认知介入的影响都不能有效而全面地解释各种营销活动现象。因此，他们综合前人的研究，提出了精细加工可能性模式（ELM）。

一、低认知介入理论模式

低认知介入理论模式多数是在认知心理学诞生之前提出的。因而在这些理论模式中保留着认知心理学之前各种心理学思想或理论观点的痕迹。更确切地说，这些理论模式多数用于解释营销心理现象的心理学理论。

（一）强化理论

强化理论是一种比较早的起源于行为主义观点的态度理论。该理论把态度跟环境中存在的诱因或强化物联系起来。认为态度的改变就像新习惯的习得一样，其中必有某种诱因或强化物，这种诱因或强化物通常是某种酬赏，如物质奖励、社会赞许。

在社会心理学家霍夫兰、贾尼斯和凯利看来，当一个人面对的说服性传播所持的态度与自己已有的态度不同时，就会发生两件事：一是他以自己的态度反应，二是他按这一沟通所要求的态度反应。人们是否接受新的态度，依赖于这一传播所提供的诱因。如果传播中所提供的诱因能使人们感到满意，那么人们就倾向于改变自己已有的态度，接受新的态度；反之，人们就可能拒绝态度改变。根据这一观点，营销活动的说服作用主要取决于营销活动是否提供奖酬或承诺，以及这些奖酬承诺的大小。

在实践中，根据强化理论向消费者做出某种承诺的营销活动并不少见。例如有一则药品承诺广告，其标题是"拿回家试用30天，无效只收10元"，承诺的内容是：只用30天，平稳降压，不伤肝肾……而另一家药品广告则承诺："30天试用，无效退款！"

罗瑟·瑞夫斯认为，要想让营销活动获得成功，就必须依靠产品的独特销售建议（USP）。这与行为主义的强化理论似乎同出一源，仍有其强大的生命力。USP包含以下三部分内容：①每条广告都必须给消费者提出一条建议；②提出的建议必须是竞争对手没有或无法提出的，一定要别具一格；③提出的建议必须要有足够的力量感动消费者。具体内容详见本书第六章第三节。

根据强化理论，在现代营销实践中首先就是尽可能找出产品或劳务所能给消费者的益处，并给予消费者相应的承诺。不过，要注意两点：①你的承诺应该是消费者最关心的。例如，你不能告诉一个在沙漠中快要渴死的人"你再走一里路，我就给你十两黄金"，而应该告诉他"你再走一里路，那里就有水喝"；②你的承诺应该有足够的分量。例如，面对一个满身债务、走投无路的人，你不能说"只要你好好干活，我供你吃、住、穿"，而应该说"只要你帮我好好干上一年，我就帮你还清全部债务"。

（二）暴露理论

著名心理学家扎乔尼克在1968年提出一种经验性的观点。他认为只要营销活动暴露让消费者接触到，就足以使消费者对新异物体产生积极的态度。扎乔尼克用一系列的实验研究证实:简单地因为接触,就会导致偏好的产生,甚至在人们还没有对接触的信息进行认知加工时也是如此。在一项研究中,扎乔尼克及其合作者让被试看一系列多边形图形,然后又成对地呈现给他们,问被试哪一个他们已看过、哪一个他们比较喜欢。结果发现,即使看过的与没看过的再认成绩没有差别,但被试还是比较喜欢他们看过的多边形。有趣的是,被试口头报告的关于他们选择的原因都与是否看过无关,而与诸如形状吸引人有关。1996年吉布森的研究也证实了这种观点。吉布森对3对营销活动采用平衡设计在3大网络频道播出。次日随机访问7 600户家庭以测量品牌态度、突出性、意识和购买、优惠选择。结果指出,电视广告单一暴露能够改变成熟品牌的品牌态度;单一暴露的可能性效果的范围很大,从非常好到非常差。

按照扎乔尼克的这一理论观点,营销活动宣传只要让消费者"见到或听到产品"就行了,至于营销活动说什么、怎么说,消费者是否记住广告、记住广告产品,都是次要的。无论如何,扎乔尼克的这一理论观点是很难让人接受的,不过它也给我们这样的启示,营销活动一定要做,至少要让人"见到或听到"你的产品。

(三)熟悉性模式

熟悉性模式的基本假设是:广告接触会产生熟悉感,熟悉则引起喜欢。人们在商标、食物以及诗歌、歌曲的研究中都发现这种现象,即较为熟悉的东西人们较为喜欢。例如心理学家奥伯米勒1985年曾随机选用一些音乐旋律进行研究,发现被试认为以前听过的旋律比起没有听过的旋律,他们更喜欢前者。

这一模式十分简单,相当容易理解,但它的实践意义仅仅是,要让你的产品为消费者所喜欢,你就要想方设法让你的消费者熟悉你的产品。这一模式可以有效地解释派送样品、广泛铺货的作用。中央电视台一套中只有"标王"所能"享受"的、昂贵的5秒版时段广告,其作用在于增强人们对品牌的熟悉度。例如三星电器或手机的一些广告,没有关于产品性能的介绍,只是将产品的外观造型展示给读者,其作用只是希望读者对它产生熟悉感。

(四)低介入学习模式

低介入学习模式最早是由克鲁格曼于1965年提出来的(见图7-9)。克鲁格曼在观察中发现,大多数电视广告的产品都是低介入类型的。电视本身也是一种低介入的媒体,与高介入的印刷媒体广告相比较,消费者对电视广告的认知反应比较少,他们较少把广告与人的生活联系起来。在极端低介入的情况下,人的知觉防御很低,甚至不存在,观众能再认已看过的广告,但不能回忆其内容。

图7-9 低介入学习模式

注:克鲁格曼在观察中发现,大多数电视广告的产品都是低介入类型的。与高介入的印刷媒体广告相比较,消费者对电视广告的认知反应比较少,人们的知觉防御很低,甚至不存在。这时候广告对消费者态度的影响是"潜移默化"的。

克鲁格曼认为,低介入营销活动的呈现会引起观众知觉结构的改变,即商标名称的优势增加或产品特征愈加显著。这种知觉结构的微妙变化,增加了观众另眼看待营销推广品牌的可能性,并能触发诸如品牌购买的行为事件。可以说这种态度的变化是不易觉察、"潜移默化"

的。然而关于知觉结构的变化是否直接导致态度的变化，专家仍然还有不少的争议。知觉结构的变化与态度改变之间还没有一个确切稳定的关系，态度是否发生变化只有根据事件的发生才能确定。

低介入学习模式把购买行为看作营销活动影响消费者对品牌的态度的必不可少的因素。显然，营销者把经验的作用扩大化了。不过既然大家（营销者）目前都在用它，必然有一定的道理。比如，南方人喜欢吃大米，北方人喜欢吃面食。无论你怎么说面食如何有利于身体健康，要改变南方人吃大米的习惯都是很困难的。但是当南方人到北方去，不得不吃面食一段时间以后，他对面食就会逐渐产生好感，这也就是行为对态度的影响。这一事例说明，在营销活动中，配合一些促销活动，如赠送样品、免费品尝、产品试用，让消费者先产生行为变化，会大大地提升营销活动的宣传效果。

（五）归类评价模式

归类评价模式也是一种比较简单的理论模式，其基本前提是：人们常把物体分门别类。在评价一种新的物体时，总是先把物体归入所属类别。然后从记忆中提取出对该类别的态度，并把这种态度强加在类别的新成员上。人们对于某一类别事物的态度，或者由一个好的例子（真实存在的）代表，或者由一个典型的例子（虚构的）代表。例如彩电是一个物体类别，好的例子可能是松下，而典型的例子则可能是要具备松下、索尼、JVC、日立等产品优点的这样一种产品。

根据这一理论，营销活动的效果主要看消费者如何将产品归类。营销活动的作用则在于促使消费者恰当地将产品归类。

不言而喻，这种模式存在较大的片面性，但是在营销实践中有不少营销活动自觉不自觉地应用这一理论模式。例如有些产品广告有意地运用欧美人当产品介绍人，试图让消费者把产品归类为进口或出口产品，从而提高产品的品质形象。许多现代企业都很重视企业形象、品牌形象的塑造，并利用已经树立的企业形象、品牌形象促进新产品的市场推广。例如宝洁公司的产品广告以前只注重塑造单个品牌的形象，许多消费者不知道飘柔、潘婷、海飞丝、舒肤佳是姐妹关系，也不知它们都是宝洁公司的产品。后来在各种品牌的广告结尾一般都加上一句"宝洁公司，优质出品"，将品牌与企业联系起来，以此促进人们对各品牌产品的接受。

（六）一致性理论

一致性理论是社会心理学家关于态度形成的一种重要理论。该理论假设人对客体有关各方面的认知一致性驱力是态度改变的根本原因。他强调某人对某一对象的评价影响到另一个人的态度方式。当甲对乙持肯定态度时，甲对乙持赞成态度的对象也会持肯定态度，反之亦然。

根据一致性理论的观点，如果消费者对产品持肯定评价，而营销活动中受消费者尊敬或喜欢的产品介绍人也持肯定评价，那么消费者与产品介绍人的态度是一致的。介绍人对产品的态度具有坚定消费者对产品的态度的作用；在另一种情况下，如果消费者对产品持否定态度，而受他喜欢的介绍人对产品的态度是肯定的，那么这种不一致会使消费者产生认知紧张。在这种情况下，消费者消除认知紧张的方法有三种：第一，降低对介绍人的积极评价；第二，假设自己已不是真正讨厌产品；第三，改变自己已有对产品的消极评价。其中后两种方法对营销活动宣传是有利的。

从实践的角度来看，一致性理论的核心就是要利用信息源影响消费者。这一理论可以解释现代营销活动及其广告中存在大量明星代言人的现象，它同时说明，营销者在代言人的使用上一定要慎重，尽量选用有威望、受人们尊敬和喜爱的人物。

二、高认知介入理论模式

高认知介入理论模式是在认知心理学鼎盛时期出现的，比较有代表性的模式有两个，即认知反应模式和认知结构模式。

（一）认知反应模式

认知反应模式最早是由认知心理学家格林瓦尔德于1968年提出来。后来经过怀特、佩蒂、卡西奥波等人的发展完善。该模式的提倡者认为，在与营销活动的接触过程中，消费者积极主动地介入信息加工过程，他们根据已有的知识和态度对营销活动信息加以分析评价。认知反应就是发生于传播活动过程之中或之后的积极思考过程或活动。一般说来，认知反应会影响最终的态度改变，甚至成为态度改变的基础。认知反应模式的基本思想概括起来，即广告接触导致认知反应，认知反应影响态度改变（见图7-10）。

图7-10　认识反应模式

注：认知反应模式告诉我们，在与广告接触过程中，消费者主动介入信息加工过程，他们根据已有的知识和态度对营销活动信息进行分析评价。认知反应就是发生在传播活动之中或之后的积极思考活动。认知反应会影响态度的改变，成为态度改变的基础。

消费者在广告接触过程中产生的认知反应可分为两大类，即反对意见和支持意见。它们可以用消费者的口头报告来测量，实质内容包括以下几点。

（1）同意或反对广告的逻辑推理或内容。例如消费者可能会认为"×咖啡不可能是100%纯咖啡豆精制而成"。

（2）赞同或怀疑广告的结论。如对有些保健品广告宣称能使人更年轻，消费者可能表示赞同，也可能表示怀疑。

（3）相信或怀疑广告的情境。如有的消费者看了三维动画广告之后可能会认为"现实生活中不可能出现这种情况"。

（4）相信或怀疑广告的信息来源。如对名人推荐的产品，有人会认为"一定是企业给她很多钱让她说这话的"，有人则深信不疑。

认知反应模式预言，认知反应对态度改变的影响取决于认知反应的实质，支持意见的数量与态度和行为意向的改变有积极的关系，反对意见的数量与态度改变存在消极的关系。这一预言得到了许多研究的支持，研究者们因此得出结论：要改变消费者的态度，应该设法增加支持意见，减少反对意见。

从认知反应模式所强调的认知反应来分析，在营销活动实践中，如果你希望加强营销活动的说服力，有以下几个方面值得注意：①营销活动信息来源一定要可靠、可信，如要选用信誉高的媒体；②营销活动中的品牌代言人不管是名人，还是普通人物，最好是品牌产品的真正使用者；③营销活动的情境要让人有真实感；④营销活动中说明产品优点的论据一定要充分，营销活动中的推理、论证必须合乎逻辑。

（二）认知结构模式

评价一个人、一个物体、一件事情或一个观念时，人们往往会将评价对象分析成几个部分、几个方面、几种要素或几个特征，并在分别对各个部分、方面、要素、特征进行权衡和评价的基础上，形成对人、物、事或观念的整体印象或态度。认知结构模式就是基于这种假设建立起来的。具体而言，人们对产品形成一种态度之前，总是先通过对产品的各个方面（如性能、质量、价格）形成一定的评价，再把这些评价综合起来构成对产品的总体态度。该模式可以用公式表示

$$A_b = \sum_{i=1}^{n} W_i \left| I_i - X_{ib} \right|$$

式中，A_b 是消费者对于某特定品牌 b 的态度；W_i 是消费者赋予属性 i 的权重；I_i 是消费者认为该属性的理想表现水平；X_{ib} 是消费者对于品牌 b 的属性 i 的表现的认知或信念；n 是所考虑的属性的数目。这正是我们所熟悉的多属性态度模型（详见本章第一节）。

多属性态度模型在市场研究和管理中应用广泛，下面我们将提供一个有属性权重和理想点的模型实例。从现实、经验的角度来看，的确有些消费者在做商品的购买决策时，比较重视对产品属性的评价。但是并不是每一个消费者的每一项购买决定都有这么复杂的思考过程。所以，在进行广告创作时，要注意分析消费者是否重视产品属性的评价，消费者比较重视产品的哪些属性。然后针对消费者重视的商品属性着力加以宣传。例如消费者对电视品牌的态度很大程度上取决于其质量、价格和售后服务，因此在面向这些消费者做营销活动宣传时，要十分重视强调这几个方面。

三、综合模式：精细加工可能性模式

20 世纪 70 年代末 80 年代初，社会心理学家佩蒂和卡西奥波在对营销说服进行广泛研究的基础上，针对上述各种理论模式存在的问题，提出了一个新的综合性模式。他们称之为精细加工可能性模式（ELM），如图 7-11 所示。ELM 从宏观上描述了信息加工深度或认知介入程度对态度改变的影响。该模式的核心内容如下。

（一）说服的中枢线路和边缘线路

营销的说服存在两条线路，即中枢线路和边缘线路。在实际传播情境中，营销的说服通过哪条线路依据消费者的认知加工深度而定。如果消费者进行认知精细加工，即深度加工，那么营销说服就遵循中枢线路。换句话说，加工程度高，中枢线路占主导地位。反之，当加工的程度低时，边缘线路就成为营销说服的主要途径。

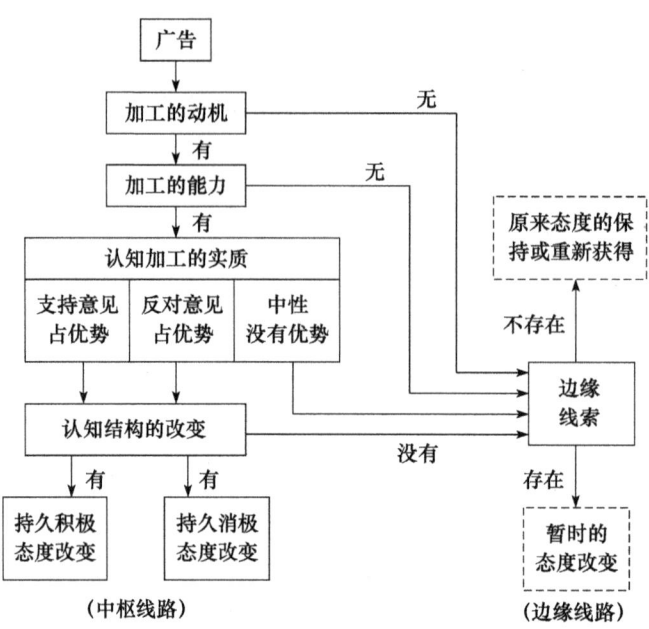

图 7-11 精细加工可能性模式

注：营销的说服存在中枢线路和边缘线路两条线路。在实际传播情境中，营销的说服通过哪条线路依据消费者的认知加工深度而定。如果消费者进行认知精细加工，即深度加工，那么营销说服就遵循中枢线路；如果加工的程度低，营销说服的主要途径就是边缘线路。

（二）中枢线路的两个必备条件

营销实现中枢线路说服作用必须具备两个条件：①消费者加工信息的动机；②消费者信息加工的能力。

1. 关于消费者加工信息的动机

消费者是否具备加工信息的动机，一方面取决于消费者本身，即消费者是不是潜在的产品用户，是否正在做购买决策，是否对产品感兴趣，是否想了解产品信息；另一方面取决于营销信息是否与消费者有关系，对他们是否重要，营销信息能否唤起消费者的认知不协调或认知需求等。如果消费者产生了加工信息的动机，那么就有进行中枢线路加工的可能。

2. 关于消费者信息加工的能力

消费者是否具备信息加工的能力，要看他们是否具备有关的知识经验。显然，一个不懂法语的人要阅读用法语写的广告是不可能的，让一个文盲阅读广告文案也是不可能的。如果消费者不具备信息加工的能力，精细加工就无法进行。

（三）关于边缘线路加工

如果消费者不具备信息加工的动机和能力，而且营销活动中存在边缘线索，那么消费者就会进行边缘线路加工。所谓的边缘线路加工，是指消费者拒绝或接受营销诉求并不是基于他们对营销信息的仔细思考，而是要么把营销论点或品牌直接与积极或消极的线索联系起来（这种联系是非理性的），要么根据说服情境的各种线索得出一个简单的结论。所谓边缘线索是指营销情境以及一些次要的品牌特征，如背景音乐、景物、模特和产品外观。如果边缘线索存在，消费者就会发生暂时的态度改变；如果边缘线索不存在，消费者就保持或重新获得原来的态度。研究发现，那些包含修饰色彩设计的营销比没有这些设计的营销在回忆和说服测量上要好。

（四）中枢线路向边缘线路的转移

在精细加工过程中，消费者会产生一些认知反应，包括支持意见和反对意见。消费者产生何种认知反应取决于他们原来的态度以及营销论据的说服力。在所有的认知反应中，只要支持意见或反对意见有一方占优势，就会导致消费者的认知结构发生变化；如果任何一方都不占优势，那么营销说服就由中枢线路转移到边缘线路上。

消费者经过认知加工产生了一些认知反应，即对营销的论点有了新的认识，那么这种新的认识被接受，并储存于记忆中。如果消费者的认知结构发生了变化，那么积极的、支持性的认识会导致持久的、积极的态度改变，而消极的、反对性的认识则导致持久的、消极的态度。相反如果消费者的认知结构没有发生变化，营销说服的途径就会转移到边缘线路上。

（五）两条线路说服效果的比较

两条线路的说服效果是不一样的。中枢线路的说服效果比较持久，对消费者的行为变化有着较强的预测力。边缘线路的说服效果很短暂，消费者的态度改变可能因时间的推移而逐渐恢复原来的态度。因此在营销活动中，我们最好提供强有力的论据，对消费者进行理性的说服，促使产生持久积极的态度改变。如果做不到这一点，那么至少也必须提供一些重要的边缘线索，促使消费者发生暂时的态度形成或改变。

ELM 综合了社会心理学和认知心理学的观点，是当今极具影响力的营销说服理论之一。如果结合前边的高认知介入与低认知介入的知识进行分析，我们会有更多的收获。事实上 ELM 正是关于态度如何形成以及如何在不同的介入程度条件下发生变化的一种理论，消费者的介入程度是决定信息如何被加工处理以及态度如何改变的关键因素。高介入度能产生一条通向态度改变的中枢线路，消费者据此认真检查和处理他们认为有助于对该品牌做出有意义和符合逻辑评价的所有信息。而低介入只能导致一条通向态度改变的边缘线路，此时消费者只是对所获得的信息进行粗浅的处理，并依据信息中的一些显而易见的线索形成对品牌或店铺的印象，而不深究这些线索是否与产品本身相关。

要想进行有效的营销传播，ELM 提醒我们对高介入度和低介入度的消费者应采取完全不同的传播策略。一般地讲，在高介入情境下，传播中应提供更具体、更具逻辑性和事实性的信息，即沿着中枢线路切入比较奏效。而对于低介入状态的个体，需要先给予有限的信息，如图片与音乐广告，以便消费者迅速知悉该产品的相关信息，即沿着边缘线路切入比较自然。

四、霍夫兰的说服模式

为了加深对前面三个模式尤其是 ELM 的理解，正确指导我们的营销实践，下面专门介绍一下霍夫兰的说服模式。

第二次世界大战期间，卡尔·霍夫兰在美国陆军主持研究战争中对敌宣传和美军士气的问题。战后，他回到耶鲁大学继续进行态度改变方面的研究。霍夫兰针对士兵或公众态度改变的研究对于研究消费者态度的改变很有启发。

霍夫兰认为人的态度的改变主要取决于以下三个方面：①说服者的条件；②信息本身的说服力；③问题的排列技巧。

（一）说服者的条件

信息是否有说服力，能否令人信服，首先取决于由谁发布、其来源于何处。马路边听到的信息与报纸或广播中听到的信息，其说服力显然大不相同。更重要的是，这个信息传播者本身的条件。

为了验证说服者的作用，霍夫兰做了这样一个实验：将一群被试分为三组，然后让三个人分别在各个小组就一个少年犯的题目进行演说。这三个演说者分别被主持人介绍为"法官""普通听众"和"品行低劣之人"。演讲结束后，三组听众分别给演说者打分。结果，"法官"得了正分，"普通听众"得了中分，"品行低劣之人"却得了负分。三种不同的身份和同一题目的演说形成了三种大不相同的影响力。这个实验结果表明：一个对某问题享有盛誉的人总比无声誉的人更能引起更多人的态度改变。在营销活动形象代言人的选择上，这一点对我们有很大的启发。

霍夫兰之后的研究者专门研究了说服者的声誉问题，认为声誉的最主要成分是专门知识（或专家身份）和超然的态度。当一个人对某一领域所知不多时，他们容易听信专家的言论。在传统社会，老年人的话是最令人信服和最具权威的。因为在大家眼中，年龄大的人就意味着经验多、知识广。但在现代社会，年龄已经不是建立权威的基础，人们重视的是专业的教育与训练，即是否具有专家的地位和身份。一个具有专业知识的人在传播与其专业内容有关的信息时，比非专家身份的人更可信。

传播者的意图与动机也会影响信息的说服力。如果人们知道传播者是为了自己的利益而进行说服，即说服一旦成功，传播者将从中获得好处，那么说服的效果就不会很好。所以，厂商营销的一个很大困难就在于其有利于自己的意图太明显，以至于降低了人们对其营销活动内容的相信程度。因此，信息传播者超然的态度也是重要因素之一。如同战争中的和平使者往往必须是一位与双方均无利害关系的人，营销传播者也不能以一个为厂商的利益而急不可耐的形象出现在消费者面前，如果能够请第三方代表出来说话，效果就大不一样。当人们的宣传没有明显有利自己的倾向时，人们更愿意相信这一宣传。如果能让信息接受者感觉到，人们并不是在有意地影响他们，也可能会增强说服的效果。例如，一个商品推销员跑到你家门口或在大街上拦住你，劝你购买他的东西，你不仅不感兴趣，而且十分反感。而当你无意中听到邻居说某商品十分好用、物美价廉时，你倒会产生购买的念头。

（二）信息本身的说服力

除了信息传播者的某些特点能够影响信息的说服力之外，信息本身的特点也能影响信息的说服力。信息立论的特点、信息立场与接受者立场的差距、用正面理由还是正反两方面理由等均是影响说服力的重要因素。

1. 信息立论的特点

任何一个说服传播都要表明立场。传播的目的是把说服对象从他们原来所处的立场拉到这个信息所强调的立场上来。信息传播的立论涉及以下几个要点：

（1）立论的易懂度。信息接受者对营销信息的接受是一个学习的过程，包括感觉、知觉、注意、记忆、情感等一系列心理过程。如果营销活动的立论易懂、易学，消费者很容易就能掌握，则无疑会增强信息的说服力。

（2）立论的优劣。立论的优劣是以能否引起接受者的赞同为标准的。如果信息所能引发的信息接受者的认知反应多是支持信息立场的，信息接受者就会被自己的反应说服而改变自己的立场。如果信息本身所能引起的是接受者对信息内容的反驳或讥笑，那么接受者就不会被说服。

（3）立论的多寡。在营销活动中，我们究竟向信息接受者呈现多少立论呢？是陈述产品的众多好处，还是突出某一项特点？美国心理学家的研究发现：这个问题比原来人们设想的要复杂，这要视信息接受者对营销活动的介入程度而定。如果消费者或信息接受者对营销活动的介入程度很低，他们对营销活动所宣传的产品是不加努力选择的，而是随意购买的，他们就没有耐心思索营销活动的每个论点，并加以评估。这时，营销传播就应适当增多一些立论。与之相反的情形是，如果消费者或信息接受者对营销信息十分重视，深感兴趣，认为这种信息对于指导自己的消费十分有用，他们就会对营销的信息实施精细加工，对营销的一字一句都反复推敲，理解其准确的含义。在这种情况下，营销的立论不宜过多，一旦营销传播的立论过多，每一立论又十分肤浅，消费者就很容易从这些立论里引申出许多值得反驳的论点，找出立论的不足或漏洞，这样的话，营销的传播效果就会大打折扣。

2. 信息的立场与消费者原有立场的差距

只有当传播者的信息与接受者的原有立场存在一定的差距时，才会出现所谓的说服。否则没有说服，只有赞同了。那么传播者与接受者的立场差距多大才最有利于说服呢？早期的研究认为，传播者的信息与接受者的立场的差距越大，接受者被说服的可能性与幅度就越大。但是后来的研究发现，这个差距不能太大，中等程度的差异于说服最为合适。距离过小与过大都会产生其他效应。如果传播者与接受者之间的立场差距微小，就容易发生同化现象，导致没有说服作用产生。信息接受者在判断信息的立场时，常常是以自己的立场为标准。如果他接受的信息的立场与自己原有的立场十分接近或相似，他就会认为，这一信息与自己的立场相同，没有什么新的东西。这时，他就不会对所接受的信息的立论感兴趣，也不会去理解、消化或反驳它。在这种情况下，说服的效果等于零。当信息的立场与接受者的立场相差太远时，接受者则会对所传播的信息持有一种回避的态度，认为这些信息的立场与自己的立场是风马牛不相及，用不着听这些信息。这时，他也会对传播的信息不予理睬，更不会细致地理解和消化所接触的信息。在此种情况下，也不会产生任何说服的效果。只有当信息的立场与接受者的立场保持中等差距时，信息接受者才会留心接受信息的内容并加以分析与评估，才有可能倾听这些信息，并改变原有的立场。

3. 用正面理由，还是正反两方面理由？

在表达一个有争议的问题时，如某企业的产品对消费者有利又有弊，是用正面理由，还是正反两方面理由都用？哪种方式更能说服人？

霍夫兰认为，如果对方本来就赞同说服者的意见，只讲正面理由可以坚定其原有的态度；如果对方原先或当时反对说服者的主张，把正反两方面的理由都说出来，比只讲一方面的理由好；如果对方受教育程度高，说出两方面的理由更为有效；如果对方受教育程度低，说一方面的理由较好；如果对方的受教育程度低，并且原来就赞同说服者的立场，则一定要用正面理由，若说出正反两方面的理由，反而可能导致他犹豫不定。

例如在营销宣传中推广某种农用产品，如果是面对具有不同文化程度的农村消费者，应采用不同的宣传方式。对具有一定的农业科学技术知识的农民，因为他肯定会对各种农用产品的优劣进行过比较，因而应该对其既强调本农用产品的优点，又涉及这种农用产品的不足之处（这样往往更会给人一种诚实的印象）。如果是面对一直坚信该农用产品的优良品质和效能而又没有文化的农民，如果向他再介绍该农用产品的不足之处相反会画蛇添足，使之对这种农用产品产生不必要的怀疑，从而影响他的购买信心。

（三）问题的排列技巧

相同的信息如果以不同的组织形式呈现出来，则会产生不同的说服力。信息传播的组织形式包括不同信息的呈现次序、结论的形式等。

第一，不同信息呈现的次序。如果有两种对立的观点要依次发表，在其他因素保持不变的条件下，先发表说服力强，还是后发表说服效果好？总结这方面的研究成果，可以说，有时先发表有利，有时后发表有利。社会心理学家把先呈现的传播信息比后呈现的传播信息产生较大作用的现象称为"首因效应"，而把后呈现的传播信息具有较大影响的现象称为"近因效应"。

广告的播放与阅读是一个持续的过程，如果你的广告时间不长、阅读量不大，最好把具有说服力的论点放在前面讲，这样可以先声夺人。如果你的广告时间较长，内容较多，人们一时难以把握繁多的内容，这时近因效应就开始起作用了。消费者已经淡忘了前面的内容，但对最后的陈述保留着较深的印象。为了保证营销活动有力的说服效果，不妨把重要的论点放在开头或最后，这样容易让人记住。

第二，下结论与说服力。大多数营销活动接受者都是在低注意力的情况下看广告，并没有认真地分析与推敲，所以，有必要向他们呈现营销信息的结论。此外，由于人的记忆是有限的，要将接触到的全部信息由短时记忆系统输入长期记忆系统也是不容易的，所以当听众对整篇广告有了一个大概印象后，做一个简单扼要的结论，可以明确和加深听众的印象。结论不一定要出现在信息的最后，它也可以以口号或标题的形式出现在信息呈现的最前面，或以诗歌、形象的形式出现在声音与画面背景之中。无论是以什么方式出现在广告中，结论的呈现必须是简短、清楚、容易识记的。结论应当合情合理，口吻应该合乎人性，不可概念化或命令式，给人以强行灌输的感觉。

第三，情绪的呈现。我们知道，营销活动信息一旦带有情感色彩，是能够增加其说服力的，营销活动信息的呈现主要运用三种情感技巧：一是热情，二是恐怖，三是幽默。热情是信心的标志。可以想见，一个缺乏热情的产品形象代言人，对于营销活动中的产品连你自己都没有信心，怎能说服别人？研究表明，信息的恐怖程度与说服力有一定的关系。当传播者想对信息接受者进行某种忠告与劝告时，他可以先发出一些令人恐怖的信息，而后再告诉人们接受忠告就可免于此难（例如交通事故、酗酒与吸毒）。幽默的方法也不失为唤起人们快乐情绪的好方法，通过引发消费者快乐的情绪让他们对企业与产品产生好感。

总之，问题的排列秩序在改变消费者的态度时也显得比较重要，哪些问题先说，哪些事情后讲，其顺序的安排得讲究技巧。在霍夫兰看来，首先提出宣传论点，可以引起消费者注意，易形成有利的气氛；最后提出的论点有利于消费者记忆。如果传播内容是消费者赞同的或可能接受的，那么把它们首先提出比较有利；如果首先唤起消费者的需求，然后再提出问题更易于被消费者接受。例如广告文案的开头往往要先声夺人，结尾之处则较多出现需要消费者记忆的内容。如果首先唤起消费者的需求，然后再推出产品。这种阐述内容的排列秩序是易于被消费者接受的。

第四节 改变消费者态度的营销策略

本章开篇案例所描述的通过广告定位的调整改变消费者对万宝路的态度是广告史上一个成功的案例。该经典案例说明，营销者可以使消费者形成和改变关于产品或品牌的态度。与此同时，它也提出了企业使用有关知识与营销承诺所引发的伦理道德问题。这也给试图规范和限制企业向部分消费者销售负面或有害产品的监管机构提出了严峻的挑战。在开篇案例的后半部分，我们看到，社会公益组织（如美国癌症协会）向人们提供了吸烟对健康的诸多不利信息，也非常有效地改变了人们对于吸烟的态度。

基于态度结构的三个部分，即认知、情感和行为倾向，对于消费者态度的改变也将由此展开：①改变消费者的认知；②改变消费者的情感；③改变消费者的行为。

一、改变消费者的认知

改变态度的一个常用且有效的方法是改变态度中的认知成分。例如在本章的开篇案例中，为了改变人们对于吸烟的态度，社会公益组织（如美国癌症协会）向人们提供了吸烟对健康的诸多不利信息。该举措背后的理论基础便是，影响认知可以改变情感和行为。改变认知也可能直接引发购买行为，进而产生对所购产品的喜爱。

让我们再复习一下多属性态度模型，多属性态度模型有好几种不同的表达方式，下边是最简单的一种

$$A_b = \sum_{i=1}^{n} X_{ib}$$

如果为每种属性加上权重，该公式就演化为

$$A_b = \sum_{i=1}^{n} W_i X_{ib}$$

再引入理性点，该公式就变成

$$A_b = \sum_{i=1}^{n} W_i |I_i - X_{ib}|$$

式中，A_b 是消费者对于某特定品牌 b 的态度；W_i 是消费者赋予属性 i 的权重；I_i 是消费者认为该属性的理想表现水平；X_{ib} 是消费者对于品牌 b 的属性 i 的表现的认知或信念；n 是所考虑的

属性的数目。熟悉这个公式，我们自然就知道如果想改变消费者的认知，从该公式所涉及的几个变量入手就可以了。有四种基本的营销策略可以用来改变消费者态度中的认知结构。

（一）改变信念

改变信念即改变公式中的 X_{ib}，该策略是改变对品牌或产品一个或多个属性的信念。例如，许多美国消费者认为美国制造的汽车没有日本制造的汽车好，于是大量广告被设计出来以改变这种信念。当然，要想改变信念通常要提供关于产品表现的事实或描述。

（二）转变权重

转变权重即转变公式中的 W_i，消费者认为产品的某些属性比其他属性更重要。营销策划人常常说服消费者认为自己产品相对较强的属性是该类产品最重要的属性。例如，美国克莱斯勒汽车公司是第一批将安全气囊作为标准配备的汽车制造商之一，于是，它在其营销活动中着重强调这一点，让消费者认为安全气囊是汽车的重要部分。

（三）增加新认知

请注意公式中的 $\sum_{i=1}^{n}$，这个 i 是指产品的某个属性 i，它可以是 $i=1$、$i=2$、$i=3$、…、$i=n$，这种改变态度中的认知成分的方法是在消费者的认知结构中添加新认知。例如百威啤酒在促销中强调新鲜是好啤酒的一个重要标志。又如，某牙膏的"刷牙同时也是保护口腔"，某麦片的"好麦片七成浮上面"。

（四）改变理想点

最后一种改变理想点即改变公式中的 I_i，它是改变消费者对于理想品牌的概念。例如，许多企业正在迎合环保组织所倡导的理想产品的概念，如最低限度的包装、制造过程无污染、可回收材料的再利用以及使用寿命结束后的无污染处置。

二、改变消费者的情感

现在，营销者逐渐试图在不直接影响消费者的认知或行为的条件下赢得他们对品牌或产品的好感。如果他们成功了，消费者对产品的喜爱会增加其对产品的正面信念。一旦对该类产品产生需求，这些正面信念会引发他们的购买行为，或者喜爱会直接促使购买，再在使用中增加关于该产品或品牌的正面信念。营销策划人通常使用以下三种基本方法直接增强消费者对产品的好感。

（一）利用条件反射

根据经典性条件反射理论，企业将消费者喜欢的某种刺激，如一段动听的音乐、一幅美丽的图画，不断与企业的产品或品牌名称同时播放。一段时间之后，与该音乐、图画相联系的正面情感就会转移到品牌上。

【小资料】　　　　　　　　"蝌蝌啃蜡"的前世今生

1927 年，上海街头悄然增加了一种饮料，它的名字叫"蝌蝌啃蜡"。

名字还不是这种饮料最古怪的地方。它是一种深褐色、味道甜中带苦、打开瓶盖后充盈气泡、喝进肚子让人打嗝的古怪液体……古怪的味道，尤其是这古怪的名字，它的销售情况自然不好！于是，在它进入中国市场的第二年，这家饮料公司公开登报，用 350 英镑的奖金悬赏征求译名。最终，身在英国的一位上海教授蒋彝脱颖而出，击败了所有对手拿走了奖金。而这家饮料公司也获得了迄今为止被营销、广告界公认为史上翻译得最好的品牌名——可口可乐。它不但保持了英文的音译，还比英文更有寓意。更关键的一点是，无论是在书面还是口头上都易于传诵。这是可口可乐步入中国市场的第一步。然而，在 22 年后，随着美国大使馆撤离，可口可乐也撤出了中国大陆市场。自此之后的 40 年内，大陆市场上再没出现过这种喝起来有点儿像药水的饮料。1979 年，在中美建交之后的第三个星期，第一批可口可乐产品从香港经广州运到了北京，可口可乐再度返回了中国大陆市场。至今，提起"可口可乐"这个响亮的牌子，中国无人不知、无人不晓。在 2008 年 5 月汶川大地震中，一位生还的中学生向救援者提出的第一个要求就是："给我一杯可乐，要冰冻的。"⊖

Coca-Cola 在中国被译成"可口可乐"的故事告诉我们经典性条件反射理论在现代广告中的应用价值。人们一直在问，可口可乐的核心竞争力到底是什么？是它那神秘莫测的配方吗？可口可乐公司前任总裁唐纳德 R. 基奥（Donald R. Keough）的一句话道出了"天机"："可口可乐公司的业务就是创造并维持条件反射。"原来，可口可乐公司的核心竞争力就是它的品牌价值！虽然世界上没有什么东西会比食物与水更重要，如果说可口可乐是一种水，那么它就应该是一种"特殊的糖水"。虽然可口可乐公司可以大声叫卖"让你的头脑更清醒"或者"让你的口腔更清爽"，但是最重要的是审视作为名称的"可口可乐"与作为快乐糖水的"可口可乐"之间的条件反射关系。多年来，可口可乐公司一直提供"新鲜可口""让你快乐"的饮料，一直在世界主流饮料品牌中占据首屈一指的地位。

（二）激发对营销活动本身的情感

喜欢一则营销活动能产生对产品的喜爱倾向。对营销活动的这种正面情感也可能提高购买介入程度或激发有意识的决策过程。使用幽默、名人或情绪诉求也可以增加消费者对营销活动的喜爱。

（三）更多的接触

有证据表明，更多的接触能够催使情感的产生。也就是说，向某人不断地、适量地、充满善意地展示某种品牌也能使消费者对该品牌产生更积极的态度。

经典性条件反射、激发对营销活动本身的情感和更多接触可以直接改变消费者对产品的情

⊖ 《北京青年报》记者四川绵竹县报道"给我一杯可乐，要冰冻的"。这是被抬出废墟的 18 岁汉旺镇东汽中学男生薛萧说的第一句话，现场响起掌声。详见：陆纯. 北京青年报. 2008.5.16. 北青网. http://bjyouth.ynet.com/article.jsp?oid=40484747

感，进而影响或间接改变他们的购买行为，而不必先改变他们的信念。从操作层面上来看，有以下几点值得关注：

（1）设计被用来改变消费者情感的营销活动不一定要包括认知信息（无论是事实的还是属性上的）；

（2）经典性条件反射原理用来指导上面所讲的这类营销活动；

（3）消费者对于营销活动本身的态度，即喜欢还是不喜欢，是这类营销活动成败的关键（除非能使消费者更多地接触营销活动及其广告）；

（4）重复是以情感为基础的营销活动的关键所在；

（5）对营销效果的传统测量注重认知成分，而这些测量对于以情感为基础的营销是不适用的。

三、改变消费者的行为

行为，具体来讲是购买或消费行为，可以先于认知和情感的发展，或者它也可以以与认知和情感相对立的形式发生。例如，一个消费者可能不喜欢健怡可乐的味道，且认为里面所含的人工甜味剂不利于健康，但是，当一位朋友递给他一杯健怡可乐时，为了不显得无礼，他还是接受了它，喝了健怡可乐后，感到口味还不错，从而改变了以前的认知。证据显示，试用产品后所形成的态度更持久和强烈。

行为能直接导致情感或认知的形成。消费者经常在事先没有认知和情感的情况下尝试购买和使用一些便宜的新品牌或新型号的产品。这种购买行为不仅是为了满足对诸如饮食的需求，也是为了获得"我是否喜欢这个品牌"的信息。

在改变情感或认知之前改变行为，主要是以操作性条件反射理论（见本书第五章）为基础。因此，营销活动的关键任务便是促使消费者试用或购买企业产品并同时确保消费者的购买和消费是值得的。优惠券、免费试用、购物现场展示、搭售以及降价都是引导消费者试用产品的常用技巧。由于试用行为常常导致对于所试产品或品牌的积极态度，一个健全的分销系统和必要的库存对于防止现有顾客再尝试竞争品牌是很重要的，当然，这对于营销活动而言似乎已经超出了它的功能范围。但就整合营销传播的视角来看，企业所有的公关、广告、销售活动彼此无缝链接才能发挥其整合效应。

本章知识要点

1. 态度是个体对待人、事、物或观念的评估性的总体感觉，是行为前的准备状态，它是"对于给定的人、事、物喜欢或不喜欢的行为倾向"。

2. 可以把态度的结构描绘为三个组成部分，即认知成分、情感成分和行为（倾向）成分。我们将其简称为"知、情、意"三个要素，这三个部分往往是相互影响、相互作用，形成态度主体对态度对象的总体倾向。

3. 态度的认知成分由消费者关于某个事物的信念所构成；态度的情感成分就是人们对某个事物的感情或情绪性反应；态度的行为成分是一个人对于某事物或某项活动做出特定反应的

倾向。

4. 态度的三个组成成分倾向于一致，这叫态度的一致性。想直接影响消费者的行为通常是十分困难的，但我们可以通过提供信息、音乐或其他刺激来影响他们对产品的认知或情感，进而间接地推动他们的行为。

5. 多属性态度模型有几种不同的表达方式，下边是最简单的一种

$$A_b = \sum_{i=1}^{n} X_{ib}$$

如果为每种属性加上权重，该公式就演化为

$$A_b = \sum_{i=1}^{n} W_i X_{ib}$$

再引入"理性点"，该公式就变成

$$A_b = \sum_{i=1}^{n} W_i |I_i - X_{ib}|$$

式中，A_b 是消费者对于某特定品牌 b 的态度；W_i 是消费者赋予属性 i 的权重；I_i 是消费者认为属性 i 的理想表现水平；X_{ib} 是消费者对于品牌 b 的属性 i 的表现的认知或信念；n 是所考虑的属性的数目。

6. 态度通常是用一些专门的量表加以测量，常用的量表有：①非比较性评价量表；②比较性评价量表；③语意差别量表；④李克特量表。

7. 非比较性评价量表要求消费者评价某个对象或该对象的某一属性，而不与其他对象或属性做比较；比较性评价量表则提供直接比较点，如指明某个竞争者或品牌；语意差别量表则运用两极形容词让消费者表明他对某个目标对象的态度。李克特量表要求消费者对一系列与态度对象相联系的陈述句表明同意或反对的程度。

8. 态度的改变可分为两种：其一是态度"量"的改变，即态度的一致性改变，指改变原有态度的强度，而其方向不变，态度在程度上发生了变化；其二是态度"质"的改变，即态度的不一致性改变，指以新的态度取代旧的态度时其方向改变了，态度在性质上发生了变化。

9. 美国社会心理学家凯尔曼提出，态度的变化可分为服从、同化和内化三个阶段。

10. 态度主要有如下几个功能：①适用性或功利性功能；②自我防御功能；③认识和评价功能；④价值表达功能。

11. 影响态度改变的客观因素：①社会因素；②团体因素；③宣传因素。影响态度改变的主观因素：①个性倾向性因素；②个性心理特征。

12. 个性倾向性是指个体心理活动中稳定的意识倾向性特征，主要有需要、动机、兴趣、理想、信念、世界观等因素。个性心理特征是指个体心理活动中稳定的心理特征，包括能力、气质和性格三个因素。

13. 在研究态度的改变时还应该关注态度的系统特征。态度如果具有以下七个特征之一，则不易改变：①态度是幼小时形成的；②态度已经发展到两个极端；③态度所涉及的关系比较复杂；④态度在长时期内前后是一贯，并已形成相应的认知与信念；⑤态度中认知、情感和行为倾向三个因素协调一致；⑥态度强烈地激励着行动，并使主体取得较多的奖励或满足；⑦态度与价值观的联系较为密切。如果具备以上两个或更多特征，则其强度更牢固，改变起来就更加不易。

14. 关于营销活动说服机制的研究，大致可分为三个阶段，每个阶段研究者所倡导的理论模式的侧重点都有所不同，它们分别是：①低认知介入理论模式阶段；②高认知介入理论模式阶段；③精细加工可能性模式阶段。

15. 低认知介入理论模式的代表理论有：①强化理论；②暴露理论；③熟悉性模式；④低介入学习模式；⑤归类评价模式；⑥一致性理论。

16. 高认知介入理论模式的代表理论有：①认知反应模式；②认知结构模式。

17. 精细加工可能性模式（ELM）的核心内容有：①说服的中枢线路和边缘线路；②中枢线路的两个必备条件；③关于边缘线路加工；④中枢线路向边缘线路的转移；⑤两条线路说服效果的比较。

18. 霍夫兰认为人的态度的改变主要取决于以下三个方面：①说服者的条件；②信息本身的说服力；③问题的排列技巧。

19. 霍夫兰认为信息本身的说服力受到以下几个因素的影响：①信息立论的特点；②信息立场与接受者立场的差距；③用正面理由还是正反两方面理由。

20. 基于态度结构的三个部分，即认知、情感和行为倾向，对于消费者态度的改变也将由此展开：①改变消费者的认知；②改变消费者的情感；③改变消费者的行为。

21. 改变消费者认知常用的营销策略有：①改变信念；②转变权重；③增加新认知；④改变理想点。

22. 改变消费者情感常用的营销策略有：①利用条件反射；②激发对营销活动本身的情感；③更多的接触。

23. 改变消费者行为常用的营销策略有：①优惠券；②免费试用；③购物现场展示；④搭售；⑤降价。

测试题

一、单项选择题（在每小题备选答案中只有一个是正确的，请将其选出并把选项前的字母填在题后括号内）

1. 态度是个体对待人、事、物或观念的评估性的总体感觉，是（　　）。
   A. 行为前的认知状态　　　　　　　　B. 行为中的认知状态
   C. 行为前的准备状态　　　　　　　　D. 行为后的恢复状态

2. 可以把态度的结构描绘为三个组成部分，我们将其简称为（　　）。
   A. "知、情"两个要素　　　　　　　B. "知、情、意"三个要素
   C. "知、情、意、行"四个要素　　　D. "信、雅、达"三个要素

3. 多属性态度模型的公式 $A_b = \sum_{i=1}^{n} W_i |I_i - X_{ib}|$ 中，下面哪一项表达产品属性的理想表现水平（　　）。
   A. A_b　　　　　　B. W_i　　　　　　C. I_i　　　　　　D. X_{ib}

4. 运用两极形容词让消费者表明他对某个目标对象态度的评价量表是（　　）。
   A. 非比较性评价量表　　　　　　　　B. 比较性评价量表
   C. 语意差别量表　　　　　　　　　　D. 李克特量表

5. "强化理论"从属于（　　）。

A. 低认知介入理论模式　　　　　　B. 高认知介入理论模式

C. 粗略加工可能性模式　　　　　　D. 精细加工可能性模式

二、**多项选择题**（在每小题备选答案中有二至五个正确答案，请将正确选项前的字母填在题后括号内）

1. 多属性态度模型有以下几种不同的表达方式（　　）。

A. $A_b = \sum_{i=1}^{n} X_{ib}$

B. $A_b = \int_{0}^{\frac{\pi}{2}} \sin^n x \, dx$

C. $A_b = \sum_{i=1}^{n} W_i X_{ib}$

D. $A_b = \int_{0}^{\frac{\pi}{2}} \cos^n x \, dx$

E. $A_b = \sum_{i=1}^{n} W_i \left| I_i - X_{ib} \right|$

2. 态度通常是用一些专门的量表加以测量，常用的量表有以下几种：（　　）。

A. 非比较性评价量表　　　　　　　B. 比较性评价量表

C. 阿达斯米德量表　　　　　　　　D. 语意差别量表

E. 李克特量表

3. 态度主要有如下几个功能：（　　）。

A. 适用性或功利性功能　　　　　　B. 自我防御功能

C. 认识和评价功能　　　　　　　　D. 价值表达功能

E. 同化和内化功能

4. 霍夫兰认为人的态度的改变主要取决于以下几个方面：（　　）。

A. 说服者的条件　　　　　　　　　B. 听众的文化水平

C. 说话音量的大小　　　　　　　　D. 信息本身的说服力

E. 问题的排列技巧

5. 改变消费者认知常用的营销策略有：（　　）。

A. 改变信念　　　　　　　　　　　B. 转变权重

C. 增加新认知　　　　　　　　　　D. 改变理想点

E. 免费试用

6. 改变消费者情感常用的营销策略有：（　　）。

A. 利用条件反射　　　　　　　　　B. 购物现场展示

C. 激发对营销活动本身的情感　　　D. 更多的接触

E. 搭售及降价

三、**名词解释题**

1. 态度

2. 非比较性评价量表

3. 李克特量表

四、简答题

1. 简述态度的功能。
2. 简述改变消费者认知常用的营销策略。
3. 简述改变消费者情感常用的营销策略。

五、论述题

1. 联系实际，陈述一下精细加工可能性模式（ELM）的核心内容。
2. 联系实际，谈谈营销活动说服机制的三个代表性的模式。

六、案例分析讨论题

仔细阅读本章的开篇案例，回答以下问题。

1. 社会公益组织（特别是美国癌症协会）是如何利用说服、事实呈现、名人演说、恐吓和幽默等诉求方式，推动其减少吸烟的健康运动的？

2. 仔细分析一下利用万宝路牛仔之一的温·麦肯林的哥哥迈克·麦肯林所做的电视公益广告，它是如何运用情感的力量让人们为之动容进而改变他们对吸烟的态度的？

第八章
消费者的情感与营销诉求

开篇案例

代代相传　由你开始

凡商业广告都有自己的商业意图，消费者在接触它时不免产生一种本能的心理戒备。因此，广告的创作者要想方设法消除消费者的这种心理戒备——解除其"心理武装"。如站在消费者的立场上说话，设身处地地为消费者着想；以诚挚的情感为桥梁，悄悄进入消费者的内心世界；赋予产品品牌特定的内涵与象征意义，建立起目标消费者对产品的移情联想……这便是所谓的广告心理共鸣论。心理共鸣论主张在广告作品中诉说目标消费者珍贵的、难以忘怀的生活经历、人生体验及亲身感受。与此同时，巧妙地将目标消费者的这些经历、体验、感受与企业的产品属性建立关联，进而在产品品牌的特定内涵与目标消费者的移情联想之间建立起一个良好的通道，通过广告作品与消费者生活经历的心理共鸣而产生广告的传播效果。

百达翡丽手表最近在美国《商业周刊》和《新闻周刊》等杂志上发表的系列平面广告便巧妙地运用了这一策略。百达翡丽的系列广告都用统一的设计格式：一张极具怀旧情调的黑白照片，一款色彩亮丽的手表造型，一段言简意赅的广告文案，一句富有煽情性的广告语。整个广告以一种细水长流式的心理渗透，运用系列广告特有的持续力量，潜移默化地向消费者施加影响。

该系列广告已经有6个不同的篇目以不定期的形式交叉、重复出现（迄今为止，还没有结束的迹象，后续还可能有更精彩的篇目）。每个篇目与其他篇目的不同之处在于照片中的故事情节的差异。另外，因应产品款式的不同，广告附文的内容会有所调整。

(1) 领带篇（见图8-1）。
(2) 学车篇（见图8-2）。
(3) 蒙眼篇（见图8-3）。
(4) 阅读篇（见图8-4）。
(5) 对弈篇（见图8-5）。
(6) 嬉戏篇（见图8-6）。

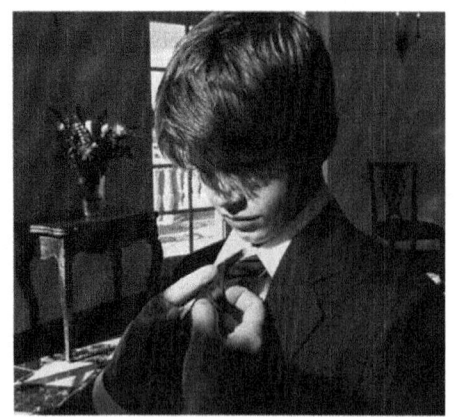

图 8-1　领带篇

注：清晨，和煦的阳光照进了温馨的家。父亲正为准备去上学的儿子打着领带，孩子低着头凝视着老爸充满爱的双手。

图 8-2　学车篇

注：林荫大道上，年轻的母亲正扶护着学骑自行车的女儿。母亲的右手似要放开自行车，但她的左手又护着女儿不肯放下。

图 8-3　蒙眼篇

注：活泼可爱的小女孩正调皮地用双手蒙着妈妈的眼睛，仿佛是在问着一个可爱的问题："妈妈，你猜我是谁？"

图 8-4　阅读篇

注：读报的父亲与看小人书的儿子背靠着背坐着。一时间，老爸竟被儿子的孩童世界所吸引，禁不住扭过头来张望。

图 8-5　对弈篇　　　　　　　　　　　　　图 8-6　嬉戏篇
注：大约是在冬季，父子俩在室外的小凳上摆开了　　注：一边是高大的父亲，一边是幼小的儿子；一个
　　"战场"。室外凉风冷凛凛，父子情意暖融融。　　　　侧身低头看儿子，一个昂首向上望父亲。不知
　　　　　　　　　　　　　　　　　　　　　　　　　　是什么笑话，逗得父子俩如此开心。

广告正文：你永远无法真正拥有一只百达翡丽手表，你只能为你的下一代精心保管它。
广告附文：新款男/女装双时针腕表。即便你身处异地，也可以掌握家中时间。[①]
广告语：代代相传，由你开始。

在西方，虽然科技发达、经济活跃、生活富裕，但仍有不少人对自己的未来忧心忡忡。世界发展日新月异，世事变化难以预料。面对瞬息万变的世界，人们不得不诚惶诚恐地接受一大堆未知之数。为了生活，人们不得不拼命地工作、工作再工作……为了不丢掉工作，人们又不得不参加各种培训，学习、学习再学习……紧张忙碌的工作、学习使人渴望回归那遥远而淳朴的时代。大家都希望自己能有更多的时间，与父母、与家人、与子女多相处、多沟通，共享天伦之乐。因此，未来学家沃茨·瓦克尔说："我们正在创建一种新的文化，而我们并不知道会发生什么，所以需要从过去寻找一些温馨但又模糊的东西。"

百达翡丽手表的使用者大都是青少年，而其产品的购买者却是他们的父母——人到中年的怀旧者。该广告的广告语"代代相传，由你开始"是说给孩子们听的，稍稍留意便可注意到，这句广告语是放在色彩亮丽的手表造型之下，显然是想把孩子们的视线给留在此地。而该广告的正文："你永远无法真正拥有一只百达翡丽手表，你只能为你的下一代精心保管它"则是说给父母们听的。该系列广告的主画面充满怀旧的情调，是为了让这些为人父母的中年人能够回到过去，回到他们做孩子时的岁月。广告似乎在引导这些怀旧者"从过去寻找一些温馨的东西"。广告画面之和谐，广告文案内涵之深厚，意在向产品的目标消费者——孩子及其父母们传达百达翡丽的品牌形象：

百达翡丽是维系家庭、子女的手表；

百达翡丽是父母与子女感情的纽带；

百达翡丽蕴藏、凝聚着血浓于水的亲情。

依此，广告给百达翡丽涂上了一层浓浓的人性色彩，从而淡化了商业广告的功利性。在这一系列广告中，黑白色调的旧照片、色彩亮丽的手表造型、蓄意深刻的广告正文、富有煽情性的广告语以及它们之间的有机搭配，可以说是既考虑到了父母又照顾到了孩子，充分表现出广告文案创作者与广告画面设计者的独到功力。例如，仅从设计表现的形式上来看，这一系列广告就很有个性，主画面的图片都是黑白的，在《商业周刊》《新闻周刊》等杂志色彩缤纷的广告世界中反而别具一格，更加引人注目。

从这6个篇目当中，我们会发现一个非常有趣的现象，那就是广告画面中的同性别场合：要么是父与子，要么是母与女。难道这是广告创作者的一个失误？若在广告画面当中再出现一下父与女、母与子的场面岂不更好？然而，仔细一想，广告创作者确有他自己的道理，因为手表的款式男女有别，这里的"代代相传"也就只能限于父与子、母与女之间了。另外，站在广告设计者的角度，如果广告介绍的是男款表，画面上就相应出现父与子；如果广告介绍的是女款表，画面上就相应出现母与女，这在设计上似乎更容易处理。事实上，在百达翡丽以前的广告版本中，即使是三代人同时登场，也是同性别场合。如1997年百达翡丽在《商业周刊》上的一个广告版本"泡泡篇"中，一个天真活泼的小女孩坐在小轿车里用心地吹着肥皂泡。在她的左边坐的是妈妈——正噘着嘴用力吹，饶有兴致地帮她的忙；右边坐的是外婆——掩饰不住内心的喜悦，笑得合不拢嘴。正是由于产品的属性所致，同性别场合便成了百达翡丽广告的另一个特点。

欣赏百达翡丽这一系列广告，无论是视觉感受——看它的画面，还是心理反应——读它的文案，都是一种享受，真是越看越读越有味道。如果有一天百达翡丽的目标消费者在商场看到了百达翡丽手表，相信他一定会买，为了自己，更为了孩子。

附注：

广告正文：You never actually own a Patek Philippe. You merely look after it for the next generation.

参考译文：你永远无法真正拥有一只百达翡丽手表，你只能为你的下一代精心保管它。

广告语：Begin your own tradition.

参考译文：代代相传，由你开始。

百达翡丽手表的案例告诉我们如何在营销策划与创意中应用情感与情绪的策略。现代商业随着产品的同质化程度越来越高，产品的性能、质量的差异化变得越来越不明显，产品的自然属性或功能无法满足消费者在情感和自我表达上的需求，因而产品、品牌的情感诉求势必成为竞争的关键而受到营销者的高度重视。一个产品若想叩开消费者的心扉，就必须提出自己的个性与价值主张，让消费者在其中找到满足自己情感与情绪需求的归宿地。在产品、品牌中赋予人的情感与个性是现代营销传播的有力武器之一。

①这是百达翡丽手表诸多款式中的一种，该款有两个时针，一个时针为外地时间（即异地），另一个时针为当地时间（即家中）。

资料来源：吴柏林. 广告策划——实务与案例 [M] . 2版. 北京：机械工业出版社，2013：221-229.

本章介绍消费者的情感与营销诉求。首先是情感与情绪概论，基本内容有情感与情绪、情绪的模型及类别、消费者心情与情感价值以及消费者对营销活动情绪反应的测量；其次进入情绪与营销策略，分别介绍情绪在态度形成中的作用、情绪激发与情绪降低的营销策略、营销活动中情绪策略的其他应用；最后介绍营销活动中的情感诉求，其中有营销活动中的情感因素、营销活动元素的情感因素、心境与广告播发、营销活动中的情感迁移、营销活动中的恐惧诉求、营销活动中的幽默诉求等。

第一节　情感与情绪概论

需求、动机与情绪有密切的关联。和需求、动机相似，情绪也可以推动一个人向相关的目标事物前进。目标事物的丧失（使人产生内驱力）在人的内心中体现为负面情绪，而目标事物的获得（使内驱力消失）则体现为正面情绪。我们都会寻求正面的情绪体验，回避负面的情绪体验。因此，正面情绪是一种接近动机，而负面情绪则是回避动机。

一、情感与情绪

（一）情感与情绪的概念

人类都是感情动物。情绪交织在我们的生活当中，指引着我们的日常活动。假设你在日常生活中突然遇到一种刺激物，例如晚上你看到一个黑影闯入或看到你的彩票号码出现在电视屏幕上。你会做出何种反应呢？

情绪是同有机体生理需求相联系的体验。例如，进食的满足会引起愉快的体验，而危险情境引出的则是恐惧的体验。这些体验往往会伴随生理的变化和外部表现。情感是与人类社会历史进程所产生的社会性需求相联系的体验，诸如责任感、自豪感和集体荣誉感。

在所有这些自觉生理激发力及其反应发生的同时，你也会意识到你身体上发生的这些变化，你还会觉察到你所做出的反应，并理解它的效率和意义，包括你可能觉察到你无法做出任何反应也就是说你什么也做不了。与这种意识、对激发力及反应的觉察相伴出现的是愉悦或痛苦的感觉，这些感觉就叫作情绪。例如，当消费者面临一种不能令他满意的市场体验的时候，他的认知评价过程就开始了。消费者会评估这种不满意对他的幸福感有多大影响，这种不满意的经历是否与他内心的目标相关，它会不会阻止消费者达到目标，它会不会伤害消费者的自尊心。如果它在这些指标上都不能令人满意，它就会产生压力。这种对压力的认知评价可能会直接促使消费者采取行动处理这种令他不满意的市场体验，或者先促使消费者形成某种情绪，再采取某种解决问题的行动。负面情绪就是由相关压力导致的，而由于整个市场体验的导致者不同，其为消费者带来的情绪也不同。当不满意是由外部因素引起的，人们就会产生愤怒、厌恶和轻蔑等情绪，而这些情绪会促使人们采取以问题为中心的解决策略，也就是人们会对其进行抱怨。如果消费者认为情况不会得到改善，他们就会归因于境遇，并进而产生悲哀和恐惧；如果消费者因为所处的境遇而责怪自己（内部归因），就会导致羞愧和内疚。当消费者采取一些情绪化的解决策略，如使用否认问题的存在、自我批评或控制自己不抱怨等自我欺骗性的策略，或回避的解决策略，他们就会"认账"，当然也就不会抱怨。

在现实生活中，人们对于外界对象是否满足需求会产生不同的主观体验。一般来说，凡能符合需要或愿望的对象，引起的体验具有肯定的或积极的性质；反过来，如果不能满足或违背愿望的对象，则引起否定的或消极性质的体验。前者表现为喜悦、喜爱、愉快等，后者有悲哀、愤怒、恐惧等。对于那些与人的需求无关或无意义的中性对象，自然人们没有什么情绪体验。所以说，情绪和情感是客观对象与主体需求之间关系的一种反映。

情绪和情感的关系是十分密切的。一般来说，情绪是情感的外在表现，而情感是情绪的本质内容。例如，当一个事件激起人们的民族自豪感（情感）的时候，往往就伴随着明显的外部反应，或者兴高采烈，或者义愤填膺（情绪）。在西方心理学中，情绪和情感一般不作严格区分，这两个概念亦互通使用。

（二）情绪和情感的两极性

情感或情绪由两个维度表现出来：一是它的两极性，二是它的强度。而每个维度上又存在强度上的差异。普拉特契克（R. Plutchik）曾经设想把各种情绪概括成三个基本特性：强度、相似性和极性，如图8-7所示。其中，每一扇形代表一类基本情绪。扇形的排列位置还决定了各基本情绪间的两极性和相似性。互为对顶角的两个扇形代表情绪维度上的两极，而相近的扇形意味着它们之间的相似性强。三者间的关系可由八个扇形组成的空间模型表述，互为对顶角的两个扇形代表情绪维度上的两极。比如，狂喜与悲伤。相近的扇形意味着它们之间的相似性强。比如，恐惧比惊愕更接近于悲伤。

图8-7 各种基本情绪间的两极性和相似性
注：图中每一扇形代表一类基本情绪，互为对顶角的两个扇形代表情绪维度上的两极，而相近的扇形意味着它们之间的相似性。

二、情绪的模型及类别

（一）情绪的三因素模型

情绪是一个复杂的过程，它在人类的各种系统中同时存在（如意识系统和身体系统）。人们总是先在生理上出现某种激发力，然后才做出行动上的反应，最后再对这两者加以评价得出它们的含义，而情绪就是这种生理性激发力在意识上的反映。这一段描述暗示了情绪有三种成分：生理成分、行为成分和认知成分。

在前面的例子中，假设晚上你在家里看到一个黑影闯入或看到你的彩票号码出现在电视屏幕上。你会做出什么样的反应呢？

你的神经系统马上就会自然而然地紧张起来，也就是说，你的身体内部系统会经历一次震动，内心会感到不安，你会出汗，或者你会感到身体突然迸发一股活力。这就是"生理成分"，由于它是由反射引起的，而且几乎是自动发生的，因此它被称为自觉激发力。接下来就是认知理解或含义分析——这个刺激物意味着什么？例如，闯进来的黑影是朋友还是敌人？中奖彩票号码是真的吗？真的是你的彩票上的号码吗？这就是"认知成分"。你可能还会进一步体验到这种自觉激发力，不过这要看你的认知评价和你对刺激物的初始理解。如果闯入者是朋友，你的激发力就会平静下来；如果是敌人，你会体验到更大的激发力。接下来，几乎同时，你会表现出一种生理机能上的反应或行为的反应。如果是敌人，你可能会逃跑或进入"准备战斗"状态；如果是朋友，你就会走近他，或者会跟他寒暄几句，这就是"行为成分"。

情绪的三因素理论模型是心理学家沙赫特（S. Schachter）在20世纪70年代初提出的。图8-8具体解释了情绪三因素说，该学说视情绪体验为刺激因素、生理因素和认知因素整合作用结果。换言之，情绪的产生是外界刺激、机体的生理变化和认知过程三者间相互作用的结果，其中认知过程具有十分重要的作用。

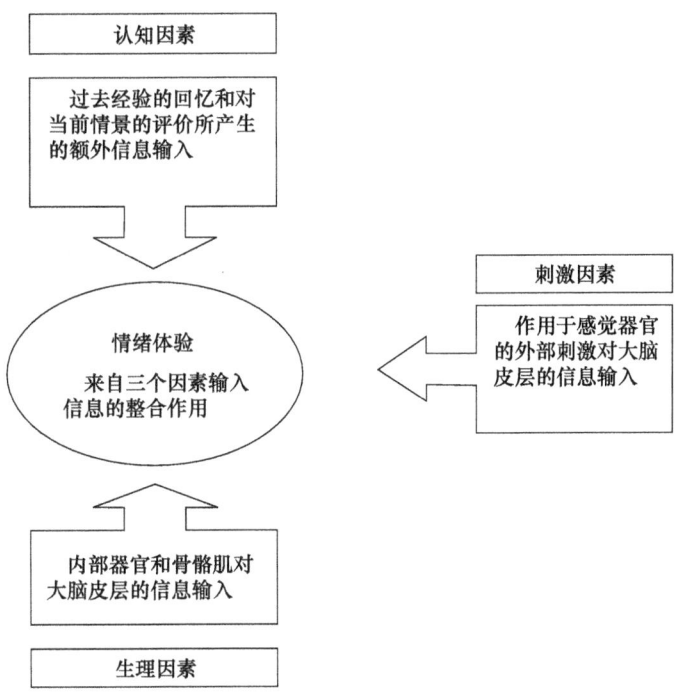

图 8-8　情绪的三因素模型

注：情绪的三因素理论模型认为情绪是由外界刺激、机体的生理变化和认知过程三者的相互作用而形成，其中认知过程的重要作用不可忽视。

（二）情绪的类别

心理学家普拉特契克总结出8个基本情绪类型（见图8-9），各种类型都有不同的强度。

（1）恐惧——强度从胆怯到惊骇不等。当个人消费者驾车行驶在高速公路上时突然发现汽车的刹车功能失灵了，他就可能体验到这种情绪；企业消费者在听说高层管理者正在调查由他负责购买的低成本电脑网络引起的问题时，会体验到恐惧的情绪。

（2）愤怒——强度从烦躁到大怒。对于家庭消费者来说，当租车公司的员工告诉他预订的汽车已经被租出去了的时候，他可能会体验到愤怒的情绪；企业消费者在得知保险代理为其做了一些不必要的保险项目时，可能会体验到愤怒的情绪。

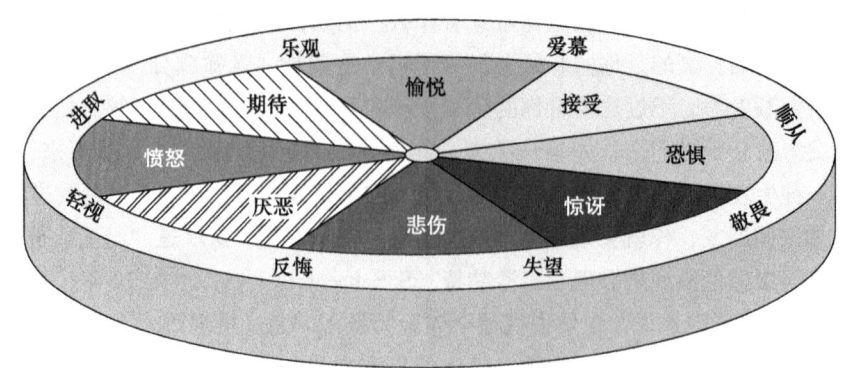

图 8-9 情绪分类：普拉特契克饼图

注：心理学家普拉特契克总结出 8 种基本情绪类型，这 8 种基本情绪分别是恐惧、愤怒、愉悦、悲伤、接受、厌恶、期待与惊讶，各种类型都有不同的强度。在现实生活中我们能够体验到的真实情绪都是这几种情绪的组合，由此形成外围的顺从、敬畏、失望、后悔、轻视、进取与乐观这些外在表现。

（3）愉悦——强度从安详到狂喜。当个人消费者在汽车经销商那里找到了他一直想找的一款不太常见的汽车时，他可能会感到愉悦；当企业消费者听说其广告代理商做了一个很棒的电视广告时，也可能感到愉悦。

（4）悲伤——强度从忧郁到悲痛。当一位家庭消费者给航空公司打电话，想抓住最后几分钟的机会订票，却得知最后一张票已经被订出去了的时候，他就可能体验到悲伤的情绪；企业消费者可能在得知其最喜欢的供应商已经停业的时候感到悲伤。

（5）接受——强度从容忍到敬慕。对于家庭消费者来说，接受的情绪可能会涉及他最喜欢的饭店；对于企业消费者，他对他偏爱的某个销售员的情绪可能就是接受。

（6）厌恶——强度从厌烦到憎恶。家庭消费者可能在他的可乐里发现虫子的时候会感到厌恶；企业消费者在发现没有保险公司愿意承保由于战争所引发的风险时，可能会体验到厌恶的情绪。

（7）期待——强度从留意到敏感。对家庭消费者来说，期待的情绪可能在他等待公布彩票中奖号码时出现；企业消费者在等待营销调查项目结果时也会体验到期待的情绪。

（8）惊讶——强度从不确定到诧异。家庭消费者听到服务员说甜品能被送到家里时可能会惊讶；企业消费者在得知媒体中介可以买到消费者向往已久的某一比赛决赛广告时段时，他们可能会感到惊讶。

人类的这 8 种反应是随着进化过程逐渐产生的。普拉特契克称这 8 种反应构成了人类情绪的基础，被称作"基本情绪"，我们能够体验到的真实情绪都是这几种情绪的组合。例如，愉悦与接受加在一起形成爱的情绪，厌恶和悲伤加在一起形成懊悔。衡量这些情绪的方法如表 8-1 所示。

表 8-1 普拉特契克的 8 种情绪衡量量表

情绪	形容词组合		
恐惧	受惊	害怕	惊骇
愤怒	敌对	烦躁	生气
愉悦	快乐	高兴	喜悦

(续)

情绪	形容词组合		
悲伤	阴郁	悲哀	沮丧
接受	协助	接受	信任
厌恶	讨厌	被冒犯	不愉快
期待	警觉	留心	好奇
惊讶	费解	困惑	惊奇

注：我们可以通过为形容词组合打分来衡量普拉特契克提出的8种情绪，每项都按5分制打分，从"一点儿也不"到"非常强烈"，用来看看你现在有什么样的情绪。

在以上各项研究之后，马歇尔·瑞金斯（Marshal Richins）提出了一个"消费情绪组合"的模型，直接反映人们在消费之后所体验到的各种情绪，但不包括一些"共鸣的情绪"，例如道德感、理智感和审美感等高级情绪，因为这些情绪是与图书、演出、电影等艺术作品相关的，它们往往是由广告效应引起的。研究要求消费者指出他们在体验下列不同类型的消费环境时所经历的不同情绪：使用一种最喜欢的东西，最近的一项重要购买行为，最近进行的服装购买、食品购买和耐用品或服务的购买。消费情绪组合包括以下16种情绪：愤怒、不满、焦虑、悲伤、害怕、羞愧、羡慕、孤独、爱慕、爱、平静、满足、乐观、愉悦、兴奋和惊讶。

另外一些学者提出用"愉快、激发、支配"这三个基本层面来说明所有的情绪，认为特定的情绪是这三个方面不同组合和不同水平的反映。表8-2列举了这三个基本层面和与其相联系的一系列情绪，以及用来表示这些情绪的感觉或指示器。表8-3是巴特拉（Batra）和霍尔布鲁克（Holbrook）的"12情绪"划分法。

表8-2 情绪层面、情绪和情绪的描绘

情绪层面	情绪	对情绪的描绘
愉悦	责任	有道德的，善良的，有责任感的
	信仰	虔诚的，崇拜的，神圣的
	骄傲	自豪的，优异的，可尊敬的
	爱	爱的，慈爱的，友好的
	天真	天真的，纯洁的，无可指责的
	感激	感恩的，感谢的，备受欣赏的
	宁静	平静的，安宁的，舒服的，镇定的
	渴望	向往的，渴望的，恳求的，希望的
	喜悦	欢乐的，高兴的，欣喜的，满意的
	能力	自信的，可控的，能干的
激发	兴趣	关注的，好奇的
	萎靡不振	厌倦的，瞌睡的，懒惰的
	激活	激起的，活泼的，兴奋的
	惊奇	惊奇的，烦扰的，震惊的
	似曾相识	不引人注目的，未被告知的，不激动的
	介入	参与的，见识广的，开朗的，受裨益的
	烦乱	心烦意乱的，盘踞心头的，粗心大意的
	轻松	嬉戏的，娱乐的，无忧无虑的
	轻蔑	嘲笑的，蔑视的，不屑一顾的

(续)

情绪层面	情绪	对情绪的描绘
支配	冲突	紧张的，受挫的，冲突的
	内疚	心虚的，懊悔的，遗憾的
	无助	无力的，无助的，被支配的
	悲哀	悲哀的，痛苦的，悲伤的，沮丧的
	恐惧	害怕的，担心的，忧虑不安的
	耻辱	羞耻的，尴尬的，卑贱的
	愤怒	生气的，激动的，疯狂的
	过分活跃	恐慌的，混乱的，过度刺激的
	厌恶	厌恶的，憎恶的，烦扰的，强烈憎恶
	怀疑	多疑的，可疑的，不信任的

表 8-3 巴特拉和霍尔布鲁克对情绪的划分情绪、情绪表现或对情绪的描述

情绪	对情绪的描绘
刺激	激发的，活泼的，兴奋的
怀疑	多疑的，可疑的
愤怒	生气的，激怒的，疯狂的
平静	平静的，安宁的
厌倦	厌倦的、不复杂的，不引人注目的，不激动的
恐惧	害怕的，担心的
渴望	向往的，渴望的，恳求的
社会感情	爱的，慈爱的，纯洁的
感激	感恩的，感谢的，受益的
悲哀	悲哀的，痛苦的，悲伤的
烦躁	厌恶的，不耐烦的，烦扰的
轻松	嬉戏的，娱乐的，无忧无虑的

(三) 高级情感及其分类

高级情感是人类特有的一类情感，它既受社会存在的制约，又对人的社会行为起积极或消极的作用，它主要可分为道德感、理智感和审美感三大类。

1. 道德感

道德感指人们对道德需求是否得到实现或满足所产生的体验，它和道德信念、道德判断密切相关，是道德意识的具体表现，具有明显的社会性和阶级性。道德感包括爱国主义情感、国际主义情感、集体主义情感、人道主义情感、义务感、责任感、友谊感、自尊感，等等。这类情感的体验常常不是单一的，而是复杂的。例如，爱国主义情感，它既包含对祖国的爱，又包含对民族敌人的恨，爱与恨统一在其中。类似于下面的广告语："中国人自己的……""长城永不倒，国货当自强""健康是你的幸福，更是我们的事业""在质量上我们绝不妥协""大家好，才是真的好""让我们做得更好""真诚到永远"，等等。

2. 理智感

理智感指人们对认识和追求真理的需求是否满足所产生的体验，这类情感和人的认识活动、求知欲、探究感、怀疑感紧密联系在一起。当问题一时难以找到适宜的解决方案时就可能出现迷惑的体验，可是一旦有了可行的方案，自信心便建立起来（确信感）。问题得以解决，伴随而来的便是成功后的喜悦感。理智感源于认识活动，反过来，又推动认识活动的进一步发展。类似于下面的广告语："只选对的，不选贵的。""是什么？我知道，做什么？我决定。""紧跟在美味后面的是健康！""比别的酒稍好一些。""多付几分钱……可是天壤之别啊！"下面两句是咖啡产品的广告语："你准会喝尽最后一滴""绝不会影响你的睡眠"。

3. 审美感

审美感指人们按一定的审美标准，对客观事物，包括人在内进行欣赏、评价时所产生的情感体验。符合审美感需求的对象都能引起美的体验。例如，锦绣河山、艺术珍品、名胜古迹、文艺表演、体育竞赛、历史文物等都极易引起对美的体验。这种体验由弱至强经历着不同的程度。它具有两个特点：①愉悦的体验，包括喜剧和悲剧引起的审美感；②倾向性的体验，即对美好事物的迷恋，对丑恶事物的反感。审美感具有客观性、社会性与阶级性。在不同的历史时代、社会制度和民族里，审美标准常有不同，对美的感受也不尽相同。请观察下面一组咖啡产品的广告语"喝上一杯，让烦恼随香而去""我们烘焙它，人们赞美它""上帝喝的也是埃德牌咖啡""它的苦更甜美""赞叹不已：从第一口到最后一口"。

三、消费者心情与情感价值

（一）消费者的心情

心情就是不太强烈的情绪，它持续的时间较短。它很容易产生，出现和消失的频率较高，也较容易，它更加普遍。事实上，我们总是处在某种心情当中，快乐或悲伤、忧郁或无忧无虑、生气或高兴、开心或无聊。心情通常会影响我们当时的行为，也会影响我们对当时接触的营销活动所做出的反应。因此，理解消费者的心情对营销者来讲非常重要。

心情有时是由外部刺激物引起的，有时是由内部的自我思考引起的，例如想起过去的一件事或幻想某种情形。下面是一些可以引起正面心情或负面心情的营销刺激物，例如：①商店或服务场所的氛围；②销售人员的行为举止；③产品的感官特点；④营销活动的风格和样式；⑤销售人员所传达的信息或营销活动里的广告词。它们能否达到人们在接触它们时所要达到的目标。例如，如果销售员了解的信息不够多，或营销活动没有起任何作用，消费者可能会觉得浪费了时间，进而觉得沮丧。

心情状态会导致消费者对营销者的努力做出正面或负面的反应。消费者研究人员的调查研究还表明，消费者倾向于在正面的心情环境中逗留更长的时间，他们会更多地回忆使他们产生正面心情的营销活动，如果一些营销活动使他们感受到温暖，他们就会对营销活动中的品牌持更加正面的态度。

心情影响消费者在处理信息时所采取的策略。有些研究称正面的心情会减少对刺激物信息的处理，还有一些研究称相对于中性的心情来说，正面的心情可以增进消费者对品牌名的了解。记住品牌名是选择品牌的前提，而能否记住品牌取决于品牌第一次被录入记忆时的编码过程。研究发现有两个因素对这个编码过程十分重要。第一个是"品牌演练"：作为某产品类别中的一个成员，这个品牌与人们的记忆相接触的频率有多高？时间有多近？第二个是"关系阐述"：消费者将这一品牌与它所属产品类别相联系的过程。

在对品牌的研究过程中，他们发现正面的心情可以帮助消费者按照品牌所属的类别对其进行分组。当被调查者看到所有品牌之后，尽量多地记住品牌名的时候，在正面的心情情况下，他们可以回忆起更多的产品类别，在每个产品类别中回忆起更多的品牌，因此他们记住的品牌名称的总数比中性心情情况下要多。

研究表明，正面心情对人们对品牌延伸与核心产品之间的相似性的认知有影响，尤其是对那些与核心品牌有一定的相似点的品牌延伸，也会影响到人们对生产商在生产这种延伸产品时的竞争力的认知。这些都是在延伸品牌的评估过程中非常重要的决定因素，而正面的心情通过影响这些决定因素来提高对品牌延伸的评价。因此，营销者可以利用营销活动、销售点资料、名人的支持、免费赠品以及其他一些策略来促使消费者形成正面心情，从而使他们对品牌的延伸有更加正面的评价，进而影响他们的选择。

互联网上的营销者很难在网站上营造一种氛围来促成消费者产生一种心情使其走进商店，不过我们现在也可以做一点儿努力来克服这一弱点。例如在网页上加入悦目的色彩、图案、悦耳的音乐、美轮美奂的视频等，以此促使消费者形成一种对企业、产品及形象有利的心情。

（二）寻求情感价值的享乐主义消费

情绪和心情会促成许多消费行为。如果说清洁剂、割草机、微波炉、链锯、保险、投资组合和计算机是为了某种实用性或功能性目的而被购买和使用的话，那么香水、珠宝、泡沫浴等产品和运动、看戏、看电影、听音乐会和到游乐场玩等活动就是为了寻求情感价值或享乐价值而被购买和参与的。

享乐主义消费是指人们不是为了解决环境中的某种问题，而是为了满足内心的愉悦而使用产品和服务。具体说来，享乐是为了满足感官上的愉悦。因此，享乐主义消费是指通过使用产品和服务来为感官创造愉悦、帮助创造一种幻想以及提供情感上的激发力。享乐主义消费有以下几种表现，让我们通过一些例子加以说明。

（1）感官愉悦：洗个泡沫浴、洗水力按摩浴或桑拿浴来放松自己、擦香水或古龙香膏、穿着色彩艳丽的服装、在迪斯科舞厅享受迷离的电子闪光灯、选择办公室装饰、美化办公楼环境。

（2）艺术享受：阅读诗歌、看艺术展览、听希腊历史课程、在办公室里挂上原版艺术品。

（3）情感体验：看电影或电视肥皂剧、坐过山车、送礼品、接受礼品、打长途电话或接长途电话联络感情、约会、参加同学聚会、庆祝金婚纪念日、庆祝与期待已久的消费者合作成功。

（4）娱乐享受：电子游戏厅、体育运动、跳舞、度假、参加商业会议、与商业消费者打高尔夫球、参加公司的圣诞节晚会。

有趣的是，有些年轻人往往喜欢技术产品所包含的新奇和享乐性价值，有些年轻人却更注重它们的性能价值，他们将技术看作达到某种目标的工具，而他们所感兴趣的"目标"就是社会联系性。他们希望与朋友保持联系，与同龄人建立联系，他们认为计算机和手机等设备只是达到这些目标的工具。

（三）深度介入

享乐性消费的一种特殊情况就是对一种产品、服务或活动的深度介入。深度介入用来描述消费者与他们很感兴趣的几种产品之间的关系，我们会品尝它们的味道、闻它们的气味、感觉它们的质地、听它们的声音。我们喜欢它们，我们从它们那里可以得到乐趣，甚至可以说我们爱它们！

每个人都有最爱的活动、最爱的产品、最爱的品牌。在我们的朋友当中有人是服饰的专家、有人是汽车迷，还有人是计算机爱好者。我们迫切希望了解这些产品（如服饰、汽车和计算机），了解一切可以了解的东西。看到那种话题我们就感到兴奋，当然我们也希望一有机会就能使用它们。我们作为使用者与所选择的产品和服务之间所建立起的这种特殊关系就称为"深度介入"，深度介入可以被定义为消费者对一种产品或服务持续的、极强的兴趣。

介入这个词可以用来表示某种事物、产品或服务与消费者之间的个人联系。另外，介入是一个度的问题。某种产品的相关性如何，在多大程度上处于中心地位。当我们将介入定义为兴趣程度的时候，我们就认为介入有两种形式：①持续性介入；②情景性介入。持续性介入是消费者对某种产品或服务持续的兴趣程度；情景性介入是在某种特定的情景或特殊事件的情况下的兴趣程度，如在某个重要客人或朋友在场时我们对产品的购买。

持续性介入的极端形式就是深度介入。深度介入会以许多方式影响消费者行为：①深度介入的消费者对产品或服务十分了解，他们可以成为意见领袖；②他们会大量消费此类产品，也会购买与此关联的产品或产品链；③他们对该产品的价格变化不太敏感，也愿意在这些产品上多花些钱；④他们不断寻求有关该产品和服务的信息，主动获取信息的意识很强；⑤他们愿意在与此类产品相关的活动上花更多的时间，与这些消费者建立更广泛的联系比较容易；⑥深度介入的消费者可能会成为新产品的领先使用者，他们以一种创新的方式试用产品，因此也是新产品理念的源泉。例如哈雷摩托车，它们的使用者可以参加哈雷拥有者俱乐部，在其中他们参加各种各样的活动，包括慈善工作。曾经一度发生的对 IBM 计算机产品类似痴迷的消费者忠诚度，以及目前消费者对苹果系列产品的狂热都说明了这些用户对产品的深度介入。

四、消费者对广告情绪反应的测量

（一）BBDO 情绪测量系统

有许多方法测量消费者对于广告的情绪反应。BBDO 广告公司列了一张表，上面是该公司认为广告所能激起的 26 种情绪。BBDO 还发展出一套测量系统，用来测量某个广告所激起的情绪。最初，该公司让 6 个演员拍摄了 1 800 幅反映不同情绪状态的图片，后来，通过进一步的研究，将 1 800 幅减少到 53 幅，反映 26 种情绪。

进行广告测试时，让应答者从 53 幅图片中挑出能反映他们看到该广告时的感觉的图片。

选择特定图片的应答者的百分数就反映出对该广告的情绪反应。

该套测量系统被吉列、百事可乐、宝丽来和瓦格莱等公司采用。结果显示,吉列的广告"一旦拥有,别无所求"能激起男性消费者自豪、自信和骄傲的感觉。

(二) GSR：皮肤生物电反应

皮肤生物电反应（GSR），该方法在被试身上插上一些小电极,用来监测被试皮肤的电阻。该电阻会随着情绪激发引起的汗液分泌的微小变化而变化,从而可以监测被试的情绪变化。GSR 最著名的应用就是谎言测试。

尽管对于 GSR 在市场营销方面应用的有效性存在争议,但已有证据表明该方法可以成为有用的测量方法。如表 8-4 所示,该研究是为"更好的家园"而做的,它显示 GSR 测量方法比起语言评价测量方法能更好地对市场反应做出预测。北加利福尼亚的蓝十字在对一系列旨在吸引更多人拨打 800 电话的电视广告测试中运用 GSR 方法,也获得了类似的良好效果。

表 8-4 情绪激发和信件回复率

促销口号	GSR 测量得分[1]	GSR 测量排序[2]	语言测量方法排序[2]	市场结果
1 分钱销售	0.300	1	4	1
特别省钱	0.284	2	3	2
刺绣精品	0.248	3	1	3
花边饰物	0.231	4	2	4

[1]分数越高,激发程度越高。
[2]预测市场反应。

第二节 情绪与营销策略

本章开篇案例描述了百达翡丽手表是如何通过情感策略进行广告创意的。其成功的原因之一是运用关于消费者情绪方面的知识为产品定位。虽然营销者一直在一种直觉的层面上运用情绪指导产品定位、销售展示和营销活动,深入、系统地研究各种情绪与市场营销策略的相关性则是一个全新的领域。这里我们将简要讨论三个方面的策略问题,这三个问题分别是情绪的激发、情绪的降低,以及营销策划中情绪的运用。

一、情绪在态度形成中的作用

在前面我们讨论了态度是如何形成的。由于多元属性态度模型的原因,对于某种产品突出属性的信任度为形成态度提供了认识上的基础,但这并不是形成态度的唯一方法。态度也可能由我们对于某一事物的情绪形成。如前所述,情绪有可能是正面的,比如感觉非常高兴;可能是负面的,比如感觉非常失望;可能令人震惊,比如差一点儿丧命的经历。关于情绪和态度的关系,我们可以从以下几个方面加以考察。

(一) 作为消费者体验一部分的情绪

我们已经注意到消费体验会刺激情绪。事实上,一些体验被人们喜欢,这是由于它们有能够引出一些情绪的能力，即使一些消费和情绪没有什么可能的联系，例如一个垃圾塑料袋，可是如果产品没能正确地行使功能，例如塑料袋破了，里边的垃圾都掉出来弄脏了衣服或鞋，也会让我们很丧气。因此，这些感觉可以影响消费者的后期消费评价。当消费者是由乐观的情绪伴随时，就会避免消极的情绪，这时也就更容易让消费者满意。相应地，这样会形成一个比较有利的态度。

（二）成为营销宣传一部分的情绪

除了理解在消费产品过程中体验的情绪外，理解消费者在处理营销信息时体验的情绪也很重要。一些营销活动让我们感到愉快，在前些年百威啤酒的广告宣传中，他们使用了各种动物甚至外星生物来取悦消费者，有的人说很喜欢，有的人则评价它让人厌烦。比如，那些动物总是讲"What's up"（你现在可好）之类的话，而且重复了许多遍，让人觉得疲劳、没有新意。图 8-10 就是这些广告中的一个代表作品，广告描绘了一个外星人以一只狗的身份"卧底"地球，在它返回自己星球向它们的国王汇报在地球上学会了"地球话"时，印象最深刻的一句就是："What's up?"于是它的同伴们便异口同声、此起彼伏地高呼："What's up?"以至于地球上的人也听到它们呼喊的声音，地球人收听到他十分熟悉的这句广告语时惊叹："原来外星也有生物啊！"

图 8-10　百威啤酒用动物及外星人所做的一则广告（用手机扫描图上方的二维码便可观赏）
注：以狗的身份"卧底"地球的外星人返回自己星球后，向它的国王学说一句"地球话"："What's up?"它的同类们一起高呼："What's up?"地球人收到它们呼喊的声音，意识到竟然是他十分熟悉的百威啤酒的广告语时，不禁惊叹："原来外星也有生物啊！"
资料来源：世界广告杰作．富士（FUJI）电视网络有限公司出品，2006．观看网址：http://v.youku.com/v_show/id_XMjI1ODI5ODU2.html（图 8-10 是作者根据视频资料来源结合课程内容设计制作的）。

就像在消费期间体验的情绪决定了消费者在后来消费时的评价一样，在广告理解阶段的体验也影响着消费者消费后的态度。在观看完让人激动的广告之后，人们会对广告中推广的产品产生有利的态度。相反，让人消极的广告会使得人们对它所推广的产品产生不利的态度。

（三）情绪状态在态度形成时的影响力

在态度形成的时候，情绪状态非常有影响力。在一项研究中，参与者听到了会引发有利态度的音乐，然后品尝了一种未知品牌的花生酱。如果这时消费此花生酱，他们的情绪就比较有利，对这种产品的态度也就更加积极了。商家可以影响消费者态度的一种方式就是在态度形成的时候对他们的情绪施加影响。例如，某家新开张的商店会发现，当消费者进入商店的时候，给他们分发一些小礼品会非常合算，因为这样可以促使消费者形成对该商店更有利的态度。营销者可以把他们的信息插入电视节目中而获益。因为这样会激发消费者积极的情绪，从而避免消费者情绪低落。可口可乐已经避免在电视新闻节目中播出他们的广告，因为"节目中会有一些不好的新闻，而可口可乐是一种积极向上的产品"。

然而，情绪状态并不总是影响态度的形成。在前面那个花生酱的例子中，当把蜂蜜或者小苏打放到花生酱中，那么情绪的影响就消失了。许多人喜欢蜂蜜的味道，而大部分人都不喜欢放入小苏打的味道。可以相信，在消费过程中，体验的感觉比消费者在消费前的情绪状态更易于施加影响。

情绪通常是由环境中的事件引发的。愤怒、愉快、悲哀往往是对一系列外在事件的反应。不过，诸如"意象"这样的内在过程也能引发消费者的情绪性反应。运动员经常使用意象方法使自己进入期望的情绪状态，例如刘翔就经常运用看自己以往状态好的录像来调动自己积极的情绪。情绪还伴随着生理变化，如瞳孔扩大、流汗增加、呼吸加速、心率和血压的增高以及血糖水平上升。情绪体验的另一个特点是"认知性思考"。情绪尽管并非必然伴随着思考。思考的类型以及我们"理智"地进行思考的能力，会随着我们情绪的类型和程度而变化。对于不合适的想法或行动，我们常常用一种极端的情绪反应作为解释，那便是"我当时简直疯了，以至于完全不能正常思考了"。

情绪也与某些相关行为相伴随或相联系。尽管人们的这些行为在不同时间和情境下均存在差异，以及各种情绪仍然与一定的行为形影相随：恐惧引发颤抖反应，愤怒导致奋起，悲伤引起哭泣等。我们还记得，前些年一个全球著名的化妆品商家因为媒介的不利报道，导致消费者采取冲击商场、打砸柜台甚至殴打售货员的过激行为。

（四）情绪包含主观情感

事实上，我们提到的情绪往往指的就是这种情感成分。悲痛、喜悦、愤怒、嫉妒、恐惧给我们的感觉很不相同，这些主观确定的感觉正是情绪的核心。这些感觉有某种特定的成分，被我们标记为诸如喜或悲的情绪。此外，情绪还带有评价或者喜欢还是厌恶的成分。虽然在文学中存在不一致的用法，我们通常还是用"情绪"这个词来指某种可辨认的、特定的感觉，用"感情"这个词来指某种特定感觉的使人喜欢或使人不喜欢的方面。尽管情绪通常被人以一致或一贯的方式来评价（人们通常喜欢某种情绪，不喜欢某种情绪），有些人或有些情况下也有例外。例如，我们中通常很少有人喜欢悲伤或恐惧，但我们偶尔也会喜欢一部让我们恐惧或悲伤的电影。这对营销者来讲亦有一定启发性，一些成功的公益广告就是利用恐惧或悲伤的元素来打动观众的。

二、情绪激发与情绪降低的营销策略

（一）将情绪激发作为产品利益

情绪以伴随正面或负面的评价为特征，消费者积极寻找那些主要利益或次要利益在于激发其情绪的产品。虽然在大多数情况下人们希望获得正面、积极的情绪，但也有例外的情况。如前面提到的悲剧性的电影使观众伤心落泪，然而这并不会影响人们对这部电影的喜爱。

很多产品把激发消费者的某种情绪作为主要的产品利益，最明显的例子莫过于对电影、音乐和书籍的推广。与各种类型的惊险旅游项目一样，拉斯维加斯赌城、迪士尼乐园、深圳欢乐谷等作为旅游胜地，无不旨在激发游客的情绪。长期以来，汽车、摩托车、时装与化妆品被定位为激发情绪的产品。一些软饮料品牌也以"妙趣横生"和"激动人心"作为其主要利益诉求点。某些汽车被定位为情绪激起型产品，例如丰田汽车的广告语——"啊，多么美妙"，庞蒂亚克的广告语——"我们制造兴奋"，奔驰的广告语——"享受驾驶的快乐"。

（二）将情绪降低作为产品利益

让我们再重新审视一下表 8-2 和表 8-3，其中许多情绪状况是令我们大多数人感到不快的。很少有人喜欢感受悲哀、无助、羞辱或恶心。面对这一境况，营销者设计出许多防止或缓解不愉快情绪的产品。

这类产品中最典型的就是各种各样用于抑制忧郁或焦躁症状的非处方药品。人们常常光顾百货商店和零售店以消除疲倦、感受刺激、引发渴望。鲜花被宣传为能够消除悲哀，减肥产品和其他有助自我完善的产品常常根据其缓解内疚感、无助感、耻辱感或厌恶感等利益来定位。个人清洁护理产品也常以缓解焦躁和忧虑作为其主要利益。例如，"难言之隐，一洗了之""我真感觉到自己不能再胖了""24 小时治好感冒""三分钟缓解疼痛""立刻让你口气清新"。

三、营销活动中情绪策略的其他应用

即使是在情绪激发或情绪缓解并不是产品的一项利益的时候，营销活动中也经常使用情绪激发。我们现在对于营销活动引起的情绪反应怎样影响消费者的行为以及是什么导致一个营销活动引发特定的情感的理解，应当说是处于起步阶段，因此，以下的一般性结论不应被视为是确定性的。

营销活动中的情绪性内容增强了营销活动的吸引力和持续力。比起中性的营销活动，那些能激发欢乐、温馨甚至厌恶的情感反应的营销活动更能引起人们的注意。正如我们在本书第三章中看到的,注意是认识过程的关键一步。

情绪以一种高度激活的心理状态为特征,当人们被激活时,他变得更警觉和活跃。由于有了这种高度激活的心理状态,情绪性信息较中性信息可能会得到更全面的"加工"。同时,在这样一种情绪状态下人们可能会花更多的精力进行信息处理和更可能注意到信息的各个细节。

能激发积极和正面情绪的情感性营销活动使营销本身更受人喜爱。例如,温馨是由对爱、家庭、友谊的直接或间接体验所激发的一种有积极价值的情感。突出温馨情调的广告,诸如麦当劳展现父女或父子亲情的广告,就能激发诸多心理变化。同时,温馨类广告也比一般的中性广告更受人喜爱,而喜欢一个广告会对产品好感的形成发挥积极影响。

情绪性广告可能比一般中性广告更容易被人记住。在本书第五章中我们曾经讨论过的,要测量这种增进的记忆,需要运用基于情感与情绪反应的一些方法。例如我们曾经这样描述:

在广告传播中,将广告文稿写成诗歌、顺口溜、对联等形式,使之合辙押韵,使人读起来朗朗上口,从而增加人们的兴趣和注意,能收到良好的记忆效果……之所以这样做,是因为我们想让消费者处于愉悦的情绪状态下,这个状态更有利于他们的记忆……如果能够让广告做一些事情,让消费者沉浸在一种良好的情绪下进行回忆,这样可能会更好地帮助他们恢复一些关于企业或产品的有利信息。

事实上,经由经典性条件刺激,重复置身于能引发积极情感的营销活动中可以增加消费者对品牌的喜爱。刺激(品牌名称)与无条件反射(积极的情感)的配对和重复出现,可以导致一旦品牌名称被提起,积极的情感就会产生。

对品牌的喜爱也可能以一种直接和高度介入的方式出现。一个与情绪性营销活动只有一次或少数几次接触的人可能很简单地"决定"该产品是他所喜欢的产品。这是一种比条件反射更有意识的过程。例如,人们已发现,观看激发温馨感的营销活动可以直接强化购买意图,而这种强化的购买意图本来应该是喜欢该产品的结果。

用情感来迎合消费者的营销活动正日益流行,在下一节中,我们进行专门的研究。

第三节 营销活动中的情感诉求

三因素说指出,人类的情绪是由外界刺激、机体的生理变化和认知过程三者整合作用的结果。为了诱发情感,需要考虑的问题是:①在广告创意中应当采用什么样的情感诉求;②使用适宜的情感线索,诸如颜色、插图、标题、文稿、广告歌或背景音乐;③选择良好的心境发布广告;④运用情感迁移可收到一定的移情效果;⑤恐惧感的运用;⑥幽默感的运用。

今天情感性营销活动使用频率正在提高,情感营销的设计主要是为了建立积极的情感反应,而不是像前一节所描述的那样仅仅为了提供产品信息或购买理由。那些能激起温馨感的营销活动能引起一种生理与心理的反应,它们往往比"纯粹理性"的营销活动更受消费者的喜爱,并使消费者对产品产生更加积极的态度。营销活动中的情绪策略具体表现为情感诉求,下面让我们来仔细研究一下。

一、营销活动中的情感因素

营销活动主题确定之后,接着就是如何表现营销活动主题的问题,这就是通常所说的创意。一个具有说服效果的营销或广告创意往往同情感的作用分不开。情感的诉求一般建立在积极的情感体验上,审美感、荣誉感、自豪感、成就感、民族感等都是一些积极的情感体验,它们对消费者具有较强烈的支配力。

例如审美感,审美感是一种积极的情感体验,也是营销活动中常用的情感诉求之一。追求美是人所共有的心态,尤其是年轻人。因此,以美为情感诉求,有可能获得以情动人的效果。比如,为了正常生活和从事各种活动,近视的人不得不戴上眼镜,可是戴上眼镜之后就可能失去原有的青春形象。这种充满忧虑、矛盾的心态不知使多少年轻近视患者在矫正视力上犹疑不前。对此,美国的博士伦眼镜营销活动指出:"美国博士伦软性隐形眼镜美化您的眼睛,它让您摆脱框架的遮挡,还您美丽的眼睛和俊俏的面容。博士伦更美化您的生活,它让爱情在目光中充分流露,使您爱情甜蜜,有情人终成眷属;它使您在舞会上受人欢迎,事业中一帆风顺,运动时无拘无束。它可能是您一生的转折点。美国博士伦是世界最薄的隐形眼镜,中心最薄只有 0.035 毫米,柔软如水珠,戴在眼内像没有戴镜片一样轻松舒服……"

二、营销活动元素的情感因素

在营销活动设计中,颜色、插图、标题、文稿、广告歌等元素都可能和一定的情感体验发生联系。因此,它们常被用来诱发特定的情感。

(一)颜色

颜色是营销活动中重要的元素之一。人们生活在颜色的海洋里,每时每刻都在同颜色打交道。它一进入人的眼帘,就会引起一系列联想活动,而且还能引起不同的情感体验。中国科学院心理研究所的马谋超教授曾经对 349 名青年进行过关于颜色与心境联系方面的调查,结果如表 8-5 所示。

表 8-5 颜色与心境、对象的联系

颜色	心境或情绪体验	联想的对象
红	振奋(兴奋、激动)、喜悦、幸福、朝气蓬勃、热烈占 69.2%;危险、不安占 8.2%	红旗、红衣服、节日、喜事、太阳、红花 51.6%;血、火、信号灯、危险标志 29.4%
橙	喜悦、轻松、幸福、希望、爱慕、朝气蓬勃、温暖占 52.7%	橘子、其他水果占 56.7%
黄	幸福(喜悦)、轻松(明快)、朝气蓬勃、振奋、爱慕占 35.8%	服装、丰收的田野、家具占 31.4%
绿	轻松、希望、朝气蓬勃(有生机)占 49.1%	草(草原)、树叶、春天的田野、森林、植物、青山绿水占 71.8%
蓝	轻松、安静占 25.9%	蓝天、海洋占 83.5%

（续）

颜色	心境或情绪体验	联想的对象
紫	冷淡、严肃、寂寞、不安、忧郁、消沉占30%	紫花、服装占34%
白	纯洁占45%；安静占13%	白雪、医院、白衬衣、白衣战士、白花占5%
灰	消沉、失望、冷淡、忧郁、不安、伤感占61.4%	阴天、灰衣服、灰建筑物占51.9%
黑	严肃、恐惧、悲伤、不安、伤感、寂寞、忧郁占52.7%	黑夜、黑衣服、黑纱、丧事、追悼会占80.8%

表8-5可以说明如下的事实：在日常生活中，人们已经把特定的颜色同一定的对象以及心境或情绪体验联系起来。综合相关资料大致可以描述为，红色同节日喜庆连在一起，但又同火、血液和危险建立起联想；橙黄引起阳光明媚充满希望的感受；绿色使人想起春天、万象更新的景象；蓝色与天空、海洋发生天然的联系；洁白更容易与纯洁对应；灰黑则令人伤感不安。

（二）插图

广告插图包括绘画和照片，它们也可以唤起人们美好的联想和积极的体验。例如，有一幅绍兴花雕酒的印刷（招贴）广告，设计者把绍兴古城、咸亨酒店和陈年美酒融合一体，使观看者犹如身临其境，产生相应的情感体验。图8-11、图8-12和图8-13为我们提供了一个难得的案例："云山诗意"系列广告。⊖

图8-11 云山诗意：东方的园林，栽培大家庭的感情

注：竹子、垂柳、小木桥、大块的圆石……质朴自然的东方元素，不事过多栽剪，却蕴含着独特的人文思想。层层叠叠的假山坡地，蜿蜒曲折的小径回廊，不仅使园林不至于一览无余的单调，而且符合陌生人游园时对面不对立、相逢相冲的心理需求。云山诗意就有这样的园林，它特为喜爱东方式含蓄的人而造。东方质朴而不失雅韵的园林涵养现代人闲适生活、和睦相处的心境，在云山诗意，我们称之为东方人居智慧。

⊖ 上善若水. 广告插图，一个难得的案例："云山诗意"系列广告. 网易·上善若水柏树林的博客·广告心理论坛 http://lpsslwj.blog.163.com/blog/static/1167364252011318102155874。图片资料来源：http://www.adcase.org/plus/view.php?aid=1400。

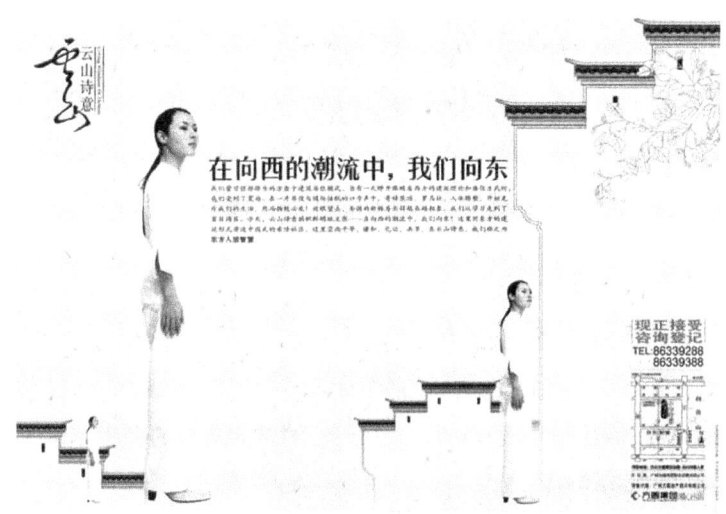

图 8-12　云山诗意：在向西的潮流中，我们向东

注：当西式建筑充斥着我们的生活时，回归东方的意识自然萌生。白云山下，有这样一片很东方的建筑，徽派的马头墙，青色的瓦顶，载着竹子、搭着小木桥的园林，以及朱色大门的庭院。更重要的是这里崇尚东方的人居关系，谦和、礼让、信任和分享。这就是云山诗意，一个洋溢着东方亲情的家园。用东方风格的建筑唤回东方的亲情伦理，如同一方水土一方人的朴素哲学，在云山诗意，我们称之为东方人居智慧。

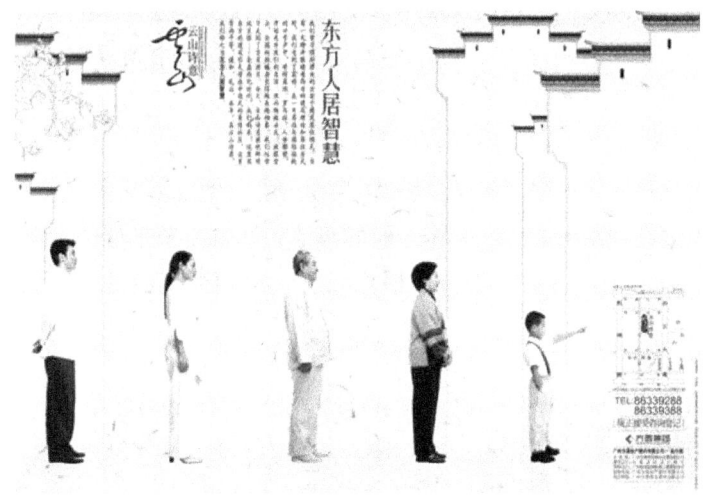

图 8-13　云山诗意：东方人居智慧

注：我们曾习惯排排坐的方盒子建筑居住模式。当有一天睁开眼睛看西方的建筑理论和居住方式时，我们受到了震动。在一片居住与国际接轨的口号声中，哥特屋顶、罗马柱、人体雕塑开始充斥我们的生活。然而物极必反！放眼望去，全国的新楼房长得越来越相像。我们从学习走到了盲目拷贝。今天，云山诗意旗帜鲜明地主张：全盘西化的时代，我们向东！这里用东方的建筑形式营造中国式的亲情社区，这里崇尚平等、谦和、礼让、共享。在云山诗意，我们称之为东方人居智慧。

（三）标题和文字说明

标题对营销与广告活动整体起着画龙点睛的作用，充分运用情感诉求的广告标题可以增强营销活动信息的传达效果。文稿或文案的表达富有感染力，可以使营销活动更有效地说服消费者。一种见解认为，情感词用得多，有利于打动人。例如，有这样一个广告语："一片爱心，舒心，放心，省心，全家开心。"连用了五个"心"字，会有多大感染力呢？须知，情感体验是有一定对象的，只有当对象与主体存在一定关系时，才能激发主体的情感活动。换句话说，情感词动人在于它的内涵，而不是华而不实的言辞。图8-11、图8-12和图8-13"云山诗意"系列广告同时向我们展示了广告标题和文字说明的重要价值。

（四）广告音乐或歌曲

优美的旋律、富有情趣的广告歌会具有强烈的感染效果。广告歌曲既可以用来表现广告主题，又可用作背景加强效果。此外，广告中的字体和情绪色彩也有一定的联系，快活的心境往往与弯曲、明亮的美术体对应，而恐怖的、威严的心境常与角型的和粗体型的字体相联系。声音和形状也可起到影响情绪的作用。

三、心境与广告播发

上述各种营销活动元素，甚至形、音、线段比率等线索，都可用来诱发一定的情绪体验。足够强烈的情绪体验在引起情绪的对象消失后，不会马上终止。一部动情的影片、一场激动人心的球赛、一个隆重的集会都可能让人久久无法平静。在这期间，其他一切体验和活动都有可能染上同样的情绪色彩。利用这种心境的持续效应，在人们的情绪反应方兴未艾、余波未息时，适时地插入商业广告可望收到类似的情绪效果。例如，在转播精彩比赛、文艺演出或热播的电视剧两集之间的空隙，人们正处于一个较好的心境之下，适时地放映与此心境相吻合的商业广告，其效果会比平时好得多。相反，如果广告过多、太滥，或者有意在故事的关键情节中强行插入广告就会搅乱观众的心境，搞坏他们的心情。试想如果正像广大观众所描述的那样："不是电视剧中插播广告，而是广告中插播电视剧"的话，我们的广告效果一定会大打折扣的。

四、营销活动中的情感迁移

移情效应是在营销策划中经常运用的一个策略。触景生情一语表达了情绪体验很容易由特定的对象唤起。"一朝被蛇咬，十年怕井绳"的成语更形象地描述了移情的特征，由于被蛇咬所产生的恐惧情绪会不自觉地扩散到蛇样形状的井绳上去。换句话说，井绳被赋予了恐惧的情绪色彩，或者说成为恐惧反射的条件刺激物。这种现象也表现在消费行为上，例如，消费者一般会表现对展销会或展览会上的展品有更大的兴趣。因此，往往在这种场合下，对展品，哪怕是市面上早已出现的一般产品也更容易接受。

移情的效应在商业广告中是经常被使用的一个策略。营销者常常把人们心目中最崇拜、最喜爱的体育明星、歌星和影星充当广告角色，以期把这种喜爱的积极感情迁移到该产品或劳务上去。

五、营销活动中的恐惧诉求

20世纪初,美国心理学家麦克杜格尔(W. Mcdougall)认为人类具有觅食、性欲、憎恶、好奇、恐惧与自信等一系列本能。恐惧的发生是因为引起恐惧情绪的事物的存在和刺激,当人感到恐惧时就会产生一种不安的情绪,这种不安的状态会促使人寻找安全的保障或解决的办法。事实表明,恐惧是一种最普遍、最基本、最共性的心理状态,也是一种影响最广、力度最强、传播最快的心理情绪。因此,针对受众中普遍存在的担忧、害怕心理,恐惧诉求常常被广告创作人员作为诉求主题来影响说服目标受众。从不使用产品或不按其所倡导理念行事的不良后果中,警诫人们防止不良或不幸结果的发生,给人造成一种心理上的震撼。

我们可以将营销活动的恐惧诉求定义为,展现行动的利端或不行动的弊端,描述某些使人不安、焦虑、担忧、恐惧的事件或发生此类事件的可能性,以引起诉求对象对营销信息的特别关注的一种营销诉求方式。恐惧诉求强调态度和行为如果不改变将会面临一系列令人不快的后果。尽管大多数恐惧诉求涉及身体方面的恐惧(如吸烟引起的身体损害、不安全驾驶),社会恐惧(口臭、体味、头皮屑、不洁的衣着、不得体的穿着、做得不可口的饭菜等所招来的鄙视目光)也被运用于营销活动策划及广告创意。

2009年11月中国台湾交通安全部门在岛内各大媒体投放了新一辑的交通安全宣传广告,广告一播出即引起岛内各界的热议,焦点集中在其恐惧诉求:监控摄像头拍摄的车祸瞬间录像剪辑,包括骑车男子被卡车碾压、横穿马路行人被撞飞等不加修饰的真实场景,血腥而震撼地将生死一瞬间铺陈于受众面前。虽然广告引起了社会公众及组织的严厉抗议,但是台湾当月的交通事故发生率同比降低了20%。美国一则安全套的广告将一组享受鱼水之欢的男女模特头部切除,配上"危险性行为就像这样"的文字,告诫受众使用安全套以防治艾滋病。这种以死亡为主题、运用恐惧诉求制造心理压力的广告极具震撼力。

巴西的一则禁毒电视广告堪称广告运用恐惧诉求的经典之作,如图8-14所示。广告画面中一个天真无邪的婴儿刚刚学会爬行,独自在家里爬来爬去……他扶着桌沿,颤抖着双腿站起,看到桌子上有一把锋利的餐刀。在好奇心的驱使下,他从桌子上拿起刀子,又丢在地上,然后拿在手中玩耍。在这个不懂世事的婴儿眼里,餐刀俨然成了他的玩具。一会儿用细嫩的小手去试碰锋利的刀刃;一会儿轻轻扬起胳膊,把餐刀从眼际一擦而过;最后竟然将餐刀放入口中舔舐,准备将其吞下……着实让观众看得心惊肉跳!广告在此时打出字幕:"这就像毒品一样,我们在玩它,却不知道它的危害……"亮出了公益广告的主题。整个广告虽然没有出现血腥、死亡的画面,但婴儿的一举一动牵动着大家的心,餐刀随时会给孩子造成的伤害,让人将紧张的心提到了嗓子眼儿。惊恐之余,让人有所领悟,成人吸毒犹如婴儿玩刀,同样会给身心造成无法估量的损害。广告恰当运用恐惧诉求产生的心灵震撼堪称警世之作!

在广告创作的过程中,经常需要针对不同的产品、不同的诉求对象运用不同的诉求手法。情感诉求,尤其是恐惧诉求,是一种极为有效的广告说服策略。特别是将其应用于影响公众对社会问题的看法和态度,使之关注并参与解决共同的社会问题或改变其不良行为的公益广告时,往往能发挥巨大的作用。但应当注意的是,恐惧诉求常被社会公众指责为不道德,因为这类广告往往会给消费者施加担心、焦虑的心理压力。

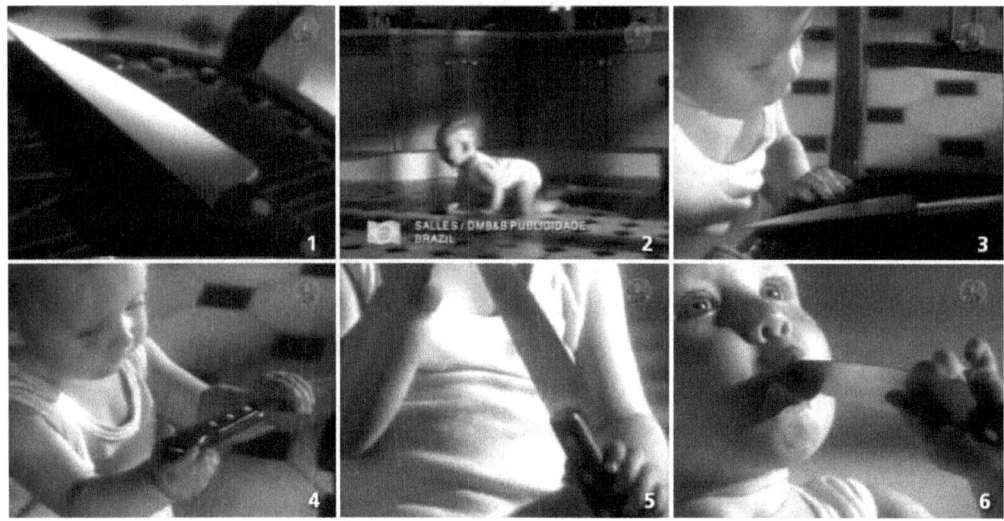

图8-14 巴西的一则禁毒电视广告:"婴儿吞食餐刀"(用手机扫描图上方的二维码便可观赏)

注:在这则电视广告中有一个天真无邪的婴儿刚刚学会爬行,他看到在桌子上有一把锋利的餐刀。在这个不懂世事的婴儿眼里,餐刀成了他的玩具,一会儿用手去试碰锋利的刀刃,一会儿轻轻扬起胳膊,让餐刀从眼前一擦而过,最后将餐刀放入口中舔舐,准备将其吞下……着实让我们看得心惊肉跳!

资料来源:第44届戛纳广告节,戛纳97获奖影视广告。九通电子音像出版社,1997. 观看网址:http://v.youku.com/v_show/id_XMjM3NzQ1MzY=.html(图8-14是作者根据视频资料来源结合课程内容设计制作的)。

六、营销活动中的幽默诉求

幽默诉求的营销活动通过幽默的情趣淡化了营销活动的直接功利,使消费者在欢笑中不知不觉、自然而然地接受营销活动所传达的商业和文化信息,从而减少了人们对营销活动的逆反心理,增强了营销活动的感染力和沟通效果。营销活动运用语言和图像的歧义等手法产生幽默效应,逗人发笑,产生兴奋、愉快的情绪体验。幽默广告的成功往往可以使这些积极体验同特定的品牌发生潜在的联系,从而影响对该品牌的态度,有助于收到良好的广告效果。幽默诉求在营销活动中使用也较普遍,它可以对消费者施加以下影响:①吸引消费者的注意力;②强化消费者对产品的印象;③增加人们对营销活动本身的喜爱,与产品有关的幽默比与产品无关的幽默更容易激发消费者的愉悦感。

应当注意的是,幽默广告一般不会增加广告的说服力,甚至可能影响它的可信度。这些道理似乎是显而易见的,理性的消费者并不会因为一个广告的风趣、幽默或可笑而购买他原本并不需要的东西。对于一个介入程度较高的产品,广告在运用幽默诉求时要特别小心,千万不要

"为幽默而幽默"影响到产品的信誉。如果因为广告的幽默而影响到产品的可信度的话,那就得不偿失了。

本章知识要点

1. 需求、动机与情绪有密切的关联。目标事物的丧失在人的内心中体现为负面情绪,而目标事物的获得则体现为正面情绪。正面情绪是一种接近动机,而负面情绪则是回避动机。

2. 情绪是同有机体生理需求相联系的体验,这些体验往往会伴随生理的变化和外部表现。情感是与人类社会历史进程所产生的社会性需求相联系的体验,诸如责任感、自豪感和集体荣誉感。

3. 情绪和情感的关系是十分密切的。一般来说,情绪是情感的外在表现,而情感是情绪的本质内容。

4. 情感或情绪通常由两个维度表现出来:一是它的两极性,二是它的强度。

5. 情绪是一个复杂的过程,人们总是先在生理上出现某种激发力,然后才做出行动上的反应,最后再对这两者加以评价得出它们的含义。这一描述暗示了情绪有三种成分:生理成分、行为成分和认知成分。

6. 情绪的三因素理论模型是心理学家沙赫特在20世纪70年代初提出的,他认为情绪的产生是外界刺激、机体的生理变化和认知过程三者间相互作用的结果。

7. 心理学家普拉特契克总结出8种基本情绪类型,它们分别是:恐惧、愤怒、愉悦、悲伤、接受、厌恶、期待与惊讶,各种类型都有不同的强度。普拉特契克称这8种反应构成了人类情绪的基础,被称作"基本情绪",我们能够体验到的真实情绪都是这几种情绪的组合。

8. 高级情感是人类特有的一类情感,它既受社会存在的制约,又对人的社会行为起积极或消极的作用,它主要可分为道德感、理智感和审美感三大类。

9. 道德感指人们对道德需求是否得到实现或满足所产生的体验,它和道德信念、道德判断密切相关,是道德意识的具体表现,具有明显的社会性和阶级性。

10. 理智感指人们对认识和追求真理的需求是否满足所产生的体验,这类情感和人的认识活动、求知欲、探究感、怀疑感紧密联系在一起。

11. 审美感指人们按一定的审美标准,对客观事物,包括人在内进行欣赏、评价时所产生的情感体验,符合审美感需求的对象都能引起美的体验。

12. 心情就是不太强烈的情绪,它持续的时间较短。它很容易产生,出现和消失的频率较高,也较容易,它更加普遍。

13. 记住品牌名是选择品牌的前提,而能否记住品牌取决于品牌第一次被录入记忆时的编码过程。研究发现有两个因素对这个编码过程十分重要:一是"品牌演练";二是"关系阐述"。

14. 享乐主义消费是指人们不是为了解决环境中的某种问题,而是为了满足内心的愉悦而使用产品和服务。具体说来,享乐是为了满足感官上的愉悦。享乐主义消费有以下几种表现:①感官愉悦;②艺术享受;③情感体验;④娱乐享受。

15. 介入有两种形式:①持续性介入;②情景性介入。持续性介入是消费者对某种产品或服务持续的兴趣程度；情景性介入是在某种特定的情景或特殊事件的情况下的兴趣程度。

16. 持续性介入的极端形式就是深度介入，深度介入可以被定义为消费者对一种产品或服务持续的、极强的兴趣。深度介入会以以下几方式影响到消费者行为：①深度介入的消费者对产品或服务十分了解；②他们会大量消费此类产品，也会购买与此关联的产品或产品链；③他们对该产品的价格变化不太敏感，也愿意在这些产品上多花些钱；④他们不断寻求有关该产品和服务的信息，主动获取信息的意识很强；⑤他们愿意在与此类产品相关的活动上花更多的时间；⑥深度介入的消费者可能会成为新产品的领先使用者，也是新产品理念的源泉。

17. 皮肤生物电反应，该方法是在被试身上插上一些小电极，用来监测被试皮肤的电阻。该电阻会随着情绪激发引起的汗液分泌的微小变化而变化，从而可以监测被试的情绪变化。

18. 关于情绪和态度的关系，我们可以从以下几个方面加以考察：①作为消费者体验一部分的情绪；②成为营销宣传一部分的情绪；③情绪状态在态度形成时的影响力；④情绪包含主观情感。

19. 情绪激发与情绪降低的营销策略：①将情绪激发作为产品利益；②将情绪降低作为产品利益。

20. 营销活动中的情绪策略具体表现为情感诉求。为了诱发情感，需要考虑的问题是：①在广告创意中应当采用什么样的情感诉求；②使用适宜的情感线索，诸如颜色、插图、标题、文稿、广告歌或背景音乐；③选择良好的心境发布广告；④运用情感迁移可收到一定的移情效果；⑤恐惧感的运用；⑥幽默感的运用。

21. 情感的诉求一般建立在积极的情感体验上，例如审美感、荣誉感、自豪感、成就感、民族感等都是一些积极的情感体验，它们对消费者具有较强烈的支配力。

22. 颜色是营销活动中重要的元素之一，大致可以描述为，红色同节日喜庆连在一起，但又同火、血液和危险建立起联想；橙黄引起阳光明媚充满希望的感受；绿色使人想起春天、万象更新的景象；蓝色与天空、海洋发生天然的联系；洁白更容易与纯洁对应；灰黑则令人伤感不安。

23. 广告插图包括绘画和照片，它们也可以唤起人们美好的联想和积极的体验。

24. 标题对营销与广告活动整体起着画龙点睛的作用，充分运用情感诉求的广告标题可以增强营销活动信息的传达效果。

25. 优美的旋律、富有情趣的广告歌会具有强烈的感染效果。广告歌曲既可以用来表现营销活动主题，又可用作背景加强效果。

26. 利用人们良好心境的持续效应，适时地插入商业广告可望收到较好的传播效果。

27. 营销者常常把人们心目中最崇拜、最喜爱的体育明星、歌星和影星充当广告角色，以期把这种喜爱的积极感情迁移到该产品或劳务上去，这就是移情的效应。

28. 恐惧的发生是因为引起恐惧情绪的事物的存在和刺激，当人感到恐惧时就会产生一种不安的情绪，这种不安的状态会促使人寻找安全的保障或解决的办法。

29. 我们可以将营销活动的恐惧诉求定义为，展现行动的利端或不行动的弊端，描述某些使人不安、焦虑、担忧、恐惧的事件或发生此类事件的可能性，以引起诉求对象对营销信息的特别关注的一种营销诉求方式。

30. 幽默诉求的营销活动通过幽默的情趣淡化了营销活动的直接功利，使消费者在欢笑中不知不觉、自然而然地接受营销活动所传达的商业和文化信息，从而减少了人们对营销活动的逆反心理，增强了营销活动的感染力和沟通效果。

31. 幽默诉求可以对消费者施加以下影响：①吸引消费者的注意力；②强化消费者对产品的印象；③增加人们对营销活动本身的喜爱，激发他们的愉悦感。

32. 应当注意的是，幽默广告一般不会增加广告的说服力，甚至可能影响它的可信度。

测试题

一、单项选择题（在每小题备选答案中只有一个是正确的，请将其选出并把选项前的字母填在题后括号内）

1. 以下说法正确的是：（   ）。
   A. 正面情绪是一种接近动机，而负面情绪是一种回避动机
   B. 正面情绪是一种回避动机，而负面情绪是一种接近动机
   C. 正面情绪与负面情绪都是接近动机
   D. 正面情绪与负面情绪都是回避动机

2. 情感或情绪通常由两个维度表现出来：一是它的两极性，二是它的（   ）。
   A. 宽容性   B. 强度   C. 实践性   D. 排他性

3. 情绪有三种成分分别是生理成分、行为成分和（   ）。
   A. 感性成分   B. 理性成分   C. 知觉成分   D. 认知成分

4. 情绪的三因素的理论模型是以下哪一位心理学家提出的？（   ）。
   A. 普拉特契克   B. 马斯洛   C. 沙赫特   D. 弗洛伊德

5. GSR 的中文意思是（   ）。
   A. 皮肤生物电反应   B. 深度介入
   C. 品牌演练   D. 测谎仪

二、多项选择题（在每小题备选答案中有二至五个正确答案，请将正确选项前的字母填在题后括号内）

1. 情绪的三因素理论模型认为情绪的产生是由以下三个要素及其相互作用构成的。（   ）。
   A. 皮肤生物电反应   B. 外界刺激
   C. 机体的生理变化   D. 认知过程
   E. 深度介入

2. 享乐主义消费有以下几种表现：（   ）。
   A. 感官愉悦   B. 艺术享受
   C. 情感体验   D. 娱乐享受
   E. 出手大方

3. 关于情绪和态度的关系，我们可以从以下几个方面加以考察：（   ）。
   A. 作为消费者体验一部分的情绪
   B. 成为营销宣传一部分的情绪

C. 情绪是态度的表现，态度是情绪的落实

D. 情绪状态在态度形成时的影响力

E. 情绪包含主观情感

4. 为了诱发情感需要考虑的问题是：（　　）。

A. 在广告创意中应当采用什么情感诉求

B. 使用适宜的情感线索，诸如颜色、插图、标题、文稿、广告歌或背景音乐

C. 选择良好的心境发布广告

D. 运用情感迁移可收到一定的移情效果

E. 恐惧感与幽默感的运用

5. 幽默诉求营销活动可以对消费者施加以下影响：（　　）。

A. 吸引消费者的注意力

B. 强化消费者对产品的印象

C. 增加人们对营销活动本身的喜爱，激发他们的愉悦感

D. 强化营销活动的说服力

E. 增加营销活动的可信度

三、名词解释题

1. 情绪与情感
2. 道德感
3. 理智感
4. 审美感
5. 深度介入
6. GSR

四、简答题

1. 简述高级情感的三种形式。
2. 简述享乐主义消费几种表现。
3. 简述幽默诉求营销活动对消费者的影响。

五、论述题

1. 联系实际，谈谈情绪的三因素的理论模型。
2. 营销活动中的情绪策略具体表现为营销活动中的情感诉求，为了诱发情感需要考虑的问题有哪些？试联系实际加以说明。

六、案例分析讨论题

1. 本章开篇案例中写道：

凡商业广告都有自己的商业意图，消费者在接触它时不免会产生一种本能的心理戒备。因此，广告的创作者要想方设法消除消费者的这种心理戒备——解除其心理武装。

（1）文中提到消费者的心理戒备是什么？讨论一下，心理戒备在市场中有哪些具体的

表现?

(2) 结合本案讨论一下消费者产生心理戒备的原因是什么?

(3) 仔细阅读并分析这6个平面广告的画面及文案,看看营销策划人是如何解除消费者的心理武装的?

2. 本章开篇案例中写道:

从这6个篇目当中,我们会发现一个非常有趣的现象,那就是广告画面中的同性别场合:要么是父与子,要么是母与女。

(1) 难道这是广告创作者的一个失误?若在广告画面当中再出现一下父与女、母与子的场面岂不更好?

(2) 在本书所描述的"定位"中似乎没有涉及"性别"这个变量,"性别"在市场细分中重要吗?试阐述一下你的观点。

(3) 进而讨论如何在广告定位中,认真考虑一下"性别"这个变量?

3. 本章开篇案例中写道:

未来学家沃茨·瓦克尔说:"我们正在创建一种新的文化,而我们并不知道会发生什么事,所以需要从过去寻找一些温馨但又模糊的东西。"

(1) 试讨论一下,沃茨·瓦克尔在这里所说的"文化"指的是什么?

(2) 什么是广告文化?试举例说明广告文化在传达企业文化方面有哪些表现?

第九章
个性、自我与宣传表达

开篇案例

看动感地带如何激活自我体验

15个月"感动"2 000万人!

仅仅15个月时间,中国移动推出的动感地带就"感动"了2 000万目标客户,也就是说,平均每3秒就有一个动感地带新用户诞生。据中国移动2003年年末的不完全统计,启用动感地带品牌比未启用动感地带品牌:短信流量增长超过63%,点对点短信业务收入增长超过30%,短信增值业务收入增长超过45%。

这个增长不过是动感地带用户人数在1 000万时的收益。在2004年整个数据业务全速推进的产业背景下,中国移动在移动通信领域一股独大,以最新的财报显示来看,显然已撇去了移动增值服务领域最丰厚的一块油脂。中国移动能够最先获取移动增值服务领域里的第一桶金,动感地带绝对是功不可没。

一、品牌战略定位

动感地带在全国发起是在2003年3月,但这并不是它真实的"出生年龄"。动感地带"呱呱坠地"最早应追溯到2001年11月21日,给它"接生"的是广东移动。广东移动的动感地带品牌试点最开始也仅仅是出于"数据业务打包,短信批量优惠"的市场冲动。

有趣的是,广东移动一开始就选择了"喜爱尝新但腰包还不够鼓"的年轻用户,并且创造了一个酷酷的、刺猬头、带着一脸坏笑的M仔虚拟卡通人物作为动感地带品牌代言人,这个潦草的品牌包装最终成为动感地带走向全国的有力参照,因为广东移动做得很成功。广东移动没有想到的是,自己一个一不小心的试点居然给中国移动平添了一个支撑未来的战略核心业务。

中国移动很早就看到了移动增值服务的盈利前景,并在2000年构筑了一个桥头堡——移动梦网,但由于国内消费者对增值服务消费不成熟,移动梦网的惨淡让中国移动大失所望。而动感地带的横空出世让中国移动看到了曙光,中国移动决心重金扶植动感地带,来为移动梦网输血。

中国移动将动感地带的目标群体定位在年轻人群。尽管这一部分人喜欢追新求异,忠诚度不高,并且由于没有收入来源,购买力也有限,但从长远看,中国父母对独生子女"补贴收入"的持续递增使得年轻人群正成为一支不可小觑的消费力量,并且恰恰是这部分人的追新求异才会让他们勇于尝试新业务。更重要的是,年轻人群是未来主力消费的生力军,在长期潜移默化的熏陶中培养他们对中国移动的品牌情感,也是大有裨益的。

经过反复思量,中国移动终于做出了战略抉择:将动感地带定位为与全球通和神州行并行的第三大子品牌,以全球通为利润品牌,神州行为大路品牌,动感地带为狙击和种子品牌。

中国移动启动动感地带,可以用低价的优势大量网罗低端人群,给竞争者釜底抽薪式的打击,同时,作为一个未来的战略业务增长点,动感地带弥补了中国移动品牌架构的空缺,为高端品牌全球通打通了一条强劲的输血管道,促使全球通由"明星业务"快速向"金牛业务"转型。

根据中国移动给予动感地带的战略定位,动感地带在承担狙击使命的同时,一个很艰巨的任务是为高端品牌全球通输血。动感地带要将这个战略渗透到自己对内对外的每个传播毛孔中,首先就必须规划好整个品牌调性系统。下面我们将动感地带的品牌调性系统进行解剖。

(一) 以品牌内涵为轴的横向解剖

(1) 品牌属性。品牌属性包括品牌名称、Logo 等视觉化的标志。动感地带的品牌名称是"M-ZONE",Logo 是动感地带和 M-ZONE 的合成体,主色是充满年轻朝气和活力的橙色。广告口号是"我的地盘听我的"(见图 9-1)。

(2) 品牌个性。品牌个性好比一个人的言行举止。动感地带的品牌个性定位是时尚、好玩、探索,补充描述是创新、个性、归属感。

图 9-1　动感地带的 Logo 及广告语

(3) 品牌文化。品牌文化可比作一个人的内在气质。动感地带的文化定位是年轻人的通信自治区,社区文化倡导流行、前卫、另类、新潮。

(4) 品牌利益/价值。"生活因你而精彩",动感地带用一句话将品牌利益/价值和盘托出。但要清晰地描画品牌的利益和价值点,必须借助于产品功能、品牌情感或两者的结合。

动感地带产品功能支撑点——"四大特权":话费节约、业务任选、联盟优惠、手机常新。动感地带品牌情感支撑点:新新人类的族群归属感。

(5) 品牌使用者。动感地带品牌核心人群的 DNA 描述是:年龄在 15~25 岁,追求时尚,崇尚个性,乐于接受新事物,容易相互影响,尝试新事物,有成长性,是未来高端客户的生力军。

(二) 以业务推广为轴的纵向解剖

(1) 进一步细分的子卡。规划动感地带为中国移动品牌架构下的一个子品牌,但为了将年轻人群进一步细分以深度聚焦,动感地带在业务套餐和资费类型上进行了多元化设置,仅套餐就有学生套餐、娱乐套餐和时尚办公套餐三种各有优惠侧重的套餐选择。此外,动感地带还发行一种情侣卡,不外乎是针对年轻人群的再度聚焦。

(2) 聚焦目标人群的套餐业务细分。在每个以人群为线的子卡规划下,动感地带还以产品业务为线对业务进行了套餐细分。动感地带的基本业务是语音通话、短信收发、移动梦网、全新业务和会员服务。为了将这些有着浓厚技术色彩的基本业务通俗地告知成长于"读图时代"的年轻人群,动感地带将各种基本业务进行了细分包装,推出了"语音杂志"等打包业务。

(3) 个别业务推广的诉求点规划。不管是打包业务还是个别业务,在推广中都不能沿用传统的技术术语,这样会增加沟通的障碍。一种有效可行的方法是,根据品牌的总体调性,给这些业务设计既符合品牌整体调性大局又能体现产品业务特色的卖点。

短信业务——"从传纸条到发短信,我们做了N年同学"。
彩信业务——"发个鬼脸,给他点儿颜色看看"。
WAP无线上网——"早上晚上路上床上,我的手机都在网上"(见图9-2)。
语音杂志——"一本用耳朵倾听的杂志"。
……

图9-2　动感地带短信业务及WAP无线上网的平面广告

注：短信业务及WAP无线上网的平面广告,从左到右分别是："从传纸条到发短信,我们做了N年同学""发个鬼脸,给他点儿颜色看看""早上晚上路上床上,我的手机都在网上"。

二、针对年轻人的"体验式"参与

品牌调性系统的规划仅仅是将产品或服务本身的价值特点转向译码为目标对象喜闻乐见的概念、图像和符号,但要让这些概念、图像和符号通过渠道传播出去之后,让目标对象准确深入地接受这些信息符号,就要求我们在活动营销和运用传播工具的过程中注入"体验"的元素,强化目标对象的参与,让他们在亲身消费体验中品尝产品和品牌价值的真正快感。

任何一个品牌传播工具都可以加入"体验"的成分。动感地带启用周杰伦作为品牌形象代言人,就不仅仅是让周杰伦如一些明星广告中那样做简单式的推介："X品牌/产品就是好"或"我爱/用X产品"。为了让年轻人清晰地体验动感地带作为年轻人社区的好玩、时尚和探索,周杰伦本身就是这样一个极具代表性的符号。然后,动感地带又将品牌的传播与周杰伦本人的一些商业活动联系起来,让动感地带人能够最先听到周杰伦的歌曲,以优惠价买到周杰伦演唱会的门票,并亲身参与与周杰伦的互动。而且,还将周杰伦本身的种种举止和装束加以"动感地带化"的设计,让其在年轻人群中扩散传播,可谓将周杰伦的"星光"利用到了极致。

代言人的体验性传播不过是动感地带整体"体验"氛围中一个小小的缩影,动感地带举办的每个大型事件、公关,哪怕是一次毫不起眼司空见惯的降价优惠促销,其间对业务优势和品牌利益的体验性展示也是淋漓尽致。万名大学生街舞表演、动漫展和寻找 M-ZONE 等都是动感地带体验性的最好表现。

三、"自己做主"的忠诚计划

品牌有时就像一个漏斗,有人入网,也有人离网。忠诚度高的品牌会尽量让自己的离网人群趋于最小,并且有计划地开拓入网人群。动感地带品牌就是如此。动感地带本来是想培养一个高质量的潜在高端人群数据库,但资费的大幅下调使它所集聚的浩浩荡荡的 2 000 万客户,实际上良莠不齐。

对企业而言,高价值客户应予以维持和保留,中间客户应加以笼络和提升,低价值客户则应该毫不留情地淘汰和摒弃。动感地带尽管现在对低端客户仍然有一种不离不弃的暧昧,但针对高价值和中间价值客户,它的忠诚计划早已先行。

忠诚计划实施的最终目的无非是加大用户的转移成本,让用户对品牌产生依赖感。为此,动感地带在用户享受业务的黏着性上加大了投入。它与麦当劳基于品牌文化的契合和目标对象的一致结成了战略联盟,双方合作的"动感套餐"无疑让年轻人在麦当劳有了真正"自己做主"的感觉。

同时它开辟了一个会员俱乐部。在俱乐部里,有专题性的会员聚会/茶聚(时事政治类、新业务体验类、漫画卡通类、彩信制作类等),有"为未来打算"系列介绍会(行业介绍类、留学信息类),有 M-ZONE 专场演唱会、观影、参与性强的游戏大赛和球类比赛等,也有针对 M-ZONE 客户的积分计划,积分越多,回报越多。一系列的价值投入可让客户在其中欲罢不能。

四、以"我"为核心的传播主题

动感地带虽然仅仅推出了 15 个月左右,但根据目标消费者接受程度的阶段性,动感地带的品牌推广早已经过了四个大的波段。

第一段是 2003 年 3 月 15 日到 4 月 15 日,主要是集合各种大众传播工具对市场进行广泛告知,推广主题为"动感地带全面上市"。这一阶段是品牌名称和粗线条的概念告知阶段,产品和业务的推介是其次。

第二段是 2003 年 4 月 16 日到 9 月 15 日,动感地带在这个阶段推出了品牌代言人。推广主题为"玩转年轻人的通信自治区"。主要是由周杰伦示范动感地带业务的种种利益点,深度细致的产品推介是其次。

第三段是 2003 年 9 月 16 日到 2004 年 7 月,推广主题为"亮出特权身份,就在动感地带"。这一阶段是业务深度推介阶段和品牌文化纵深传播阶段,目的是让目标对象产生一种品牌的自我认同和身份识别,明显地感觉到"哦,原来我就是 M-ZONE 人"。这一时期的"寻找 M-ZONE"就是以这个目的来设计的。

第四段是 2004 年 7 月以后,推广主题为"扩张我的地盘"。在经历了第一阶段总的主题"我的地盘,我做主"的利益认知识别之后,为了配合市场推广的进一步深入,动感地带在第四段将市场推广目标直接作为品牌推广的主题。并且这个阶段的品牌文化宣导在原有的基础上也开始了微调整和转移,将原来单纯的"玩"细化到了"有积极追求的创业理想"上,因为这部分人不会因为玩物丧志而丢失成长为高价值客户的可能。

五、"统分结合"的地域推进

动感地带虽然是一个全国性品牌，但针对各个地区的品牌推广和价值设置各有不同。由于每个地区年轻人群的结构比例和营销推广的深入发展程度有所差别，动感地带在整体品牌推广的同时也应因地制宜，依照地域情况区别对待。

在一些年轻人群结构比例较高，也就是高校密集的地区，品牌推广以学生为主，在高校稀少的地区则以社会青年为主。在北京、上海、武汉等高校聚集区，动感地带针对大学生的营销策略举目皆是。比如，北京的高校中很容易见到动感地带的营业厅，不少学校的物业或后勤都成了移动的合作伙伴。不少地区纷纷上演的"街舞大赛"就更不必说了。

在一些品牌发展比较成熟的地区，在基本的业务创新和服务流程已经稳定，并且取得了相当数量的年轻用户之后，就应该将重点放在年轻人群的忠诚度维系和用户APPU值的提升上，这样有利于地区品牌推广适应市场推进的节奏。例如，湖北移动为了维系用户忠诚度，其武汉市营销中心在学子返校的高峰期租用了10辆旅游车，在武昌和汉口火车站免费接送动感地带的返校学子，从早上8点到晚上8点，不间断地往返于火车站和各大高校之间，这就是比较典型的维系用户的策略。这一案例也表明，价格并不是唯一的诉求。通过接送学子，使他们产生对"动感地带"的品牌归属感不失为一项巧妙之举。

资料来源：吴柏林. 广告策划与策略 [M]. 2版. 广州：广东经济出版社，2009：1. 有删节，改动较大.

动机促发消费者的行为目标，而个性会使不同的消费者选择不同的行为去实现目标。个性是个体在面临相似情况时做出有特性反应的倾向。同一营销活动可能会引起年轻人的强烈兴趣，却不一定能为老年人接受；可能会引起男同胞的内心共鸣，却不一定能让女同胞感兴趣；可能会让体力劳动者感觉不错，却可能引起知识阶层的强烈不满……这表明营销活动接受者之间存在个体差异，而消费个体恰恰又是营销活动的目标和传达的对象。因此，营销活动要实现其目的，诱发消费者的购买兴趣和动机，必须了解消费者之间的个体差异，即营销活动接受者的个性，然后依据营销活动接受者的特性设计相应的营销策略。

本章专门研究个性、自我与宣传表达。首先介绍个性与个性理论，内容包括个性及其特征、个性的结构及关于个性研究的理论；其次进入针对个性的营销策略，介绍针对个体的气质、性格、能力、兴趣、爱好的营销策略以及品牌个性与营销策略；再次进入自我概念的学习与研究，分别介绍自我概念及其类型、自我概念的测量；最后研究自我概念与宣传表达，具体内容分别是自我概念与产品消费、运用自我概念为产品定位、运用自我概念确定营销策略以及自我概念与营销宣传伦理。

第一节　个性与个性理论

虽然说不上有多么准确，但我们能轻而易举地描述自己或朋友的个性。例如，你可能会说某个朋友"很有进取心、很固执"，另一位老同学"好斗、擅交际"，还有一位同事"比狐狸还精"……你所描述的正是他们在各种情况下多次展现出来的行为倾向。这些广泛情境下的反应特性同样会呈现在对营销活动、广告作品与宣传表达的反应中。

一、个性及其特征

个性，亦称人格。个性这个词来源于拉丁语 Persona，最初是指演员所戴的面具，后来引申为演员本身和他所扮演的角色。由于个性是一种非常复杂的现象，心理学家们为个性下的定义也是多种多样，至今没找到为心理学家们共同认可的统一定义。一般所说的个性是指一个人经常表现出来的、比较稳定的、本质的心理特征。从消费者行为的角度来看，个性可理解为消费者适应其生活情境的特定行为方式。

个性是人类行为差异的心理基础，由于人们的个性不同，对事物的行为反应也不一样。世界上每个人的心理特征都有差别，完全相同的个性心理特征是绝对没有的，正所谓"人心各有不同，犹如各有其面"。正是这种差别，造成人们可能对相同的营销信息刺激形成不同的态度和引起不同的行为反应。因此，有效的营销策略必须考虑到与购买行为有关的消费者个性这一重要因素，这样才能细分出目标市场，做好产品及品牌定位，安排相应的宣传表达内容与表达形式。

个性的形成主要受两种因素的影响，一种是先天的、遗传的因素，另一种是后天的学习。人的个性心理特征有些是先天的、与生俱来的。例如有的人热情活泼，有的人文静内向；有的人聪明伶俐，有的人反应迟钝。而人在后天环境中学习、生活，其条件是不尽相同的，因此也形成了彼此不同的个性心理特征，例如能力（尤其是技术与技能）、态度与毅力。人在能力上的差别更多地受后天因素的制约，画家对色彩和线条的识别能力比一般人强，音乐家对音调和音高的判别能力比平常人强，心理学家对人的心理活动的判断比普通人准确，等等，这些大多是经过后天的培养与训练形成的。

个性心理虽然很复杂，个体之间虽然差异很大，但不同个体的个性还是有相同之处的。一般说来，个性具有以下一些特征。

（一）个性的整体性

个性是由许多成分或特性组成的，但它们并不是几种要素的简单总和，这些成分或特性错综复杂地相互联系、相互制约而组成整体，这就是个性的整体性。一个正常的人能够正确地认识和评价自己，能及时调整个性上出现的相互矛盾的特征，与个性的整体性密切相关。鉴于此，营销策略的制定应充分考虑消费者个性的整体性特征，不能单方面侧重于某种个性心理特征，否则容易造成消费者的消费行为由几种互相抵触的动机支配，达不到广告应有的传播与表达效果。

（二）个性的稳定性

一个人在出生后，经过社会生活实践，逐渐形成一定的动机、理想、信念、性格和能力，从而使自己的活动总是带有一定的倾向性。在不同的生活情境下，心理面貌总是显示出相对稳定的品质，这就是个性的稳定性。正是个性具有稳定的特点，才能表明人是具有个性的，否则就很难说明人的个性是什么样子。也正是这种稳定性，把个性的行为倾向与消费者随机反应区别开来。正因为如此，营销者才可能从个性的角度解释和预见消费者的行为。同时，个性的这种稳定性特征也意味着营销活动、广告创意与表达策略不期望能够改变消费者的个性，而只能适应或迁就消费者的个性特质。

(三) 个性与情境的相关性

消费者的个性与情境有很强的相关性,这一点已被国外学者证明。美国学者卡里斯·柯尼和罗伯雷·卡文曾研究两种不同个性的人在两种不同情境下消费行为的差异。他们把个性分为"高执着"和"低执着"两种,两种不同的情境是给自己买礼物和给别人买礼物。研究结果表明,高执着型消费者在给自己买东西时,倾向于买自己比较熟悉的品牌的商品;在给别人买东西时,则倾向于选择那些自己不熟悉的新型商品。而对于低执着的消费者来说,情况正好相反,如图 9-3 所示。由此可见,消费者的个性与情境有较强的相关性,影响着消费者对商品的选择。

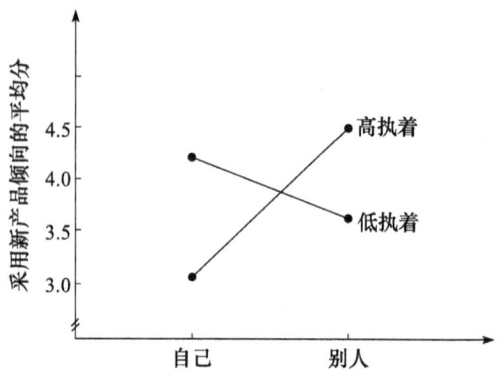

图 9-3 给谁买礼物

注:美国学者卡里斯·柯尼和罗伯雷·卡文的研究表明,高执着型消费者在给自己买东西时,倾向于买自己比较熟悉的品牌的商品,在给别人买东西时,则倾向于选择那些自己不熟悉的新型商品,而低执着消费者的情况正好相反。

(四) 个性的社会制约性

人是社会性动物,社会因素必定对人的个性产生影响,这就表现为个性的社会制约性。这种影响可分为两种情况,一种是即时性的社会影响,另一种是社会成员所在的社会文化历史背景对个性潜移默化的影响。其一,即时性的社会影响往往是和别人在一起时无意之中接受了别人的影响,使自己的心理活动发生一定的变化。例如,当自己做错了事觉得很羞愧时,如果有别人在场,就会感到无地自容。这说明人的个性形成虽然不取决于这种即时的社会性影响,但它说明了社会对人的间接影响。其二,社会成员所在的社会文化历史背景对个性的影响,即不同的阶层、不同的文化模式对消费者的个性产生不同的影响。在营销策略中考虑这种个性的社会性是必要的。在日常生活中我们经常可以看到,当一部分消费者竞相购买某种商品时,会对另一部分消费者产生影响,导致从众行为,一段时间出现"太极剑热"、一段时间出现"换肤霜热"、一段时间出现"黑色食品热"、一段时间出现"呼啦圈热"……这都与消费者个性的社会特征有关。

(五) 个性与购买行为之间的关系难以预测

一般说来,消费者是否购买某种产品受到多种因素的制约,个性是其中的影响因素之一,两者缺乏稳定的一一对应关系。作为营销者在进行营销策划时要不断地提醒自己,个性与购买行为之间的关系难以预测。因此,相应营销的诉求与表达就变得难以把握。

二、个性的结构

个性心理虽然很复杂,但它也有自己独特的结构。在我国通常把个性分成个性心理特征和个性倾向性两个部分。个性心理特征是指在心理活动中表现出来的比较稳定的成分,如能力、气质和性格。个性倾向性是指决定人对事物的态度和行为的动力系统,其中包括需要、兴趣、动机、理想等。

消费者的个性心理特征就是消费者在消费活动中经常表现出来的、比较稳定的心理特征。如在购买活动中，有的人能迅速做出决定，有的人却犹豫不决；有的人喜欢购买新产品，有的人更愿用原先用惯了的产品。不同的个性心理特征形成了千姿百态的消费行为。消费者的个性倾向性是消费者在消费活动中的态度、动机和兴趣等。例如有的人热衷于逛街购物，有的人只有购物的需要和动机时才上街。

自古以来，人们就对个性问题进行深入的研究。中国古代的孔子曾把人分为中行、狂狷、乡愿三类，苏联的巴甫洛夫把高级神经系统分为兴奋型、活泼型、安静型、抑制型，瑞士的荣格将人分成内倾型与外倾型，美国的威特金依据场的理论把人分成场依存型和场独立型两种类型，等等。消费者行为学对个性心理的研究旨在揭示消费者的类型，并根据不同的类型进行恰当的营销宣传，以达成有效的产品营销。

三、关于个性的理论

（一）个体个性理论

所有的个体个性理论有两个基本假设：①所有的个体都有内在的特点或特性；②个体之间存在可以衡量的、一贯的特性差异。这类理论不考虑外界环境的影响，而且大多认为人的个性特质或特征是早年形成的，随着时间的推移变得相对稳定。各种不同的个体个性理论的主要区别在于对"什么是个性中最重要的内容"有不同的认定。

卡特尔的理论是个性理论的典型代表。该理论认为个性是人在早年通过学习或遗传获得的。其独特之处在于它对构成个性的特性进行了分类描述：一类是相似的、聚集在一起出现的，称为表征性特质或可观察特质；另一类是可观察特质的原因，称为源特质。源特质是个性的核心内容，只有通过因素分析才能发现。卡特尔认为，如果一个人能观察到一些高度相关的表征特质，其背后的源特质就可以被辨识出来。表9-1列举了卡特尔的主要源特质及相应的表征特质，其中有"孤僻""多愁善感""谦恭""沉闷""随便"等。

表9-1 卡特尔的个性特质

孤僻（吹毛求疵、不合群、生硬）	vs.	好交际（热心、开朗、随和、爱参与）
多愁善感（情绪不稳定）	vs.	情绪稳定（成熟、现实、冷静）
谦恭（稳定、温和、顺从、温顺、迁就）	vs.	武断（富有侵略性、好斗、顽固）
沉闷（沉默寡言、严肃）	vs.	乐天派（狂热、热心）
随便（不守规矩）	vs.	认真（坚忍、有道德观念、沉着）
怯懦（害羞、胆小）	vs.	大胆（无拘无束、莽撞）
意志坚强（自立、现实）	vs.	意志脆弱（敏感、依附、被过度保护）
实际（现实）	vs.	富于想象（狂放不羁、心不在焉）
直率（不矫饰、真诚、不善交际）	vs.	狡猾（圆滑、精通世故）
自信（平静、安然、自得、安详）	vs.	忧虑（自责、不安、操心着急）
保守（遵循传统观念、守旧）	vs.	开放（思想自由、激进）
依附群体（加入许多俱乐部及社团、可靠的跟随者）	vs.	自立（足智多谋、自主自决）
浪漫（自由散漫、自由行事、不理会社会规则）	vs.	正统（自制、意志力强、自我克制、恪守自我形象）
松弛（宁静、麻木的、不泄气、泰然自若）	vs.	紧张（易受挫折、过度兴奋）

注：括号外为源特质，括号内为表征性特质。
资料来源：德尔·霍金斯，肯尼思·科尼，罗格·贝斯特. 消费者行为学［M］. 符国群，译. 7版. 北京：机械工业出版社，2000：226.

由此可见，卡特尔理论是多特质个性理论的代表，此外还有单特质个性理论的存在。单特质个性理论强调与营销活动密切相关的特质，如独断主义、外向性、神经质、犬儒主义、趋同消费、虚荣心、认知需求。例如表9-1倒数第二行的"浪漫型 vs. 正统型"是营销者非常感兴趣的个体个性因素，我们可以将其单挑出来做一个单特质的分析。浪漫的外在表现是"自由散漫、自由行事、不理会社会规则"，扩展开来就是"有激情、凭直觉行事、富于想象力和创造力、由感觉而不是事实支配"；正统的外在表现是"自制、意志力强、自我克制、恪守自我形象"，扩展开来就是"诚实、朴素、冷静、节俭、恰如其分"。一项以MBA（工商管理硕士）为对象的调查表明，被视为浪漫型的人比被视为正统型的人更喜欢到气候宜人的地方度假并参加蹦极之类的冒险活动。

（二）社会学习理论

社会学习理论强调环境是人的行为的决定性因素，因而关注外在而不是内在因素对人的影响。它们主要关注环境、刺激、社会背景这些系统差异，而不是个体特性、需求或其他属性上的差异。持这一理论的学者重视对环境而不是对个体进行分类。

社会学习理论研究人怎样对环境做出反应，以及他们逐渐习得的反应模式。当环境发生变化时，个体也改变他们的反应。在极端的情况下，甚至可以说每次人际交往都是一个不同的环境，而人在其中以一种不同的模式做出反应。一些人会认为你很外向，另一些人会认为你很内向。他们对你的个性的评价可能都是准确的，因为个体在不同的人面前会展现出他个性中不同的方面。

在中国，普遍存在的一个观念就是强调面子的重要性，面子即他人眼中的自我以及在他人眼中保持自己所渴望的社会地位。关于面子的问题，依照社会学习理论分析可能会得到更好的解释，我们稍后进行讨论。

（三）混合理论

个体理论认为，人的行为是由所有人共有但程度有异的内在特性决定的。社会理论则认为，人所处的环境是其行为的决定因素，人的不同行为是不同环境的结果。我们认为，人的行为是由个体的内在特性和他所处的外在环境二者共同决定的，我们可以称之为"混合理论"。

尽管研究表明个体特质并不能对人的行为做出很好的预测，我们的直觉却不这么认为。我们期望在不同的情况下仍能看到个体行为具有基本的稳定性。例如，一个武断的人在各种情况下都会表现出行为武断的倾向。当然，其武断的程度会随情境而异，但可以合理地预料就总体而言他比一个害羞的人表现得更为武断。因此，情境制约着个体身上的一般的特质并与个体特质共同影响人的行为。

第二节 针对个性的营销策略

如前所述，个性心理虽然很复杂，但它也有自己独特的结构。本节结合消费者的气质、性格、能力（属于个性心理特征）、兴趣、爱好（属于个性倾向性）等，有针对地展开我们的营销策略；最后探讨一下品牌个性与营销策略。

一、气质与营销策略

古希腊学者恩培多克勒（Empedokles）曾经提出人体"四根说"。他认为人体由四根构成，血液主要是火根，呼吸是空气根，液体部分是水根，固体部分是土根。"四根说"配合得好，身体就会健康，并且决定有机体结构的特征。例如，画家手的"四根说"配合得最好，演说家舌的"四根说"配合得最好……恩培多克勒的"四根说"虽没有得到科学的证明，但在恩培多克勒的"四根说"中已经具有了气质学说的萌芽。

古希腊医生希波克利特（Hippocrates）将恩培多克勒的"四根说"发展成为"四液说"或"体液说"。他提出，人体内有四种性质不同的体液：血液、黄胆汁、黑胆汁和黏液。血液出自心脏（相当于火根），黄胆汁生于肝脏（相当于空气根），黑胆汁生于胃部（相当于土根），黏液生于脑部（相当于水根）。他认为，正是这四种体液形成了人的性质。机体的状态就决定于四种体液的混合比例。人体内某种液体过多或过少，或者比例不适当，人就会感到不适，四种体液调和，人就健康快乐。他还指出，胆汁太多使头脑过热，导致恐怖与恐惧；黏液太多使头脑过冷，导致忧虑与悲伤。

罗马医生盖伦（C. Galen）从希波克利特的"体液说"出发，将人体内的体液的混合"比例"用拉丁语命名为"Temperamentum"，这便是"气质"（temperament）概念的来源。他除了用生理和心理特性之外，还加进了人的道德品行，这些因素组成 13 种气质类型，后来简化为 4 种气质类型，即流行于今的多血质、胆汁质、黏液质和抑郁质。每种气质类型的特点都是某种体液占优势的结果，并有特定的心理表现。

虽然有关气质的学说很多，比较起来得到多数人认可的是古希腊希波克利特的"体液说"加上盖伦的解释，即把气质分成多血质、胆汁质、黏液质、抑郁质四种类型。根据这种分法，我们可以根据不同气质类型的消费者在购买活动中的行为表现，寻求恰当、合理的营销策略。

（1）多血质。属于这种气质类型的消费者热情、活泼、善于交际、能说会道，他们会对一切吸引他们注意的东西做出生动的、兴致勃勃的反应。这类人善于交际，言语具有表现力和感染力，对新的事物、新的环境接受和适应的能力较强。对于这种气质类型的消费者，在进行营销宣传时应注意以下问题：第一，广告词的编写应新颖，语句优美，声音动听；第二，营销活动在介绍产品的特点时应详细而真实，以便和消费者产生心理共鸣，使他们感觉到这种产品是为他们而设计的；第三，广告的画面、音乐、广告词等应注重与消费者进行一种情感上的交流，而不是强行指令。

（2）胆汁质。这种气质类型的消费者态度直率、精力旺盛，反应速度快，但脾气暴躁，不稳重，同时缺乏耐心和细心。他们一旦意识到某种需要，马上会产生强烈的购买动机，并迅速进入决策过程，采取购买行动。研究此种类型的人对营销活动研究者的意义在于：这类人可能是新产品的最先接受者。一旦营销活动的宣传使他们意识到了自己需要，他们就会迅速采取购买行为，而不去过多地考虑价格、质量等方面的问题。但如果产品质量不好，他们对此产品的热情会迅速减退，而投向别的产品。20 世纪 90 年代出现的"换肤霜热"中，这类人就是第一批购买者。另外，此类型的人缺乏周密的考虑，在购买行动上容易出现从众现象。

（3）黏液质。这种气质类型的消费者安稳、持重，注意力稳定持久，反应迟缓，情感不易发生，也不易外露。这类人善于克制自己的情绪，忍耐力强，交际适度，常常是沉默寡言。他们的需求转化为动机的过程要长一些，不轻易做出购买决策，一旦做出，便不易改变。在营销活动中，对这类消费者的接待要注意细心周到，不能有厌烦情绪。对这类消费者采取的营销对策是，突出产品最主要的特点，在电视广告中注意播放实际使用之类的画面。另外，相应地增加营销宣传的时间和频率。

（4）抑郁质。这种类型的消费者感情丰富、细腻，而且深刻、持久、不外露。他们心细敏感，动作迟缓，说话慢慢吞吞。抑郁质的人善于觉察别人不易发现的细枝末节，性情孤僻，易伤感，喜独处，不善辞令，胆小怕事。此类人不是追赶"流行"的浪潮儿，一般新产品上市此类人不是最先的接受者，而是中后期的接受者。但是，这种类型的人一旦对产品产生好感，便能持久不变形成忠诚。因此，针对此类人的营销对策应将精力放在产品入市后的中后期，对产品的质量要突出强调。例如，在新型充电电动剃须刀的推销广告中，在中后期应强调为什么这种剃须刀比其他型号的剃须刀性能好、耐用又省电。在说服这类人时，营销者还可以做实际测试，并聘请专家来做讲解。

二、性格与营销策略

性格是一个人对现实的稳固的态度和习惯化的行为方式。例如有的人热情、大方，有的人吝啬小气，这些都是一个人的性格特征。性格是人在后天的社会实践中学习而来的，它是可以改变的。消费者的性格不同，在购买行为上也有千差万别。如机敏的消费者在购买活动中善于捕捉商品信息，能够迅速判断商品品质的优劣，对商品式样、花色能马上拿主意，确定购买目标。迟钝的消费者则不善于捕捉商品信息，在选择购买目标时显得犹豫不决，对于时尚商品，往往是在它流行了一段时间后才意识到。

消费者的性格可以说是消费者本人已形成的性格在消费和购买过程中的体现，但又不是全部机械地照搬。消费过程中，消费者性格表现受多种因素的影响，如商品供求关系变化、营业员服务态度好坏、满足需要程度与个人收入状况的矛盾、消费的正负攀比效应影响。

总的来讲，性格的分类种类很多。按消费者占优势心理机能来分，可将性格分成理智型、情绪型和意志型。按照消费者的消费态度来划分，可分成经济型、自由型、保守型与顺从型。

（1）理智型。理智型的消费者用理智衡量和支配行为，善于权衡商品的各种利弊因素，通过周密思考理智地做出购买与否的决定。此类人不易为夸夸其谈的营销活动所打动。

（2）情绪型。情绪型的消费者举止被情绪所左右，购买行动带有浓厚感情色彩，易受营业现场各种因素的影响，他们往往是购买行动的从众者。针对这一类人的营销对策是唤起他们的愉快情绪，对产品或营销活动产生好感，从而产生购买行为。

（3）意志型。意志型的消费者购买目标明确，积极主动，按自己的意图购买商品，购买决定果断、迅速。这类消费者习惯于使用自己熟悉的产品，新产品要为他们心理所接纳，营销宣传必须针对消费者的某种特殊需求，以此突破他们心理上的防御，达到产品促销的目的。

（4）经济型。经济型的消费者不事奢华，勤俭朴素。他们喜欢那些经济实用的商品，对那些人为地赋予过多象征意义的商品持怀疑态度；对能够说明商品内在质量的有关信息，特别易于接受。在商品营销宣传时，针对这一类人更应注意，不要过多使用赋予商品其他意义的广告语。例如，万宝路香烟的广告意在告知消费者在吸万宝路香烟时，他们能被带入美国西部大草原，体验牛仔的生活，但对于经济型的人来讲起不到原设计效果。相反，他仍对一些"终身保修"之类的承诺兴趣浓厚。

（5）自由型。自由型的消费者浪漫、豁达。在选购商品时既考虑商品的内在质量，也追求商品的外在包装、商标等。他们联想丰富、富于幻想，特别乐于追逐那些具有象征意义的商品。例如，获得成功的雪佛兰汽车公司的一个电视广告，其画面可以使接受者想象自己驾车漫游在一条弯曲的乡间小路上的美妙情境，进而产生对雪佛兰汽车的好感。近年来，雪佛兰汽车与变形金刚的形象绑定，调动了消费者丰富的想象力，更激发了他们的购买欲。

（6）保守型。保守型的消费者安于过去的传统消费习惯，对用惯了的商品怀有深厚的感情，对新的商品则抱有强烈的怀疑态度。这类消费者多是新商品的晚期采用者，甚至永远都不使用。针对这类消费者，营销宣传应注重在质量上使他们对产品产生信赖感。如果能从感情上"俘虏"他们，他们便可以在相当长的时间内成为你的顾客。

（7）顺从型。顺从型的消费者在购买商品时很少有自己的见解，喜欢"随大流"，赶时髦。他们容易受周围环境和亲朋好友、同学同事的影响，希望别人为他的购买出谋划策。这一类型的人不是营销的主要针对对象，营销宣传把另一些类型的人购买欲激发起来，顺从型的人自然也随之加入购买之列。市场上经常出现的"××热"，有很大部分原因是这类人竞相购买的缘故。

三、能力与营销策略

能力是指直接影响活动效率、使活动顺利完成的、在天生素质基础上形成和发展起来的个性心理特征。每个人的能力由许多普通能力和特殊能力组成，例如观察力、感受力、记忆力、概括力、理解力、想象力、声音分辨力、色彩鉴别力。

各种能力在每个人身上的体现是不同的，在购买产品时就有对产品的识别力、挑选力、评判力、鉴赏力、购买决断力等方面的不同。因此，营销宣传要有针对性，对于购买能力强的消费者，营销活动注重创造一种美的、使人浮想联翩的意境，而对购买能力差的消费者，营销活动注重宣传产品的性能、优点、质量和使用方法。

营销策划最容易犯的两个错误：一是过高地估计了消费者的理解能力，认为他们什么样的营销信息都能够理解；二是过低地评估了他们的智力水平，把他们当傻瓜一样看待。消费者常常抱怨他们根本就看不懂那些产品说明书，这就是过高估计消费者的理解能力的一个表现。事实上，好的产品说明书就是企业贴近消费者的最有效的营销信息传达形式，有人却把它变成了消费者投诉、发泄不满的第一个目标。而另外一些营销信息则反反复复、复杂啰唆，生怕人家看不懂、听不明白。这就过低地评估他们智力水平的表现，消费者常常批评这些营销信息把他们看作"残障人士"，居然"像耍猴一样耍我们"。

四、兴趣、爱好与营销策略

兴趣指兴致,是对事物喜好或关切的情绪,是人们力求认识某种事物和从事某项活动的意识倾向。它表现为人们对某件事物、某项活动的选择性态度和积极的情绪反应。心理学家认为兴趣是人们力求认识某种事物和从事某项活动的意识倾向。它表现为人们对某件事物、某项活动的选择性态度和积极的情绪反应。兴趣以需要为基础,在实践活动中具有重要的意义。兴趣可以使人集中注意,产生愉快紧张的心理状态。这对人们对营销活动的认识和购买活动产生积极的影响,有利于提高营销活动的传播的影响力和促销效果。

兴趣以需要为基础。需要有精神需要和物质需要,兴趣基于精神需要(如对科学、文化知识)。人们若对某件事物或某项活动感到需要,他就会热心于接触、观察这件事物,积极从事这项活动,并注意探索其奥秘。兴趣又与认识和情感相联系。若对某件事物或某项活动没有认识,也就不会对它有情感,因而不会对它有兴趣。反之,认识越深刻,情感越炽烈,兴趣也就越浓厚。

人的兴趣是多种多样的,但概括起来又可以分为两大类:第一,物质兴趣和精神兴趣。物质兴趣主要指人们对舒适的物质生活(如衣、食、住、行方面)的兴趣和追求,精神兴趣主要指人们对精神生活(如学习、研究、文学艺术、知识)的兴趣和追求;第二,直接兴趣和间接兴趣。直接兴趣是指对活动过程的兴趣。例如,有人想象力丰富,富有创造性,喜欢制作各种模型,在制作过程中,全神贯注,表现出浓厚的兴趣;间接兴趣主要指对活动过程所产生的结果的兴趣。有人业余喜欢绘画,每当完成一幅画,他都会对自己取得的成果表现极大兴趣。直接兴趣和间接兴趣是相互联系、相互促进的,如果没有直接兴趣,制作各种模型的过程就很乏味、枯燥,而没有间接兴趣的支持,也就没有目标,过程就很难持久下去,因此,只有把直接兴趣和间接兴趣有机地结合起来,才能充分发挥一个人的积极性和创造性,才能持之以恒、目标明确、取得成功。

人们在日常生活中常常对各种各样的事物产生兴趣,久而久之,当一个人把注意力经常放在某种事物上时,就发展成为爱好。兴趣与爱好总是与积极的情感相伴随,具有浓厚兴趣并积极参加就形成了爱好。一般人对某种商品表示喜欢,就说明他对该商品有了兴趣。如果他们"具有浓厚兴趣并积极参加",即产生了购买行动,尝到了产品给他们带来的"甜头",进而由"兴趣"变成"爱好"的"门路"就被打开了。

消费者的兴趣和爱好在其购买和消费过程中发挥着十分明显的作用。兴趣对消费行为有很大的影响,它有助于为未来的购买活动做准备,有助于尽快做出购买决定,有助于刺激重复购买。人的兴趣千差万别,这种差异反映在消费行为上,就构成了诸种类型,例如偏好型、广泛型、固定型与随意型。

(1)偏好型消费者。这类消费者的兴趣指向性往往形成对某一事物的特殊喜好。这种倾向表现在购买行为上,千方百计地购买自己喜好的商品。例如,有些女性只喜欢红色和黑色,所以她们在挑选商品时只对这两种颜色的商品感兴趣。因此,广告宣传在色彩搭配、商标设计等方面要尽可能符合这类消费者的喜好。

(2)广泛型消费者。此类消费者一般有多种兴趣,对外界刺激(例如商品质量、外观、色彩包装、广告）很敏感，易受影响，重新选择目标。因此，新产品营销宣传主要针对此类人，而且容易收到显著的效果。

（3）固定型消费者。此类消费者兴趣持久、稳定，不易受营销宣传的影响。他们只对自己用惯的商品感兴趣。因此，产品的宣传要突出质量，以期从质量上突破消费者的心理防御，达到情感上的沟通。固定型消费者一旦对一个产品发生兴趣、产生了购买行为，只要产品能够满足其需求，他们一般会持续购买，形成忠诚。

（4）随意型消费者。这类消费者没有明显的兴趣指向，没有特殊的爱好和固定的习惯。因此，他们难以成为某种商品的固定使用者，而是容易成为某种热门产品的追随者，忠诚度较低。此类消费者是商品销售中期的主力军。商品营销宣传在中期注意力应放在这部分人身上，以达到促销的效果。

五、品牌个性与营销策略

人们具有多个个性特征，个性的某些方面会由于我们所处的环境而被诱发。这些个性特点有的是我们所期望的，有的则不是我们欲求的。也就是说，在某些情况下，当我们希望自己大胆时却很害羞，希望自己温顺时却很霸道。于是，我们所有人都将发现自己的某些个性需要发扬，而另一些则需要改进。

许多消费品拥有品牌个性。某种品牌的香水可能表现出青春、性感和冒险，而另一种品牌的香水可能显得庄重、保守和高贵典雅。每种香水都具有独特的"个性"，被不同类型的消费者购买或在不同的场合使用。消费者倾向于购买那些与他们自己具有相似"个性"的产品，或那些使他们感到能使自己的某些个性弱点得到弥补的产品。

安海斯-布什的一项研究可以让我们领略个性所产生的影响。

公司为它新推出的4个品牌的啤酒创作了4则商业广告。每则广告代表一个新品牌，每个品牌被描绘成适合某一特定个性的消费者。例如，有一个品牌的广告上是一位"补偿型饮酒者"，他正值中年，有献身精神，对他来说，喝啤酒是对自己无私奉献的一种犒劳。其他几个品牌分别被赋予"社交饮酒者"（如校园联谊会上的豪饮者）、"酒鬼"（认为自己很失败而嗜酒）等"个性"。

该试验让250位饮酒者观看4则广告并品尝广告中宣传的4个品牌的啤酒，然后让他们按喜爱程度对啤酒排序，同时填写一份测量其"饮酒个性"的问卷。试验结果显示，大多数人喜欢品牌个性与他们的个性相一致的啤酒。这种好恶倾向非常强烈以致大多数人认为至少有一个品牌的啤酒不适于饮用。他们不知道，其实这4个品牌的啤酒是同一种啤酒。看来，那些商业广告所创造的品牌个性确实吸引了具有类似个性的消费者。

营销者现在越来越重视产品的品牌个性。美国惠而浦公司的研究人员总结出以下几条关于品牌个性的结论：①消费者总是赋予品牌某些"个性"特征，即使品牌本身并没有被特意塑造成这种"个性"，或者那些"个性"特征并非营销者所期望的；②品牌个性使消费者对品牌的关键特性、表现、功用和相关服务产生预期；③品牌个性往往是消费者与该品牌建立长期关系的基础。

惠而浦公司的研究还发现了惠而浦和厨房帮手两种品牌的个性概貌（见表9-2），包括对于"如果该品牌是人,那么会是个什么类型的人,以及他会做什么和喜欢什么"的描述。

表 9-2 "惠而浦"和"厨房帮手"的品牌个性

惠而浦	厨房帮手	惠而浦	厨房帮手
高贵的(146)	世故的(206)	70年代的(140)	90年代的(167)
敏感的(128)	富有魅力的(186)	秩序和谐的(132)	秩序和谐的(136)
宁静的(117)	富裕的(180)	(爱好)航海(125)	(爱好)戏剧(124)
性情好的(114)	文雅的(178)	(爱好)爵士乐(118)	(爱好)古典音乐(126)
30岁(125)	30岁(135)		

注:分数越高,该特性与该品牌联系越紧密。

消费者为这两个不同品牌划分的个性是明显不同的,这两个品牌各自迎合的目标顾客显然也是不同的。这一研究得出的一条重要结论是:无论营销者是否希望或愿意,品牌确实具有"个性"。正像斯沃琪手表的主管所说的那样:"我的工作就是坐在地下碉堡里,用机枪捍卫我的所有品牌的清晰信息。我是我们的信息的监管人,我对每个品牌的每一次新的传播活动进行审查。"

第三节 自我概念的内涵与外延

一、自我概念及其类型

(一)"自我"是否存在

20世纪80年代曾被称为"自我年代",因为这一时期的人们都非常专注于自我。美国的《自我》(*Self*)杂志居然还将每年的3月7日定为"自我日",鼓励女性至少花一个小时的时间为自己做一件事。

尽管认为每个消费者都有自我想法是很自然的,但是这对于认识个体及其与社会的关系来说是一种较新的观念。直到中世纪晚期(11~15世纪),人们才将个体生命看作独一无二的,而非群体的一部分。把自我当成宠爱对象这一观念的出现更是近期的事情。此外,西方社会强调自我的独特属性,而东方文化则更强调集体自我的重要性,其中个人身份很大程度上来自所属的社会群体。

不管是东方文化还是西方文化,自我都被划分成两个部分:内在的、私人的自我和外在的、公开的自我。不过在将哪一部分视为私人的自我或公开的自我上,两种文化存在较大差异。西方文化倾向于自我的独立性,强调不同个体内在的、私人的独立性;相反,非西方文化则更倾向于相互依赖的自我,其中个人的身份主要由个人与他人的关系来界定。

在中国,普遍存在的一个观念就是强调"面子"的重要性,"面子"即他人眼中的自我以及在他人眼中保持自己所渴望的社会地位。"面子"的两个维度分别是:"有面子"和"没面子"。"有面子"是通过成就和夸耀获取的声誉,"没面子"是让中国人十分郁闷甚至是恼怒的事情,"钱财事小,面子事大"!某些亚洲文化明确规定了特定社会阶层和职业可以穿着的特定服装甚至颜色。在日本的格调手册中,这些传统一直流传至今,格调手册为如何着装及如何与不同地位的人谈话、交流提供了非常详细的指导。所有这些都涉及后边我们将要研讨的"自我"这个十分重要的概念。

(二) 自我概念

自我概念是个人将自身作为对象的所有思想和情感的总和,它是自己对自己的感知和情感。每个人如何看待自己,如何评价自己的各种特征,往往会影响其行为。大到飞机、汽车,小到香水、手帕的消费,许多产品被购买都是为了张扬自身的优点或隐藏自我的不足。自我概念是指一个人所持有的关于自身特征的信念,以及他对于这些特征的评价,换句话说,你的自我概念是由你对自己的态度构成的。

尽管一个人的整体自我概念可能是积极的,但是肯定存在对自我的某些方面的评价比其他方面更为积极的现象。譬如说,与女性身份相比,对职业身份的自我感觉更好。自我概念是一个非常复杂的结构,它由许多特性组成,而且当我们对自身进行整体评价时会更强调某些特性。我们能够通过内容(如脸蛋的魅力与头脑的智力)、积极性(如自尊)、强度、长时间的稳定性以及准确度(如自我评估与事实的匹配程度)来描述自我概念的特性。消费者的自我评估可能会产生严重的扭曲,尤其是涉及其外貌时。

如表9-3所示,自我概念可分为四个基本部分:实际的对理想的以及私人的对社会的。实际的自我概念是"我现在是什么样",理想的自我概念是"我想成为什么样",私人的自我概念是我对自己怎么样或我想对自己怎么样,社会的自我概念则是别人怎样看我或我希望别人怎样看我。

表 9-3 消费者自我概念的不同层面

自我概念层面	实际的自我概念	理想的自我概念
私人的自我	我实际上如何看自己	我希望如何看自己
社会的自我	别人实际如何看我	我希望别人如何看我

自我概念是指消费者形成的关于自己的比较稳定的看法。自我概念是一个整体,包括认知成分、情绪成分和评价意志成分。在日常生活中,自我概念又具有多种表现形式,如自我印象、理想的我、镜像自我、动力的我、真实的自我。自我印象是指对自己的看法即对自己的认识,理想的我是指我喜欢成为什么样的人,镜像自我是指自己认为别人怎么想自己,动力的我是指力求使自己成为怎样的人,而真实的自我则是指自己这个实实在在的人。

表现形式不同的自我概念其形成的途径也不一样。一般说来,自我概念的形成是通过下列三种途径:①通过社会的准则和规范对自我进行评价。由于人生活在社会中,必须遵守该社会的道德、价值观、行为准则等,并依据这些要求评价自己的行为。符合社会要求的保留,不符合的就要放弃。通过这种判断比较,逐渐形成一种自我评价的参照标准。②通过比较自我印象与镜像自我,进而不断地调整自己的行为。人生活在社会中必定很注重别人对自己的评价,当他发现别人评价自己与自我印象不符时,就会调整自我的行为以维护和增强他的自我形象。③自我概念的形成是通过"利己原则"实现的。人们往往愿意接受与自己的愿望相吻合的外界信息、排斥与自己的愿望相悖的信息,用以证明自己的愿望是合理的。因此,自我概念的形成是从自己喜欢的角度出发,遵循"利己原则"。

（三）自尊

自尊是指个人自我概念中具有积极性的一面。自尊心较弱的人认为自己不会表现得很好，所以就会努力地避免尴尬、失败或是被拒绝。比如在开发新品种的小吃蛋糕时，厂商发现自尊心较弱的消费者更喜欢选择"小分量蛋糕"，因为他们觉得自己缺乏自我控制力。相反，自尊心较强的人则认为自己会成功，从而愿意承担更大的风险，而且更乐意成为人们关注的焦点。被其他人接受的程度往往会影响个人的自尊心。在日常生活中，你可能常常看到表现优异的高中生比他的同学们看起来有更强的自尊心（即使这并不是理所当然的）。

广告与营销传播的努力可以影响消费者的自尊水平。某些明星类的广告会引发社会比较，在这一过程中消费者会试图将自己与广告塑造的形象进行对比来评价自我。这类对比是人类的一种基本倾向，很多营销人员通过提供音乐、吸引力且碰巧在使用他们的产品的理想化人物形象来满足这种需求。一项关于社会比较过程的研究显示，女大学生倾向于将自己的外表与广告中的模特进行对比。此外，看到美女广告的参与者与其他没有接触到美女广告的参与者相比，前者对自身的外表会表现出较低的满意度。另外一项研究表明，通过观看短短30分钟的电视节目，年轻的女性就可能改变对自身体形及胖瘦的感觉。而且研究显示，男性也有同样现象出现。

"自尊广告"试图通过激起对自我的积极评价来改变对产品的态度。其中的一个策略就是首先挑战消费者的自尊，然后展示一种能对自尊进行修复的产品，从而在两者之间建立起联系。例如，某品牌西装在广告中说"是什么？我知道……做什么？我决定"就使用了这种策略。另一种策略是直接奉承，就如某品牌减肥茶广告则宣称"不要太瘦噢"。

（四）现实自我与理想自我

在韩国的购物中心里，十几岁的女孩子在自助照相机前排起了长队，这种机器通过使用高科技修饰技术，可以产生魅力四射的照明光线、轻拂发丝的微风以及虚拟的整形手术效果。例如，在"美丽加工摊"里，时尚模特的超级崇拜者们能够通过数字技术修整下巴曲线、将嘴唇弄得更加丰满以及消除脸上的瑕疵，甚至可以给自己换上西式的眼睑（这是在韩国首尔街边小摊上最流行的做法）。

当一个消费者将自己的某些特性与理想状态进行比较时，她的判断将会影响其自尊。消费者可能会问："我是不是像我所希望的一样吸引人呢？"或者"我现在是不是赚了所有应该赚的钱？"理想自我是一个人希望自身所成为的人的概念，而现实自我则是我们对自己拥有的和缺乏的特性所做的更加真实的评价。

理想自我的形成在一定程度上受消费者文化环境的影响，如英雄或者在营销活动中充当成功或美丽典范的人物。我们可能会相信一些产品可以帮助我们达到这些目标而购买它们。有时我们选择一些产品是因为它们与现实自我相一致，而另外一些时候则是因为它们有助于我们达到理想自我的标准。

（五）多重自我与符号互动论

不同的情景之下，我们有不同的行为，使用不同的产品和服务，甚至对正在扮演的自我的喜好程度也有所不同，这便是多重自我。从某一角度来说，我们每个人实际上都是不同人的集合体——你的妈妈很可能认不出来在凌晨两点还在跟一群朋友一起摇头、狂欢、喧哗的那个"你"！我们有多少个社会角色就拥有多少个自我。一个人可能需要不同的产品以扮演不同的角色：为了扮演一个专业的自我，她可能会选择使用恬静、素雅的香水，但是到了星期六晚上，为了展现她的魅惑自我，她会洒上更具挑逗性的香水。

关于消费者行为的戏剧行为观点把人看作扮演不同角色的演员，我们每个人都扮演了许多的角色，每个人都有自己的剧本、道具和服装。我们可以认为自我包含了不同的成分或者角色身份，在任一特定时间内只有一些身份是被激活的。对于自我而言，某些身份（如丈夫、老板、学生）比其他身份更重要，但是某些身份（如集邮者、舞者或维护无家可归者权利的人）在某些特定的情景下是占支配地位的。

如果每个人拥有多个潜在的社会自我，那么每个自我是如何形成的呢？在某一时点上又是如何决定应该"激活"哪个自我的呢？社会学传统的符号互动论强调，与其他人的关系对自我的形成起到了很大的作用。这种观点认为，人们生活在一个符号的环境中，任何情境或者物体的意义源于我们对这些符号的解释。作为社会的成员，我们学会在大家所共知的意义上达成一致。因此，我们明白红灯意味着停止、金色拱门（麦当劳的商标）意味着快餐，以及金发美女享有更多赞美。这对于了解消费者行为是很重要的，因为它意味着当我们评估自我并判定"我们是谁"时，我们所拥有的东西起到了关键作用。

和其他社会个体一样，多数人的共识定义了消费者自身的意义。消费者解读自己的身份，而这种评估随着他们遇到新的情境及人物而不断发生变化。用符号互动学的术语来说，我们随着时间不断地"协商"实现这些意义。从根本上，消费者都有如下疑问："在这种情景中我是谁？"这个问题的答案受到周围人的很大影响："其他人认为我是谁？"我们总是倾向通过自我实现式预言的方式，依据感知到的他人的期望来规范塑造自己的行为。

从策略层面上看，这意味着营销策划人员在定位扮演特定角色所需要的产品时，必须设法保证相应的角色身份是呈激活状态的。解决这个问题的一种显而易见的方法是，将营销信息投放到人们很可能会意识到自己相应的角色身份的情境中去，譬如在举行马拉松比赛时推销补充能量的饮料。想象一下在雨下得很大的时候，那些滞留在公共汽车站或地铁口没有带雨伞又急着回家的人们，当他们看到卖伞人那眼前一亮的情境。事实上，在下大雨之前，有生意头脑的人已经拎着大把的雨伞在地铁口等候了。作为营销者，我们应该向那个有生意头脑的人学习，因为这个情境虽然不是由他营造的，但是被他有效地利用了。

（六）自我意识与镜像自我

有时候人们总会痛苦地意识到自我。如果你曾在课上到一半时走进教室，并注意到所有人都在注视你，你就会明白自我意识这种感觉了。相反，有时消费者缺乏自我意识的行为令人吃惊。例如，人们在运动场、骚乱中或联谊会上可能会做出一些他们在高度自我意识下绝不可能做的事情。

通常，一些人对于自己传递给他人的印象更为敏感。我们还认识这样一类人，他们好像并不注意自己给其他人留下的印象。对个人公众"形象"的强调也会带来更多对产品和消费活动的社会适宜度的关注。人们已设计出一些衡量这种趋势的方法。例如，在公众自我意识量表上得分高的消费者对衣着更感兴趣，同时也是化妆品的频繁使用者。类似的测量是自我监控。自我监控程度高的人更加关注自己在社会环境中的表现，同时对产品的选择也受到他们设想的他人对这些产品的印象的影响。人们通过消费者对一些陈述的同意程度来评估自我监控程度，如"我觉得自己做了一场秀来吸引或娱乐大家"或"我很有可能成为一个好演员"。比起低度自我监控者，高度自我监控者更有可能根据留给他人的印象来评价在公共场合消费的产品。同样，一些特殊的群体，如校园足球队员和时尚模特比其他群体更具虚荣心，这种虚荣心包括对外表或者个人成就的关注。

想象他人对自己反应的过程或结果被称为"扮演他人的角色"或"镜像自我"。根据这一观点，我们就像操作心理上的声波定位仪一样来定义自我：我们向他人发出试探信号，并根据"反射"信号来解读自己的身份，同时试图投射出他们对自己的印象。当关注不同人的观点时，我们获得的自我镜像也会有所不同。

正如游乐园里的哈哈镜一样，我们对于自身的评价会随着接受的是谁的观点，以及我们准确预测他们对自己的评价的能力而异。一个自信的职业女性可能会忧郁地坐在酒吧里，想象着其他人把她当作一个没有吸引力的、不性感的女人（不管这些感觉是不是对的）。由于这些"信号"能够影响其实际行动，这时"自我实现式预言"也就起作用了。如果她认为自己并不吸引人，她可能会穿得比较寒碜，而这真的会降低她的魅力。另外，她对自身职业的自信可能使得她高估他人对她的"经理人自我"的评价（这正是我们常常在电影、电视或广告中所看到的类似于"杜拉拉"角色的人）。

二、自我概念的测量

市场营销中运用自我概念，要求我们对其进行测量，最常用的测量方法是语意差别法。例如马赫塔（Malhotra）提出了15对彼此对应的形容词，这些形容词可以运用在很多不同的场合。马赫塔提出的这一量表（见表9-4）在描述理想的、实际的和社会的自我概念以及汽车与名人形象方面非常有效。

使用马赫塔的量表，要求消费者运用每对形容词来表明其中一个或另一个在多大程度上刻画了消费者自身、产品或品牌。两端的位置表示"极端"，接近两端的位置表示"很"，再往中间的两个位置表示"有一点儿"，而量表中间位置表示"既不，也不"。依据这一量表，你实际和希望的私下与社会自我概念是什么呢？

运用马赫塔量表可以衡量目标市场的自我概念，并设法使之匹配。比如，耐克在选择刘翔作为中国地区形象代言人之前，既研究了年轻人所希望的自我概念，也研究了刘翔作为一个世界级奥运冠军的形象要素是什么，以及如何展示这些形象要素才能打动中国年轻人的心。

表9-4 测量自我概念、个人概念和产品概念的量表

1	粗糙的	精细的
2	易激动的	沉着的
3	不舒服的	舒服的
4	主宰的	服从的
5	节约的	奢侈的
6	愉快的	不快的
7	当代的	非当代的
8	有序的	无序的
9	理性的	情绪性的
10	年轻的	成熟的
11	正式的	非正式的
12	正统的	开放的
13	复杂的	简单的
14	黯淡的	绚丽的
15	谦虚的	自负的

第四节　自我概念与宣传表达

一、自我形象与产品形象的一致性

（一）塑造自我的产品：你就是你所消费的

如前所述，"镜像自我"有助于自我概念的形成，这意味着人们通过"镜像"猜测他人对自己的观感来做出自我评价。由于他人的评价包括了个人的衣着、珠宝饰物、家具、汽车等，因此有理由相信这些产品也有助于塑造这个感知中的自我。一个消费者所拥有的东西带领着他进入一个社会角色，而这个社会角色有助于回答这样一个问题："现在我是谁？"人们借助一个人的消费行为判断其社会身份。除了考虑一个人的衣着及打扮习惯外，我们还根据一个人选择的休闲活动（如壁球还是保龄球）、食物偏好（如豆腐和豆类，还是牛排和马铃薯）、汽车、家居装饰偏好等来推断个性特征。例如，有人仅通过起居室相片就可以很准确地推断出主人的个性特征，犹如消费者使用的产品能够影响他人的感觉一样，相同的产品也可以帮助消费者确定自我概念和社会身份。

消费者对某一物品的依恋可以达到要靠这一物品来维持自我概念的程度。物品能通过强化我们的身份起到"安全罩"的作用，尤其在不熟悉的环境中。例如，那些用私人物品装饰寝室的学生较少轻易辍学。这一应对方法还可以防止在一个陌生的环境中自我被弱化。

当一种身份尚未完全成形，比如要扮演一个新的或者陌生的角色时，使用消费信息界定自我就显得尤其重要。自我定义不完整的人倾向于通过获取并展示与身份相关的符号来完善这一身份定义。例如，青春期的男孩可能会用汽车、酒精或香烟等具有"男子气"的产品来显示他们正在形成的男性魅力。这些物品在身份不明确时期起到了"身份辅助"的作用。

当珍爱的物品丢失或被盗时，财物对于自我认同的作用可能表现得最为明显。像监狱或军队这类希望压制个性、强化集体身份的机构，首先采取的行动就是没收个人财产。盗窃案及自然灾害的受害者事后通常感觉受到疏远、沮丧或是"被侵犯"。一个消费者被抢劫后的感受非常具有代表性："除了失去亲人，没有比这更糟糕的了。这简直就是被强暴！"盗窃案的受害者则表现出社会归属感减弱、隐私感降低，以及相对邻居而言对房屋外观的自豪感减少等现象。

"塑造自我的产品：你就是你所消费的"这一句话告诉我们，在广告创意与表达当中，向消费者推荐能够与其社会身份一致的东西，以其消费的商品构造或影响"镜像自我"，以产品塑造其"自我"。

（二）让"自我形象"与"产品形象"保持一致

由于许多消费活动都与自我定义有关，所以消费者的价值观念与所购买的物品间存在强烈的一致性。在广告的设计与表现中，应当关注我们欲销售的产品与消费者自我意象的"一致性"，当产品的属性与消费者自我的某些方面相匹配时，该产品就会被选中，从而产生购买行为。这原本就是一个产品属性和消费者自我意象之间的认知匹配过程。

尽管结果可能不是那么确信，但与现实自我相比，理想自我还是与像香水这样具有高度社会表现力的产品密切相关。相反，现实自我则与日常功能性产品的关系更为密切。这些关联会随着使用情景的不同发生改变。例如，消费者可能因为工作需要想购买一辆实用可靠的汽车，而在晚上出去约会时需要一辆更闪亮、跑起来更风驰电掣的汽车。如何在我们的宣传表达中映照出他们真正的"自我"，尽可能让消费者的自我与他们将要购买的产品保持"高度的一致"，的确不是一件容易的事。

在广告中运用"镜像自我"的效应，也能收到较好的宣传效果。广告中运用镜像自我效应，目的是使消费者觉得广告中所述就是别人对自己的看法。消费者通过这一镜像自我发现了自己的需求，发觉自己拥有的商品都不如别人，于是他就可能购买一些自己需要的或超出自己支付范围的东西，"祛斑霜""消斑灵"之类的广告就利用了这一效应。某祛斑霜广告突出了一位小姐在同事中形象不佳、脸上多斑点（镜像自我），消费者通过镜像自我与自我印象一比较，发现还确实因斑点而影响了自己的容貌，为了消除这种差别，她就可能采取购买行为。

二、运用自我概念为产品定位

试图获得我们理想的自我概念或保持我们实际的自我概念经常涉及产品、服务的购买与消费。在宣传表达时，我们常常运用自我概念为产品定位。自我概念对产品定位的影响，按其逻辑关系可以归纳为以下几个方面。

（1）每个人都拥有自我概念。自我概念是通过与父母、同伴、老师和其他重要人物的相互作用形成的。

（2）一个人的自我概念对个人而言是具有价值的。

（3）因为自我概念被赋予价值和受到重视，人们试图努力保持和提高其自我概念。

（4）某些产品作为社会象征或符号传递着关于拥有者或使用者的社会意义。

（5）产品使用作为一种象征或符号包含和传递着对自己和他人有意义的事情，这反过来会对一个人的私人和社会自我概念产生影响。

（6）个体经常购买或者消费某些产品、服务或使用某些媒体（例如博客或微博）以保持或提高他所追求的自我概念。

图9-4对自我概念及其对品牌形象之间的逻辑关系做了一个大致勾画。从产品的"品牌形象"与消费者的"自我概念"并行出发，到两者合并为"自我概念与品牌形象"之间的不可分割的"关系"，到消费者"寻找能改善和保持自我形象的产品与品牌"的行为，再到"购买有助于理想的自我概念"，以及通过反馈来达到"自我概念的强化"……在这整个过程中，消费者决定其实际的和追求的自我概念并使其产品的购买与之一致，是一个有意识的、深思熟虑的过程。

虽然这种情形可能偶然发生，但大多数情况下前述过程是无意识的和未曾认真权衡和考虑的。换言之，我们也许会喝减肥饮料，因为我们的自我概念里包含了对苗条身材的追求。

宣传表达应该努力塑造产品形象并使之与目标消费者的自我概念相一致。虽然每个人的自我概念都是独一无二的，但不同个体之间也存在共同或重叠的部分。例如，许多人将自己视为环境保护主义者，那些以关心环境保护为诉求的公司和产品将更可能得到这类消费者的支持。

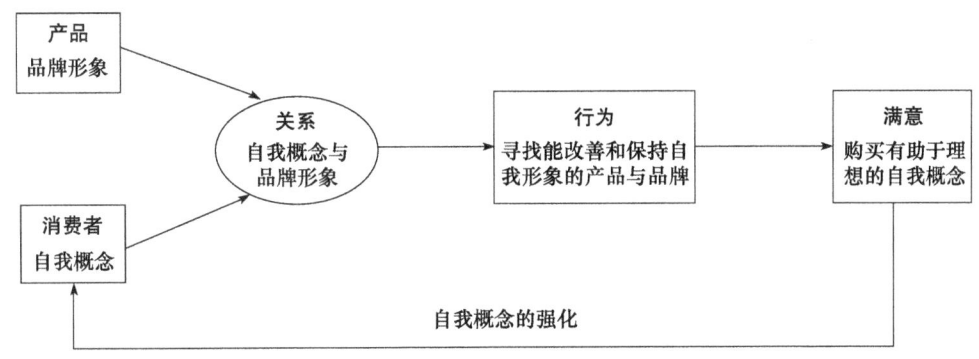

图9-4　自我概念与品牌形象影响之间的关系

注："品牌形象"与"自我概念"一出发就合并为不可分割的"关系",然后到"寻找改善和保持"的行为,到购买"满意",再到反馈"强化"。消费者决定其实际的和追求的自我概念并使其产品的购买与之一致,这完全是一个自觉的、有意识的过程。

消费者倾向于购买那些与他们的自我概念一致的品牌,然而他们被这类品牌所吸引的程度将随产品的象征意义和显著性而变化。另外,自我概念和产品形象的相互作用和影响还随具体情境而变动,某种具体情境可能提高或降低某个产品或店铺提升个人自我概念的程度。

三、"延伸自我"的解读与宣传表达

很多消费者用来定义自身社会角色的道具和装置已成为自我的一部分。那些被我们看作自身一部分的外物组成了延伸的自我。在某些文化里,人们实际上将物品融进了自我——他们攻克新领地、剥夺被征服的敌人的姓名(有时干脆把他们吃掉),或用死者的财产为他们陪葬。我们通常不会那么极端,但是有些人确实是把财产当成自身的一部分来珍爱。

贝尔克发展了一个称为延伸自我的理论来解释这种现象,人们倾向于根据自己的拥有物界定自我,这些拥有物从非常私人的物品到那些根植于大社会环境中的物品,可以说是无所不包、无奇不有。延伸的自我包括以下四个层次,在营销或广告诉求中应该给予足够的重视。

(1)个体水平:消费者将个人财产中的很大一部分纳入自我定义。这些产品可以包括珠宝饰物、汽车、衣服等。俗话说"人靠衣装,马靠鞍",讲的就是这个意思,个人拥有的东西是其身份的象征。

(2)家庭水平:这一部分延伸的自我包括消费者的住宅及内部陈设。房子可视为家庭的象征载体,而且也往往是身份的核心部分。正像房地产广告所说的:"并不是所有的房子都可以称之为'家'""某某园,给你一个五星级的家"。

(3)社区水平:我们常发现消费者按照自己所在的地区或城镇来介绍自己。对于家庭、住所与社区联系紧密的小区居民而言,这种归属感尤为重要。难怪一些房地产广告声称:"世界上只有两种人:一种人是住在某某花园的人,一种人是不住在某某花园的人""您孩子儿时的伙伴,可能就是未来的少帅"。

(4)群体水平:对特定社会群体的依恋也可视为自我的一部分。消费者可能把照片、签名、地界标、纪念碑,或者乐团、体育队伍看作延伸自我的一部分。为什么歌迷、影迷、追星族拼命搜集他们崇拜对象的专辑、照片、签名甚至私人用品？因为这些东西成了他们延伸自我的一部分，这就是答案。

延伸自我的外延由"自我"和"拥有物"两部分构成。也就是说，我们倾向于根据自己的拥有物来界定自我。因为某些拥有物不仅是自我概念的外在显示，同时也构成自我概念的一个内在部分。从某种意义上说，我们就是我们所拥有的。如果丧失了那些关键性的拥有物，我们将成为不同的或另外的个体。

延伸的自我从个人财产及宠物，到国家纪念碑或地界标，许多物质的东西都有助于消费者确定身份。几乎每个人都可以举出一件"包裹"了许多自我的珍爱物品，不论是一张心爱的照片、一份奖品、一件旧T恤、一辆汽车，还是一只猫。事实上，只要分门别类地收集一个人卧室或者办公室里的物品，通常就可能构造出一篇相当准确的"个人传记"。

在一项关于延伸的自我的研究中，调查人员提供了一份清单，其中包含着从电器设备、化妆棉、电视节目到家长、身体器官，以及喜爱的衣服等项目。要求被调查者将这些项目按照与自我的密切程度排序。那些获取过程中需要付出"精神力量"，或已经私人化且持有很长一段时间的物品更可能被看作延伸的自我的一部分。

虽然关键拥有物可能是一些大件财产，如住宅或汽车，但也可以是那些有着特殊意义的小件物品，如旧棒球手套、影集或宠物。一种用于测量一件物品在多大程度上融于延伸自我的量表已经发展起来，它是一种李克特量表（见表9-5）。在这一量表中，消费者被要求表达对以下陈述的同意程度（在一个7点量表上表明从坚决同意到坚决不同意）。

表9-5　一件物品在多大程度上融于延伸自我的量表

（1）我的＿＿＿＿＿＿帮助我取得了我想拥有的身份。
（2）我的＿＿＿＿＿＿帮助我缩小了现在的我和我想成为的我之间的鸿沟。
（3）我的＿＿＿＿＿＿是我身份的中心。
（4）我的＿＿＿＿＿＿是现实自我的一部分。
（5）如果我的＿＿＿＿＿被偷了，我将感到我的自我被从我身上剥离了。
（6）我的＿＿＿＿＿＿使我获得了一些自我认同。

了解不同的产品在群体人员的延伸自我中所起的作用，对于完整地理解这个群体是很关键的。它同样有助于厂商和营销者开发那些能提高或强化消费者身份地位的产品和与之相对应的宣传表达策略，把这个"延伸自我的量表"当作对消费者精准把握的重要因素来考量。

英国一家营销公司雇用了5个人将自己变成人类排行榜上的超级幻想英雄。这种所谓的"身份营销"技术要求每位参加者在一年内都将名字合法地改为"恐龙猎人"（Turok），这是一个视频游戏系列创造出的英雄——一个穿梭时空屠杀加强型仿生恐龙的美国印第安人。这种策略拉近了人和产品的距离，公司发言人声称："这并非一种噱头……他们每个人的身份都必须因这项工作而改变，他们将会成为行走的、谈话的、有生命的、呼吸着的广告。"

如果将此戏剧行为的观点做进一步延伸，不难发现对产品或服务的消费对自我的界定有很大的影响。为了将角色扮演到位，演员需要合适的道具、舞台设备等。消费者明白，不同的角色往往需要一系列有助于界定这些角色的产品和活动。一些"道具"（其实就是产品）对于我们所扮演的"角色"是如此重要，因而它们可被视为自我延伸的一部分。

四、弥补理想自我与现实自我之间的差距

大多数人都能体验到现实自我和理想自我之间的差距,对某些人而言这一差距特别大,这些人正是宣传表达与沟通的绝佳目标群体。幻想或白日梦是自我诱导引发的意识领域的变化,有时这是对外部刺激缺乏的一种补偿或是逃避现实问题的方法。很多产品或服务之所以成功,是因为它们满足了消费者的这种幻想。这些营销策略通过将我们置于陌生而令人激动的情景中,或者让我们尝试扮演有趣且刺激的角色,使我们可以延伸对于自我的幻想。正是这个幻想,弥补了理想自我与现实自我之间的差距,这正是广告创意与表达的一个重要诉求点。

消费者表达自我概念的重要途径之一就是消费,因此,了解消费者的自我概念就能制定更为有效的营销策略。人们常常希望别人对自己有好的印象,也常常通过自己的谈吐、行动强化这种印象,还常常通过购买东西和消费强化这种印象。你多么希望听到别人说"她真会买东西"之类的赞扬之词。因此,消费者一旦形成了某种自我印象,就会在这种自我印象的支配之下产生一定的购买行为。例如,某位女性觉得自己年轻、漂亮(自我印象),她就会舍得花钱买服饰打扮自己。广告就应充分运用这一规律,促使消费者形成某种自我印象,从而产生购买行为。例如,某种洗发水为了形成消费者的自我印象,其广告词可以这样设计:"你那黑色瀑布般的秀发(自我印象)如果得不到良好的营养,将会逐渐枯黄""××洗发水能满足你保护秀发的需要",等等,就可能会激起消费者产生购买欲。

消费者不仅对自我进行评价,而且也对营销活动、商品进行评价,后者就形成了商品意象。这种商品意象同消费者自我概念的相似性是制约消费者决策的重要因素之一。例如有人做了一个实验,让消费者品尝可口可乐和百事可乐,以比较两者的优劣。结果表明,大多数人分辨不出哪一杯是可口可乐,哪一杯是百事可乐,也分辨不出两者谁好谁坏,但一些惯于饮用可口可乐或百事可乐的人则认为自己惯用的品牌在味道上优于其他品牌。这一事实告诉我们,突出产品形象与消费者自我印象间的相似性,可能比强调产品的物理特性更加重要。因为这无疑是在心理上拉近了产品与消费者的心理距离,使他们更乐于接受。

五、自我概念与营销伦理

自我概念包括许多方面,当然也会涉及社会伦理问题。由于过多关注美丽的重要性,并且将美丽狭隘地界定为丰胸、细腰、肥臀及某些脸部特征,如瓜子脸、双眼皮,一向声称自己是"传播美的使者"的营销活动就一直受到来自社会各方面的指责。

虽然实际上所有的社会都表现出对美的追求,如此众多的产品和营销活动集中于美的诉求仍然会如此引人注目、担忧或愤愤不平。批评者认为这种对美的狭隘的突显暗示,势必引导个人尤其是年轻人强烈地依靠其外表而不是其他更为重要的内在因素来健康、平衡、全面地发展自我概念。

下面一则关于"美女经济"的小资料,描述的就是这方面的情况。

【小资料】　　　　学得好不如长得好？给美女经济降降温

"学得好不如长得好"，全国妇联及有关代表委员抨击"美女经济"泛滥

"选美比赛纷纷登场"、30万元打造"中国第一人造美女"……针对愈演愈烈的"美女经济"现象，日前全国妇联向全国政协提交提案建议，有关部门应该联手遏制"美女经济"泛滥现象。同时，全国人大代表、江西省妇联主席李亚平以及全国政协委员张庆文也提出类似建议。

现象：以貌取人成价值取向

据称，"美女经济"泛滥的主要表现有三个：①名目繁多的选美活动，从世界小姐大赛到"校园选美""孕妇选美"，无奇不有；②不断升级的"造美"工程，2003年年底，京城一家私营美容中心出资30万元打造"中国第一人造美女"后，广州、昆明等地纷纷开始"人造美女"工程；③花样翻新的美女广告促销。

全国妇联认为"美女经济"的泛滥产生了明显的负面影响："美女经济"过分强调女性外在的美丽性感，实质是将女性物化和商品化。"美女经济"使以貌取人成了某些用人单位的录取标准和价值取向。李亚平代表说，在美女泛滥的时代，"学得好不如长得好"已经成为很多女大学生的价值理念，"这不利于她们的健康成长"。

建议：政府部门要担负监管职责

全国妇联建议宣传、文化等部门采取有效措施，严禁各级党政部门参与组织选美比赛；国家工商总局对败坏社会风气的商业活动要及时依法查处；卫生部应明确禁止非医学需要的、针对未成年人的美容手术；教育部应明确禁止在校园内举办"选美"活动。张庆文委员在提案中建议，政府各部门对于"美女经济"愈演愈烈的现象态度要明确，担负起监管职责。对于败坏社会风气的商业活动，要及时依法查处，严格整顿治理。

资料来源：作者不详. 学得好不如长得好？给美女经济降降温. http://www.sc.xinhuanet.com, 2005年3月14日. 成都商报.

"学得好不如长得好""干得好不如嫁得好"……这是当今社会上一些人颇有代表性的见解，这些人尤其是一些年轻女孩子所拥有的自我概念在某种意义上说具有强烈的负面性，原因在于她们对自身的感觉是以传媒中的"玉女"和"美人"作为参照。广告评论家们声称，大多数人特别是年轻女性，从传媒中获得其自我概念中某些消极的成分，其原因在于极少有人能达到营销活动中所展示的美女标准。为激发其弥补理想自我与现实自我之间的差距，营销活动不恰当地劝说她们接受超出其支付能力的产品或服务。事实上，像这样的产品或服务大多数并不像宣传表达中所声称的那么好。

伦理问题是极为复杂的，不是一则广告或某家公司就能够产生上述影响。众多公司的许多宣传表达所产生的累计效应，才导致一些人过分关注其外在美，而善于运用大众媒体的营销活动又在此过程中起了推波助澜的作用。

本章知识要点

1. 一般所说的个性是指一个人经常表现出来的、比较稳定的、本质的心理特征。从消费者行为的角度来看，个性可理解为消费者适应其生活情境的特定行为方式。

2. 个性是由许多成分或特性组成的，但它们并不是几种要素的简单总和，这些成分或特性错综复杂地相互联系、相互制约而组成整体，这就是个性的整体性。

3. 一个人经过社会生活实践，逐渐形成一定的动机、理想、信念、性格和能力，从而使自己的活动总是带有一定的倾向性。在不同的生活情境下，心理面貌总是显示出相对稳定的品质，这就是个性的稳定性。

4. 美国学者卡里斯·柯尼和罗伯雷·卡文曾研究两种不同个性的人在两种不同情境下消费行为的差异，他们把个性分为"高执着"和"低执着"两种。

5. 人是社会性动物，社会因素必定对人的个性产生影响，这就表现为个性的社会制约性。这种影响可分为两种情况，一种是即时性的社会影响，另一种是社会成员所在的社会文化历史背景对个性潜移默化的影响。

6. 个性心理虽然很复杂，但它也有自己独特的结构。在我国通常把个性分成个性心理特征和个性倾向性两个部分。个性心理特征是指在心理活动中表现出来的比较稳定的成分，如能力、气质和性格。个性倾向性是指决定人对事物的态度和行为的动力系统，其中包括需要、兴趣、动机和理想等。

7. 所有的个体个性理论有两个基本假设：①所有的个体都有内在的特点或特性；②个体之间存在可以衡量的、一贯的特性差异。

8. 卡特尔认为个性是人在早年通过学习或遗传获得的，它们可以分为两大类：一类是相似的、聚集在一起出现的，称为表征性特质或可观察特质；另一类是可观察特质的原因，称为源特质。源特质是个性的核心内容，只有通过因素分析才能发现。

9. 单特质个性理论强调与营销活动密切相关的特质，如独断主义、外向性、神经质、犬儒主义、趋同消费、虚荣心、认知需求。

10. 社会学习理论强调环境是人的行为的决定性因素，因而关注外在而不是在内因素对人的影响。它们主要关注环境、刺激、社会背景这些系统差异，而不是个体特性、需求或其他属性上的差异。

11. 个体理论认为，人的行为是由所有人共有但程度有异的内在特性决定的。社会理论则认为，人所处的环境是其行为的决定因素，人的不同行为是不同环境的结果。混合理论认为，人的行为是由个体的内在特性和他所处的外在环境二者共同决定的。

12. 古希腊学者恩培多克勒曾经提出人体"四根说"。他认为人体由四根构成，血液主要是火根，呼吸是空气根，液体部分是水根，固体部分是土根。

13. 古希腊医生希波克利特将恩培多克勒的"四根说"发展成为"四液说"或"体液说"。他提出，人体内有四种性质不同的体液：血液、黄胆汁、黑胆汁和黏液。

14. 罗马医生盖伦从希波克利特的"体液说"出发，将人体内的体液的混合"比例"用拉丁语命名为"Temperamentum"，这便是"气质"（temperament）概念的来源。他除了用生理和心理特性之外，还加进了人的道德品行，这些因素组成13种气质类型，后来简化为4种气质类型，即流行于今的多血质、胆汁质、黏液质和抑郁质。

15. 性格是一个人对现实的稳固的态度和习惯化的行为方式。性格是人在后天的社会实践中学习而来的，它是可以改变的。按照消费者的消费态度，可将其性格划分为经济型、自由型、保守型与顺从型等四种形式。

16. 能力是指直接影响活动效率、使活动顺利完成的、在天生素质基础上形成和发展起来的个性心理特征。

17. 营销策划最容易犯的两个错误：一是过高地估计了消费者的理解能力，认为他们什么样的营销信息都能够理解；二是过低地评估了他们的智力水平，把他们当傻瓜一样看待。

18. 兴趣指兴致，是对事物喜好或关切的情绪，是人们力求认识某种事物和从事某项活动的意识倾向。它表现为人们对某件事物、某项活动的选择性态度和积极的情绪反应。

19. 人的兴趣概括起来可以分为两大类：第一类是物质兴趣和精神兴趣；第二类是直接兴趣和间接兴趣。

20. 人的兴趣千差万别，这种差异反映在消费行为上就构成了诸种类型，例如偏好型、广泛型、固定型与随意型。

21. 自我概念是个人将自身作为对象的所有思想和情感的总和，它是自己对自己的感知和情感。每个人如何看待自己，如何评价自己的各种特征，往往会影响其行为。

22. 自我概念可分为四个基本部分：实际的对理想的以及私人的对社会的。实际的自我概念是"我现在是什么样"，理想的自我概念是"我想成为什么样"，私人的自我概念是我对自己怎么样或我想对自己怎么样，社会的自我概念则是别人怎样看我或我希望别人怎样看我。

23. 一般说来，自我概念的形成是通过下列三种途径：①通过社会的准则和规范对自我进行评价；②通过比较自我印象与镜像自我，进而不断地调整自己的行为；③自我概念的形成是通过"利己原则"实现的。

24. 自尊是指个人自我概念中具有积极性的一面。自尊心较弱的人认为自己不会表现得很好，所以就会努力地避免尴尬、失败或是被拒绝。自尊心较强的人则认为自己会成功，从而愿意承担更大的风险，而且更乐意成为人们关注的焦点。

25. 不同的情景之下，我们有不同的行为，使用不同的产品和服务，甚至对正在扮演的自我的喜好程度也有所不同，这便是多重自我。

26. 社会学传统的符号互动论强调，与其他人的关系对自我的形成起到了很大的作用。这种观点认为，人们生活在一个符号的环境中，任何情境或者物体的意义源于我们对这些符号的解释。

27. 我们向他人发出试探信号，并根据"反射"信号来解读自己的身份，同时试图投射出他们对自己的印象。像这样想象他人对自己反应的过程或结果被称为"扮演他人的角色"或"镜像自我"。

28. 市场营销中运用自我概念，要求我们对其进行测量，最常用的测量方法是语意差别法。

29. "塑造自我的产品：你就是你所消费的"这一句话告诉我们，在广告创意与表达当中，向消费者推荐能够与其社会身份一致的东西，以其消费的商品构造或影响"镜像自我"，以产品塑造其"自我"。

30. 在宣传表达时，我们常常运用自我概念为产品定位。自我概念对产品定位的影响，按其逻辑关系可以归纳为以下几个方面：①每个人都拥有自我概念；②一个人的自我概念对个人而言是具有价值的；③人们试图努力保持和提高其自我概念；④某些产品作为社会象征或符号传递着关于拥有者或使用者的社会意义；⑤产品使用作为一种象征或符号包含和传递着对自己和他人有意义的事情；⑥个体经常购买或者消费某些产品、服务或使用某些媒体以保持或提高他所追求的自我概念。

31. 贝尔克发展了一个称为延伸自我的理论来解释这种现象，人们倾向于根据自己的拥有物界定自我。延伸的自我包括个体水平、家庭水平、社区水平与群体水平四个层次。

32. 延伸自我的外延由"自我"和"拥有物"两部分构成。也就是说，我们倾向于根据自己的拥有物来界定自我。

33. 大多数人都能体验到现实自我和理想自我之间的差距，对某些人而言这一差距特别大，这些人正是宣传表达与沟通的绝佳目标群体。弥补理想自我与现实自我之间的差距是广告创意与表达的一个重要诉求点。

34. 消费者不仅对自我进行评价，而且也对营销活动、广告、商品进行评价，后者就形成了商品意象。突出产品形象与消费者自我印象间的相似性，可能比强调产品的物理特性更加重要。

35. 由于过多关注美丽的重要性，并且将美丽狭隘地界定为丰胸、细腰、肥臀及某些脸部特征等，一向声称自己是"传播美的使者"的营销活动就一直受到来自社会各方面的指责。

测试题

一、单项选择题（在每小题备选答案中只有一个是正确的，请将其选出并把选项前的字母填在题后括号内）

1. 把个性分为"高执着"和"低执着"两种方式的学者是：（   ）。
   A. 卡里斯·柯尼和罗伯雷·卡文   B. 卡特尔
   C. 恩培多克勒   D. 希波克利特

2. 个性心理有自己独特的结构，在我国通常把个性分成以下两个部分：（   ）。
   A. 表征性特质与源特质
   B. 个体个性与社会个性
   C. 自尊心较弱的个性与自尊心较强的个性
   D. 个性心理特征和个性倾向性

3. 最早提出"气质"概念的人是：（   ）。
   A. 卡特尔   B. 恩培多克勒   C. 盖伦   D. 希波克利特

4. 市场营销中运用自我概念，要求我们对其进行测量，最常用的测量方法是：（   ）。
   A. 固有刺激法   B. 语意差别法
   C. 独特销售建议法   D. 信息模式法

5. 延伸自我的外延是由以下两部分构成的：（   ）。
   A. "自我"和"拥有物"   B. "自我"和"镜像物"
   C. "他我"和"拥有物"   D. "他我"和"镜像物"

二、多项选择题（在每小题备选答案中有二至五个正确答案，请将正确选项前的字母填在题后括号内）

1. 单特质个性理论强调一种与营销活动密切相关的一些特质，例如：（   ）。
   A. 独断主义   B. 外向性

C. 犬儒主义 D. 趋同消费

E. 虚荣心

2. 根据古希腊学者恩培多克勒的人体"四根说",以下说法正确的有:( )。

A. 血液主要是火根 B. 骨骼部分是金根

C. 呼吸是空气根 D. 液体部分是水根

E. 固体部分是土根

3. 根据古希腊医生希波克利特的"体液说",人体内四种性质不同的体液分别是:( )。

A. 血液 B. 黄胆汁

C. 黑胆汁 D. 精液

E. 黏液

4. 按照消费者的消费态度,可将其性格划分为以下几种形式:( )。

A. 经济型 B. 自由型

C. 保守型 D. 顺从型

E. 领袖型

5. 人的兴趣千差万别,这种差异反映在消费行为上构成以下几种类型:( )。

A. 偏好型 B. 顺从型

C. 广泛型 D. 固定型

E. 随意型

三、名词解释题

1. 个性
2. 性格
3. 兴趣
4. 自我

四、简答题

1. 简述个体个性理论的两个基本假设。
2. 简述兴趣的四种类型。
3. 简述自我概念形成的三种途径。

五、论述题

1. 试述四种类型及其相应的营销策略。
2. 在宣传表达时,我们常常运用自我概念为产品定位。试联系实际谈谈你的看法。

六、案例分析讨论题

仔细阅读本章的开篇案例,然后回答以下问题。

1. 文中提到:

有趣的是,广东移动一开始就选择了"喜爱尝新但腰包还不够鼓"的年轻用户,并且创造了一个酷酷的、刺猬头、带着一脸坏笑的 M 仔虚拟卡通人物作为动感地带品牌代言人……

试根据这段描述谈谈在广告创意与表达中,如何运用"自我形象与产品形象的一致性"的策略。

2. 文中提到:

品牌属性包括品牌名称、Logo 等视觉化的标志。动感地带的品牌名称是"M-ZONE",Logo 是动感地带和 M-ZONE 的合成体,主色是充满年轻朝气和活力的橙色。广告口号是"我的地盘听我的"……品牌文化可比作一个人的内在气质。动感地带的文化定位是年轻人的通信自治区,社区文化倡导流行、前卫、另类、新潮。

试根据这段描述谈谈在广告创意与表达中,如何运用自我概念为产品定位?

3. 文中提到:

动感地带启用周杰伦作为品牌形象代言人……为了让年轻人能够清晰地体验动感地带作为年轻人社区的好玩、时尚和探索,周杰伦本身就是这样一个极具代表性的符号。然后,动感地带又将品牌的传播与周杰伦本人的一些商业活动联系起来,让动感地带人能够最先听到周杰伦的歌曲,以优惠价买到周杰伦演唱会的门票,并亲身参与与周杰伦的互动。而且,还将周杰伦本身的种种举止和装束加以"动感地带化"的设计,让其在年轻人群中扩散传播,可谓将周杰伦的"星光"利用到了极致。

试根据这段描述谈谈在广告创意与表达中,如何运用自我概念弥补理想自我与现实自我之间的差距?

第十章
群体影响与传播策略

开篇案例

哈雷-戴维森摩托车①②

对于大多数产品和品牌，一位消费者或一个家庭可以对此做出购买决策，然后获取并使用它。在这个过程中，虽然熟人、朋友或许会对是否购买该产品、选择哪个品牌和如何使用等产生一定的影响，但是消费者最基本的购买动机还是来自产品本身满足其需求的能力。

另一些产品的购买则不然。消费者购买的不只是产品或品牌，他还购买了某个群体的成员身份。以购买哈雷－戴维森（Harley-Davison）摩托车为例，大多数哈雷－戴维森的购买者不只是为了拥有这种两轮车及其形象，他们也由此加入了一个群体或者说亚文化。尽管有着很多独特的哈雷－戴维森群体，他们大多数还是具有一种核心的文化或价值体系。

哈雷－戴维森群体有很多，他们的地位却因其"正宗"程度（多大程度上接近违规车手）不同而存在差别。显然，仅仅购买一辆哈雷车，并不能使一个人自动成为这个群体的一员，就如一位"真正的"车手所言：

说实话，有几帮新骑手四处张扬，以为有一辆哈雷车就能变成与我们一样的车手，这是十足的误解。这就如同给一条狗一个洋蓟⊖，就以为能把它变成美食家一样危险而愚蠢。我们把这些冒犯者分成以下几种类型：

红宝石型（Rubies）：富有的城市车手

裁缝型（Sewers）：郊区周末车手

无事生非型（Riots）：无业游民

自以为是型（Mngwmmps）：我难看的坐骑惹恼了同伴

钦美型（Ahabs）：硬屁股车手

混账型（Bastards）：购买了运动车，是个偏激的花花公子

即将拥有型（Lgloos）：我看过了，很快就会有一辆

四处张扬型（Hoots）：我定购了一辆，千真万确

⊖ 洋蓟属菊科菜蓟属中以花蕾供食的栽培种，宿根多年生双子叶草本蔬菜植物。学名：Cynara scolymus L.，中文别名：朝鲜蓟、洋百合、法国百合、荷花百合。营养价值极高，有"蔬菜之皇"的美誉。

新车手要经历三个阶段才能完全成为他们所仰慕的哈雷群体的一员：①尝试使用车手的身份；②认同并服从；③驾驭和内化。

车手身份的一个重要组成部分是产品的消费。很明显，一个人要成为哈雷群体的一员，首先必须拥有一辆哈雷车。然而只拥有是不够的，其他车手和一般公众还对哈雷车手的着装和行为有所期待。一项研究发现，新来者会清醒地意识到哈雷车手在公众面前应有的行为。引导新来者购买防护衣、靴子、头盔和其他附件的动力大部分来自为满足观众的期待而进行的"印象管理"。

《美国钢铁》（American Iron）杂志认为："人们买哈雷摩托车并不是因为它很高级，而是想借此成为哈雷大家庭的一分子。"扎迦利是美国一家大投资公司的股票分析师，他作为HOG（哈雷车手团体）的忠诚成员，用宝马车换来哈雷-戴维森摩托车。扎迦利属于哈雷车手中的RUB（富裕的城市车手）派系。在他的团队里，每个人都穿着昂贵的皮夹克，佩戴哈雷勋章，并且拥有改造过的低底盘摩托车。他们的摩托车是安逸舒适的典型，装配了如收音设备，加热手柄和车底盘之类的装置。扎迦利并不随便模仿，只有那些他真正认同的人才能对他产生那种影响。例如，扎迦利的群体与那些亡命之徒喜欢炫耀哈雷文身的蓝领车手俱乐部没有多大关系。与"爹妈"（Ma-and-Pa）车队的车手也仅保持礼节上的联系。实际上，只有RUB才构成了扎迦利的"参照群体"。

车手团是其身份的一个重要组成部分，这个身份影响了他的很多购买决策。自从成为RUB成员，扎迦利已经花费了数千美元购买他的摩托车零配件，同时为了把自己装备得和群体中的其他人相似，他也花费颇多。但是这些都是值得的，他真的感觉到了与他的RUB伙伴们的兄弟情谊。由于车手队友们在购买决策上高度一致，所以两个完全陌生的人在见面时也能立刻因彼此间的联系而熟悉起来。

购买哈雷车并成为车手显然是一个建立在群体基础上的过程，即使在美国这样个人主义盛行的社会里，群体成员的身份对大部分人仍是十分重要的。虽然我们不愿意承认我们是服从者，大部分时间里，我们中的大部分人仍然与群体期待保持一致。

① 德尔·霍金斯，肯尼思·科尼，罗格·贝斯特. 消费者行为学 [M]. 符国群，译. 7版. 北京：机械工业出版社，2000：128. 有改动.

② 迈克尔R所罗门. 消费者行为学（中国版）[M]. 卢泰宏，译. 6版. 北京：机械工业出版社，2006：360. 有改动.

参加一次聚会，你在决定穿什么的时候，可能部分地考虑到参加聚会的其他人可能会产生的反应。同样，你在祖父母结婚周年纪念活动中的行为，与你在一位好友的生日派对上的行为是不同的。这些行为都是群体影响或群体期待的产物，无论是车手团队友、同事、朋友、家人，还是影视剧中男女主角及其扮演者，甚至是刚刚偶然结识的人……他们都可能影响消费者的购买决策，几乎所有消费行为都是在群体背景下发生的。此外，群体还是消费者个体社会化和学习的基本媒介。因此，理解群体是如何运行的，对于理解消费者行为，有效实施营销传播策略至关重要。

本章专门研究群体影响与传播策略。首先介绍参照群体及其类型，内容包括参照群体的概念、群体类型划分的依据、群体及参照群体的类型。其次进入群体影响与消费行为,重点介绍群体影响的类型、参照群体影响的程度、参照群体对个体的影响、服从与消费行为以及角色与消费行为;再次进入针对参照群体的传播策略,分别介绍口头交流、病毒营销、服务体验、传递个人影响的两步、多步流程以及如何运用消费亚文化进行传播;最后研究意见领袖与广告代言,具体内容分别是意见领袖及其特点、意见领袖的作用及类型、意见领袖的识别与创建以及广告代言的策略与技巧。

第一节 参照群体及其类型

人不只是自然人,更是社会人。我们都从属于群体,试图取悦他人,并通过观察周围人的行为来获取应如何行动的提示。事实上,对某些人来说,成为或"融入"自己所向往的个人或群体,正是他们购买或行动的主要动机。有人为了能够被自己向往的群体接受,会尽其所能地模仿、追求这个群体的社会行为当然也包括消费行为,所有这些都涉及"参照群体"的概念。

一、参照群体的概念

参照群体是"与个人的评价、追求或行为有重大相关性的真实的或虚构的个人或群体"[⊖],参照群体是指能够极大地影响个体行为的个人或群体。群体的价值观、态度、行为以及准则被认为与其他个体的行为、评价和渴望有关。从外延上看,参照群体可以是个人,比如名人、运动员、政要,也可以由相似的个体组合而成,像音乐组合、政党、球队或运动队。研究表明,人们都对与群体共同意见相矛盾的行为表示反感。年轻人比年纪大的人更希望得到同龄人的认可,以减小他们在与同龄人在一起购物时不合群的风险。这些影响过程如图 10-1 所示,该图起始于影响的来源,经过三种类型的影响和影响程度,结束于对行为、生活方式、购买、消费的影响。

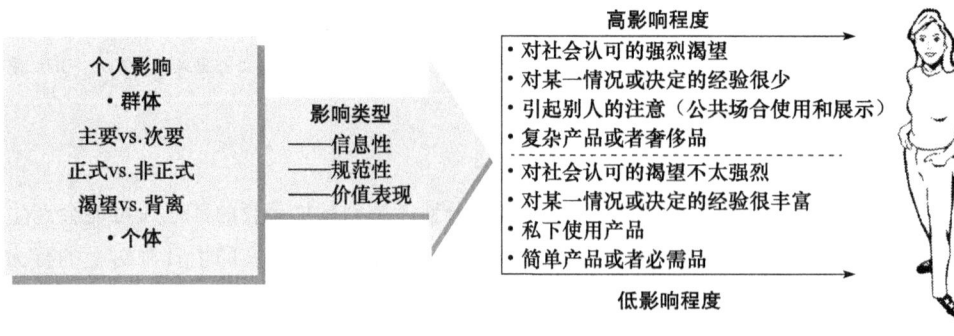

图 10-1 个体和群体对个人的影响

注:该图描述了个体和群体对个人的影响过程,该图起始于影响的来源群体、个体,经过信息性、规范性与价值表现三种类型的影响和影响程度的高低,结束于对消费者的行为(诸如生活方式、购买与消费)的影响。

⊖ 迈克尔 R 所罗门. 消费者行为学(中国版)[M]. 卢泰宏,译. 6 版. 北京:机械工业出版社,2006:360.

二、群体类型划分的依据

首先,我们需要区分群体和参照群体这两个概念。群体由两个或两个以上具有一套共同规范、价值观或信念的个人组成,他们彼此之间存在隐含的或明确的关系,因而其行为是相互依赖的。参照群体是指这样一个群体,该群体的看法和价值观被个人作为他当前行为的基础。因此,参照群体是个人在某种特定情况下作为行为向导而使用的群体。

我们积极地参与某一特定群体的活动时,它一般会成为参照群体。随着情境的改变,我们会依据另一个群体的规范行事,于是这个群体又成为我们的参照群体。我们可以随时从属于不同的群体,但是一般说来,在某种特定情境下我们只使用一个群体作为参考。群体可以按照不同的变量进行划分。研究者发现有三个划分标准最为有用,它们分别是:①成员资格;②接触类型;③吸引力。

一是成员资格。成员资格的标准是二择一的,一个人要么是某个群体的成员,要么不是。当然,有些成员的成员资格比另一些成员更安全,也就是说,有些成员感到他们"真正属于"那个群体,另外一些人却缺乏这种信心。尽管如此,成员资格仍然是划分群体的基本标准之一。

二是接触类型。接触类型指群体成员之间人际接触的频繁程度。在群体规模增大时,人际接触倾向于减少。例如,你同中国广告协会或者你的中学校友的接触,就比你同家人或密友之间的接触少得多。接触类型一般分为两种,有着频繁人际接触的群体叫作基本群体或者首要群体,只有有限人际接触的群体则叫次要群体。

三是吸引力。吸引力指某一群体的成员资格受到个人仰慕的程度。这种仰慕有消极的也有积极的,个人对之有着负面仰慕的群体(背离群体或厌恶群体)同个人对之有着积极仰慕的群体一样,能够影响人的行为。例如,"文革"一代(中、老年)的消费者总是避免使用他们认为专属于年轻专业人士使用的"不伦不类"的产品;反过来,"新新人类"(青少年)也会刻意避免使用老气横秋的成人化的产品。

人们没有成员资格但希望加入的群体,被称为"仰慕群体"或"渴望群体",它对个体有着强大的影响力。个人经常会购买他们认为渴望群体成员会使用的产品,以获得该群体实质上或象征性的成员资格。例如,许多渴望加入哈雷车手群体的人,由于价格昂贵或者家人反对,目前还无法获取这种资格,他们常常会购买哈雷服饰和其他一些相关产品。在我国年轻人对待苹果"i"系列产品诸如 iMac、iPhone、iPad、iPod(Classic、Nano、Touch、Shuffle)的情况也是如此。

图 10-2 列出了影响消费者行为的常见群体。我们将在下面的部分描述它们是如何影响消费行为的,依此我们找到了群体类型的划分依据。

三、群体及参照群体的类型

尽管通常需要两个或两个以上的人才能形成群体,但参照群体一词还是常被广泛地用于描述任何提供社会提示的外部影响。参照对象可能是对很多人产生影响的某个人(如奥巴马或本·拉登），也可能是影响仅限于消费者周围环境的个人或群体（如哈雷车手俱乐部）。影响消费的参照群体可以包括家长、摩托车队队友，或者是球队、乐队、明星或著名导演。下面让我们对群体或参照群体的分类进行具体的描述。

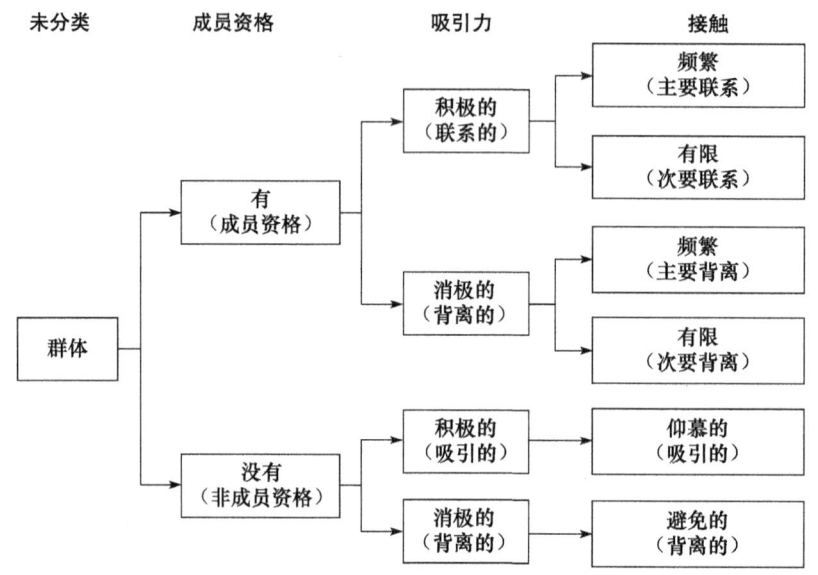

图 10-2 群体类型划分的依据

注：该图列出了影响消费者行为的常见群体之间的逻辑关系，从"成员资格"这一分支看过去，分为"积极"与"消极"，积极、消极又分别可以细分为"频繁"与"有限"；从"非成员资格"这一分支看过去，亦可分为"积极"与"消极"，积极、消极也可以细分为"仰慕"与"避免"，即有吸引力的或背离的。

1. 正式群体与非正式群体

（1）正式群体。正式群体以固定的组织结构为特征（经常是书面性的结构），有一个成员名单以及成员要求。比如宗教组织、兄弟会、社区服务组织。它们施加的影响会不断变化，主要取决于个体加入群体的动机。而且，在执行的一致性和制度性上有很宽松的自由度。

（2）非正式群体。与正式群体相比，它有较为松散的结构，是以友情或者兴趣为纽带的。虽然它们的准则可能很严格，但很少有书面形式的准则。但如果个人能被社会认可所激励，这会对个人行为产生很强的影响。而且群体中存在紧密关系和面对面的交流，这就使得期待与认可的力量被充分地表达和强化。

基于此，参照群体可以是大型正式组织，拥有明确的组织结构和完备的章程，定期召开的会议，并有专职工作人员；参照群体也可以是非正式的小群体，如一群朋友或者几个室友。营销者在影响正式群体时往往更为成功，因为它们更容易识别与接近。然而，通常对个体消费者更具影响力的却是非正式的小群体。非正式的小群体更可能是我们日常生活的一部分，对我们也更为重要，因为它们的规范性影响力较大；而较为大型的正式组织则往往是产品特定性或活动特定性的，因而具有较大的比较性影响力。

2. 首要群体与次要群体

社会群体可以有许多形式，个体可以从属于多个群体，比如一个人可能属于一个正式群体，也可能属于一个首要群体。无论什么类型的参照群体，从他人那里接受的东西可以视为一种约束，这种约束在某些情况下可被认为是一种规范性影响，或者在其他情况下可被视为可比性影响，这在做决策时仅作为另一个信息来源。

(1) 首要群体。最大的影响通常是由首要群体施加的。首要群体是指一个社会集合，在集合中的关系足够密切，可以进行无拘无束的交流。由于存在凝聚力和灵活的参与，成员在观念和行为上显示出惊人的一致。家庭是最明显、最有力的首要群体的例子。

(2) 次要群体。次要群体也有面对面的交流机会，但通常很少，不太复杂，对购物想法与行为的影响更少。例如行业协会、商业协会、社区组织。

3. 成员型参照群体与渴望型参照群体

(1) 成员型参照群体。当个体被接纳为一个群体成员时，他们在该群体中就有了正式的地位，这便是成员资格，依此形成成员型参照群体。成员资格可以在同龄人或家庭等非正式组织中存在，也可以在正式群体（如宗教组织、兄弟会、学生联谊会和贸易协会）中存在。在以具有相似个性和行为的消费者为目标时，正式成员资格群体的影响在市场营销中被广泛利用。

人们往往倾向于将自己与类似的人进行比较，因此了解类似的人正在干什么、买什么会影响他们的偏好。正因如此，很多促销策略都用了"普通人"，其消费活动提供了信息性的社会影响。人们加入成员型参照群体的可能性受到一些因素的影响，包括如下方面。

一是邻近性。随着物理距离的拉近、交互机会的增加，关系也更容易形成。物理上的接近称为邻近性。我们结识什么人、我们有多受欢迎与物理结构有较大的关系。

二是接触频率。我们会仅仅因为见到一个人或事物的次数较多而对其产生好感，这种现象又被称为"单纯曝光现象"。即使是无意中发生的较高频率的接触，也有助于形成一个人当地参照对象的集合。

三是群体凝聚力。凝聚力是指群体成员彼此吸引的程度和对该群体成员身份的重视程度。群体对成员的意义越大，群体引导消费决策的可能性越大。规模越小的群体，其凝聚力越强，因为在规模较大的群体中每个成员所做的贡献往往没有那么重要和显著。出于同样的原因，有些群体会限制成员数量，只是选择性地赋予一部分人成员资格，从而提升成员资格的价值。信用卡公司、高尔夫球俱乐部等机构往往提供排他性的成员资格，以提升会员的身份价值。

(2) 渴望型参照群体。渴望型参照群体显示了接纳规范、价值观以及参与他人行为的欲望。有时，这些人有被接纳为成员资格的期望并产生相应的行为动机，有时却没有对归属于这一群体的期待，这会使这种渴望成为一种象征。渴望参照型群体的影响显然经常是间接的，但在产品选择时会起很重要的作用。比如，参加足球训练的孩子总是穿着与他喜欢的球队相同样式的球衣，或者商业学校的学生可能穿着与有名望的商业人士相似的西装，尤其是参加毕业前的工作应聘时。

一些参照群体由消费者相识的人组成，另外一些则由消费者认同或钦佩的人组成。通常，明确采用参照群体诉求的很多营销活动都努力集中在备受关注、广受钦佩的人物身上（如知名运动员或演员）。渴望型参照群体由理想化的人物组成，如成功的商界人士、运动员或演艺人员。例如，一项针对有志成为CEO的商学院学生的研究发现：其理想自我的关联产品与他们认为 CEO 使用的产品之间就存在很强的联系。

4. 积极参照群体与消极参照群体

参照群体可能对消费行为产生积极的影响，也可能产生消极的影响。在大多数情况下，人们会规范自己的行为，以和他们设想中的群体对他们的期望保持一致，这样积极参照群体的影响就产生了。在这里，如果我们将前边介绍的渴望型参照群体理解为积极参照群体是完全没有问题的。然而在有些情况下，消费者可能会设法与回避群体保持距离。他们可能细心研究自己不喜欢的群体（如书呆子、吸毒者或雅皮士）的着装和举止，并且小心地避免购买任何可能使他人将自己归入这些群体的物品。在这种情形下，被回避的群体就是消极参照群体。

对消极群体的另外一种描述为"背离型群体"，群体影响也可能被背离型群体所施加。背离型群体是指那些个人尽量避免参与的群体。这主要发生在当一些人为了更好地选择而摒弃朋友的一些行为和品牌以改变自己的社会阶层时。一些青少年经常会通过穿与潮流相左的服装或把头发染紫或文身来与他们的同龄人或父亲、母亲划清界限，反叛青少年往往抵制家长的影响，可能故意做出与父母期望相悖的事以宣告其独立性。他们在疏远一个群体（消极参照群体）后，又加入另一个群体（积极参照群体）。

一个人与消极群体保持距离的动机强度可能比取悦积极群体的动机强度更大，营销者常常会利用这一点来进行广告创意。在营销活动中可能会出现"不讨人喜欢的家伙"正在使用竞争对手的产品，以巧妙地传达如下信息：目标受众要是想避免成为"那种人"，就要远离那些人所购买的产品。产品形象代言人在广告中大声说道："我从来不吃油炸食品""真正的男子汉绝对不吃乳蛋饼"。如今，不少广告也采用了这种回避群体的诉求，声称可以通过不消费某些产品或服务来定义自己。例如，面向计算机高手的一个网站骄傲地声称"真正的男人从来不按 F1"，即在运用软件时不会点击"帮助"文件。

5. 品牌社区、消费者部落与虚拟群体

（1）品牌社区。随着营销与广告的研究者识别出基于产品或活动忠诚而建立起来的一个又一个群体，他们开始推崇参照群体的一种新观点。品牌社区就是基于共有的产品使用或产品兴趣而形成一系列社会关系的消费群。与其他社区不同的是，这些成员生活的地区往往并不接近，只能在所谓品牌日的组织活动中短暂相聚，比如吉普、土星（通用汽车品牌）或哈雷所赞助的品牌日。这些节日可以使产品拥有者结识其他产品爱好者，并且强化他们与产品、与其他有着同样热情的人之间的同一性。

研究者发现，这些活动的参加者对产品的感觉更加积极，而且品牌忠诚也得到了提升。他们更能容忍产品的一些缺陷或是服务质量的下降，转换品牌的可能性较小，即使在他们知道竞争产品一样好甚至更好的情况下也是如此。此外，这些品牌社区成员在情感上也更关注公司的利益，往往充当传播营销信息的品牌使者的角色。

（2）消费者部落。消费者部落指的是一群拥有共同生活方式的人，他们相互之间出于对某个产品或活动的共同忠诚而彼此认同。虽然这些部落往往是不稳定和短暂的，但是至少在一段时间内成员们拥有共同的情感、道德信念、生活方式。当然，还有他们共同消费的作为部落联系一部分的产品。

（3）虚拟群体。计算机与互联网创造了一个新的群体——虚拟群体，它主要基于虚拟社区而非地域性社区。互联网社区与其说是基于面对面的人际关系，不如说是基于人们之间的一整套社会关系。聊天室允许相同情趣的人"面对面"，互联网上的信息流并不像从前见面聊天那样。真正面对面时，人与人之间有些事情难以启齿，而以虚拟方式写点儿什么给别人使人感到很惬意。依此途径便可以在网络上形成虚拟的消费者部落了。

第二节　群体影响与消费行为

群体人数越多，任何一个成员获得瞩目的可能性也会随之降低。处于较大群体中的人或处于不太可能被人识别情况下的人会较少注意自己，因而对行为的常规约束也会减少。你可能已经注意到，人们在化装舞会（如万圣节）或者亲朋好友结婚时闹洞房的表现比平时要疯狂得多。这种现象被称为"去个性化"，即个体身份在群体中消隐的过程，这便是群体对个体影响的一种表现。

一、群体影响的三种类型

群体对其成员的影响有三种主要方式，信息性影响、规范性影响和价值表现上的影响。它们分别影响着个人决策、购买、行为和生活方式，如表 10-1 所示。对这几种方式做出区分是很重要的，因为我们要根据影响的方式制定相应的营销和广告策略。

表 10-1　参照群体的三种影响形式

信息性影响	个人向专业人士协会或独立的专家群体寻求关于各种品牌的信息 个人向专业生产或销售产品的人寻求信息 个人向拥有可靠的品牌信息的朋友、邻居、亲戚或同事寻求相关品牌知识和经验（如 A 品牌和 B 品牌相比哪个好） 观察独立测试机构的认同与否会影响个人对品牌的选择［如《好管家》(Good Housekeeping) 杂志］ 个人对专家行为的观察（如观察警察所驾驶的车的类型，或者维修人员购买的电视机品牌）会影响他对品牌的选择
规范性影响	为了迎合同事们的希望，个人购买某一特定品牌的决策受到同事偏好的影响 个人购买某一特定品牌的决策受到与他有社会交往的人的影响 个人购买某一特定品牌的决策受到家庭成员偏好的影响 为满足他人对自己的期望，个人的品牌选择会受到影响
价值表现上的影响	个人觉得购买某一特定品牌会提高他在他人心目中的形象 个人觉得购买或使用某一特定品牌的人拥有他所希望拥有的品质 个人有时会觉得像广告中使用某一特定品牌的人那样也不错 个人觉得购买某一特定品牌的人会受到他人的羡慕与尊重 个人觉得购买某一特定品牌有助于向别人展示他希望成为什么样的人（例如运动员、成功商业人士、好父母）

（一）信息性影响

信息性影响发生在当个人自己的观察和接触不足以准确评价产品或产品特性时。在这种情况下，消费者会把他人的建议或经验作为判断产品特性的依据，并且使用这些信息做出自己关于产品和品牌的决策。

这类影响出现于个人把参照群体成员的行为和观念当作潜在的有用信息加以参考之时，其影响程度取决于被影响者与群体成员的相似性，以及施加影响的群体成员的专长性。例如，某人发现群体中的好几个人都在饮用某个品牌的咖啡，于是他决定试饮一下这个品牌，因为有证据（它被朋友们使用）证明它是一个好的品牌。再如，某人决定购买某个品牌或型号的计算机，因为他的一位精通计算机的朋友有一台，或者向他推荐过这台计算机。在这些例子中，群体成员的服从是信息共享的结果。

海尼斯（Hennessy）公司的广告商雇用了一些有魅力的模特和演员到时尚的酒吧里去喝酒。在那里，他们找借口为所有人或某一群体点海尼斯马丁尼酒。使用这种方法，使人们目睹别人喝这种饮料，从而接受它或至少认为它很时兴。当然，群体影响力的如此运用是否会引发伦理上的争议，是应当思考的一个问题。

（二）规范性影响

规范性影响又叫"功利性影响"，它指个人为了获得赞赏或避免惩罚而满足群体的期望。规范性影响发生在当一个人为了迎合一个特定群体的期望，从而改变他们自己的行为或信仰时。在这种情况下，群体的规范是一些影响因素，比如一个人如何穿着，他开什么牌子的汽车。

通常情况下一个人的目标是遵守规范。规范是指在一定社会背景下，群体对每一群体成员行为的合适性的期待。无论何时，只要有群体存在，无须经过任何语言沟通和直接思考，规范就会迅即发挥作用。规范一般会覆盖与群体功能有关的一切行为，违反这些规范会受到群体的惩罚。我们发现，参照群体对消费行为有着深远的影响。

为了得到配偶或邻居们的赞同，你或许会专门购买某个牌子的葡萄酒，或者因为害怕受到朋友的嘲笑而不敢穿新潮的服装。规范性影响之所以发生和起作用，是由于奖励或惩罚的存在。广告商声称，如果使用某种商品，人们就能得到社会的接受和赞许，实际上就是利用规范性影响。同样，宣称如果不使用某种产品就得不到群体的认可（如牙刷和除臭剂）的广告，采用的也是群体对个体的规范性影响。

（三）价值表现上的影响

价值表现上的影响发生在当心理上想加入一个群体，从而对这个群体的规范、价值观、态度或行为自行接受时所受的影响。甚至没有想成为群体成员之一的动机，个人也会经常在其他人眼中提高个人形象，或者努力得到受敬佩或尊重的人的认同。由于消费者经常要参考其他人的意见作为其行为的依据，所以他们在做出任何一个购买或生活决策前，要经常征求他人的意见。

这类影响的产生以个人对群体价值观和群体规范的内化为前提。在内化的情况下，无须任何外在的奖惩，个体就会依据群体观念与规范行事，因为个体已经完全接受了群体的规范，群体的价值观实际上已成为个体自身的价值观。

作为总结，图10-3列出了一系列消费情境，以及在这些情境下参照群体的影响及对应的各种类型。图中左侧是一个名叫 Tim 的消费者所面临的各种情境，中间是他的行为反应，右侧将这些情境与行为反应归结为对应的影响类型，是信息性影响、规范性影响还是价值表现上的影响。

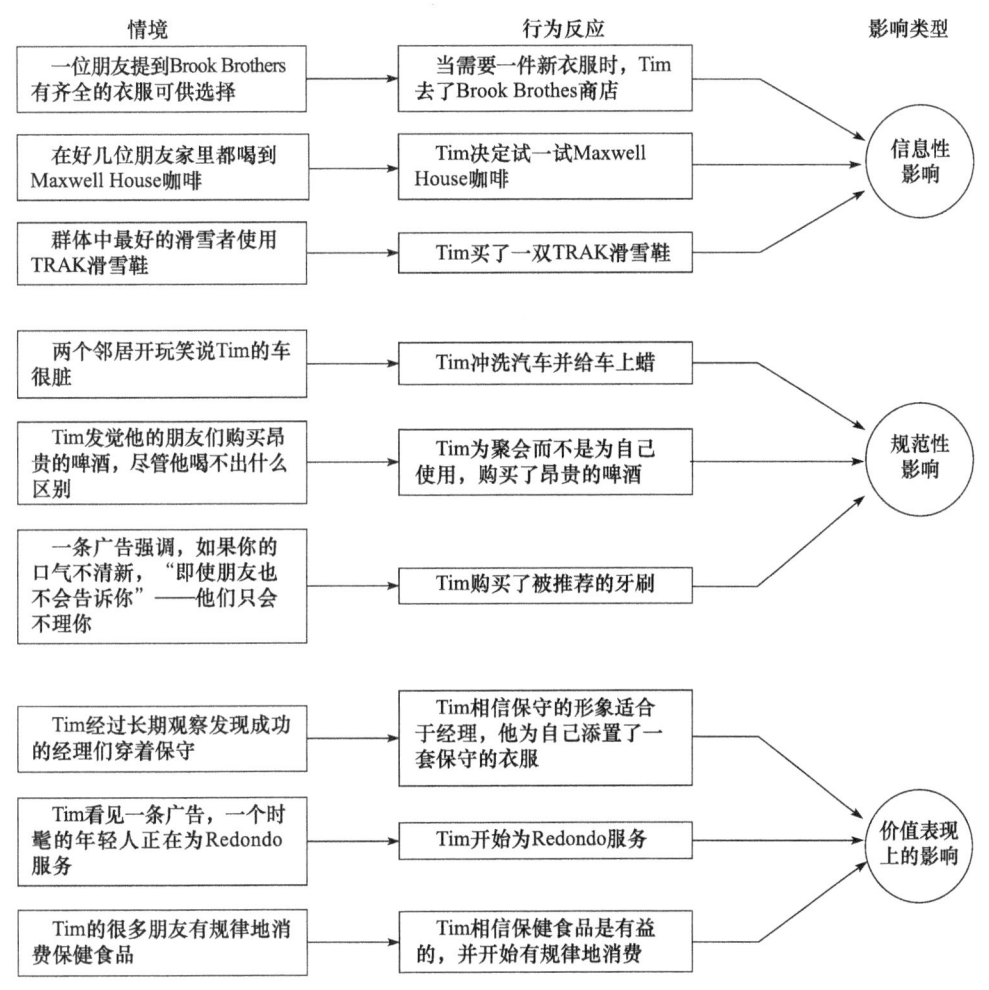

图 10-3　情境和参照群体影响

注：图中模拟了一个名叫 Tim 的消费者所面临的各种情境以及他的行为反应，右侧的三个小圆圈将这些情境与行为反应归结为对应的影响类型，它们分别是信息性影响、规范性影响以及价值表现上的影响。

二、参照群体影响的程度

在某一特定情境下，参照群体可能对购买没有影响，也可能会影响到某类产品的使用及使用产品的类型或品牌的选择等。其中，对品牌的影响可能是对一类而不是单个品牌的影响。比如，某一群体可能会赞成（或反对）购买某些品牌，如进口啤酒或者豪华汽车。

表 10-2 显示了两个消费情境特征：必需品对非必需品以及可见消费对隐蔽消费如何共同决定某种情境下参照群体发挥影响的程度。

表 10-2　两种消费情境特征与产品或品牌的选择

	需要的程度	
	必需品	非必需品
消费	参照群体对产品有弱的影响力	参照群体对产品有强的影响力
可见	公共必需品	公共奢侈品
参照群体对品牌有强的影响力	影响力：对产品弱，对品牌强 例　子：手表，汽车	影响力：对产品、品牌均强 例　子：滑雪，健康俱乐部
隐蔽	私人必需品	私人奢侈品
参照群体对品牌有弱的影响力	影响力：对产品、品牌均弱 例　子：床垫，冰箱	影响力：对产品强，对品牌弱 例　子：热水澡，家庭娱乐中心

图 10-4 总结了参照群体对产品和品牌的影响方式。营销者可以使用这种结构判断参照群体可能在多大程度上影响个体对他们品牌的消费。下面我们将讨论这些决定群体影响力的各种因素。

（1）产品或品牌的使用可见性的强弱。当产品或品牌的使用可见性很高时，群体影响力最大。对于通气运动鞋（aerobic）来说，产品种类（鞋），产品型号（aerobic）和品牌"锐步"（Roebok）都是可见的。一件衣服的种类和款式是可见的，但品牌则较不明显。其他产品，如维生素的消费，一般是隐蔽的。参照群体通常在产品种类、型号或品牌等方面对那些可见性高的产品发挥重大影响。

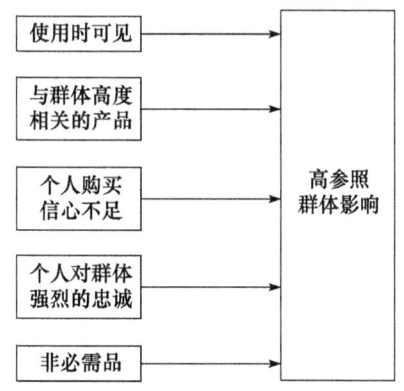

图 10-4　决定参照群体影响力的情境因素
注：该图罗列了决定参照群体影响力的几个情境因素，从上到下分别是：①产品或品牌的使用可见性的强弱；②消费行为与群体相关性的强弱；③个人在购买中的自信心；④个人对群体的忠诚度；⑤产品必需程度的高低。

（2）消费行为与群体相关性的强弱。影响参照群体对个人行为作用力的另一个因素是消费行为与群体的相关性。某种活动与群体的功能越有关系，个人在该活动中遵守群体规范的压力就越大。因此，装束对于一个经常在豪华餐厅用餐的群体来说就显得重要，而对于只在周四晚上一起打篮球的参照群体成员来说，其重要性就小得多。同样，为了减少购买"错误"品牌的"风险"，计划在公众场合使用某产品的人更易受到群体的影响。

（3）个人在购买中的自信心。再一个影响参照群体作用力的因素是个人在购买中的自信程度。研究表明，个人在购买电视、汽车、家用空调、保险、冰箱、媒体服务、杂志书籍、衣服和家具时最易受参照群体影响。这些产品，如保险和媒体服务的消费，既非可见又与群体相关性关系不大，但是它们对于个人很重要，而大多数人对它们又只拥有有限的知识与信息。这样，群体的影响力就由于个人在购买这些产品时信心不足而强大起来。有趣的是，自信程度并不一定与产品知识成正比。研究发现，知识丰富的汽车购买者比那些购买新手更容易在信息层面受到群体的影响，并喜欢和同样有知识的伙伴交换信息和意见。

（4）个人对群体的忠诚度。一般而言，个人对群体越忠诚，他就越会遵守群体规范。当参加一个渴望型参照群体的晚宴时，在衣服的选择上，我们可能更多地考虑群体的期望，而参加无关紧要的群体晚宴时，这种考虑可能就少得多。

（5）产品必需程度的高低。一件产品的必需程度越低，参照群体的影响越大。因此，参照群体对帆船等非必需品的购买有很大影响，而对冰箱等必需品的购买影响则比较小。而当所购买的是个人必需品或不假思索就可以做决定或采购以前购买过的产品时，个人较少受到群体的影响，然而规范性影响可以扩展到许多情形之下。

三、参照群体对个体的影响

无论国籍、种族、民族还是性别，个人与群体影响一直在说服着人类的行为。如果一个人属于一个群体，他就会努力融入或取悦他人，这都会影响个人的生活选择和购买决策。我们对那些值得信赖的人抱有很强的信任感。事实上，在生活方式变化的趋势中，在对新潮流的接触中，在对新产品的试用和采纳上，群体影响自然地成为关键因素。

参照群体以不同方式、不同程度影响个体消费者，这取决于个体的个性以及产品购买情况，有以下三种情况值得注意。第一，社会化过程是通过不同的参照群体的影响完成的，参照群体创造了个体的社会化。第二，在发展和评价个人的自我观念以及用自己和他人做比较时，参照群体很重要，事实上，人们是在与其他人的互相作用中调整自我观念。第三，参照群体在社会中是个体行为与规范相一致的工具，个体对附和参照群体的愿望经常因一致性的压力导致一致性。

（一）参照群体创造了个体的社会化

社会化过程是通过不同的参照群体的影响完成的。一家公司的手册可以用来向新雇员解释着装规范，但是工作中的非正式群体会教会个人在不同的情况下和不同的场合穿什么衣服是可以接受的。社会化与文化融合的过程可以使个体理解对一个人和一个群体来说什么样的行为可以形成稳定性。

我们所有人都在很多方面与各种群体保持着一致。看一看班上的同学，你会奇怪地发现，除了男女性别及其在穿着上的差异外，大部分人衣着十分相似。事实上，如果一个同学穿着正式的衣服来上课，大家通常会问他是不是要去应聘工作，因为人们认为这是他穿着正式的原因。请注意，作为个体，我们并未将这种行为视为从众。尽管我们时常要有意识地决定是否遵从群体，通常情况下，我们是无意识地和群体保持一致，我们以对群体的角色期望和群体规范做出响应的方式满足群体的期望。

关于这一点我们在前边的去个性化与群体的规范性影响中已经陈述了许多。一个人的社会化程度越高，他受群体规范性影响越大，他的去个性化表现越强，与人们的相处更加合群，身边的人就会认为他更加成熟。

与社会化密切相关的一个概念是"社会对比"，许多个体通过对比自己与他人的方式评价自己。一个人认为自己有多么成功、健康、富有取决于在本群体中或其他群体中与同龄人的比较。除了从群体中获取信息外，个体用参照群体作为基准或标尺来衡量他们自己的行为、观点、能力和财产。虽然个体在不同时间会选择不同的对比群体，但是当个体与群体相似时，对于接受信息的信心会增大，只有当我们对自己的观点和能力很自信时才会去评价不同的观点。

对比并不仅限于与我们有个人接触的群体,营销宣传和电视也可以成为社会对比的来源。例如在 20 和 21 世纪之交,流言绯闻和挑高的眉毛在好莱坞风行一时,因为这种流行趋势被骨瘦如柴的年轻电视明星们所接受,她们都被推崇为青少年的青春偶像。同样,几乎全世界妇女都受到每期刊登职业模特照片的精美杂志的影响。当女人们看到这些照片时,大多数都会对自己原先的形象表示不满。社会对比的一个恶果是,14~25 岁年轻女性患厌食症和饥饿症的人数大幅增加。其实在中国古代也有类似的例子,因楚王喜爱身材苗条的女子,才有了"楚王爱细腰,满朝皆菜色"甚至是"楚王爱细腰,宫女多饿死"的说法。

(二) 在与其他人的互相作用中调整自我观念

在参照群体中,人们在与其他人的互相作用中保护并修正他们的自我观念。我们如何看待和认识自己是通过在与社会的相互作用中分享他人的价值观或尊重他人的观点而受到影响的。购买产品就是与社会产生相互作用的一种形式。在购买和使用产品时,我们与他人交流意见。我们的职业、汽车、衣服都描述了我们自身的地位,我们的行为、生活方式是我们自身的体现(或是我们自己的理想化的观点)。通过穿着印有某个运动队的标志的 T 恤,消费者把个人身份与在产品中有关的文化氛围相融合,并以此试图改变自己的社会身份。

人还会通过与他们的角色(及其作用)相一致的方法来维护他们的自我观念。当一个人从属于不同的群体时,他们扮演了不同的角色,同时他们会感受到必须遵循人们期待的角色行为的压力。

推荐性营销宣传是对自我观念社会效应理解的一个直接应用。一个儿童看到高尔夫巨星老虎·伍兹和篮球飞人迈克尔·乔丹都身穿耐克服装,会有意识或者无意识地把他们想得到的尊重和强大归因于(或者部分归因于)耐克品牌。当推荐性广告锁定的消费者的理想化自我和广告中名人的形象相一致时,那些受尊重的演员、政治家或运动员的推荐效果会非常突出。

(三) 因一致性的压力导致一致性

个体对附和参照群体的愿望经常因一致性的压力导致一致性,它是指信仰或行为的改变基于真实的或观察到的群体压力的行为。当个体迫于其他原因遵守了群体的愿望,但其实并不接受群体的信仰和行为时,就会产生服从,而当个体事实上改变了个人的信仰和价值观并使之与群体的价值观一致时,则形成了接受或者认可。有时为了受到褒奖,消费者会有意识地仿效群体中他人的行为或者与群体行为保持一致。有时群体的影响是很微妙的,即使当个体没有有意识地仿效群体的时候也会发生。比如一些消费者可能不知道在某种情况下应该采取何种行为,以及在这种情况下怎样正确地把群体规范作为指导个人行为的准则。

近些年的研究显示,与群体一致性的压力对引导人们的行为并不是充分的条件,除非产品或服务在购买使用中过分公开。此外,奢华品比必需品更易受社会影响,这里便涉及显著性。显著性主要在两方面影响一致性。首先,因为产品会被包括群体成员的其他人看到,想被群体接受的愿望导致许多消费者被迫尊重群体感受,而不是极力要与众不同,因为他们恐怕引起他人笑话或尴尬。其次,个人尤其是对时尚敏感的消费者从同龄人那里接受了关于产品选择的明确提示,这使得进一步的信息搜集变得没有必要。

四、服从与消费行为

尽管每个时期都肯定会有人特立独行，但是大多数人还是会遵循社会对他们的行动和外形的期望。服从是指为了回应实际存在的或想象中的群体压力而改变信念或行动。为了保证社会运转，社会成员创造了规范或是用于管理行为的非正式条例。如果没有这些条例将会引发骚乱，想一想如果没有"红灯停"这样简单的规范，社会将会变得多么混乱。

每天我们都在服从很多细节，即便并未时刻意识到这一点。有很多不成文的条例支配了消费的很多方面。除了那些关于合适的着装和其他个人用品的使用规范外，我们还服从包括送礼（期望从爱人那里收到生日礼物，否则就会不安）、性别角色（往往认为第一次约会时男士应该埋单）和个人卫生（应该有规律地洗澡以免冒犯他人）在内的各种条例。

社会学家乔治·贺曼斯总结说，一致性现象可能会发生在当服从规范的回报超出了他的付出时。服从的回报（比如自尊、得到认可）可能会加强服从行为并鼓励进一步模仿，而服从的代价会阻止某些服从行为。最终是否选择服从是由个人对内在利益的权衡（回报减去代价）决定的。比如，当一个人被邀请与另一个人喝咖啡，虽然会有回报（如有人陪伴、美味的咖啡、受到邀请带来的受尊重感），但也会有付出（浪费时间、可能错过与其他人在一起的机会）。

规范会随着时间的推移而逐渐改变，但是社会上对于应该遵守哪些规范大体上达成了一致，同时，我们会调整思考问题的方式以使其符合这些规范。美国社会自20世纪60年代以来对待吸烟的态度的改变就是一个有力的例子。在60年代，吸烟开始与癌症和肺气肿等健康问题联系起来；到了90年代中期，一些社区甚至禁止在公众场所吸烟，连纽约也在2002年颁布了这种规定。

促使人们年轻时就开始吸烟的动机很大一部分来源于同龄人的压力；同时，吸烟者在广告中极具诱惑力的冷峻、性感或成熟的形象也使许多年轻人相信，吸烟是获取社会认同的途径。由于广告对态度所产生的巨大影响得到了广泛认同，一些团体便以其人之道还治其人之身，制作反吸烟广告将吸烟描绘成一项使人厌烦的恶习。

这些广告有效吗？在一项针对不吸烟的七年级学生的研究中，两位消费研究者检验了这些孩子观看香烟广告及反吸烟广告后对吸烟者的感觉。结果发现：观看反吸烟广告的孩子对吸烟者的个人魅力及判断力的评价更低。这意味着可以运用广告拆穿吸烟富有魅力的假象，与其他健康教育一同进行的话效果会更好。

（一）阿什齐实验与服从

群体压力即群体规范的威力导致从众行为，在阿什齐实验及阿什齐的系列研究中得到验证。社会心理学家阿什齐曾做过有关社会从众行为的试验（见图10-5），他将试验的大学生分成8人一组，要求他们指出图10-5中右边卡片上A、B、C三条线中的哪一条和左边

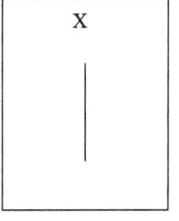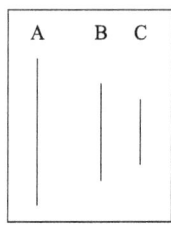

图10-5　阿什齐试验卡片

注：将试验的大学生分成8人一组，要求他们指出图中的A、B、C三条线中的哪一条和X线等长。其中每组只有一位是真正的被试，安排在每组的最后宣布自己的判断。当每组前7个人都有意地做出错误判断之后，部分真正的被试也跟着那些占多数的假被试做出了同样错误的判断。

卡片上 X 线等长。其中每组只有一位是真正的被试，安排在每组的最后。阿什齐让每组的前 7 个人故意做出错误的判断，结果部分真正的被试也跟着多数人做出错误的判断。

下面这一段文字给出了更多细节。

将 8 名被试带进一个房间，让他们看黑板上画的 4 条线，其中 3 条紧挨在一起，另一条离它们有一段距离。然后询问他们，3 条放在一起的不等长线段（A、B、C）中，哪一条和第 4 条线段（X）一样长。被试需要公开宣布他们的判断，其中 7 个人是实验者安排的，他们都故意宣布了错误的答案。一无所知的那名被试安排在最后宣布答案。在一种受控情境下，安排了 37 名真正的被试，每位被试做 18 次实验，即报告 18 次，每次报告时都没有其他人提供任何信息。结果，37 人中只有 2 人总共犯了 3 次错误。在另一个实验中，50 名真正的被试被分别安排在其余成员均是假的被试的 50 个实验组里，在听到假被试一致但错误的判断后，其中有 37 人总共犯了 194 次错误，而每种错误都与群体所犯的错误相同。⊖

同阿什齐实验的参加者交谈就会发现，许多人改变了他们原本正确的答案，这不仅仅是指口头上表达的服从性增加。应当指出的是，阿什齐实验中的被试互不相识，被试所要做的又是非常具体且具有客观正确答案的非智力性工作，服从性的结果正是在这样的条件下获得的。这项研究曾被以各种方式重复，但是总是获得基本相同的结果。比如，互不相识的一组学生对一种新型减肥产品营养价值做出的评价，强烈地受到小组中其他成员意见的影响。不难想象，在朋友中间，彼此与群体保持一致的压力就更大了。当任务不明确，如面临偏好何种品牌或式样的问题时，情况尤其如此。

从众心理是指在社会团体的压力下，个人不愿意因为与众不同而感到孤立，从而放弃自己的意见，采取与团体中多数人相一致的行为，以获得安全感、认同感和归属感。从众行为的主观原因是不愿意被众人孤立，当个人的意见与众不同时，心理上就有一种紧张从而使个体产生不愿意标新立异、愿意服从多数人的倾向。

（二）影响服从的可能因素

服从并非一个自动自发的过程，很多因素影响消费者效仿他人行为的可能性。下面是影响服从可能性的一些因素。

（1）文化压力。不同的文化对服从有或大或小的推动作用。20 世纪 60 年代，美国的一句口号"你拥有这些吗"反映了脱离服从而推崇个人主义的趋势。相反，日本社会则具有集体福利和团队忠诚支配个人需求的特点。

（2）对异常的恐惧。个体可能有理由相信群体将会运用制裁的手段来惩罚与群体行为有所出入的行为。往往可以看到青年人躲避另类的同龄人，或者是公司或大学对不具备团队精神的人不予升迁。

（3）投入与奉献。人们对群体投入与奉献得越多，对成员身份越重视，就越有遵循群体规定的动机。摇滚乐迷和电视迷可以做任何被要求去做的事，恐怖分子也乐意为他们的事业献

⊖ 德尔·霍金斯，肯尼思·科尼，罗格·贝斯特. 消费者行为学［M］. 符国群，译. 7 版. 北京：机械工业出版社，2000：134.

出生命。根据最小利益原则，对某种关系的承诺最少的个人或群体力量最强，因为他们不易受恐吓性拒绝的影响。

（4）群体一致性、规模和专长。随着群体力量的积累，成员会更加服从。对抗多数人的要求往往比对抗少数人更为困难，而且当群体成员让人觉得他们相当专业时，抗拒的难度会更大。

（5）对人际影响的感受性。这一特征指个体有树立或提高自己在大多数人心目中的形象的需要。这一提高过程通常伴随购买他认为能够加深别人对其印象的产品，并伴随观察他人如何使用该产品而学习该产品的知识。

（三）社会比较："我做得如何？"

有时，我们通过关注他人的行为来寻求真理的尺度。社会比较理论认为，这个过程是提高自我评估稳定性的一种方式，尤其是在很难证实的情况下。社会比较甚至适用于没有客观正确答案的问题选择。

像音乐及艺术品位这些风格决策本应是个人选择，然而人们往往假定某些选择比其他选择更好或更正确。如果你曾负责为聚会挑选音乐的话，你可能就会体会到选出合适的音乐组合所要面对的社会压力。

虽然人们往往喜欢将自己的判断及行为与他人比较，但对于究竟应该以谁为标准还是有选择的。消费者与供社会比较的他人之间的相似性，可以增强他们对信息准确性和相关性的信心（尽管与我们相似的人如果做得更好的话，我们会有威胁感）。我们只有在对自己的观点相当肯定时，才会重视与自己截然不同的人的看法。

总之，进行社会比较时，人们倾向于选择一个与自己导向相同的辈分或是身份相当的人。例如一项关于成人化妆品使用者的研究发现，女性为了减少不确定性，更可能向与自己同类的人询求商品选择信息并信任其判断。对男士套装及咖啡这些与化妆品极为不同的产品进行评价时，也发现了类似效应。

（四）抗拒服从

清楚地区别独立与反服从对营销者来讲是很重要的。很多人都因为自己具有独立、独特的风格或抵抗销售人员及营销活动诱惑的能力而自豪。事实上，营销系统应该鼓励个性：创新能够带来变化以及对新产品、新风格的需要。反服从行为的实质目标是对群体的违抗挑衅，一些人会尽量避免购买正在时兴的东西。事实上，他们可能要花费很多时间和精力以确保自己没有陷入"时髦"。这种行为有点儿自相矛盾，因为要警惕不做他人期望的事情，个人必须时时清醒地认识到什么是被期望的。相比之下，真正独立的人则不会关心别人的期望，他们是特立独行的人。

此外，人们对自由选择的需要是根深蒂固的。当面临失去自由的威胁时，他们会尽力抵抗这种损失。正如罗密欧与朱丽叶所发现的，没什么比顶着父母的反对与情人约会更吸引人的了。"对抗"是指人们选择的自由被剥夺后所导致的消极情绪状态。这种感觉会驱使我们更重视被禁止的事情，即使它对我们而言并非那么有趣。例如，对书籍、电视节目或者歌词等的审查反而会导致公众对这些东西的需求增长。同理，从长期来看，过度劝说消费者必须或者应该使用某个产品的促销活动也有可能导致顾客流失，甚至对那些品牌忠诚的顾客也是如此！

（五）服从与中国人的"面子消费"

与西方相比，中国消费行为的一个显著差异是受群体的影响巨大。西方社会的个人因素强，中国社会的集体因素强。由此，中国人在消费中更重视别人的看法和意见，更关注个人消费的社会群体效应。中国人无论是在古代还是在今天，无论是富是穷，无论身份如何，无论在城市还是农村，都追求脸面，将送礼、维系体面和关系等视为基本需要，将争脸、给面子和礼尚往来列入基本行为规范，从而形成中国社会中恒久而普遍的面子消费行为，甚至构成驱动消费的重大动因，孕育产生了特殊消费商机，造就了中国非常大的特殊消费市场。

林语堂1935年在其成名作《吾国吾民》（又名《中国人》）中说："面、命、恩"是统治中国的三位女神，其中"面子"是这三位女神中力量最大的。"面子"是中国传统文化、传统价值观、人格特征、社会文化的耻感取向共同作用的综合体。中国人的消费行为和心理因此具有很强的面子情结。与中国人面子观相关的消费者形式有诸多表现，这里介绍三种消费行为，它们分别是攀比消费、炫耀消费和象征消费，消费中的攀比、炫耀以及象征，都出于脸面并因"面子"而加强。

攀比消费是一种特殊的消费现象，它存在于世界任何一个市场，但相对而言，在中国文化的背景下，因为面子的因素，攀比消费更普遍、更容易发生。在中国，炫耀消费已越来越多见，高档烟酒、高档化妆品、高档服饰等奢侈品的购买动机中，炫耀是一个明显的因素，用以表现其社会地位的跳升、成就的彰显。据《深圳商报》报道中的一项调查表明[①]，名表、名车和游艇是中国人眼中三个最货真价实的奢侈品。这其中名表的购买率近40%，被调查人群中约87%至少拥有一块手表，拥有最新手表的平均价位为1.42万元，显示了中国人对名表的情有独钟。经常购买奢侈品的消费者仅占总体人群的2.6%，近75%的居民只是偶尔购买或只买过一两次。绝大多数被调查者表示花自己的钱购买奢侈品，但同时我们也看到奢侈品在中国送礼的比例不容忽视，有20%~30%的奢侈品消费来自于送礼的需求。调查显示，有46%的人群认为"拥有名牌产品是一种身份的象征"，这一条是人们购买奢侈品最重要的原因，紧随其后的原因才是"奢侈品能够带来一种与众不同的享受"。奢侈品在中国的消费已呈现多元化趋势，虽然不同的人对奢侈品有自己不同的认知与态度，但炫耀型消费是不容忽视的一个群体。

1998年P. 福塞尔《格调：社会等级与生活品位》一书中译本的出版，让中国人大开眼界，发现可以通过消费细节的对号入座划分自己的社会地位等级，这便涉及象征消费。事实上，中国人从20世纪末开始，已悄悄进入象征消费的新阶段。象征消费典型地体现在品牌消费中。以价格不菲的劳力士、浪琴等为代表的瑞士名表已成为男性消费者身份地位的象征，而诸如LV、卡地亚这样的国际知名手袋则是女性消费者身份和地位的象征。中国人常说"女人看包，男人看表"讲的就是这个道理。

五、角色与消费行为

角色是在群体内部划分和界定的。角色是指社会对具有某种地位的个体，在特定情境下所

[①] "证券之星"编辑整理："中国人买奢侈品，近半数用来炫耀"，《深圳商报》，2009.11.22. http://news.stockstar.com/info/darticle.aspx?id=SS, 20091122, 30017034。

规定和期待的行为模式。虽然个人必须按某种方式行动，但这种被期待的行为是基于地位，不是基于个人产生的。比如，你身为学生，人们就会期望你有某些行为，如上课和学习，但是这些行为也是人们对其他学生的期待。总之，角色建立的基础是地位，不是个人。

尽管一个班上的所有学生都被期待着展现某些行为，每个人实现这些期待的方式却各不相同。有的学生早早地来上课、记笔记、问问题，有的学生虽然坚持上课却从不提问，还有的学生偶尔才来上课。角色参数代表了可以接受的行为范围。惩罚是个人违反角色参数时受到的处罚。一个不上课或者扰乱课堂秩序的学生会受到处罚，视情节轻重，处罚从温和的批评到开除不等。

随着时间的推移，个人所扮演的角色并不是静止不变的。个人会获得新的角色——角色获取，或放弃现有的角色——角色删除。由于角色常涉及产品，个人必须学会使用适合他们新角色的产品。为了有效地扮演新的角色，他要学会新的行为，消费与原来不同的产品。

角色模型是人们对符合某种角色的理想人物的设想。我们大多数人对医生、律师或小学老师的外貌和行为特点具有相同的观点。闭上眼睛，想象这些职业中的一种。你脑中的形象很可能与你的同学所想象的十分相似。对营销者来说，很多人具有这样共同的印象是很有意义的。涉及医生、祖母、老师等角色的广告常会使用与目标市场的角色模型相近的演员或个人。

（一）角色关联产品集

角色关联产品集有时被称作"消费品集"，是人们普遍认为某种角色所需要的一系列产品。这些产品或者有助于完成角色扮演，或者具有重要的象征意义。例如，与牛仔角色相关的靴子最初是实用性的，例如，尖角的靴头使脚可以快捷而方便地踏进马镫里，高高的后跟使脚不至于从马镫中脱离，高靴沿保护骑手的踝部免受荆棘之苦，等等。今天，牛仔角色仍然离不开靴子，尽管城市牛仔已经很少骑马了，靴子实际上只是在象征意义上与牛仔角色相联系。

角色关联产品集规定了适合和不适合某种角色的产品，这是很重要的。营销者的主要任务就是确保其产品能满足目标角色的实用或象征性需求，从而使人们认为产品适用于该角色。计算机制造商正在努力使笔记本电脑成为"商人角色关联产品集"中的核心产品。保险公司也强调人寿保险对于扮演父母角色的重要性。

（二）角色演化

人们对某种角色行为的期待会发生变化，这就是角色演化。角色演化既为营销者提供了机遇也提出了挑战。例如，女性角色的转变使她们现在也可以从事剧烈运动。众多公司因此向女性提供各种运动服和运动器材。同样，职业女性增多，存放衣物的衣袋便应运而生。女性在职业领域的广泛参与改变了她们的购物方式，许多零售商也因此调整了他们的地理位置和营业时间，以便适应这种变化。研究表明，全职家庭主妇视购物为主妇角色的重要组成部分。然而，对于职业女性来说，虽然她们也承担大部分家庭购物活动，购物这种角色的扮演却并不十分重要。角色的变化会影响到人们的购物动机，因此在推销产品和为产品定位时，零售商应注意识别这些角色之间的差异。

（三）角色冲突和角色超载

我们所有人都扮演着各种各样的角色。当一个人试图承担超越其时间、精力和金钱所允许的更多的角色时，角色超载便出现了。当其中两种角色要求有所不同甚至是截然相反的行为的时候，就会导致角色冲突。例如，一个典型的学生也许要承担学生、书店雇员、室友、女儿、女生联谊会会员、校足球队队员和许多其他角色。很多情况下，这位学生会面临互不相容的角色要求。例如，足球队员的角色要求她每晚练习，但学生的角色要求她去图书馆，这就是角色冲突。大多数事业型女性，特别是已婚女性，会因为作为家庭成员的角色与事业角色之间的冲突而感到痛苦。男性更能够感到角色超载的压力。正因为如此，新百伦（New Balance）运动鞋广告明白无误地显示出这一主题。新百伦在其广告中显示，看似平凡的一个星期里，男主人扮演诸如父亲、丈夫、银行家、朋友等各种各样的角色，这些角色的重要性与影响也在不断变化。"获得新的平衡"这一广告语一方面突出了推广中的产品品牌⊖，另一方面强调在各种相互竞争的角色扮演中保持平衡的重要性。

当角色演化或改变时，角色冲突便产生了，这为营销者提供了机会，营销者也因此抓到了诉求点。下面这则"七匹狼男装"的广告就比较典型。

七匹狼男装：今天你要秀哪一面？

男人的温柔面，男人的自豪面，男人的英雄面，男人的孤独面，男人的领袖面……今天，你要秀哪一面？

（四）角色获取与转换

角色的获取与转换会使产品或品牌与新的角色相联系，从而为产品营销提供机会。当很多人的重要角色共同发生改变时，尤其应当引起我们的重视。例如，大多数人会发生由年轻单身者向年轻夫妇的角色转换，这会引起相关行为的显著改变。在我们的社会中，离婚已不幸成为一种普遍现象，一些企业（如银行）已经开始向发生这种角色转化的人提供特殊的服务项目。

生活中的重要转折，如从高中或大学毕业、结婚、生孩子、离婚、孩子离家造成空巢以及退休，也为营销者利用角色转化提供机会。不过，另外一些角色的获取也可以提供相应的机会，如晋升、成为一个组织的新成员，甚至购买一幢房子或一艘船等产品，都会对新的角色关联产品与服务产生新的需求。

第三节 针对参照群体的传播策略

在使用参照群体的影响力时，营销者面临的主要任务是，决定对于特定产品业已存在的或将产生的参照群体影响力的程度和性质制定相应的营销传播策略。

群体影响以多种方式传输给个人。人们经常注意群体中的人如何行动、如何穿戴，然后加以模仿。比如，儿童经常"复制"他们所观察到的父母或兄长的做法来显示自己已经长大了。电视、电影、录音录像带是流行趋势的主要来源，人们也可能会模仿新闻中的说话方式以及模仿手势、生活动作、舞蹈动作。正式群体可以通过公开出版物交流，比如报纸、杂志，而越来

⊖ New Balance 中的 Balance 就是"平衡"的意思，New Balance 因为美国历任总统里根、布什、克林顿的穿戴而获"总统慢跑鞋"的雅称。有趣的是连苹果公司总裁乔布斯、微软公司总裁比尔·盖茨也不约而同地穿着 New Balance，这些社会名流、企业精英都不自觉地成为这个品牌的忠诚爱好者。

越多的人会在互联网聊天室交流信息。

一、口头交流、病毒营销或口碑营销

在所有扩散群体影响的方式中，最有效的是面对面的交流。个人不仅从他人那里得到有关行为和生活方式的信息，而且也从自己的行为在他人的反馈中得到信息，这种结果可能会削弱或加强个人的行为。

当你的朋友家人告诉你有关情况后，你是否经常基于这些情况做出决定或者至少做出部分决定，比如看电影、去一家新饭店或买一个新的品牌。当个人听到、观察到或经历过某件事后，他们会告诉其他人。这就是"口头交流"，一种非正式的思想、评价、观点、信息的传输，它是发生在两个人之间的言语交流。比如，在电视、收音机和其他正式的交流工具推广之前，很容易理解为什么个人极为信赖邻居、家庭的建议。即使在今天电子商务、广告、电视的时代，口头交流对许多种产品宣传来说还起着很大的作用，其中包括健康护理等产品。实际上，互联网上所谓的聊天正是口头交流强有力的方式之一。

在口头交流过程中，存在发送者与接收者，他们都从交流中得到了一些信息。在决策过程中，接收者得到了对他们来说很有价值的有关行为选择的信息。发送者也接收到了有关当前行为的反馈，这可以帮助他决定是否继续发送。口头交流的特殊价值在于减少在做出购买决策后的认知不协调（怀疑）。同样，通过说服他人，发送者增加了自己在个人产品或行为选择上的信心。如果他人采用了这个人的信息，发送者得到更多的是心理上的荣誉感以及因提供相关信息、意见对采用者非常有帮助而产生的满足感。通过采用类似的生活方式和购买行为模式，口头交流过程进一步增强了群体的凝聚力。图 10-6 总结了口头交流中信息发送者和接收者的好处。

	享乐主义的好处	功能性的好处
接收者	·减少新行为的冒险性 ·增加选择的自信 ·减少认知的不调和 ·增加了被期望的个体或群体接受的可能性	·在选择上有了更多的信息 ·更多的可靠性信息 ·减少了花在搜集信息上的时间 ·增加了和其他个体的关系
发送者	·感受到影响他人行为的力量和荣誉 ·增加了在一个群体中的地位 ·减少对个人行为的怀疑	·潜在交流的互利 ·增加关注，提高地位 ·用相似行为增加了群体中的个体数量 ·增加群体凝聚力 ·语言表达的满足感

图 10-6　口头交流的优势

注：在所有扩散群体影响的方式当中，最有效的是面对面的交流。即使在今天电视、广告、电子商务的时代，口头交流的作用仍不可忽视。在口头交流过程中，存在发送者与接收者，通过享乐主义与功能性的好处，他们都从交流中得到信息，降低认知不协调，增强个人对产品或品牌选择上的信心。

在互联网上，口头交流的方式发生了一些变化，作为一种新兴的网络营销手段，病毒营销（Viral Marketing）成为营销者热烈讨论的话题，下面列出"病毒营销"概念的两个典型定义。

美国电子商务顾问威尔逊博士（Ralph F. Wilson）认为病毒营销是刺激人们将营销信息传递给他人的营销策略，它可能使受众人数在信息传递过程中成指数增长。[一]冯英健认为，病毒营销并非真的以传播病毒的方式开展营销，而是通过用户的口碑宣传网络，信息像病毒一样传播和扩散，利用快速复制的方式传向数以千计、数以百万计的受众。[二]

如果解读"病毒营销"的英文，其核心是 Marketing，其中 Viral 的意思为"病毒的、病毒引起的"，描述了营销信息的传播方式，其实并不是导致疾病发生的病毒，它只是一个形象的类比。"消费者就像得了感冒似的获取信息（病毒），然后把信息（病毒）传染给别人。"[三]信息就像病毒一样传播和扩散，利用快速复制的方式向数以千计、数以百万计的受众传达信息。由此可见，病毒营销作为一种营销、广告手段，它利用了病毒扩散的原理，为传播者带来了高效的传播方式与传播效果。然而，近年来国内企业在互联网上运用病毒营销的做法已经让消费者产生了反感情绪。事实上，如果把病毒营销理解为在互联网上的一种独特的口头交流方式（该方式能够发挥营销、广告的传播功效）的话，那么还是称之为"口碑营销"比较好。

二、服务体验：一种有效的传播形式

无论消费者看医生、买汽车、到商店退回一件衣服或去修理一部相机，他们每天都和商家以及销售人员打交道。无论何时都有消费者与商家的个人交流——服务体验也就发生了。一种服务体验可能是与一家商店交易时的消费体验，也可能发生在一个消费者购买特殊服务时。在一种服务体验中，消费者与卖家发生特殊的相互作用，就好像他们事先商定好在戏剧中扮演不同的角色，而商店则是舞台。如果交流的结果与期望发生偏离，可能会导致对购买或服务体验的不满，这取决于两个个体之间何时发生交易。由于这是一个互动的交流，双方都会从交流中获得一些东西，并且如果未达到期望值，双方对过程都会不满。比如，如果前台服务员态度粗鲁或者低估了维修的时间，消费者对这种服务或者交流会很不满；如果消费者没有足额付款或者失控向服务员大喊大叫，服务员就会对这一过程不满。

对服务提供者来说，他们的挑战是理解不同消费者的需求，再把特定的消费者与特定的销售方法或合适的销售人员相匹配，因为一些消费者可能会期待大量对产品评价和选择有帮助的信息，另一些消费者则不希望销售人员的"干涉"。比如，沃尔玛、家得宝和塔吉特都以训练雇员对顾客礼貌、在店内向顾客问好而著名，但是，他们会一直等消费者主动询问信息或寻求帮助再"出手相助"。由于有些超大集团出售低介入产品，而有一些商店有高介入产品。可以预计，在销售高介入产品的商店，消费者还是需要更多的外向型导购人员的帮助。然而，一些精品专卖店，如香奈儿或者艾斯卡达，导购人员却总是与消费者保持一定的距离，就像一些与人保持距离的名人。然而，这些导购人员随时可以很快地改变他们的销售帮助策略，而且在服务体验中十分投入，这取决于能否从消费者身上得到需要帮助的信号。

销售人员在建立买者与卖者的关系中发挥很重要的作用，这包括建立零售商和被销售的品

[一] Ralph F Wilson. The Six Simple Principles of Viral Marketing [J]. Web Marketing Today, 2000: 70.
[二] 冯英健. 网络营销基础与实践 [M]. 北京：清华大学出版社，2002：86.
[三] 朱延平. 病毒性营销理论以及运用策略分析 [J]. 江苏商论，2007（4）：93.

牌之间的关系。交流的程度部分取决于销售人员如何与顾客交流、如何评价顾客的意见、如何观察以及交流了些什么。优秀的营销人员听取顾客意见,评价顾客意见,善于观察到什么商品能更好地满足或最大限度地满足他们的需求。当一位顾客与一位销售人员建立了很好的关系时,会产生一种友情,把一种市场关系转化为社会关系,而且会激励消费者与该商家保持关系。比如,消费者一直忠诚于自己的发型,那么他与理发师会共同分享个人信息,他们时常见面,因此结下了一种友谊,培养了忠实感并发展了积极的口头交流。在不同销售人员身上的双向沟通能力会造成迥然不同的销售结果,尤其是那些汽车、保险或者其他产品的销售人员,因为他们是公司销售策略中的关键因素。站在消费者行为的角度来看,销售人员才是立足现场的、真正的产品形象代言人!

三、传递个人影响的两步、多步流程

一些有关个人影响如何在个体之间或从群体到个体之间传递的理论已得到发展。最早的模型"下滴"理论指出,低等社会阶层会仿效比他们更高社会阶层的人。影响是通过社会阶层以垂直的形式传递的,尤其是在新时尚和新生活方式方面。比如高社会阶层通过奢侈品的消费来表现富有,低阶层的人模仿他们的行为。但"下滴"模型今天在现实中已很少出现,因为在一夜之间,由于媒体的炒作而群起模仿的现象在今天更普遍。实际上,在社会阶层中很少有直接形式的个人接触。然而,在一些不发达的国家,由于媒体受限制或几乎没有媒体,所以这种直接的个人接触时有发生。在美国,当媒体扩散力量增强时,这种社会阶层中直接的个人接触便迅速消失。

(一) 两步流程

广告商和其他商品推销人员通过意见领袖来影响公众的方法已经被许多人接受。图10-7中表示的是交流的两步流程,它表示意见领袖是广告信息的直接接收者。他们再通过口头交流解释并传递信息给其他人。但是通过两步流程模型的描述,意见领袖很少考虑大众传媒扩散的内容。如今的研究显示,意见领袖以及信息搜集者都是真正的目标,他们都被大众传媒影响。事实上,大众传媒可以促进信息搜集者向其他人咨询,而不是依靠信息搜集者促进信息的扩散。关于这一点,就有赖多步流程模型的发展了。

图 10-7 交流的两步流程

注:在两步流程中,意见领袖是广告信息的直接接收者,他们再通过口头交流解释并传递信息给其他人。然而,意见领袖很少考虑大众传媒扩散的内容,意见领袖以及信息搜集者都会被大众传媒所影响。关于这一点,请注意图10-8的补充。

(二) 多步流程

由于大众媒体能够直接影响人们的认识,所以在这一基础上交流的多步流程模型发展起来了,它表示信息可以直接流向不同的受众,包括意见领袖、把关者(又称"把关人")、意见搜集者或者接收者，消费者当然也包含其中。把关者既不受别人的影响也不影响其他人，他们只决定群体其他成员能否获取信息。比如，父母可能成为把关者，因为他们能够限制儿童观看的电视节目以及他们登录的网站。应当注意的是，在前述两步流程中，意见领袖与意见搜集者的交流与互动仍然包含其中。意见领袖如何接收信息、传递给信息搜集者、接收反馈以及信息如何被直接传送到搜集者那里如图10-8所示。

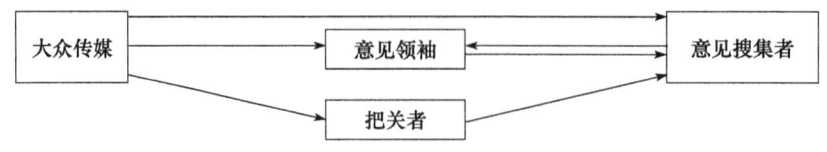

图 10-8 交流的多步流程

注：在多步流程中，信息可以直接流向不同的受众（消费者），包括意见领袖、把关者、意见搜集者或接收者。把关者既不受别人的影响也不影响其他人，他们只决定群体其他成员能否获取信息。当然，意见领袖与意见搜集者的交流与互动仍然包含其中。

四、运用消费亚文化进行传播

消费亚文化指的是一个独特的社会群体，这个群体共同选择某种产品、品牌或消费行为，在此基础上形成了特有的消费模式。这种亚文化具有：①可辨认的等级结构；②一套共有的信念和价值观；③独特的用语、仪式及表达象征意义的方式。这样，消费亚文化就成为其成员和那些渴望或回避加入其中的人的参照群体。

在本章开篇案例中，我们描述过哈雷摩托车的消费亚文化。还有许多种亚文化，如某种生活方式（如朋克文化）、某个组织（如艺术博物馆）或一项活动（如健身）。哈雷－戴维森的例子比较特别，它是围绕一个产品建立起来的一种强有力的亚文化。通过在广告中宣传其顾客的形象，举办消费座谈会、烧烤聚会和举行一年一度的"一起在工厂中度假"等活动（参加人数超过4万），土星汽车也正在努力建立类似哈雷那样的亚文化群体。以某项活动为基础的亚文化颇为常见，围绕滑雪、高尔夫球、自酿啤酒和园艺等活动就形成了各种消费亚文化。每种文化都有一群自由进出的成员，并且他们在地区或全国范围内形成了等级结构。例如自酿啤酒者的地位要由他是否"严谨"、他的技巧、从业时间长短、所获奖励、设备数量和类型，以及他们在当地俱乐部中的角色等来决定。每种文化都具有共同的信仰和独特的用语和仪式。大多数群众性参与的运动也都有各自的消费亚文化。

另一种消费亚文化围绕娱乐（艺术、电影、运动等）形成。娱乐性消费亚文化不一定要求群体成员亲自参加某些仪式或典礼才能形成。职业足球队的球迷和球星的崇拜者等也都形成了消费亚文化。比如，追随一支球队会使一个球迷和同一球队的其他球迷具有共同点，而对于这项运动的热爱又为群体成员提供了相同的背景。这种模式也适用于其他一些吸引追星族的娱乐活动。

大多数消费亚文化都有自己的专业媒体，通常是杂志。因此，我们能够较为直接和经济地将信息送达这些群体的成员，特别是群体的核心成员。基于多方面的原因，消费亚文化对营销者十分重要。对以产品为基础形成的亚文化群体，企业必须对亚文化本身进行营销，这要与对产品的营销并行甚至取而代之。

第四节 意见领袖与广告代言

尽管消费者从个人来源获取信息,但他们往往不会随便向任何人询问购买意见。如果你决定购买一套新音响,你最有可能向一位很懂音响系统的朋友征询意见。这个朋友可能拥有一套高级精密的系统,或者他可能订阅《音响技术》这样的专业杂志并把闲暇时间花在逛电子产品店上。另外,你可能还有一位朋友,他出了名的时髦,闲暇时爱看《时尚》杂志,平时爱逛流行服饰店。你不会向他询问购买音响的问题,但是你可能会让他和你一起去买新款秋装。

一、意见领袖及其特点

每个人都认识这样一些人,他们的产品知识渊博并且意见受到他人重视,这些个体就是意见领袖。意见领袖指能够频繁影响他人态度或行为的人。无疑,有些人的建议总是比其他人的建议有分量。意见领袖之所以成为极有价值的信息源有以下原因,或者说他们具有以下几个特点。

(1) 专家权。一般来说,意见领袖非常熟悉某一种类的产品,他们会经常阅读特定产品的相关信息,或寻找相关资料,他们具有技术竞争力并令人信服,所以他们拥有专家权。

(2) 知识权。他们毫无偏颇地预先筛选、评估并综合产品信息,因而拥有知识权。不同于商业代言人,意见领袖并不代表某一公司的利益。因为他们别无企图,所以他们提供的信息更加可信。

(3) 合法权。他们在社会上往往很活跃,而且和所在社区有紧密联系。他们很可能在社区团体或俱乐部中任职,在家庭以外也很活跃。他们有更强的自信心,喜爱社交,性格外向,乐意共享信息与人交谈,经常发表他们的个人意见。因此,意见领袖往往因为他们的社会地位而拥有合法权。

(4) 参照权。他们在价值观和信念上往往和消费者更为相似,因此他们拥有参照权。如果在一类产品中将意见领袖按兴趣或专长区分,他们对同质者往往比对异质者更具说服力。同质指的是两个个体在教育、社会地位和信念上的相似程度。有效的意见领袖往往在地位及教育水平上略高于他们所影响的人,但又不至于处于另一个社会阶层。

(5) 优先权。意见领袖往往是率先购买新产品的人,这种"优先权"让他们承担了很大的风险,同时他们的经验也大大降低了保守购买者的风险。与企业赞助的完全聚焦于产品积极面的传播活动不同,意见领袖的使用经验使他们更可能同时传播产品积极和消极两方面的信息。

需要注意的是,意见领袖通常是口头交流中意见的发送者。因此,这个人无疑会影响其他人的决策。总的来说,除非交流会产生一些满足感,否则人们不会分享他们对产品服务的经验。对意见领袖来说,提供意见是非常令人激动和高兴的事。这使得他们在讨论中成为焦点,或者使他们成为某一领域的专家。通过提供意见,意见领袖得到注意、显示了品位和鉴赏力,表明了地位,显示了高贵。

二、意见领袖的作用及类型

(一) 意见领袖的作用或影响力

意见领袖的角色作用的早期观念还将其假设为一个静态过程：意见领袖从大众传媒吸取信息，并转而把这些资料传送给意见接收者，这就是我们在前边讨论过的两步流程。结果证明，这种观点被过度简化了，它混淆了几种不同的消费者的功能。

意见领袖可能是他们所推荐的产品的购买者，产品的早期购买者被称作"革新者"。如果一个意见领袖是某产品的早期购买者，那么他们就被称为"革新传播者"。意见领袖也有可能是意见征询者，他们对某个产品种类往往更加投入，并且积极地搜寻信息。因此，他们更有可能与他人谈论产品并征求意见。与意见领袖的静态观点相反的是，很多与产品相关的谈话不是以个人演讲的方式进行的，而是受当时的情境推动的，是在随意的互动中而非正式的说教中发生的。一项研究发现，征询意见者在食品购买中格外常见，而且有 2/3 的意见征询者认为自己也是意见领袖。图 10-9 将这种人际产品交流的最新观点与传统观点进行了对比，这正是我们在前边看到过的图 10-7 与图 10-8 的对比。

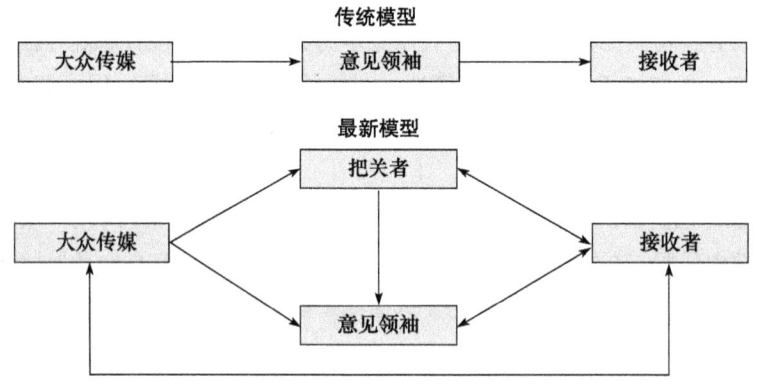

图 10-9 关于传播过程的观点

注：该图将人际产品交流的最新观点与传统观点进行了对比。传统观点正是我们在前边讲过的交流的两步流程，最新观点就是交流的多步流程。关于这一点请重温一下关于图 10-7 与图 10-8 的相关解释。

社会科学家和营销者最初提出意见领袖的概念时，他们认为社区中具有影响力的某些人对群体成员的态度会产生全面的影响。但是后续研究开始对这种普遍意见领袖的存在提出质疑，即很少有人能够成为多个领域的专家，其所提出的建议很少会在所有类型的购买决策中受到重视。社会学家对"专才"及"通才"进行了区分，但即使是通才型的意见领袖也往往只专注于某一宽泛的领域，比如电子产品或时装。虽然意见领袖存在于多种产品类别中，但是他们的专长往往涉及相似的种类。家用电器的意见领袖对家庭清洁剂可能也有发言权，但对化妆品就未必了解。相反，影响力主要在服装选择方面的时尚意见领袖可能对化妆品也很了解，但对微波炉则不然。

一个人可能会被认为是某一领域的意见领袖，但他不是另一个领域的意见领袖。比如，你可能向父母征求关于在哪里进行储蓄开户的问题，而询问朋友什么样的衣服最时尚。一个人成为意见领袖是基于他对某一产品类别的认知（专业技能）程度，越被认为是某一方面的专业人士，他的个人意见就越能对别人的决定产生影响。这一影响可能会涉及其他相关领域，我们称之为重叠的意见领袖影响。一个电器营销人员可能出售立体声设备，但也可能被认为是电视、录像机、DVD、麦克风方面的意见领袖，因为这些产品种类有着相似的特征。

（二）意见领袖的类型

基于我们以上对意见领袖的作用或影响力的分析，意见领袖有以下两种类型。

1. 市场专家

精通某个产品类别的消费者也许并不积极地与他人交流，而其他消费者则可能更有兴趣加入对产品的讨论。被称为"市场专家"的消费者是指那些积极传播各类市场信息的人。市场专家不一定要对某些特定产品有兴趣，也不一定是产品的早期购买者，他们只需要多逛逛街并了解市场动态就行了。市场专家从购物体验、对信息的开放（包括信件和互联网）中搜集大量信息，并且建立对市场的敏感性，从而使得他们比其他人对新产品更加敏感。和意见领袖一样，他们对产品或者某一品牌有强烈的敏感性，并且喜欢和他人分享他们的信息。然而，与意见领袖相比，他们的知识是基于广泛的产品（不仅是熟悉产品），他们也扩散低、中熟悉度产品。

根据回答者对以下量表测项的认同或不认同程度，我们可以识别谁是市场专家：

（1）我喜欢介绍新品牌和新产品给我的朋友们。
（2）我喜欢通过向人们提供各种产品信息来帮助他们。
（3）人们向我询问有关产品、购买地点或是降价促销的信息。
（4）如果有人问我去哪里购买多种不同的产品最划算，我能告诉他去哪里买。
（5）当谈到新产品或促销时，朋友们认为我是一个很好的信息来源。

2. 代理消费者

除了对他人的购买决策有影响力的日常消费者外，还有一类被称为"代理消费者"的营销中介对很多产品的购买都产生了影响。代理消费者指的是被雇用来为他人购买决策提供支持的人。与市场专家不同的是，代理消费者往往能够通过提供意见获得报酬，换言之，代理消费者很可能是一个提供有偿服务的意见领袖。

室内装潢商、股票经纪人、职业采购者或大学咨询员都可以被看成代理消费者。无论实际上他们是否基于消费者的利益做出购买决策，代理者的推荐都会产生巨大的影响。消费者实际上放弃了自己对个别甚至所有决策功能的控制权，如搜寻信息、评价备选方案或者实际购买。例如，一个客户可能委托一家室内装潢公司装修房子，一个经纪人可能被投资者委托进行关键的买卖决定。

营销者往往忽视了代理者对购买决策的大规模介入，他们可能错误地将传播的目标定为终端消费者，而忘记了真正筛选市场信息的代理消费者。代理消费者（如买车人或政府采购人员）会在高熟悉度的产品传递过程中接受任务。他们通过参与一些搜集工作、评价工作和购买活动来提高决策过程的效率。销售大宗产品的公司应与代理消费者建立并保持一种密切的关系，这不同于培养与一般消费者的关系的计划。

三、意见领袖的识别与创建

由于意见领袖对于消费者的购买决策是如此重要，营销者对识别出在一类产品中具有影响力的人十分感兴趣。事实上，很多广告的目标都是这些有影响力的人而非一般消费者，尤其当广告包含了大量技术信息的时候更是如此。

遗憾的是，由于多数意见领袖是日常消费者，且未被正式纳入营销活动，所以很难被发现。一位名人或者一个具有影响力的实业巨头较容易被发现。他们在全国或至少在地区内颇引人注意，或者被列入公开发行的名人录中。相反，意见领袖往往只具有局部水平的影响作用，可能仅影响 5~10 个消费者而非整个细分市场。

在一些情况下，一些公司试图公开识别有影响力的人，并直接将他们纳入营销活动，希望这些消费者向亲友称赞公司，从而创造出"涟漪效应"。如电影《卧虎藏龙》和迪士尼公司音乐电影《生命因你而动听》（Mr. Holland's Opus）的宣传。

由于在巨大的市场中识别特定的意见领袖存在很大难度，大多数人试图通过探索性研究识别出意见领袖典型的特质，然后再将这些特质推广到更大范围的市场中去。这种知识有助于营销者通过适当的环境和媒介传播产品的相关信息。

（一）意见领袖的识别

1. 自我指定法

用于识别意见领袖最常用的方法就是直接询问个体消费者是否认为自己是意见领袖。尽管声称对一种产品较有兴趣的应答者较有可能是意见领袖，但这种调查结果还是值得怀疑。因为一些人有夸大自身重要性和影响力的倾向，而一些真正有影响力的人则可能不承认自己具备这些特质或没有意识到这一点。

事实上，我们传递产品的建议并不意味着其他人就接受了这些建议。那些真正的意见领袖的意见必定受到意见搜寻者的高度重视。另外一种可供选择的方法是请某些群体成员（如关键调查人）来识别意见领袖。这种方法成功的关键在于找到那些对群体有确切认识的人，以将他们夸大自己"对其他影响力"的应答偏差降到最低。

虽然相对于更为系统的分析方法（即询问他人来验证个人对于自身影响力的判断是否正确），自我指定法的可靠性较弱，但它的好处在于较容易在大群的潜在意见领袖中实施。有时，并非整个社区的成员都会被调查到。图 10-10 是意见领袖自我指定法所用的一种量表。在这个量表中我们可以从以下六个方面考察一下自己（被指定者）在人际交流中的角色，大致判断自己是不是意见领袖：①我是否经常谈论一些话题？②在谈论这些话题时，我能够向大家提供很多信息吗？③在过去半年中，我能够给很多人介绍新的话题吗？④在朋友圈里，我很有可能被询问到某种新的话题吗？⑤在谈论新话题时是由我向大家介绍的吗？⑥总体而言，我常常被大家看作他们建议的来源吗？如果在对这六个问题的回答中你的得分较高，例如 24~30 分不等。你的得分越接近 30 分，那你就越有把握指定自己是一个意见领袖了。

请你根据你和朋友邻居关于_____的互动在下列的尺度上为自己打分。				
1. 一般来说,你和朋友邻居是否经常谈论_____:				
很频繁				从不
5	4	3	2	1
2. 在你和朋友邻居谈论_____的时候,你:				
提供很多信息				提供很少信息
5	4	3	2	1
3. 在过去的半年中,你向多少人介绍过一种新的_____?				
很多人				没有
5	4	3	2	1
4. 与你的朋友圈相比较,你有多大可能性会被问到关于某种新的_____?				
很有可能				根本不可能
5	4	3	2	1
5. 在谈论新的_____时,以下哪一项最有可能发生?				
你向朋友介绍_____				你的朋友向你介绍_____
5	4	3	2	1
6. 在你和朋友、邻居的讨论中,总体而言你:				
常常被看作建议来源				不被看作建议来源
5	4	3	2	1

图 10-10 意见领袖自我指定法所用的一种量表

注:从这个量表中我们大致明白作为一个意见领袖应该具备的六个特点:①经常谈论一些话题;②在谈论中能够向大家提供较多信息;③在过去半年中给不少人介绍过新话题;④朋友们很有可能向其咨询某种新话题;⑤在谈论新话题时是由他向大家介绍的;⑥总体而言他常常被看作建议的来源。

2. 社会测量法

流行影片《六度分隔》是基于这一假设前提的:这个星球上的每个人都间接地认识其他所有人,或至少认识那些认识自己的人。实际上,据估计一个普通人有 1 500 个相识的人,此外,在美国任何两个人都能通过五六个中间人建立起联系。这一假设亦被称作"六度分隔"假设。微软利用其从 MSN 收集来的数据分析 2006 年 6 月 2.4 亿 MSN 用户所发送的 2 550 亿条信息,寻找其中特定重复文字(例如搞笑影片的连接)在 MSN 里传播的情形,得出只要 6.6 层的关系就可以找到任何一个 MSN 使用者的结论。

社会测量法用于描绘群体成员的沟通模式。这些方法使研究者能够系统地描绘群体成员之间的互动。通过采访参加者及询问他们向谁征求产品信息,研究者就能够识别出谁是产品信息的来源。这种方法最为精确,但是实施难度大且成本高,因为它需要对小群体的互动模式进行近距离研究。因此,社会测量法在人数有限且独立的社会环境中(如医院、监狱及军事基地)有着最好的应用效果,因为这些地方的成员在很大程度上与其他社会网络隔离了。

很多专业人士和服务商主要依靠口头传播来开创商机。很多时候消费者会向朋友或同事推荐某个服务提供商,而有时则是商人向顾客做出推荐。家人和朋友的建议是人们最常使用的标准。

社会测量分析可用来更好地理解参照者行为,也可用来确定个人声誉在社区内传播的优缺点。网络分析聚焦于社会系统内的沟通,探讨一个参照网络内的人际关系并测量其间的纽带强度。纽带强度指的是人与人之间的关系的实质，其范围可以由强（如配偶）到弱（如点头之交）。强有力的纽带群体可看成首要的参照群体，因为其互动非常频繁且对个人有重要意义。

尽管紧密的纽带联系是重要的，但疏松的联系也可起到桥梁作用。这种关系使消费者能够接触到亚群体。例如，你可能有一群固定的伙伴作为你的首要参照群体（紧密的联系）。当你对网球有兴趣，你的某个伙伴可能就会介绍你认识她宿舍的一群网球队成员。这样你就能够通过这种桥梁接触到有价值的专业技能。这种参照过程证明了弱联系的作用。一项研究利用这种方法检验了大学女生联谊会成员之间品牌选择的相似性。研究者发现，联谊会内部的亚群体（或说是小圈子）更可能共享对各种产品的相似偏好。有时候，即使是私人（即社会显著性低的）商品的选择也具有相似性，这可能是由某些结构变量（如在联谊会共用浴室）所导致的。

（二）意见领袖的创建

创建意见领袖的可能渠道有以下几个。

（1）雇用或直接聘请。一些组织有时会雇用或直接聘请表现出意见领袖性格的人来影响消费者。GAP（美国最大的服装公司之一，旗下三大品牌 GAP、Banana Republic 和 Old Navy）和其他一些服装零售商经常会雇用一些年轻、时尚、有魅力的人在他们的专卖店里工作。这些人可以以非常低的价格买到这些专卖店的服装，同时他们被鼓励（有时是强制性的）在工作期间穿着这些服装，以便在顾客中创造亮点，形成意见领袖的示范效应。

（2）提供刺激因素。商家也可以通过向消费者提供刺激因素创造意见领袖。他们可以为这些被吸引来的新顾客提供折扣，因此这些人会带动更多的消费者购买。一些杂志有时会请消费者填写一个可能会订阅他们杂志的朋友的联系方式，如果这些人这样做了，那么在一定的期限内，他们就可以得到一些免费的杂志或者一些折扣。为了使一些消费者的朋友浏览 E-Trade 的网站，他们向一些经常乘坐美国联合航空公司飞机的人提供一些免费的或者是打折的飞机票。

（3）鼓励口头交流。通过鼓励口头交流的广告宣传来增加信息搜集和扩散是可能的。一条广告可以用广告用语"请向拥有本产品的人咨询"或类似的方法促使人们向拥有该产品的人咨询。除了广告宣传以外，分发免费试用产品也可以帮助创造口头交流，以及引起消费者的兴趣或者促进他们对相关信息的搜集。比如，彩电生产商会以非常低的价格把他们的产品卖给大型的宾馆和旅店，这主要是由于这样会使得这些地方的消费者有机会试用他们的产品。相似地，汽车制造商也会与汽车租赁公司达成类似的协议，来促使消费者试用他们的产品，比如林肯大陆就与巴杰特汽车交易公司达成过这样的协议。

四、广告代言的策略与技巧

对任何商家的广告活动来说，名人（尤其是电影明星、电视艺员、体育明星）是非常有威力的武器。对那些崇拜他们并渴望和他们一样的人来说，这些名人可以吸引他们的意图，创造产品知名度，从而更有效地与消费者沟通。消费者可能会和这些名人共享广告中的一个话题，或想通过名人签名的商品来表达对他们的喜爱。无论哪种原因，商家都希望消费者把产品与名人进行正面的联系。

在广告中，名人主要有以下 4 种方式出现：①给出他们自己的建议；②基于他们本人对产品的使用，在广告中宣传该产品的好处；③在成为某一领域专家后通过授权把名字"借用"给该产品；④一位名人也可以成为商业或公司代言人。

当一个名人为某个产品做广告代言时，他在一段时间内代表该产品的形象。迈克尔·乔丹为耐克鞋做广告可谓家喻户晓，他为恒适内衣作形象代言人，在短短几年时间里让恒适从一个美国本土品牌发展成为一个全球性的服装品牌。他把名字借给古龙香水用，建立起风靡全球的"乔丹古龙"香水品牌。1996年，美国总统候选人鲍勃·多尔证明他自己是美国历史上"最高尚的总统大选失败者"，因为这不是他第一次竞选失败。在1976年、1980年、1988年他参加了三次总统竞选，皆以失败告终。第四次（1996年）尝试时，他以220张选举人团票的差距输给了克林顿，这反倒使他本人成为全美红极一时的名人。在1996年总统竞选活动后，鲍勃·多尔频繁出现在美国电视节目及商业广告中，或是推销百事可乐，或是为维萨（Visa）信用卡代言，甚至还为万艾可（俗称"伟哥"）壮阳药品的促销摇旗呐喊。

虽然可以利用名人帮助做广告宣传，但是成功的广告活动的关键还在于名人被消费者认可或者接受的程度。当一位名人为许多产品做代言人时，他的可信度可能就会下降，因为他们似乎更出于为商业宣传考虑，而并非出于对产品本身的信赖而推荐产品。全世界像迈克尔·乔丹签约许多广告合同又能保持很高的公众接纳度的名人的确是凤毛麟角。名人私生活丑闻、个人道德问题及其他事件造成的负面效应也可能会影响他们所签约产品的销售，更麻烦的是波及企业的声誉及品牌形象。为了更好地发挥名人广告的作用，我们在运用名人代言时可以参考下面的策略与技巧。

（一）广告主与代言人双方共同维护名人广告的可信度

对广告主（企业）而言，应该自觉珍惜名人的声誉，不要拿假冒、伪劣产品让他们做广告。虽然利用名人效应会使假冒、伪劣产品畅销一时，但假象总会有败露的一天，到那时企业及其产品的声誉也会随着虚假广告的真相大白而臭名远扬，"三鹿奶粉"事件就是典型的例子。事实上，广告尤其是名人广告有一个最易令广告主忽视的功能就是：加速假冒、伪劣产品的灭亡。

对作为广告代言人的名人而言，更需要珍惜自己的名誉、增强道德自律与法律意识。名人在接拍广告之前一定要认真考证产品品质及其广告内容。对影视明星而言更应该认识到：拍商业广告和拍艺术作品完全不是一码事！名人的社会知名度和影响力来自于社会公众对其劳动成果的认可，正因如此，名人们才更应该自重。如果只是为了巨额酬金而滥用自己的社会影响力，甚至出卖人格良心，轻者导致消费者利益受损，重者危及他们的健康与生命，必然遭到公众唾弃，甚至还得承担相应的法律责任。

"可靠、可信"是名人广告的本质，也是名人广告的生命力所在。产品因名人而光彩，名人以为广大消费者推荐高品质的产品为荣，双方构成良性互动。名人广告的可信度是靠广告主与代言人双方共同努力才能达成的。

（二）既关注"崇拜潮流"又符合产品定位

公众有时崇拜风流倜傥的名人，有时喜欢丑陋不堪的笑星；有时喜欢活泼可爱型的，有时又崇拜冷酷无情型的……企业应根据自己的产品定位选择与公众喜好一致的名人来做广告代言人,以更好地发挥其引人注目的"眼球效应"。

在选择名人代言人时,要结合产品类别、品牌个性、企业形象与代言人整体符号系统的匹配性来考虑某某名人是否合适为该品牌做代言人。不要以为只要人的名气大,模样长得漂亮,就适合为任何产品做任何广告。一些名人拍广告有求必应,整个一个"全能杀手"!昨天做了电器广告,今天正在拍药品广告,明天准备演食品广告……试设想某超级明星在电视上刚刚说完卫生巾,马上又来说领带;刚刚说某食品"味道无人可敌",转脸又说某药品"痢疾拉肚立刻停"。你会有何感受?像这样的角色冲突让消费者难以接受,对于后者,即使有心想买也会雅兴全无。

(三)源于消费者需求,让产品成为广告的主角

在利用名人代言广告时,要注意名人只是传播的"中介",产品才是传播的"主角",从广告策划、创意到名人表演,到整个情节的设计,一定要源于消费者的需求,始终不要忘记产品。只有产品才是满足消费者需求的根本所在,只有产品才是广告应该突出的核心!只有牢牢抓住消费者需求的广告才是好的广告。

名人代言广告切忌一味追逐"眼球效应",不深入分析产品属性和受众特征,统统进行诸如性感、暴露、刺激、出位之类的广告诉求,结果会招来受众反感。让广告主意想不到的是,如果美女运用不当,相反会分散受众对产品信息的注意力,进而影响产品信息的传达与品牌形象的记忆。名人广告很容易出现名人"盖过"产品的情况,在广告中消费者把注意力集中到美女、脸蛋、身腰或背景音乐上而忽略了产品的存在。在广告后,消费者只记得名人却忘掉了品牌。如果这样,企业巨额广告费用就会"打水漂",广告主当了"冤大头"。

(四)跟踪名人动向,避免负面效应

随着名人参与社会活动的程度越来越高,他们自身的影响力在承担越来越多的风险,而这种风险也必然转移到使用名人代言的企业身上。所以,企业在利用名人代言广告时,对名人在广告代言期间学习、工作、生活的各种动向应给予高度关切,尽量避免因名人私生活丑闻、个人道德问题及其他事件造成的负面效应。例如,近年来在名人广告及广告代言中频繁出现的诸如"泼墨门""诈捐门"所代表的"代言门"事件,问题涉及三方无一赢家:消费者身心受害、明星声誉受损、企业产品销路受阻。

此外,还要注意对名人形象进行"去明星化"(即大众化)的处理,使之贴近公众产生"亲和力"。广告作品,尤其是影视广告作品中的名人形象通过艺术化的包装后,成为公众所追求的理想形象。如果在广告宣传中对名人形象不进行大众化处理,公众就会觉得名人远离自己、高高在上好似"神仙落地""仙女下凡",自然就不会相信他们所说的话,不会相信他们所做的宣传。其实在广告中过于"理想"的形象往往会"失真",与现实世界脱节,更容易让务实的消费者产生"广告虚幻"的印象,最终导致"广告虚假"的结论,这也是名人广告的负面效应之一。"去明星化"的一个经典案例就是明星葛优为中国移动"神州行"所做的广告,在广告中,葛优并不以"明星"自居,而是以一个普通用户的身份来说话:"我相信群众""'神州行',我看行"。

"神州行"电视和广播广告文案：

"就说这手机卡，有一说一啊，我不挑号，号好不好是虚的，我挑卡！神州行，是吧？用的人多。这就跟进饭馆儿一样，是啊？一条街上，哪家人多我进哪家，神州行，听说将近两亿人在用，我……相信群众。喂！神州行，我看行。"

"神州行"平面媒体广告文案：

"我是葛优，和你一样，我也有一部使用神州行号码的手机。我用神州行，理由很简单：信号好、资费实惠、用着踏实方便。还有，我身边很多人都用神州行，都说不错。如果你问我神州行咋样，我会说：神州行，我看行！"

（五）签订捆绑式合同，关注兼容性、排他性与可持续性

签订捆绑式合同，注意名人广告代言的排他性将成为名人广告未来的一个走势，操作思路是，签订合同时一定要让代言人和公司捆绑起来。所有考虑集中起来就是以下三个要点。

一是兼容。兼容性考虑的是名人的个性、气质等因素是否与企业的产品、品牌形象兼容，不能发生冲突。兼容性是保护企业产品及品牌形象与名人或明星属性的一致性，它是与竞争对手的"排他性"及其充分利用名人资源的可持续性能够发挥作用的基础。

二是排他。"排他性"是指在和名人签订代言广告时一定要注意行业及产品的独立性，不要让我们请来的名人及其资源与他人共享，"共享"是指企业所选取的形象代言人为其他企业尤其是竞争对手共同使用的情况。比如，同一个明星同时为多个不同企业的产品做形象代言人，这种与其他企业共享明星光彩不利于突出本企业的广告个性，更不利于企业形象与产品个性的塑造。

三是可持续。"可持续性"就是要将名人效应以"过期作废"的心态，将其用足、用够！例如我们在前边提到过的迈克尔·乔丹为"古龙"香水所做的广告代言，乔丹首先是要把自己的名字租给"古龙"香水用（请注意，我们在这里把前边的"借"字改成了"租"字，因为"租"更突出了它的商业性，而且"租"是有期限的噢！），打造一个全新的"乔丹古龙"香水品牌，该香水把乔丹的形象复制在香水瓶上，盒盖儿上印着乔丹的亲笔签名，香水瓶底还可能刻上了乔丹鞋的鱼骨纹……用"乔丹、乔丹、还是乔丹"让消费者识别该香水的与众不同之处，它不是一般的香水，而是"乔丹古龙"牌香水。正因为乔丹的形象是"租用"的，企业要把代言人所有的形象资源用尽，几乎要把乔丹身上的"油水"全部榨干。除此之外，还可以让名人亲自出场参与一些促销活动，可以在现场安排一些消费者体验环节，例如让名人给消费者签名、与消费者合照留念等，以此增强产品、品牌的"亲和力"，为企业形象加分。

除了名人以外，其他参照群体也对消费者有着有效的吸引力，这包括专家诉求、普通人诉求。专家是指在某一方面有独特见解或深入理解的人，他们可能比其他代言人更能帮助消费者做出更好的购买决策。比如，医生在推广镇痛药时比其他人更有说服力，专业旅游向导代言一个专门户外服装品牌是专家推销的一个很好的例子。相比之下，使用普通消费者代为推荐也有很好的效果，因为他们的生活是可以与大多数个体的生活相联系的。生活广告提示消费者如何用广告中的产品来解决日常问题，同时对观众来说也容易在特定的购买情况下联系对比自己的情况。

本章知识要点

1. 参照群体是"与个人的评价、追求或行为有重大相关性的真实的或虚构的个人或群体",参照群体是指能够极大地影响个体行为的个人或群体。

2. 从外延上看,参照群体可以是个人,比如名人、运动员、政要,也可以由相似的个体组合而成,像音乐组合、政党、球队或运动队。

3. 群体划分的三个最为有用的标准是:①成员资格;②接触类型;③吸引力。

4. 参照群体可以是大型正式组织,拥有明确的组织结构和完备的章程,定期召开的会议,并有专职工作人员;也可以是非正式的小群体,如一群朋友或者几个室友。

5. 首要群体是指一个社会集合,在集合中的关系足够密切,可以进行无拘无束的交流。由于存在凝聚力和灵活的参与,成员在观念和行为上显示出了惊人的一致。次要群体也有面对面的交流机会,但通常很少,不太复杂,对购物想法与行为的影响更少。

6. 当个体被接纳为一个群体成员时,他们在该群体中就有了正式的地位,这便是成员资格,依此形成成员型参照群体。渴望型参照群体显示了接纳规范、价值观以及参与他人行为的欲望。有时这些人有被接纳为成员资格的期望并产生相应的行为动机,有时却没有对归属于这一群体的期待,这会使这种渴望成为一种象征。

7. 参照群体可能对消费行为产生积极的影响,也可能产生消极的影响。在大多数情况下,人们会规范自己的行为,以和他们设想中的群体对他们的期望保持一致,这样积极参照群体的影响就产生了。群体影响也可能被"背离型群体"所施加,背离型群体是指那些个人尽量避免参与的群体,显然,背离型群体对个体产生消极的影响。

8. 品牌社区就是基于共有的产品使用或产品兴趣而形成一系列社会关系的消费群。消费者部落指的是一群拥有共同生活方式的人,他们相互之间出于对某个产品或活动的共同忠诚而彼此认同。虚拟群体是计算机与互联网创造了一个新的群体,它主要基于虚拟社区而非地域性社区。

9. 群体对其成员的影响有三种主要方式:①信息性影响;②规范性影响;③价值表现上的影响。

10. 信息性影响发生在当个人自己的观察和接触不足以准确评价产品或产品特性时,消费者会把他人的建议或经验作为判断产品特性的依据,并且使用这些信息做出自己关于产品和品牌的决策。

11. 规范性影响又叫"功利性影响",它指个人为了获得赞赏或避免惩罚而满足群体的期望。

12. 价值表现上的影响发生在当心理上想加入一个群体,从而对这个群体的规范、价值观、态度或行为自行接受时所受的影响。

13. 决定参照群体影响力的几个情境因素分别是:①产品或品牌的使用可见性的高低;②消费行为与群体相关性的强弱;③个人在购买中的自信心;④个人对群体的忠诚度;⑤产品必需程度的高低。

14. 参照群体以不同方式、不同程度影响个体消费者,这取决于个体的个性以及产品购买情况,有以下三种情况值得注意:①参照群体创造了个体的社会化;②人们是在与其他人的互相作用中调整自我观念；③个体对附和参照群体的愿望经常因一致性的压力导致一致性。

15. 服从是指为了回应实际存在的或想象中的群体压力而改变信念或行动。

16. 群体压力即群体规范的威力导致从众行为，在阿什齐实验及阿什齐的系列研究中得到验证。从众心理是指在社会团体的压力下，个人不愿意因为与众不同而感到孤立，从而放弃自己的意见，采取与团体中多数人一致的行为，以获得安全感、认同感和归属感。

17. 影响服从可能性的因素有：①文化压力；②对异常的恐惧；③投入与奉献；④群体一致性、规模和专长；⑤对人际影响的感受性。

18. 有时我们通过关注他人的行为来寻求真理的尺度，社会比较理论认为，这个过程是提高自我评估稳定性的一种方式。

19. 清楚地区别独立与反服从对营销者来讲是很重要的。很多人都因为自己具有独立、独特的风格或抵抗销售人员及营销活动诱惑的能力而自豪。反服从行为的实质目标是对群体的违抗挑衅，一些人会尽量避免购买正在时兴的东西。"对抗"是指人们选择的自由被剥夺后所导致的消极情绪状态。

20. 林语堂认为"面、命、恩"是统治中国的三位女神，其中"面子"是这三位女神中力量最大的。攀比消费、炫耀消费和象征消费都出于脸面并因"面子"而加强。

21. 角色是指社会对具有某种地位的个体，在特定情境下所规定和期待的行为模式。

22. 角色关联产品集有时被称作"消费品集"，是人们普遍认为某种角色所需要的一系列产品。

23. 人们对某种角色行为的期待会发生变化，这就是角色演化。角色演化既为营销者提供了机遇也提出了挑战。

24. 当一个人试图承担超越其时间、精力和金钱所允许的更多角色时，角色超载便出现了。当其中两种角色要求有所不同甚至是截然相反的行为的时候，就会导致角色冲突。

25. 角色的获取与转换会使产品或品牌与新的角色相联系，从而为产品营销提供机会。

26. "口头交流"是一种非正式的思想、评价、观点、信息的传输，它发生在两个人之间的言语交流。

27. 威尔逊博士认为病毒营销是刺激人们将营销信息传递给他人的营销策略，它可能使受众人数在信息传递过程中成指数增长。

28. 冯英健认为，病毒营销并非真的以传播病毒的方式开展营销，而是通过用户的口碑宣传网络，信息像病毒一样传播和扩散，利用快速复制的方式传向数以千计、数以百万计的受众。

29. 销售人员在建立买者与卖者的关系中发挥很重要的作用，这包括建立零售商和被销售的品牌之间的关系。站在消费者行为的角度来看，销售人员才是立足现场的、真正的产品形象代言人。

30. 交流的两步流程表明，意见领袖是营销信息的直接接收者，他们再通过口头交流解释并传递信息给其他人。

31. 在多步流程中，信息可以直接流向不同的受众（消费者），包括意见领袖、把关者、意见搜集者或接收者。

32. 消费亚文化指的是一个独特的社会群体，这个群体共同选择某种产品、品牌或消费行为，在此基础上形成了特有的消费模式。这种亚文化具有：①可辨认的等级结构；②一套共有的信念和价值观；③独特的用语、仪式及表达象征意义的方式。

33. 意见领袖之所以成为极有价值的信息源有以下原因，或者说他们具有以下几个特点：①专家权；②知识权；③合法权；④参照权；⑤优先权。

34. 如果一个意见领袖是某产品的早期购买者，那么他们就被称为"革新传播者"。意见领袖也有可能是意见征询者，他们对某个产品种类往往更加投入，并且积极地搜寻信息。一个人可能会被认为是某一领域的意见领袖，但他不是另一个领域的意见领袖。

35. 意见领袖有以下两种类型：一是市场专家。被称为"市场专家"的消费者是指那些积极传播各类市场信息的人；二是代理消费者。代理消费者指的是被雇用来为他人购买决策提供支持的人。与市场专家不同的是，代理者往往能够通过提供意见而获得报酬。

36. 由于意见领袖对于消费者的购买决策是如此重要，营销者或营销者对识别出在一类产品中具有影响力的人十分感兴趣。事实上，很多广告的目标都是这些有影响力的人而非一般消费者，尤其当广告包含了大量技术信息的时候更是如此。

37. 意见领袖的识别方法有自我指定法与社会测量法。

38. 在意见领袖自我指定法所用的量表中我们大致明白作为一个"意见领袖"应该具备的6个特点：①经常谈论一些话题；②在谈论中能够向大家提供较多信息；③在过去半年中给不少人介绍过新话题；④朋友们很有可能向其咨询某种新话题；⑤在谈论新话题时是由他向大家介绍的；⑥总体而言他常常被看作建议的来源。

39. 根据"六度分隔"假设，这个星球上的每个人都间接地认识其他所有人，或至少认识那些认识自己的人，在美国任何两个人都能通过五六个中间人建立起联系。

40. 创建意见领袖的可能渠道有以下几个：①雇用或直接聘请；②提供刺激因素；③鼓励口头交流。

41. 在广告中，名人主要有以下4种方式出现：①给出他们自己的建议；②基于他们本人对产品的使用，在广告中宣传该产品的好处；③在成为某一领域专家后通过授权把名字"借用"给该产品；④一位名人也可以成为商业或公司代言人。

42. 在运用名人代言时可以参考下面的策略与技巧：①广告主与代言人双方共同维护名人广告的可信度；②既关注"崇拜潮流"又符合产品定位；③源于消费者需求，让产品成为广告的主角；④跟踪名人动向，避免负面效应；⑤签订"捆绑式"合同，关注兼容性、排他性与可持续性。

测试题

一、**单项选择题**（在每小题备选答案中只有一个是正确的，请将其选出并把选项前的字母填在题后括号内）

1. 关于参照群体，以下说法正确的是：（   ）。
   A. 参照群体要么是正式群体，要么是非正式群体
   B. 参照群体一定是真实的个人或群体
   C. 参照群体可以是虚构的个人或群体

D. 次要群体虽然有面对面的交流机会，但不会对个体产生影响

2. 规范性影响又叫（　　）。
A. "信息性影响"　　　　　　　　B. "价值表现上的影响"
C. "面子上的影响"　　　　　　　D. "功利性影响"

3. 林语堂认为"面、命、恩"是统治中国的三位女神，其中哪一项是这三位女神中力量最大的一个？（　　）。
A. "面子"　　　B. "命运"　　　C. "施恩"　　　D. "报恩"

4. 如果一个意见领袖是某产品的早期购买者，那么他们就被称为（　　）。
A. "革新者"　　　　　　　　　　B. "革新传播者"
C. "传播者"　　　　　　　　　　D. "领导者"

5. 这个星球上的每个人都间接地认识其他所有人，或至少认识那些认识自己的人，在美国任何两个人都能通过五六个中间人建立起联系。该假设被称作（　　）。
A. "四度分隔"假设　　　　　　　B. "五度分隔"假设
C. "六度分隔"假设　　　　　　　D. "七度分隔"假设

二、多项选择题（在每小题备选答案中有二至五个正确答案，请将正确选项前的字母填在题后括号内）

1. 群体划分的几个最为有用的标准是：（　　）。
A. 成员资格　　　　　　　　　　B. 美誉度
C. 接触类型　　　　　　　　　　D. 吸引力
E. 可信度

2. 群体对其成员的影响有以下几种方式：（　　）。
A. 面子上的影响　　　　　　　　B. 心灵深处的影响
C. 信息性影响　　　　　　　　　D. 规范性影响
E. 价值表现上的影响

3. 影响服从可能性的因素有：（　　）。
A. 文化压力　　　　　　　　　　B. 对异常的恐惧
C. 投入与奉献　　　　　　　　　D. 群体一致性、规模和专长
E. 对人际影响的感受性

4. 意见领袖之所以成为极有价值的信息源有以下原因，或者说他们具有以下几个特点：（　　）。
A. 专家权　　　　　　　　　　　B. 知识权
C. 合法权　　　　　　　　　　　D. 参照权
E. 优先权

5. 在广告中，名人主要有以下几种方式出现：（　　）。
A. 给出他们自己的建议
B. 基于他们本人对产品的使用，在广告中宣传该产品的好处
C. 在成为某一领域专家后通过授权把名字"借用"给该产品

D. 名人持有公司股票并参与年底分红
E. 一位名人也可以成为商业或公司代言人

三、名词解释题

1. 参照群体
2. 规范性影响
3. 从众心理
4. 角色

四、简答题

1. 简述参照群体对消费行为产生的积极影响与消极影响。
2. 简述决定参照群体影响力的几个情境因素。
3. 简述攀比消费、炫耀消费和象征消费。

五、论述题

1. 试述群体对其成员的影响的三种主要方式。
2. 试述意见领袖的五大特点。
3. 联系实际谈谈运用名人代言的策略与技巧。

六、案例分析讨论题

仔细阅读本章的开篇案例，然后回答以下问题。

1. 文中提到：

虽然熟人、朋友或许会对是否购买该产品、选择哪个品牌和如何使用等产生一定的影响，但是消费者最基本的购买动机还是来自产品本身满足其需求的能力。

我们应该如何理解这句话？

2. 文中提到：

哈雷－戴维森的新车手要经历三个阶段才能完全成为他们所仰慕的哈雷群体的一员：①尝试使用车手的身份；②认同并服从；③驾驭和内化。

试根据这段描述，运用"参照群体对个体的影响"的相关知识加以分析。

3. 文中提到：

购买哈雷并成为车手显然是一个建立在群体基础上的过程，即使在美国这样个人主义盛行的社会里，群体成员的身份对大部分人仍是十分重要的。

试根据这段描述，陈述一下群体影响的三种类型，并联系实际谈谈营销者如何运用这三种影响进行营销策划活动。

附录A
各章测试题参考答案

第一章

一、单项选择题
1. C
2. B
3. A
4. D
5. D

二、多项选择题
1. A、D、E
2. A、B、C、D、E
3. A、C、D、E
4. A、B、D、E
5. A、C、D、E

三、名词解释题

1. 消费者行为学

消费者行为学是心理学的应用领域之一，它主要研究说服大众购买商品的心理过程，即研究营销活动过程中所涉及的心理现象、本质、规律及方法的一门学问。

2. "广告五字经"

"广告五字经"即 AIDMA 法则，它们是注意（Attention）、兴趣（Interest）、欲望（Desire）、记忆（Memory）和行动（Action）这五个英文单词首字母的缩写，具体指广告作用于消费者所经历的"引起注意→产生兴趣→激发欲望→强化记忆→促使行动"这五个阶段。

3. 时尚

时尚，俗称时髦。时尚是一种重要的社会文化现象，是在整个社会中传播的、周期性的、自发的、短暂的标准式样，反映在人们心理上，时髦则是一种普遍的、易变的、不稳定的社会心理。

4. 价值观

价值观是指社会组织中的人们对本组织及其相关的人、事、物的意义及其重要性的基本评价与共同看法，以及这种评价和看法的取向和标准。

四、简答题

（答案从略，详见教材的相关内容）

五、论述题

（答案从略，详见教材的相关内容）

六、案例分析讨论题

提示：

1. 速溶咖啡与一次性尿布的故事告诉我们，对于消费者的购买心理的深层把握是多么重要。在消费者的心目中，产品的价值有时不表现在其物理特性上，而是体现在商品所表达的行为特点或心理特点上。而这些行为特点和心理特点又常常是隐含着的，存在于深层心理中，要求我们运用消费者行为学的方法将它们挖掘出来。

2. 在用后评价阶段，消费者会体验到对产品满意或不满意的心理反应。满意度最主要的决定因素是消费过程，也就是说消费者在使用过程中，该产品的表现是否像他们所期望的那样。有时，即使产品本身是好的，但如果消费者不能正确使用，也会感到不满意。正如案例前部所描述的速溶咖啡的例子一样。

3. 营销活动除了实现其商业功能外，同时也在实现社会文化的传播功能。一方面，社会文化制约着消费者的某些心理欲求，抑制某些不为本社会所允许的动机与欲望；另一方面，特定的社会文化也能促使消费者产生商品需求与购买动机。在本案例中受访对象的种种表现就说明了这一点。

第二章

一、单项选择题

1. D
2. D
3. A
4. B
5. C

二、多项选择题

1. A、C、E
2. A、B、C、D、E
3. A、C、E
4. A、B、D、E

5. A、B、C、D、E

三、名词解释题

1. 生理的需求

生理的需求是人类为了维持其生命最基本的需求，也是需求层次的基础。

2. 优势需求

马斯洛认为，在同一时间、地点和条件下，人存在多种需求，其中有一种占优势地位的需求决定着人们的行为，这就是优势需求。

3. 双趋式动机冲突

当消费者面临两个（或两个以上）具有吸引力的购买目标，可是因某种情况（例如经济条件的制约或其他原因）无法同时满足，即在这两者中只能选择一个，这就是双趋式动机冲突。

四、简答题

（答案从略，详见教材的相关内容）

五、论述题

（答案从略，详见教材的相关内容）

六、案例分析讨论题

提示：

1. 略

2. 在现实生活中，人们常指责营销与广告策划者通过营销活动（特别是广告活动）使人们产生本来没有的需求，图2-3所示广告就持有这种观点："不管有些人是如何想的，广告不可能让你购买你本来并不需要的东西。"换言之，无论如何，你不可能通过广告让消费者购买他们并不需要的东西，广告本身并不能创造需求！一个大家都能够接受的观点是，虽然营销策划者并不能创造需求，但是他们可以通过广告激发消费者的需求，尤其是激发那些隐含的还没有引起消费者注意的内在的、精神层面的需求。

3. 动机可以分为显性动机与隐性动机。消费者意识到并承认的动机称为显性动机。消费者未意识到或是不愿承认的动机称为隐性动机。"夏天来了，勿作惊人之举"揭示了消费者的隐性动机。

第三章

一、单项选择题

1. A
2. C
3. B
4. B
5. A

二、多项选择题

1. A、B、C、D、E
2. A、B、C
3. A、C、D
4. A、C、D
5. A、B、C、D

三、名词解释题

1. 注意

注意是人的心理活动对外界一定事物的指向与集中。

2. 注意力

所谓注意力，从心理学上看，就是指人们注意一个主题、一个事件、一种行为和多种信息的持久程度。

3. 无意注意

无意注意是指事先没有预定的目的，也不需要意志努力，不由自主地指向某一对象的注意。

4. 有意注意

有意注意是指自觉的、有意图的、必要时还得付出意志努力的注意。

四、简答题

（答案从略，详见教材的相关内容）

五、论述题

（答案从略，详见教材的相关内容）

六、案例分析讨论题

提示：

1. 所谓悬念广告，顾名思义就是在广告中运用悬念的手法所做的广告。在广告中运用悬念，利用人类喜欢探究事物的好奇心，使人们的注意有意识地集中并指向广告，并不断注意后续的营销活动信息，以满足其自身需要的一种心理手段。

2. 悬念广告通常是通过系列广告，由粗至细、由部分到整体，或者说是随广告系列的发展，广告信息逐渐充实和完善。在报刊广告中，这类广告常常是大面积空白，或者以提问的方式，或者突出怪异信息。这种设计方式在许多电视广告中也被采用，广告一开始，有点儿像新闻节目，又有点儿像生活片断，但不知道其用意何在，不知道这"葫芦里卖的是什么药"，给观众留下悬念，等到片子结尾才点出广告商品的信息，这样在整个广告中都能扣住观众的注意力。

3. 悬念广告策划的关键在于悬念本身的设计是否迎合了消费者的需求？是否捕捉到消费者的兴趣？有没有充分运用艺术感染力？如果运用得当，就可以事半功倍。反之，搞不好会弄巧成拙，为自己招惹许多麻烦。

第四章

一、单项选择题
1. C
2. A
3. C
4. D
5. B

二、多项选择题
1. A、B、C
2. A、B、C、D、E
3. A、B、C、E
4. A、B、C、D、E
5. A、B、C、D

三、名词解释题

1. 知觉

知觉是大脑对当前直接作用于感觉器官的客观事物的整体反映。

2. 知觉的选择性

知觉的选择性是在知觉过程中,为了清晰地反映对象,人们总是从许多事物中自觉或不自觉地选择知觉对象的心理过程。

3. 知觉的偏见

知觉的偏见是人们在感知事物的时候,由于特殊的主观动机或外界刺激,对事物产生一种片面的或歪曲的印象的心理过程。

4. 知觉定式

知觉定式就是发生在前面的知觉直接影响到后来的知觉,产生了对后续知觉的准备状态。

5. 阈下知觉

阈下知觉即低于阈限的刺激所引起的行为反应。低于感觉阈限的刺激,虽然我们感觉不到,却能引起一定的生理效应。

6. 差别阈限

差别阈限,也称作最小可觉差,是人体有 50% 的次数可以觉察到的两个刺激间的最小差别。

四、简答题

(答案从略,详见教材的相关内容)

五、论述题

(答案从略,详见教材的相关内容)

六、案例分析讨论题

提示：

1. 在007系列电影中，我们可以找出众多类似的案例，其共同之处就在于知名品牌的商业信息被魔术般地植入。它们直逼观众的心智，成为007电影情节中不可或缺的部分。这种品牌商业信息与娱乐产品紧密结合、不分你我的营销传播形式已经为国内观众所熟悉，其正式名称为"植入式广告"。

2. 例如与007电影密切相关的商业机会与007衍生产品不断涌现，例如小说、漫画、电视、游戏和玩具，从而形成007系列的庞大财富链。首先是007电影的道具拍卖，其次是007图书出版，再次是网络游戏（即以007中的素材为主题的游戏），最后还有玩具、藏品……用开篇案例中的话来说："也赚得盆满钵溢。"

3. 关于这方面的讨论，互联网上异常火爆，上网一查便知，不再赘述。

第五章

一、单项选择题

1. C
2. B
3. A
4. A
5. D

二、多项选择题

1. A、C、E
2. A、B、C、D、E
3. A、B、D、E
4. A、B、C
5. A、E

三、名词解释题

1. 学习

"学习"是用来描述有意识或无意识的信息处理导致记忆和行为改变这一过程。学习是指长时记忆和行为在内容或结构上的变化，学习是信息处理的结果。

2. 高介入状态的学习

高介入状态的学习是消费者有目的地、主动地处理和学习信息。

3. 保持性复述

保持性复述是为了将信息保留在短时记忆中，供解决问题之用或使之转移到长时记忆中而不断地重复或复述信息。

4. 语义记忆

语义记忆通常是以词语的形式，在人们头脑中以概念、判断（或命题）、推理以及论证等思维为内容的记忆。

5. 情景记忆

情景记忆通常是以感知过的事物在人脑中再现的具体形象为内容的记忆，它保存事物的感性特征，具有显著的直观性与形象性。

四、简答题

（答案从略，详见教材的相关内容）

五、论述题

（答案从略，详见教材的相关内容）

六、案例分析讨论题

提示：

1. 消费者对营销活动信息的记忆是帮助他们思考问题、做出购买决定不可或缺的条件。营销活动应该具有帮助消费者记忆营销活动内容的功能，因为消费者接受了营销活动传递的信息后通常不是立即购买的。只有等他们产生了购买的需求后，从头脑里提取了存储的营销活动信息，才决定购买何种产品、哪个品牌？如果产品、品牌难于记忆，商品信息不能存储到消费者的头脑里，营销的效果就大打折扣。

事实上，新上任的 CEO 迪克·布朗已经认识到这个问题的严重性。如果这个问题处理不当，一是因公众对他们一无所知，失去不少商业机会，降低企业的市场竞争力；二是在公司内部也会导致员工对企业文化与形象的认知误差，削弱企业的凝聚力。

2. 广告的识记是指消费者获得广告信息的过程。与广告的识记密切相关的几个概念分别是产品定位、品牌形象与产品或形象的知觉图。产品定位是广告策划人为了使产品在某一细分市场形成一定品牌形象而做出的决策。品牌形象的一个重要组成部分是产品恰当地使用情境或场合。知觉图是广告人用来测量产品定位状况和制定产品定位策略的有用技术。我们可以有意识地运用它们来影响消费者的广告识记，促进其形成对公司产品、品牌与形象有利的认知，最终留下良好的记忆。

3. EDS 运用营销活动来传递企业形象与公司文化有以下几个关键点。

（1）CEO 迪克·布朗认识到要对企业进行重新定位并且设计一个新的形象。

（2）建立 EDS 有力品牌形象首先涉足的领域就是广告，于是与广告公司合作，提出"EDS 解决方案"的主题语（即广告词）。

（3）借助"千年虫危机"进行事件营销，让公众注意其在应对时代变迁中扮演的重要角色。

（4）一系列诸如"牧猫人""飞机"等富有创意的广告作品的推出。

营销活动的效果如下。

（1）行业内认知：EDS 是一个奋发图强的公司，是一家专业的信息技术公司。

（2）公司内共识：激发了内部员工的工作热情，并为公司吸引了大批优秀人才。

（3）市场的记忆：营销引导消费者，给他们带来惊奇并留下深刻的印象。

翻开 EDS 的案例，我们可以发现，营销者对目标市场进行传播时所用的方式取决于很多不同的因素，包括消费者对该公司知道多少、他们对该公司的印象以及该公司自身想要树立的公司形象等。制订一个有效的营销传播方案远不止挑出一个产品特性加以强调那么简单。我们必须了解消费者对于所得到的信息是如何感知、解释并最终输入记忆的,以及这些记忆的信息又将怎样在他们对产品或服务的态度与行动中发挥作用。

第六章

一、单项选择题

1. A
2. B
3. B
4. A
5. D
6. D

二、多项选择题

1. A、C、E
2. A、B、D、E
3. A、B、C、D、E
4. A、C、D、E
5. A、B、C、D

三、名词解释题

1. 创意

创意是广告人对广告的创作对象进行想象、加工、组合和创造的过程,它是使商品潜在的现实美升华为消费者能感受到的艺术美的一种创造性的劳动。

2. 联想

联想是由一事物的经验激发起另一事物的经验的心理过程。

3. 联觉

联觉是各种感觉之间产生相互作用的心理现象,即对一种感官的刺激作用触发另一种感觉的现象。

四、简答题

(答案从略,详见教材的相关内容)

五、论述题

(答案从略,详见教材的相关内容)

六、案例分析讨论题

提示:

1. 重温一下贝克啤酒的广告语:"您已经品尝过在美国最受欢迎的德国啤酒,现在请您品尝一下在德国最受欢迎的德国啤酒。"

再看蓝带的广告语:"蓝带,中国销量第一的外国品牌"。

2. 让我们引用文中的分析来加以提示：

在"洋文化"渗透国内市场的年代，蓝带啤酒的广告创意让我们领略了民族文化的独特魅力，提醒我们在视广告为一种商业行为的同时，不应该忘记它更是一种文化行为。让我们再细心研究一下可口可乐、雀巢咖啡、宝洁……这些地地道道的"洋"品牌，它们是如何悄悄进入中国老百姓的内心世界的？"植根于本土文化"便是其奥妙所在。

3. 从创意上看，蓝带以"特"为中心介绍产品性能：特制的瓶盖，特型的瓶身，特质的酒液，让产品自己"开口"说话，形成产品独特的优势，让消费者对其有更深刻的了解与认知。

例如其中一个文案写道：

标题：开瓶器在哪里？

正文：喝啤酒，常有人问："开瓶器在哪里？"没有开瓶器的烦恼，有时连牙齿、桌沿都解决不了！

特制蓝带与众不同，瓶盖物制，一拧就开，酒质出众……

提示语：特制蓝带啤酒　一拧就开！

蓝带产品的其他特点在广告创意中还有许多展示，请同学们深入挖掘。

第七章

一、单项选择题

1. C
2. B
3. C
4. C
5. A

二、多项选择题

1. A、C、E
2. A、B、D、E
3. A、B、C、D
4. A、D、E
5. A、B、C、D
6. A、C、D

三、名词解释题

1. 态度

态度是个体对待人、事、物或观念的评估性的总体感觉，是行为前的准备状态，它是"对于给定的人、事、物喜欢或不喜欢的行为倾向"。

2. 非比较性评价量表

非比较性评价量表要求消费者评价某个对象或该对象的某一属性，而不与其他对象或属性做比较。

3. 李克特量表

李克特量表要求消费者对一系列与态度对象相联系的陈述句表明同意或反对的程度。

四、简答题

（答案从略，详见教材的相关内容）

五、论述题

（答案从略，详见教材的相关内容）

六、案例分析讨论题

提示：

1. 请留意文章中的描述：

利用万宝路牛仔所做的平面公益广告。在广告中左边的这位牛仔对右边的那位说"Bob, I've got emphysema"（鲍博，我得了肺气肿）。

1976年一部名为"西部牛仔之死——万宝路的故事"的电视片在英国上映了，这部由英国沙美士电视台制作的45分钟电视访谈片，是针对世界范围内随处可见的《万宝路牛仔》的广告而制作的。

该节目访问了6位美国牛仔，这些人都是万宝路牛仔的形象代表，他们曾一度是老烟枪，现在都面临癌症与肺气肿的威胁，有的甚至即将离开人世。在介绍完这些吸烟的病牛仔后，节目中出现了医师的话语："这些人因吸烟而致病！"该节目在伦敦首播后，在世界范围内引起轩然大波。

2. 请仔细阅读文章中的描述：

迈克·麦肯林在这则广告中以自己的亲身经历现身说法，下面原文引用："过去我很喜欢抽雪茄……电视上的这个牛仔骑在马上粗犷、独立而又潇洒，但他后来死于非命，他因吸烟而得上了肺癌。他就是我的弟弟，名叫温·麦肯林，我叫迈克·麦肯林。烟草利用我弟弟来创造一种形象，那就是吸烟使您显得独立，千万不要相信他们的鬼话！你看他现在躺在那里，全身插满了针管……在这种状况之下，怎么会有'独立'可言呢?!"

第八章

一、单项选择题

1. A
2. B
3. D
4. C
5. A

二、多项选择题

1. B、C、D

2. A、B、C、D
3. A、B、D、E
4. A、B、C、D、E
5. A、B、C

三、名词解释题

1. 情绪与情感

情绪是同有机体生理需求相联系的体验，这些体验往往会伴随生理的变化和外部表现。情感是与人类社会历史进程所产生的社会性需求相联系的体验，诸如责任感、自豪感和集体荣誉感。情绪和情感的关系十分密切，一般来说，情绪是情感的外在表现，而情感是情绪的本质内容。

2. 道德感

道德感指人们对道德需求是否得到实现或满足所产生的体验，它和道德信念、道德判断密切相关，是道德意识的具体表现，具有明显的社会性和阶级性。

3. 理智感

理智感指人们对认识和追求真理的需求是否满足所产生的体验，这类情感和人的认识活动、求知欲、探究感、怀疑感紧密联系在一起。

4. 审美感

审美感指人们按一定的审美标准，对客观事物，包括人在内进行欣赏、评价时所产生的情感体验，符合审美感需求的对象都能引起美的体验。

5. 深度介入

深度介入是持续性介入的一种极端形式，深度介入可以被定义为消费者对一种产品或服务持续的、极强的兴趣。

6. GSR

GSR 是英语 Galvanic Skin Reflex 首字母的缩写，可翻译为"皮肤生物电反应"，该方法在被试身上插上一些小电极，用来监测被试皮肤的电阻。该电阻会随着情绪激发引起的汗液分泌的微小变化而变化，从而可以监测被试的情绪变化。

四、简答题

（答案从略，详见教材的相关内容）

五、论述题

（答案从略，详见教材的相关内容）

六、案例分析讨论题

提示：

1. 广告的创作者要想方设法消除消费者的这种心理戒备——解除其心理武装。如站在消费者的立场上说话，设身处地为消费者着想；以诚挚的情感为桥梁，悄悄进入消费者的内心世界；赋予产品品牌特定的内涵与象征意义，建立起目标消费者对产品的移情联想。

2. 男装表与女装表应该有所区别，正是由于产品的属性所致，同性别场合便成了百达翡丽广告的另一个特点。

3. 广告文化具有以下三个特征：①时代感（现代意识）；②民族化（本土情结）；③商品性

(功能美才是真正的美)。详见：吴柏林. 广告学原理 [M]. 北京：清华大学出版社，2009：22.

第九章

一、单项选择题

1. A
2. D
3. C
4. B
5. A

二、多项选择题

1. A、B、C、D、E
2. A、C、D、E
3. A、B、C、E
4. A、B、C、D
5. A、C、D、E

三、名词解释题

1. 个性

一般所说的个性是指一个人经常表现出来的、比较稳定的、本质的心理特征。从消费者行为的角度来看，个性可理解为消费者适应其生活情境的特定行为方式。

2. 性格

性格是一个人对现实的稳固的态度和习惯化的行为方式。性格是人在后天的社会实践中学习而来的，它是可以改变的。

3. 兴趣

兴趣指兴致，对事物喜好或关切的情绪，人们力求认识某种事物和从事某项活动的意识倾向。它表现为人们对某件事物、某项活动的选择性态度和积极的情绪反应。

4. 自我

自我概念是个人将自身作为对象的所有思想和情感的总和，它是自己对自己的感知和情感。每个人如何看待自己，如何评价自己的各种特征，往往会影响其行为。

四、简答题

（答案从略，详见教材的相关内容）

五、论述题

（答案从略，详见教材的相关内容）

六、案例分析讨论题

提示：

1. 注意课文中的两个描述：①塑造自我的产品：你就是你所消费的；②让"自我形象"与"产品形象"保持一致。

2. 自我概念对产品定位的影响，按其逻辑关系可以归纳为以下几个方面：①每个人都拥有自我概念；②一个人的自我概念对个人而言是具有价值的；③人们试图努力保持和提高其自我概念；④某些产品作为社会象征或符号传递着关于拥有者或使用者的社会意义；⑤产品使用作为一种象征或符号包含和传递着对自己和他人有意义的事情；⑥个体经常购买或者消费某些产品、服务或使用某些媒体以保持或提高他所追求的自我概念。

3. 大多数人都能体验到现实自我和理想自我之间的差距，对某些人而言这一差距特别大，这些人正是营销、广告表达与沟通的绝佳目标群体。弥补理想自我与现实自我之间的差距是广告创意与表达的一个重要诉求点。

第十章

一、单项选择题

1. C
2. D
3. A
4. B
5. C

二、多项选择题

1. A、C、D
2. C、D、E
3. A、B、C、D、E
4. A、B、C、D、E
5. A、B、C、E

三、名词解释题

1. 参照群体

参照群体是"与个人的评价、追求或行为有重大相关性的真实的或虚构的个人或群体"，参照群体是指能够极大地影响个体行为的个人或群体。

2. 规范性影响

规范性影响又叫"功利性影响"，它指个人为了获得赞赏或避免惩罚而满足群体的期望。

3. 从众心理

从众心理是指在社会团体的压力下，个人不愿意因为与众不同而感到孤立，从而放弃自己的意见，采取与团体中多数人相一致的行为，以获得安全感、认同感和归属感。

4. 角色

角色是指社会对具有某种地位的个体，在特定情境下所规定和期待的行为模式。

四、简答题

（答案从略，详见教材的相关内容）

五、论述题

（答案从略，详见教材的相关内容）

六、案例分析讨论题

提示：

1. 首先要弄清产品的本质是什么？产品的本质就是它能否满足消费者的需求。因此说"消费者最基本的购买动机还是来自产品本身满足其需求的能力"就一点儿也不奇怪了。

2. 关于"参照群体对个体的影响"，要点如下：

（1）参照群体创造了个体的社会化；

（2）在与其他人的互相作用中调整自我观念；

（3）因"一致性的压力"导致一致性。

3. 关于"群体影响的三种类型"，要点如下：

（1）信息性影响；

（2）规范性影响；

（3）价值表现上的影响。

附录B
综合测试（模拟考试）题及参考答案

一、**单项选择题**（在每小题备选答案中只有一个是正确的，请将其选出并把选项前的字母填在题后括号内，每小题1分，本大题共20分）

1. AIDMA 中的 I 是下列哪个英文单词的首字母？（　　）
   A. Internet B. International C. Interest D. Interaction

2. CDP 模型的具体含义是（　　）。
   A. Consumer Decision Process Model B. Consumer Direct Process Memory
   C. Comma Decision Process Model   D. Consumer Decision Project Memory

3. 马斯洛认为，人类的需求的最高层次是（　　）。
   A. 生理的需求   B. 安全的需求
   C. 社交与尊重的需求   D. 自我实现的需求

4. 营销主题与定位所关注的重点是（　　）。
   A. 消费者的注意力   B. 消费者的优势需求
   C. 消费者的态度   D. 消费者的情感

5. 1994 年发表一篇题为"注意力的经济学"文章的作者是：（　　）。
   A. Richard A. Lawbam   B. George Miller
   C. Dell Hawkins   D. Kevin Lane Keller

6. 唤起和注意强度之间的关系可用一个（　　）。
   A. "U"形来描述   B. 倒转的"U"形来描述
   C. "W"形来描述   D. 倒转的"W"形来描述

7. CI 的具体含义是（　　）。
   A. Corporate Identity   B. Corporate Image
   C. Collective Identity D. Collective Image

8. 在心理学史上对知觉问题做了大量的研究，提出了许多知觉的组合原则的学派是（　　）。
   A. 内容心理学派   B. 意动心理学派
   C. 格式塔学派   D. 精神分析学派

9. 学习是指长时记忆和行为在内容或结构上的变化，学习是（　　）。
   A. 人生的开始　　　　　　　　　　　　B. 对传播效果的验证
   C. 信息处理的结果　　　　　　　　　　D. 人终其一生的过程

10. 运用已有的经验、价值观、态度、信念、感觉来解释和评价当前记忆中的信息，或者添加与以前所存储的信息相关的内容的短时记忆被称作（　　）。
    A. "渲染性活动"　　　　　　　　　　B. "映像式机械学习"
    C. "替代式学习与模仿"　　　　　　　D. "保持性复述"

11. 有意想象可分为（　　）。
    A. 具体想象和抽象想象
    B. 再造想象和创造想象
    C. 形象想象、情感想象与逻辑想象
    D. 形象想象、情感想象、逻辑想象与直觉想象

12. USP 的具体含义是（　　）。
    A. Unlike Selling Promotion　　　　　B. Unique Selling Promotion
    C. United State Proposition　　　　　D. Unique Selling Proposition

13. 多属性态度模型的公式 $A_b = \sum_{i=1}^{n} W_i |I_i - X_{ib}|$ 中，下面哪一项是表达产品属性的理想表现水平（　　）。
    A. A_b　　　　B. W_i　　　　C. I_i　　　　D. X_{ib}

14. 以下说法正确的是：（　　）。
    A. 正面情绪是一种接近动机，而负面情绪是一种回避动机
    B. 正面情绪是一种回避动机，而负面情绪是一种接近动机
    C. 正面情绪与负面情绪都是接近动机
    D. 正面情绪与负面情绪都是回避动机

15. GSR 中文意思是（　　）。
    A. 皮肤生物电反应　　　　　　　　　　B. 深度介入
    C. 品牌演练　　　　　　　　　　　　　D. 测谎仪

16. 最早提出"气质"概念的人是（　　）。
    A. 卡特尔　　　　　　　　　　　　　　B. 恩培多克勒
    C. 盖伦　　　　　　　　　　　　　　　D. 希波克利特

17. 市场营销中运用自我概念，要求我们对其进行测量，最常用的测量方法是（　　）。
    A. 固有刺激法　　　　　　　　　　　　B. 语意差别法
    C. 独特销售建议法　　　　　　　　　　D. 信息模式法

18. 延伸自我的外延是由以下两部分构成的：（　　）。
    A. "自我"和"拥有物"　　　　　　　B. "自我"和"镜像物"
    C. "他我"和"拥有物"　　　　　　　D. "他我"和"镜像物"

19. 关于参照群体，以下说法正确的是：（　　）。

A. 参照群体要么是正式群体，要么是非正式群体

B. 参照群体一定是真实的个人或群体

C. 参照群体可以是虚构的个人或群体

D. 次要群体虽然有面对面的交流机会，但不会对个体产生影响

20. 规范性影响又叫（　　）。

A. "信息性影响"　　　　　　　　B. "价值表现上的影响"

C. "面子上的影响"　　　　　　　D. "功利性影响"

二、**多项选择题**（在每小题备选答案中有二至五个正确答案，请将正确选项前的字母填在题后括号内，每小题 2 分，多选、少选与错选都不能得分，本大题共 30 分）

21. 从消费者心理与行为的角度来看，一个出色的、能打动人心的营销活动具有以下几个基本特征：（　　）。

A. 唤起消费者的注意　　　　　　B. 广告效果立竿见影

C. 立刻击败竞争对手　　　　　　D. 启发消费者的联想

E. 说服消费者去行动

22. 一般说来，流行具有以下几个特点：（　　）。

A. 流行的阶段性　　　　　　　　B. 地域之间的差异

C. 现象与本质的差异　　　　　　D. 品牌与品质的差异

E. 时间的差异

23. 马斯洛的需求层次理论主要有以下几个方面的内容：（　　）。

A. 人类有五种基本需求　　　　　B. 注意是需求的前提

C. 需求是有层次的　　　　　　　D. 态度决定优势需求

E. 行为是由优势需求决定的

24. 针对消费者需求和动机的综合性营销策略可以从以下几个方面入手：（　　）。

A. 营销激发——唤起消费者的潜在需求

B. 营销注意——消费者的注意是激发需求的前提

C. 营销主题与定位——关注消费者的优势需求

D. 营销记忆——没有记忆，再好的创意也是白费工夫

E. 营销主题的变化与演进——追踪消费者的动态需求

25. 注意力有如下几个特点：（　　）。

A. 不能共享，无法复制的　　　　B. 它是有限的、稀缺的

C. 它有易从众的特点　　　　　　D. 注意力是可以传递的

E. 注意力产生的经济价值是间接的

26. 影响知觉选择性的客观因素主要有：（　　）。

A. 知觉对象本身的特征　　　　　B. 对象和背景的差别

C. 对象的组合　　　　　　　　　D. 知觉者的智商

E. 知觉者的情绪

27. 产生知觉偏见常见的原因有：（　　）。

A. 首因效应 B. 近因效应
C. 晕轮效应 D. 视学暂留
E. 定型作用

28. 消费者认知学习形态分别是：（   ）。
   A. 映像式机械学习 B. 形象思维
   C. 替代式学习与模仿 D. 情感思维
   E. 逻辑推理

29. 形成想象的几个必要条件是：（   ）。
   A. 必须要有过去已经感知过的经验，但这种经验不一定局限于想象者个人的感知
   B. 想象必须根据一定的目的和任务，在人脑中独立地创造出新事物
   C. 想象必须依赖人脑的创造性，需要对表象进行加工
   D. 想象完全是一种没有预定目的、不自觉的个人行为
   E. 想象是个新的形象，是主体没有直接感知过的事物

30. 联想的基本形态有：（   ）。
   A. 接近联想 B. 对比联想
   C. 类似联想 D. 因果联想
   E. 直觉联想

31. 霍夫兰认为人的态度的改变主要取决于以下几个方面：（   ）。
   A. 说服者的条件 B. 听众的文化水平
   C. 说话音量的大小 D. 信息本身的说服力
   E. 问题的排列技巧

32. 情绪的三因素理论模型认为情绪的产生是由以下三个要素及其相互作用构成的。（   ）。
   A. 皮肤生物电反应 B. 外界刺激
   C. 机体的生理变化 D. 认知过程
   E. 深度介入

33. 关于情绪和态度的关系，我们可以从以下几个方面加以考察：（   ）。
   A. 作为消费者体验一部分的情绪
   B. 成为广告宣传一部分的情绪
   C. 情绪是态度的表现，态度是情绪的落实
   D. 情绪状态在态度形成时的影响力
   E. 情绪包含主观情感

34. 根据古希腊学者恩培多克勒的人体"四根说"，以下说法正确的有：（   ）。
   A. 血液主要是火根 B. 骨骼部分是金根
   C. 呼吸是空气根 D. 液体部分是水根
   E. 固体部分是土根

35. 群体对其成员的影响有以下几种方式：（   ）。
   A. 面子上的影响 B. 心灵深处的影响

C. 信息性影响　　　　　　　　D. 规范性影响

E. 价值表现上的影响

三、名词解释题（每小题 3 分，本大题共 9 分）

36. 优势需求

37. 注意力

38. 联觉

四、简答题（每小题 5 分，本大题共 15 分）

39. 简述联想的四个基本规律。

40. 简述高级情感的三种形式。

41. 简述自我概念形成的三种途径。

五、论述题（每小题 8 分，本大题共 16 分）

42. 试运用詹姆斯·韦伯·扬的观点，描述产生创意的两项原则和五个阶段。

43. 联系实际谈谈运用名人代言的策略与技巧。

六、案例分析讨论题（本大题共 10 分）

44. 仔细阅读第七章的开篇案例，回答以下问题。

（1）社会公益组织（特别是美国癌症协会）是如何利用说服、事实呈现、名人演说、恐吓和幽默等诉求方式，推动其减少吸烟的健康运动的？

（2）仔细分析一下利用万宝路牛仔之一的温·麦肯林的哥哥迈克·麦肯林所做的电视公益广告，它是如何运用情感的力量让人们为之动容进而改变他们对吸烟的态度的？

综合测试（模拟考试）题参考答案

一、单项选择题

1. C	2. A	3. D	4. B	5. A
6. B	7. A	8. C	9. C	10. A
11. B	12. D	13. C	14. A	15. A
16. C	17. B	18. A	19. C	20. D

二、多项选择题

21. A、D、E

22. A、B、D、E

23. A、C、E

24. A、C、E

25. A、B、C、D、E

26. A、B、C

27. A、B、C、E

28. A、C、E

29. A、C、E
30. A、B、C、D
31. A、D、E
32. B、C、D
33. A、B、D、E
34. A、C、D、E
35. C、D、E

三、名词解释题

36. 优势需求

马斯洛认为，在同一时间、地点和条件下，人存在多种需求，其中有一种占优势地位的需求决定着人们的行为，这就是优势需求。

37. 注意力

所谓注意力，从心理学上看，就是指人们注意一个主题、一个事件、一种行为和多种信息的持久程度。

38. 联觉

联觉是各种感觉之间产生相互作用的心理现象，即对一种感官的刺激作用触发另一种感觉的现象。

四、简答题

39. 简述联想的四个基本规律。

联想是由一事物的经验激发起另一事物的经验的心理过程。"联想四法则"即联想遵循的四个基本规律，它们分别是：①接近律；②对比律；③相似律；④因果律。

40. 简述高级情感的三种形式。

高级情感是人类特有的一类情感，它既受社会存在的制约，又对人的社会行为起积极或消极的作用，它主要可分为道德感、理智感和审美感三大类：①道德感指人们对道德要求是否得到实现或满足所产生的体验，它和道德信念、道德判断密切相关，是道德意识的具体表现，具有明显的社会性和阶级性。②理智感指人们对认识和追求真理的需求是否满足所产生的体验，这类情感和人的认识活动、求知欲、探究感、怀疑感紧密联系在一起。③审美感指人们按一定的审美标准，对客观事物，包括人在内进行欣赏、评价时所产生的情感体验，符合审美感需求的对象都能引起美的体验。

41. 简述自我概念形成的三种途径。

一般说来，自我概念的形成是通过下列三种途径：①通过社会的准则和规范对自我进行评价；②通过比较自我印象与镜像自我，进而不断地调整自己的行为；③自我概念的形成是通过"利己原则"实现的。

五、论述题

42. 试运用詹姆斯·韦伯·扬的观点，描述广告创意的两项原则和五个阶段。

詹姆斯·韦伯·扬提出了广告创意的两项重要原则：第一，创意完全是把原来的许多旧的要素作新的组合；第二，涉及把旧的要素予以新的组合之能力，此能力大部分在于对（事物间）相互关系的了解。在心理上养成寻求各事物之间关系的习惯，是产生创意当中最为重要的事情。

詹姆斯·韦伯·扬认为产生创意的过程大致有五个阶段：①收集原始资料；②用心审查资料；③深思熟虑；④实际产生创意；⑤实际应用。（具体展开略）

43. 联系实际谈谈运用名人代言的策略与技巧。

在运用名人代言时可以参考下面的策略与技巧：①广告主与代言人双方共同维护名人广告的可信度；②既关注"崇拜潮流"又符合产品定位；③源于消费者需求，让产品成为广告的主角；④跟踪名人动向，避免负面效应；⑤签订"捆绑式"合同，关注兼容性、排他性与可持续性。（具体展开略）

六、案例分析讨论题

44. 几点提示：

（1）请留意文章中的描述。

利用万宝路牛仔所做的平面公益广告。在广告中左边的这位牛仔对右边的那位说"Bob, I've got emphysema"（鲍博，我得了肺气肿）。

1976年一部名为"西部牛仔之死——万宝路的故事"的电视片在英国上映了，这部由英国沙美士电视台制作的45分钟电视访谈片，是针对世界范围内随处可见的《万宝路牛仔》的广告而制作的。

该节目访问了6位美国牛仔，这些人都是万宝路牛仔的形象代表，他们曾一度是老烟枪，现在都面临癌症与肺气肿的威胁，有的甚至即将离开人世。在介绍完这些吸烟的病牛仔后，节目中出现了医师的话语："这些人因吸烟而致病！"该节目在伦敦首播后，在世界范围内引起轩然大波。

（2）请仔细阅读文章中的描述。

迈克·麦肯林在这则广告中以自己的亲身经历现身说法，下面原文引用："过去我很喜欢抽雪茄……电视上的这个牛仔骑在马上粗犷、独立而又潇洒，但他后来死于非命，他因吸烟而得上了肺癌。他就是我的弟弟，名叫温·麦肯林，我叫迈克·麦肯林。烟草利用我弟弟来创造一种形象，那就是吸烟使您显得独立，千万不要相信他们的鬼话！你看他现在躺在那里，全身插满了针管……在这种状况之下，怎么会有'独立'可言?!"

参考文献

[1] 杰格迪什 N 谢斯,等. 消费者行为学——管理视角[M]. 罗立彬,译. 2版. 北京:机械工业出版社,2004.
[2] Frank R Kardes. 消费者行为与管理决策[M]. 马龙龙,译. 北京:清华大学出版社,2003.
[3] 德尔 I 霍金斯,等. 消费者行为学[M]. 符国群,等译. 7版. 北京:机械工业出版社,2000.
[4] 迈克尔 R 所罗门. 消费者行为学(中国版)[M]. 卢泰宏,译. 北京:机械工业出版社,2006.
[5] 罗格 D 布莱克韦尔,等. 消费者行为学[M]. 徐海,等译. 9版. 北京:机械工业出版社,2003.
[6] 唐·赫尔雷格尔,等. 组织行为学[M]. 俞文钊,等译. 9版. 上海:华东师范大学出版社,2001.
[7] 加里 L 利连. 营销工程与应用[M]. 魏立原,译. 北京:中国人民大学出版社,2005.
[8] 菲利普·科特勒. 营销管理[M]. 吕一林,译. 10版. 北京:中国人民大学出版社,2001.
[9] 凯文·莱恩·凯勒. 战略品牌管理[M]. 李乃和,等译. 北京:中国人民大学出版社,2003.
[10] 威廉 M 普赖德,等. 营销观念与战略[M]. 梅清豪,等译. 北京:中国人民大学出版社,2005.
[11] 苏比哈什 C 贾殷. 国际市场营销[M]. 吕一林,等主译. 6版. 北京:中国人民大学出版社,2004.
[12] 汤姆·邓肯. 整合营销传播[M]. 周洁如,译. 北京:中国财政经济出版社,2004.
[13] 史密斯 P R,等. 市场营销传播方法与技巧[M]. 方海萍,等译. 3版. 北京:电子工业出版社,2003.
[14] 特伦斯 A 辛普. 整合营销沟通[M]. 熊英翔,译. 北京:中信出版社,2003.
[15] 汤姆·邓肯. 广告与整合营销传播原理[M]. 洪良浩,译. 2版. 北京:机械工业出版社,2006.
[16] 贝尔奇 G E,等. 广告与促销:整合营销传播视角[M]. 张红霞,等译. 6版. 北京:中国人民大学出版社,2006.
[17] 戴维 G 迈尔斯. 心理学[M]. 黄希庭,等译. 7版. 北京:人民邮电出版社,2006.
[18] 理查德 J 格里格. 心理学与生活[M]. 王垒,等译. 北京:人民邮电出版社,2003.
[19] 时蓉华. 社会心理学[M]. 杭州:浙江教育出版社,1998.
[20] 吴柏林. 广告心理学[M]. 2版. 北京:清华大学出版社,2014.
[21] 甘布尔,等. 有效传播[M]. 7版. 北京:清华大学出版社,2005.
[22] 斯各特·卡特里普,等. 公共关系教程[M]. 明安香,译. 北京:华夏出版社,2001.
[23] 吴柏林. 公共关系——理论与实务[M]. 北京:中国人民大学出版社,2013.
[24] 托马斯·拉塞尔,罗德德·莱恩. 克莱普纳广告教程[M]. 王宇田,等译. 15版. 北京:中国人民大学出版社,2005.
[25] 吴柏林. 广告学原理[M]. 2版. 北京:清华大学出版社,2014.
[26] 吴柏林. 广告策划与策略[M]. 2版. 广州:广东经济出版社,2009.
[27] 吴柏林. 广告策划——实务与案例[M]. 2版. 北京:机械工业出版社,2013.
[28] 保罗 M 莱斯特. 视觉传播:形象载动信息[M]. 霍文利,译. 北京:北京广播学院出版社,2003.
[29] 大卫·欧格威. 欧格威谈广告[M]. 洪良浩,等译. 台北:哈佛企业管理顾问公司,1984.

[30] 大卫·欧格威. 一个广告人的自白 [M]. 庄淑芬, 译. 北京: 中国物价出版社, 2003.

[31] 穆虹, 李文龙. 实战广告案例 [M]. 1-4版. 北京: 中国人民大学出版社, 2005.

[32] 冯斌, 周建中, 慕洋. 平面广告创意经典 [M]. 沈阳: 辽宁科学技术出版社, 1999.

[33] 三只眼工作室. 第44届戛纳国际广告节获奖作品集 [M]. 哈尔滨: 黑龙江美术出版社, 1998.

[34] Fraser P Seitel. The Practice of Public Relations [M]. 11th ed. New Jersey: Prenhall, inc, 2015.

[35] William D Perreault, E Jerome McCarthy. Basic Marketing: A Global Managerial Approach [M]. 14th ed. New Jersey: McGraw-Hill, 2002.

[36] Michael R Solomon, Elnora W Stuart. Marketing: Real People, Real Choices [M]. 7th ed. New Jersey: Prentice-Hall, Inc, 2012.

[37] O'Guinn, Allen. Advertising and Integrated Brand Promotion [M]. 5th ed. California: South-Western Education Publishing, 2008.

[38] Philip Kotler, Kevin Lane Keller. Marketing Management [M]. 12th ed. New Jersey: Prentice-Hall, Inc, 2006.

[39] 尤利安·斯沃卡. 美国广告文化（英文影印版）[M]. 大连: 东北财经大学出版社, 1998.